广义汽车设计

Solutions For General Automobiles Design Organization

徐满年　徐习铭　著

北京理工大学出版社
BEIJING INSTITUTE OF TECHNOLOGY PRESS

内 容 简 介

本书首次以（狭义）汽车设计的客观要求为主线，在系统阐述广义汽车设计概念的基础上，进一步指出了广义汽车设计的任务与开展广义汽车设计的方法。并在书中阐述了汽车总体设计与汽车产品系列化设计的概念、任务与开展的方法和高机动越野汽车产品的定义等新概念，特别是书中还提出了开展汽车设计的哲学方法，即汽车产品各项技术性能指标的设计应达到诸项性能指标度的要求。

版权专有　侵权必究

图书在版编目（CIP）数据

广义汽车设计 / 徐满年，徐习铭著. —北京：北京理工大学出版社，2020.9

ISBN 978-7-5682-9096-8

Ⅰ.①广…　Ⅱ.①徐…②徐…　Ⅲ.①汽车-设计　Ⅳ.①U462

中国版本图书馆 CIP 数据核字（2020）第 183596 号

出版发行 / 北京理工大学出版社有限责任公司
社　　址 / 北京市海淀区中关村南大街 5 号
邮　　编 / 100081
电　　话 /（010）68914775（总编室）
　　　　　（010）82562903（教材售后服务热线）
　　　　　（010）68948351（其他图书服务热线）
网　　址 / http：//www.bitpress.com.cn
经　　销 / 全国各地新华书店
印　　刷 / 三河市华骏印务包装有限公司
开　　本 / 710 毫米 × 1000 毫米　1/16
印　　张 / 20.25　　　　　　　　　　　　　　责任编辑 / 孙　澍
字　　数 / 352 千字　　　　　　　　　　　　　文案编辑 / 孙　澍
版　　次 / 2020 年 9 月第 1 版　2020 年 9 月第 1 次印刷　责任校对 / 周瑞红
定　　价 / 113.00 元　　　　　　　　　　　　　责任印制 / 李志强

图书出现印装质量问题，请拨打售后服务热线，本社负责调换

序言 1

《广义汽车设计》是本书作者给本书的命名。从书中所给出的广义汽车设计、狭义汽车设计的定义和本书的主要内容来看：

（1）不仅《广义汽车设计》是名副其实的，它还对汽车设计本身的系统性给予了很好的阐释，并且指出汽车设计理论如果没有或缺少了广义汽车设计理论，而只有狭义汽车设计理论，那么，汽车设计理论就是不完备的、是"瘸腿"的，其理论对实践的指导作用就会大打折扣，即应用不完备、"瘸腿"的汽车设计理论势必会导致汽车设计的质量与效率不高。

（2）虽说本书的学名《广义汽车设计》，名实相符。但是，也可以给本书起一个别名，那就是，关于汽车公司产品总设计师主要职责的讨论。

值得指出的是，当因电脑硬盘损坏前期20多万字的草稿全被"永久删除"时，该书作者也被建议过，如果将高机动越野汽车系列车型设计暨汽车产品系列化设计例解部分整理成书，而放弃原定目标，即放弃将《广义汽车设计》成书的目标，或许也是一种不错的选择。但是，作者他却本着困难是超越自我的阶梯，而坚持初心不改，最终完成了《广义汽车设计》一书。

本书与作者此前完成的著作相比较，可以说，《汽车之感悟》和《汽车之感悟Ⅱ》是作者在完成东风多利卡系列车型研发项目后所做的总结；《汽车产品研发全员管理学》是作者在完成东风猛士系列车型研发项目后，对"猛士"研发过程中的项目管理所做的总结；而本书《广义汽车设计》则是作者在完成"猛士"研发项目管理总结之后，花了整整10年时间对"猛士"项目所做的技术总结。这些著作正如他在作者简介中所说的那样，无不是源自他所完成的产品研发项目，又无不高于他所完成的产品研发项目。

总之，我愿意向读者朋友们推荐徐满年的代表作《广义汽车设计》。

东风汽车工程研究院前院长

黄佐朋

于 2020 年 2 月

序言 2

我们两位是吉林大学汽车学院的管欣、史文库教授。这次是应老同学徐满年的请求，给他的新书《广义汽车设计》作序。作序就需要认真阅读书稿。

然而，待我们先后阅读完书稿后，产生了一个共同的感觉，那就是：①《广义汽车设计》为我国汽车设计理论体系的完备，做出了属于徐满年的贡献；②为《广义汽车设计》的内容，或许更适合作为我国汽车行业骨干企业产品总设计师培训教材或参考图书，而不适合直接作为汽车专业院校培养我国汽车产品工程专家和工程师使用的教材，表示遗憾。

对于汽车专业研究生来说，将来走向汽车公司实际工作岗位之后，《广义汽车设计》是一部难得的自修提高用的参考图书。

就此书作序一事，我们完全赞成黄院长所给出的全面的、中肯的、恰当的评价，并没有任何的补充。

吉林大学汽车学院教授

史文库

于 2019 年 5 月

序言 3

本书的部分草稿（当时命名为"汽车设计笔记"）和这次的书稿，我都有幸阅读了。两份书稿所站的高度是完全不同的。就《广义汽车设计》所站的汽车设计学术的高度来说，可以用史无前例、空前来形容。

从作者的自我介绍可知，他是将中共党员视为自己的最高荣誉，而不是享受国务院津贴专家、中国汽车科技人才奖和国家科技进步一等奖等奖项的获奖者。

随着阅读的深入，我进一步发现作者不仅在其著作中表达出了他对马克思主义哲学和毛泽东思想推崇备至，并将毛主席关于矛盾的学说作为从事汽车设计研究的思想武器而贯穿全书。这说明作者是一位难得的有坚定信念的共产党员；同时，这也说明了作者在过去几十年的工作实践中，坚持了运用毛泽东哲学思想武器攻坚克难，才取得了如此优异成绩。并且，这也表明了作者多年来勤于总结、勤于奉献。

作为作者大学同寝室的室友，我为徐满年几十年不变的坚守而折服，也为他每次取得的成就而喜泣。

对于汽车学术方面的评价，由于我离开所学专业多年，只能说读后有豁然开朗的感觉。书中的新思想、新理念，应是很有冲击力的。

衡水市公安局退休干部

张建林

2019 年 12 月

前言

本书第一作者和许多读者朋友一样，从读大学开始，就怀有将来当一家汽车公司产品总设计师的梦想。为此，也上下求索了多年。当时间来到了2004年，即自己作为东风汽车公司技术中心东风猛士平台产品研发项目总工程师，在项目工作中对产品总设计应担负的主要职责有了一些感性认知，并也感觉到了总工程师和项目总指挥的主要职责与产品总设计师的主要职责应有所不同。同时，也明白了自己过去所做的汽车产品研发项目工作，有些工作属于汽车产品研发中的汽车产品工程工作，有些工作属于严格意义上的汽车产品设计工作。对产品工程和产品设计一肩挑的利弊也有了一些感性的认知，并且认为这是一个值得做深入思考的问题。

众所周知，感性认识是需要升华为理性认识的。

为此，笔者在完成了我国自主研发、被人们普遍称为中国首款高机动越野汽车平台产品——东风猛士平台产品的研发任务后，就想对东风猛士平台产品研发做些技术总结，并将总结的题目命名为——高机动越野汽车系列车型总体设计。然而，就应验了那句话——万事开头难。笔者所遇到的第一个难题即是高机动越野汽车产品定义的问题。

通俗地说，就是什么样的汽车才可称为高机动越野汽车？这个问题虽经多次努力，但是，直到2016年3月才在本书第二作者的协助下得以解决。之后随着"总结"的深入，对汽车设计理解的不断加深，逐渐认识到"总结"的命题应修改或升格为"广义汽车设计"。也只有这样才能符合将所做的"总结"在技术性与思想性两方面融会贯通，使所做的"总结"向既能"授人以鱼"又能"授人以渔"的目标前进一步。

汽车设计本身是由两部分组成：一是广义汽车设计，二是狭义汽车设计。

狭义汽车设计系指关于设计制定具体产品研发目标（包括造型目标要求与品质目标要求）的一系列活动。并且，狭义汽车设计关于设计制定产品品质目标要求的活动

广义汽车设计

通常被人们简称为汽车设计,而狭义汽车设计的另一部分被人们称为汽车造型设计。

广义汽车设计的任务内容是什么呢?

为此,先举汽车造型设计为例以助说明:

我相信大家都知道:汽车公司产品研发在造型设计流程方面需经公司的CEO(首席执行官)或能代表CEO的有关领导评审,并且,在评审会上领导通常会提出一些关于产品造型需改进、再提高的具体意见,或者说,会对评审对象的造型设计提出改进的目标要求。这些针对评审对象的造型设计提出来的、需要造型设计师给予落实的造型设计改进目标的要求,实质上也属于造型设计的范畴。笔者将其称为广义汽车造型设计。

汽车造型设计只有在走完了上述广义汽车造型设计流程之后才能冻结,即定案、不再改动。

狭义汽车造型设计是设计制定具体产品造型设计目标要求的活动;而广义汽车造型设计系指提出针对狭义汽车造型设计需要给予落实、改进的设计目标之要求的活动。从对最终的造型设计贡献的角度来说,广义汽车造型设计属于对狭义汽车造型设计的提高,而负责落实该提高的主体仍然是狭义汽车造型设计师。

由此可见,从保证汽车造型设计的质量来说,广义汽车造型设计与狭义汽车造型设计,两方面都是不可或缺的。并且,从流程方面来看,广义汽车造型设计在后,狭义汽车造型设计在先。通俗地说,广义汽车造型设计在流程方面与对评审对象的狭义汽车造型设计方面具有"马后炮"的属性。

在上述关于广义汽车造型设计必要性讨论的基础上,我们再讨论一下,除了造型设计任务之外需要广义汽车造型设计,设计制定具体产品品质研发目标的要求,即狭义汽车设计是否也需要有相应的广义汽车设计来引领或给予支持呢?

前　言

例如，众所周知，汽车设计需要有汽车产品设计流程与汽车产品设计分工体系来保证狭义汽车设计的质量和效率。然而，汽车产品设计流程与汽车产品设计分工体系，对汽车产品研发组织来说，是不会从天上掉下来的，是需要汽车研发组织不断摸索、改进而成的。

广义汽车设计的任务内容本身与狭义汽车设计的任务内容不同，但两者是紧密相连的，狭义汽车设计所需要的汽车产品设计任务的延伸部分，即广义汽车设计。例如，上面提到的广义汽车造型设计和汽车产品设计分工体系与汽车产品设计流程等设计任务，均属于广义汽车设计的任务内容。

就汽车产品设计流程来说，无论是狭义汽车设计，还是广义汽车设计，其流程都属于形式，它们都应服从各自的任务内容，也就说流程都需要服从客观的要求。广义汽车造型设计的流程，正如前面所述，它当属"马后炮"；然而，广义汽车设计的流程则不然，需要将其前置，而不能再是"马后炮"，也只有将其前置才能更好地发挥广义汽车设计对狭义汽车设计的指导作用。

您可能是即将高校毕业走上工作岗位的一位大学生或研究生、博士生，并有志于从事汽车产品研发、汽车产品设计，需要了解我国汽车产品设计和汽车产品研发的分工体系，以便从众多的企业中优选自己将要服务的对象。愿此书关于汽车产品设计分工体系的论述，会对您评价与选择服务对象有所参考。

您也可能是刚参加工作不久的、我国汽车产品研发战线上的新生力量。可是，您可能已经感觉到了某种困惑，即不知道自己所从事的产品研发工作的专业属性是否属于汽车设计专业，还是汽车产品工程，不知该向哪个方向去发力。

愿此书关于汽车设计、汽车总体设计、汽车产品工程定义的论述，能帮助消除类似的困惑。并告诉您，汽车设计与汽车产品工程任务一肩挑，即一只手从事汽车设计，另一只手从事汽车产品工程，这虽然会有自己画圈自己打眼、可以指哪打哪的"方便或好处"，但是，这也会不利于您专业的成长，或是不利于汽车产品研发质量的提高。

您可能是一位已经参加工作多年的老同志，或者说，您是一位汽车设计或汽车产品研发的组织者或研发团队的领头羊，深感自己企业的汽车产品设计流程对保证汽车设计质量、汽车设计效率的作用不明显。但是，不知是什么原因所造成的，或者说，对如何改进企业的汽车产品设计流程感到困惑。

愿此书关于汽车产品设计流程的论述，会对您消除有关困惑有所帮助。

您可能是企业自主品牌汽车产品研发方向的决策者之一，或是设计制定中国汽车产业发展战略与策略的参与者或决策者之一，那么，您可能会对我国自主品牌汽车产品市场竞争力徘徊不前感到困惑。

愿此书关于汽车产业与汽车产品研发战略与策略的论述，会对您消除有关的困惑有所帮助。

如果您从事的是汽车产品研发使命目标与行动纲领的研究或这方面的咨询工作，那么，您的最高目标，无疑是您所参与的汽车产品研发使命目标与行动纲领的表述深受企业员工发自内心赞同并自愿为之努力奋斗。

书中给出了汽车产品研发组织使命目标与行动纲领的设计例解，愿此例解能供您参考。

如果您是一位资深狭义汽车设计师，在通读、领略了本书主要内容之后，您可能会说，对于从事狭义汽车设计工作的人来说，本书关于汽车产品系列化设计的论述对我们会有帮助或可参考。

而对上述看法，笔者想说：

前　言

汽车设计教科书绪论指出：汽车设计是一项系统工程。而笔者以为汽车设计是系统性很强的一项集体性的社会活动，这或许更加符合汽车设计的释义。那么，只学习研究狭义汽车设计而对广义汽车设计不加以平衡地对待，我们所掌握的汽车设计理论怎么能说得上是系统的呢？充其量也只能算是个"半吊子"。另外，就学习狭义汽车设计来说，也需要虚实同悟、以虚带实。这样的学习效率才会高。

如果您现在就是一家汽车公司的产品总设计师，对本书所阐述的汽车公司产品总设计师的重要职责与履职深有同感的话，为了"江山代有才人出"，您一定希望将自己在产品总设计师岗位上的经验理论化、系统化，并得以传承。那么，《广义汽车设计》一书如果有幸能成为您的代笔、能表达出您之所想的话，那会是本书作者的莫大荣耀。

如果您有志于成为公司产品总设计师的后备人才，愿本书能成为您职业发展道路上的"伙伴与助手"。这是本书作者的最大心愿。

综上所述，《广义汽车设计》写作的初衷为：

针对目前我国对广义汽车设计的认知普遍处于感性阶段，而对汽车设计理论研究也只是注重狭义汽车设计的理论研究，所造成的我国汽车设计理论不系统，进而影响到我国自主品牌汽车产品研发的实际，笔者认为亟待将人们对广义汽车设计的碎片化的感性认识升华为系统的理性认识。

另外，虽然国外对企业使命目标与行动纲领、产品研发战略及汽车产品的系列化设计，也多有研究，但是，仔细考察国外有关方面的研究就会发现，它们的有关研究无不具有一个共性，那就是，相互孤立，即它们的这些研究没能注重使命目标、产品研发战略目标与产品系列化设计目标要求之间的相互联系性。

马克思主义哲学告诉我们：看待、研究事物应避免采用孤立的观点，而应采用凡事相互联系的观点，才能认清事物的本质、不犯片面性的错误。可是，西方国家对马克思主义学说的态度，无不是排斥的。这就为《广义汽车设计》克服西方国家在广义汽车设计的研究方面所存在的孤立、而非是联系的观点提出了要求，同时，也为《广义汽车设计》树立了在广义汽车设计理论研究方面领先于西方国家的目标要求。

但是，不得不说的是，《广义汽车设计》只是广义汽车设计理论的初创，还需要同仁们携手付出，给予完善与提高。

徐满年
2019 年 12 月于武汉

【内容摘要暨重要论点汇总】

凡事都既有主观的一面，也有客观的一面。汽车设计也不例外。

汽车设计具有两面性：一是汽车设计须以满足人们主观方面对汽车产品的需求为目标。例如，汽车设计要以高效、可靠、环保等要求为目标。二是从事汽车设计时，除了要考虑人们对汽车产品的主观要求之外，也需要对汽车设计所固有的对汽车设计行为主体的要求给予尊重，也就是人们常说的要尊重客观要求、按客观规律办事。否则，汽车设计就会事倍功半，汽车设计技术的提升就会缓慢。

本书将汽车设计所固有的两面性分别对应的汽车设计的任务内容定义为狭义汽车设计和广义汽车设计。

狭义汽车设计系指设计制定具体产品研发目标要求的系列活动。狭义汽车设计的研究内容所对应的是人们主观方面对汽车产品的要求。而且，人们的主观要求可归纳为两个方面：好看和好用。好看指的是汽车产品需满足或符合人们审美的要求；好用指的是汽车产品的品质需要满足人们的使用要求。

因此，狭义汽车设计的任务内容包括：设计制定汽车产品形与色的要求，设计制定汽车产品品质目标的要求。人们通常称前者为汽车造型设计，而将后者简称为汽车设计。

广义汽车设计系指为了保证或提高狭义汽车设计的质量与效率（或有效性）而开展的设计制定狭义汽车设计的设计依据和设计制定所针对的市场（或社会）需求目标的一系列活动。或者说，广义汽车设计系指为了使汽车产品研发组织在面对全体员工及产品研发利益相关方时能够凝心聚力，指导产品研发人员高效、高质量地实现产品研发总组织目标与不同历史条件下的具体产品研发目标所设计、采取的组织措施。

广义汽车设计与狭义汽车设计并非相互割裂、分开的，两者是有联系的。例如，在现如今汽车产品市场竞争日益白热化的时代，没有满足市场需求针对性或针对性不强的产品，市场就会不理想，甚至产品会没有市场。这就要求汽车产品研发组织在开展狭义汽车设计之前，先规划好多品种产品满足市场（或社会）需求的分工，即设计制定产品满足市场需求的针对性的目标要求，

广义汽车设计

或者说,产品系列化设计的要求,而不是任由狭义汽车设计团队自由或尽情地发挥。

然而,产品系列化设计要求又是以公司汽车产品研发战略与策略的要求为设计依据,即产品系列化设计是承上启下的重要环节。"承上"系指产品系列化设计需承接公司汽车产品研发的战略与策略,产品系列化设计是关于产品研发战略与策略的贯彻落实。"启下"系指产品系列化设计所明确的狭义汽车设计需满足的市场或社会需求的针对性要求。而汽车产品研发战略与策略又是贯彻落实汽车产品研发组织使命目标的要求。

由此可见,上述所列出的广义汽车设计任务无不是与狭义汽车设计环环相扣的、重要的汽车设计客观要求的集合。

虽然,广义汽车设计的概念是本书新提出来的,但是,广义汽车设计的实践活动却早已有之。例如,按广义汽车设计定义,各企业普遍开展的产品研发战略与策略的研究,以及产品规划设计等,都属于广义汽车设计。只不过是此前没有对这些汽车设计、研究活动给予一个统一的名称——广义汽车设计。除此之外,还有一个缺陷或不足,那就是没有将所做的广义汽车设计的研究用一根主线牵起来。用学术的话来说,就是以往没有用联系的、系统的观点来对待所做的广义汽车设计的研究。这就难免会出现孤立、片面的问题。因此,这些广义汽车设计的研究成果在当时出现被束之高阁、不能很好地起到对狭义汽车设计指导作用的现象,就不难理解了。

本书写作的初衷为,针对以往的广义汽车设计研究所存在的上述两点缺憾,采用狭义汽车设计客观要求的这根主线,将汽车产业和企业产品研发的使命目标研究、产品研发战略与策略研究及汽车产品系列化设计目标要求联系起来,克服广义汽车设计研究不系统、孤立、片面的缺憾。本书将较为完整的广义汽车设计的例解,呈献给祖国汽车产业和关心支持或投身于中国自主品牌汽车事业发展的仁人志士。

重要论点一:

本书将汽车企业产品研发所需要开展的汽车设计任务内容划分为两大部分:一是广义汽车设计,二是狭义汽车设计。为此,本书分别给出了广义汽车设计和狭义汽车设计的定义。并且将广义汽车设计作为本书重点研究、讨论的对象。

重要论点二:

汽车产品研发自现代汽车工业开始就从专属于能工巧匠的个体行为中摆脱了出来,汽车产品研发进而演变成一项有组织的、有分工的集体性社会活动。这样问题就被提出来了:类似的集体性社会活动效率的高低甚至成败,它取决于的第一关键因素是什么？或者说，汽车公司组织汽车产品研发活动的第一要务是什么呢？

为此，我们先一同来温习一下我国古代"兵圣"孙武所著的《孙子兵法·计篇》的一段话：兵者，国之大事，死生之地，存亡之道，不可不察也。故经之以五事，校之以计，而索其情：一曰道、二曰天、三曰地、四曰将、五曰法。道者，令民与上同意，可与之死、可与之生，而不危也……

"兵圣"孙武将影响国之存亡之道的国之大事归纳为"五事"，而列五事之首的是道。而道者令民与上同意，可与之死、可与之生。这样国家才不会有亡国之危。

汽车产品研发对于汽车公司来说，也属"兵者，国之大事"。并且，公司之大事、兴衰之道不可不察也。而列公司之兴衰"五事"之首的也同样是道，即充分调动汽车产品研发组织全体员工与公司产品研发利益关联方的主观能动性。

汽车公司领导班子成员，切记不要视公司的汽车产品研发工作仅仅是公司汽车产品研发组织的责任。"国之五事，不可不亲察也。"并且，亲察应先察"五事"之首——道，即充分调动汽车产品研发组织全体员工与公司产品研发利益关联方的主观能动性。

众所周知，抓工作需要一个抓手。公司察"五事之首"也同样需要选择一个抓手。这个抓手无疑就是公司产品总设计师。至于如何抓这一抓手，笔者认为需要虚实同务。

务虚措施系指设计制定或不断完善汽车产品研发组织使命目标与行动纲领，并使之保持与时俱进。不需多言，汽车产品研发组织使命目标与行动纲领的设计提出或完善，理应属于公司产品总设计师的重要职责之一。

例如，东风汽车公司的前身——第二汽车制造厂（以下简称"二汽"），在20世纪80年代初，时任总工程师的孟少农老前辈就对二汽的产品研发组织提出过总目标要求，也即是使命目标要求：改进一代、研发一代、预研一代。后被东风人简称为"三个一代"。

但是，类似这样的使命目标的设计放在今天来看，难免会有明显的时代局限性，亟须加以改进、完善。

务实措施系指着力设计、制定汽车产品研发组织汽车产品研发分工体系，包括汽车设计分工体系，并不断加以改进与完善，使之能够与时俱进。毫无疑问，这是公司产品总设计师的重要职责之一。

研究汽车产品研发分工体系之所以会成为公司察"五事"之首的重要务实项，首先，这是因为科学、合理的汽车产品研发分工体系是汽车产品研发组织内部全体员工实现个人价值之路径——"出产品、出人才、出思想"的重要客观要求。不敢想象一家汽车产品研发分工体系严重不完善的汽车产品研发组织的员工，能在实现个人价值的路径上通过"出产品、出人才、出思想"的人尽所长的阶梯不断提升自身的价值，并同步实现自身的价值。其次，科学、合理的汽车产品研发分工体系本身就是保证汽车设计高质量、高效率的重要客观要求之一。

然而，上述公司察"五事"之首的务实项，能不能很好地得到落实？或者说，如何考察与评价产品总设计师所设计的汽车产品研发分工体系呢？

对此，笔者依据对汽车设计分工体系与汽车产品设计流程研究的体会，认为汽车公司产品总设计师所主持完成的汽车产品设计流程，如果有以下特点，其所设计的分工体系通常会是合适的、可试使用的。

首先，能够认知到汽车设计任务是由多个层面的任务所组成的，并且，每个任务层面都客观地存在着属于"主要矛盾"的设计任务项与属于"非主要矛盾"的设计任务项。

其次，逐一优先解决任务层面上的"主要矛盾"所对应的设计任务，在主要矛盾得以解决之后，任务层面中的"非主要矛盾"所对应的设计任务就迎刃而解了。简言之，就是认知并按照汽车设计诸项设计任务客观要求的次序来设计制定产品流程，而不是对主要矛盾与非主要矛盾没有充分的分析与认知，就凭臆想设计制定产品流程。

汽车产品设计流程如能做到上述之要求，就说明这样的产品总设计师对汽车设计的理解是深刻的。说明他能很好地运用马克思主义哲学凡事相互联系着的、而非孤立的观点，并通过对事物之间的联系性的分析来认知事物的主要矛盾，并优先着力解决事物的主要矛盾，即按汽车设计客观所固有流程之要求来完成汽车产品设计任务。这样的产品总设计师是难能可贵的。他所领衔设计的汽车设计分工体系通常会是合适的、可放心试用的。而那些对公司汽车产品组织的汽车产品设计流程没有什么建树，同时对汽车产品设计流程的研究也不感兴趣的产品总设计师，他所设计制定的汽车设计分工体系通常会是不科学、不合理的，或者说，类似这样的产品总设计师对公司产品研发组织的汽车设计分工体系的建设也不可能做出什么有价值的建树。

关于汽车产品设计流程的打造，详可参见本书第四章——汽车产品设计流程梗概和第十一章——打造高机动越野汽车整车主要技术参数系列平台产品设计技术平台的设计分析与设计流程的叙述。

重要论点三：

在汽车零部件生产与研发已经普遍实现专业化、社会协作化的今天，汽车产品研发的分工，包括汽车设计的分工，首先是整车制造商与零部件供应商之间的分工，并且该分工的界面就是汽车子系统设计。

为了解决零部件或总成产品研发周期长、满足不了整车或汽车子系统研发周期需要的问题，汽车工业，或者说，汽车零部件供应商摸索出来的、切实可行的措施就是汽车零部件或总成产品研发先行，即实行汽车零部件或总成产品的研发按零部件或总成产品功能与品质的模块化、标准化、系列化的要求先行完成零部件产品的研发。这就导致了整车厂商的汽车子系统的设计任务转变成统筹优选零部件供应商先行研发完成的模块化、标准化了的零部件或总成，而不再是统筹研究设计、制定组成汽车子系统的诸零部件或总成的设计目标要求。相应地，零部件或总成的设计与研发的行为主体就自然而然的是汽车零部件或总成产品的生产供应商，而整车厂商的汽车子系统设计任务就转变成了统筹优选模块化、标准化了的零部件或总成。这样整车厂商与零部件供应商就在汽车子系统的界面上就实现了分工。

由此可见，在汽车零部件或总成产品研发实行专业化发展的趋势下，留给整车厂商的狭义汽车设计任务就只有汽车造型设计与如下两个方面的汽车设计任务：一是组成整车的诸子系统的设计任务，即设计制定为整车诸子系统统筹优选诸零部件或总成的标准或评价之要求；二是以整车产品整体目标完整、平衡和最优化为准绳，来协调组成整车的诸子系统设计之间的相互关系。

本书将狭义汽车设计的整车与零部件实行分工之后，除了造型设计之外，留给整车厂商的上述两个方面的汽车设计任务定义为汽车总体设计。

综上所述，汽车零部件生产与研发实行专业化、社会协作化之后的今天，要求整车厂商的狭义汽车设计应着重建设，也只需着重建设：一是汽车造型设计力量的建设；二是汽车总体设计力量的建设。

现代汽车技术的百年发展史表明，整车厂商与汽车零部件供应商实行专业分工、合作推动汽车设计技术进步是符合汽车设计技术进步客观要求的，即走专业化发展的道路是发展专业技术的必然选择。并且，整车厂商的汽车总体设计与汽车造型设计一样，也需要走专业化发展的道路。

然而，目前我国汽车整车厂商各级汽车总体设计师的设计任务由相应的各级产品工程师兼职完成的现象还普遍存在，或者说，还比较严重。甚至包括公司产品总设计师的主要职责也是由公司总工程师或专业总工程师或公司的其他副总经理兼职完成的。

对此现象，有太多的批评可言。

众多的批评可归结为一句话，那就是：兼职即是不够专业，而汽车产品研发诸方面的工作，无不需要走专业化之发展道路；兼职可满足的只是部分人才

（包括公司的有关领导）人尽其才的需要，但是，它不能满足人尽所长的需要。而如今在各行各业竞争激烈的条件下，只有人尽所长才是竞争取胜的正道。

总之，兼职是不符合汽车产品设计走专业化发展道路之客观要求的，是一种不应有的现象。它会对汽车产品设计或产品研发能力建设产生不良的影响。

重要论点四：

汽车公司产品总设计师，除了是设计制定汽车设计分工体系与产品设计流程的第一责任人之外，还是汽车公司研究制定产品研发战略与策略的第一责任人。

本书将汽车产品研发战略与策略研究划分成了两个不同的发展阶段：

一是在汽车工业发展的初期，即产品品种不够齐全、产品市场还没有饱和的发展阶段。该发展阶段研究产品研发战略与策略的目的要求为：依据企业自身产品研发的相对比较优势，筛选、确定优先研发产品的方向。

例如，我国在20世纪80年代中期布局轿车发展时，有的企业选择了小排量的经济型"家轿"作为企业发展轿车产品的优先选择，而有的企业则是将1.6升及以上排量（既可作为"家轿"来使用，也可作为那个时期的"公务用车"）作为企业发展轿车产品的优先选择等。而这两种不同的策略的选择，影响了它们今后若干年企业经营的状况和发展。这一发展阶段在我国已经是过去时了。

二是汽车工业发展的中后期，在该发展阶段汽车产品市场总体上已经处于饱和或过饱和的状态。而该发展阶段在我国目前正处于现在进行时的初期阶段。在该发展阶段，研究产品研发战略与策略的目的要求转变成了——面对总体上饱和或过饱和的汽车产品市场，通过对汽车产品进行科学的分类，从中发现汽车产品市场需求新的增长点并想方设法给予满足。

总之，开展汽车产品研发战略与策略研究的目的要求为：明确产品优先的研发方向或优先研发的具体产品。关于汽车产品研发战略与策略的研究，只有立足于以提出明确优先产品研发方向或优先研发的具体产品为目标，才会使得产品研发战略与策略的研究具有实际意义。并且，也只有这样才会使得类似的战略与策略的研究不会是浮云。

例如，本书第一作者与第二作者分别针对东风汽车产品研发能力与北京汽车股份有限公司（以下简"北汽"）产品研发能力现状的共性，即其产品研发能力的两面性（注：产品研发能力的两面性系指从同一历史时间段所完成的新车型研发的数量来看，我们的汽车产品研发能力与国外先进水平难分伯仲，而从所研发完成的新车型的产品市场竞争力来看，我们的汽车产品研发能力与国外先进水平相比较，则相距甚远。对此，可详见本书正文有关章节的阐述）的特征十分明显进一步指出：东风和北汽两家汽车集团公司的产品研发组织内部的项目管理，应对产品研发项目区分战略性项目与一般性的非战略项目实施不同的研发管理策略，即对一般性的非战略项目实行项目总师负责制，而对战略性项目则实施"集中力量打歼灭战"的策略。在产品研发管理策略方面不可一刀切，并指出了甄鉴战略性项目与一般性非战略项目的方法：凡是需要或涉及多个专业或多个部门的力量才能够完成的项目，应定义为战略性项目；而凡是由一个部门可完成或只涉及一个专业的项目，应定义为一般性的非战略项目。

对战略性项目实施"集中力量打歼灭战"的策略，"集中力量打歼灭战"也包含了两个意思：这里的"集中力量"，首先系指产品研发组织集中其所有的精兵强将，并按人尽所长来组织分工，逐一开展完成产品研发的战略性项目，而不是同步开展两个及两个以上的战略性项目。

- 优势产品研发力量向战略性项目集中，首先，需要回答的问题是战略性项目的优选。

在如今的汽车产品市场，总体来看已经处于饱和或过饱和状态。如果我们今天不对市场进行细分的话，那么，对于汽车产品研发来说，就会有不需要作为、也无可作为的感觉或认知。因此，我们需要对汽车产品进行细化分类，研究汽车产品市场的需求，进而优选战略性研发项目。因此，需要我们回答的第一个问题即是汽车产品的分类方法。

关于汽车产品，人们常用的分类方法是按汽车构造的结构型式。然而，该常用的汽车产品分类方法无助于我们认知汽车产品市场需求新的增长点。因此，我们需要研究新的汽车产品分类方法。

通过运用本书新提出来的、以汽车地形通过性参数作为划分汽车产品类型的方法，并结合我国汽车产品研发能力的现状指出：目前，我国发展自主品牌乘用车产品应集中力量于非普通乘用（即 SUV 产品与乘用车类皮卡）作为做大做强自主品牌乘用车产品的突破口。

乘用车类皮卡系指针对皮卡产品本身所固有的载货与乘坐功能兼顾的属性，建议进一步将皮卡汽车产品按乘坐区额定载质量与载货区额定载质量的分配比例，划分成载货车皮卡和乘用车皮卡，并且将上述细分皮卡产品的做法给予标准化，以推动我国路政管理部门对皮卡汽车产品实行分类管理。这必将会极大促进我国皮卡产品市场的发展。

本书还特别针对东风和北汽两家公司的乘用车自主品牌产品研发实际，建议它们积极推动将皮卡汽车产品按乘坐区额定载质量与载货区额定载质量的分

广义汽车设计

配比例进一步划分成载货车皮卡和乘用车皮卡，并且，在自主品牌乘用车产品研发战略方面做一些调整，将非普通乘用车作为做大做强自主品牌乘用车产品的突破口。而不宜采取轿车自主品牌产品与SUV自主品牌产品齐头并进的战略。

另外，本书还针对东风和北汽两家公司都不可能放弃越野车产品的研发与生产经营，并且都还想将各自的越野汽车自主品牌做大做强的实际，也就是说，这两家公司都会坚持贯彻越野车产品与乘用车产品研发，两手抓、两手都要硬的指导方针。为此，本书深入分析了做大做强越野汽车产品自主品牌的路径与措施、并指出：做大做强越野汽车产品自主品牌需经历多品牌相互竞争的阶段、并通过竞争来瓜分中国越野车产品市场，逐步走向越野车产品品牌或市场份额集中的过程。在越野车产品品牌走向集中的过程中，东风和北汽两家集团公司应争当"领头羊"，在以下方面率先发力，力求早日实现越野车产品市场集中度的提高。

第一，率先提出全谱系研发越野汽车产品的战略目标；争做中国越野车产品，特别是军需越野车产品的唯一供应商。

第二，率先推出全谱系越野车产品型谱规划设计，并抓住国内外用户关于越野车产品需求的机会，逐步实现全谱系越野车产品型谱的规划设计。

总之，要走一条全谱系越野车产品型谱规划设计、分期实施的做大做强越野汽车自主品牌产品的道路。这是做大做强中国越野车产品自主品牌的必然要求。整合、统一越野车产品品牌，是提高越野车产品系列化水平，即系列化水平从目前的平台产品系列化发展，提高到系列平台系列化的新高度的必要措施。对此，详可参见本书关于汽车产品系列化的论述。

上述"集中力量打歼灭战"还应有第二层意思，即"打歼灭战"系指对产品研发战略项目不仅要全力做好投产前的产品研发工作，在投产之后也不能放松，还需着力解决产品投放市场后用户抱怨的问题和影响用户购买偏好提升产品设计的问题。

为此，要求所研发产品的主要技术性能指标不仅要领先于市场竞争对手产品的各项主要性能指标，还需要满足所研发的产品类型的性能指标度的要求。这样要求的目的就是给后续的现生产产品改进工作留有作为的空间与时间，以避免出现继续坚持对现生产产品改进不如直接着手研发换代产品的尴尬局面。这方面的典型成功案例即是东风EQ140汽车。

在此，值得加以强调的是，我们现在的产品研发工作需要注重从以往的产品研发的成功案例中吸取经验。

重要论点五：

本书指出了笔者在学习《汽车设计》（1981，2001）所给出的汽车产品系列化概念的基础上对汽车产品系列化设计的新的理解。

汽车产品系列化设计系指为了控制产品成本和提高产品满足市场需求针对性，或提高用户购买偏好，而采取的系列化设计措施。

目前，常见的国外汽车产品系列化设计措施有：一是利用（或通用）产品结构实体平台快速研发推出平台系列化产品；二是通过打造产品技术平台并利用产品技术平台快速研发并推出系列化平台产品；三是针对品牌产品用户购买偏好形成与成长的根本在于产品的品质与价格满足用户群体的需求，而且，产品品质的决定性因素是其产品背后所执行的产品技术标准。据此，可通过对 A 品牌产品技术标准体系中的某些标准做适当的修改，或者说，做适应性的修改，修改方向为适当降低产品成本或满足不同用户群体的购买偏好，即形成另一新的产品品牌 B。总之，利用品牌产品标准局部通用化的措施，推出新品牌的目的就是消除单一品牌产品在满足用户多样化需求方面的局限性。

相应地，汽车产品系列化也存在三个不同的层次。

一是，平台产品的系列化。平台产品系列化的特点是以通用的平台产品实体结构为基础，快速研发并推出平台系列化产品，以满足不同用户的驾驶体验与不同的装载形式体验的需求。

例如，东风猛士平台产品、北汽勇士平台产品通过加装于通用的底盘上的上装部分的变化来给用户提供不同的装载或载客体验，如平硬顶、软顶等多款变型车产品。

平台产品系列化设计，关键是通用平台产品的设计。它是平台系列产品研发的重点或难点。而在通用平台产品研发成功的基础上研发平台系列产品，通常会相对容易很多，并被国内汽车厂商普遍掌握和应用。对此，不再赘述。

二是，系列平台产品系列化设计。系列平台产品系列化设计系指以利用通用的产品技术平台为基础，快速研发、推出多款系列化平台产品，以打破单一平台产品在满足社会需求方面所存在的局限性。

例如，机动性能明显高于一般机动性越野汽车产品的东风猛士平台产品，其额定许可总质量为 5 000 kg。如果说用东风猛士平台产品去满足满载后总质量近 7 000 kg 或满载后总质量只有不足 4 000 kg 的应用需求，那么，东风猛士势必不可能很好给予这两种需求较好的满足。因此，需要研发与东风猛士平台产品机动性能相同或相近的、额定许可总质量更高或更小的同类型系列产品，以打破东风猛士平台产品在满足社会需求方面所存在的局限性。

首先，开展系列平台产品系列化设计，则单一平台产品设计的任务就会不

广义汽车设计

复存在了。单一平台产品设计任务就会被系列平台产品系列化设计任务所包容、所替代。例如,单一平台整车产品的整车主要技术参数设计任务就会被系列平台产品型谱设计任务所包容、所取代。而且,开展系列平台产品系列化设计是提高或保证系列平台产品的技术通用性,即它是保证系列产品平台的技术性能指标相同或相近的必要措施,它还是提高或实现系列平台产品结构通用化程度的必然要求。

其次,开展系列平台产品系列化设计的前提是掌握系列平台产品的技术平台。利用所掌握的产品技术平台,就可以通过所谓的举一反三,高效率、高质量地完成系列平台产品系列化的设计任务。

但是,产品技术平台是需要打造的。只有通过打造产品技术平台才能得到产品技术平台,并给予应用。

本书以高机动越野汽车平台产品型谱设计,或者说,以高机动越野汽车系列车型总体设计为例,全面、深入地阐述了打造整车主要技术参数设计技术平台的设计流程与设计分析方法。通过对整车主要技术参数设计技术平台的打造,可改变过去我们对整车主要技术参数设计知其然不知其所以然的状况,而做到既知其然也知其所以然。

并且,利用所打造的高机动越野汽车整车主要技术参数设计技术平台设计、推出高机动越野汽车系列平台产品型谱设计的意义还在于:它给出了开展、完成汽车产品系列化设计的第一关键任务内容,即型谱之例解。

值得指出的是:①打造整车主要技术参数设计技术平台和利用所打造的整车主要技术参数设计技术平台设计、推出整车系列平台产品型谱,是高效、高质量地完成汽车系列化设计的第一关键设计任务内容,同时,也为顺利、全面开展汽车系列平台产品系列化设计打下了良好的基础。也就说,汽车产品系列化设计的任务内容远远不止上述型谱设计的任务内容。②通过本书所介绍的高机动越野汽车整车主要技术参数设计技术平台的打造,我们还可发现:美军悍马 H1 车型整车主要技术参数设计仍然局限在经验设计阶段。尽管美国人的经验很丰富,但是,也难免会有个别的整车技术参数设计存在不系统的问题。例如,悍马 H1 车型的跃台阶能力与通过台阶的能力就存在不系统的问题,和离地间隙、横向通过角、纵向通过角三个参数之间也存在不系统的问题。

因此,为了赶超国外先进,需要我们大力加强汽车设计技术的系统性研究,以加强系统性研究来弥补经验之不足。

关于汽车产品系列化的第三个层次,即品牌系列化,本书在阐述汽车产品品牌系列化概念的基础上,针对我国绝大多数的乘用车自主品牌产品由于产品研发能力不够强、水平不高,致使乘用车自主品牌产品的技术含量不够高,其产品只能走低价竞争路线的现实，提出了走低价竞争策略的自主品牌不宜实施多品牌战略，并且，也不宜搞品牌产品的系列化。也就是说，在发展品牌系列化方面需要贯彻落实集中力量的指导方针。

例如，由于产品研发能力不强、水平不高，某自主品牌 SUV AX7 产品的技术含量不够高，其产品市场竞争只能走低价竞争策略。AX7 产品的市场销售定价为 11 万元左右，所推出的系列产品还有 AX5、AX4 和 AX3，共计四款 SUV 系列产品。这就使得其系列产品 AX5、AX4 和 AX3，如果与 AX7 产品的定价相近或级差不够大的话，则势必 AX5、AX4 和 AX3 的销售量会很低迷；如果与 AX7 产品定价的级差足够大的话，则势必会出现 AX5、AX4 和 AX3 的销售价格低于产品成本的不可接受的局面。

本书针对目前我国乘用车自主品牌研发能力不强、技术含量不高的实际，指出了当前我国乘用车自主品牌产品不宜盲目地实施多品牌战略，也不宜实施品牌产品的系列化。目前，应想方设法将乘用车自主品牌产品的技术含量提高上去、产品单价提高上去，之后才会有发展多品牌和品牌系列产品的市场空间。

重要论点六：

本书上述五个重要论点，均属于广义汽车设计的论点。然而，由于广义汽车设计与狭义汽车设计的任务内容是紧密联系、不可彻底分割开来的。因此，在研究讨论广义汽车设计任务时，即将做大做强自主品牌汽车产品的重要策略之一的"将我们的自主品牌汽车产品的各项技术性能指标，包括可靠性与耐久性指标，即将汽车产品品质的诸项评价指标，逐项地提高为设计使用条件所需要的和目标用户购买偏好所要求的产品品质水平——产品品质的度。当产品品质低于度的要求时，提高产品品质会大提高产品的市场竞争力，而当产品品质高出度的要求时，则进一步提高产品品质对提升产品市场竞争力的影响就会变得不明显了。力求自主品牌汽车产品的品质符合品质度的要求，这会是我们做大做强自主品牌汽车产品的具体技术路径"亦作为狭义汽车设计的一个新概念或新方法提出来，以供同行们参考、应用。

这里所说的汽车产品品质的度，首先是一个哲学的概念；其次是哲学概念的度在汽车设计中的应用。在此，关于度的哲学概念，就不再赘述了。

值得指出的是，上述重要论点六还附带出两个子论点：①学习、掌握和应用汽车技术性能指标度的概念是提升、保证汽车产品设计质量的重要方法，是汽车产品设计的最高境界，是各级汽车产品工程师努力的方向。而且，各级汽车产品工程师的努力方向则是在汽车产品工程技术领域攻坚克难，练就一身汽车产品设计师指哪打哪的真功夫。②汽车产品研发组织各级汽车产品设计师和

广义汽车设计

产品工程师，在分析评介、取舍不同的设计方案时，应一改单纯地分析、评介设计方案以性价比为主，而应坚持应用汽车产品品质度的概念，并以满足产品品质度的要求作为评介、取舍设计方案的首要标准。

综上所述，笔者认为我国自主品牌汽车产品设计不应再以所谓的产品"性价比高"为设计目标，而应以产品品质符合品质度的要求作为第一目标。然而，过去或较长时期以来，我们的自主品牌汽车产品设计在一定程度上或在很大的程度上是以"性价比高"作为设计目标的。追求"性价比高"是不符合提升汽车产品市场竞争力客观要求的，或者说，汽车设计追求"性价比高"是我们在汽车设计上正在走或走过的弯路。

目录

第一篇 汽车设计概说

第一章 汽车设计概述 ······ 3
第一节 汽车设计是汽车产品研发实施分工的结果 ··· 3
第二节 汽车设计的一般性释义 ······ 7
第三节 狭义汽车设计概说 ······ 8
 一、狭义汽车设计的释义及其要求 ······ 8
 二、关于狭义汽车设计的分析方法 ······ 9
第四节 广义汽车设计概说 ······ 10
 一、广义汽车设计的定义 ······ 10
 二、广义汽车设计研究的主要内容 ······ 13
 三、学习、研究广义汽车设计的一般性方法 ······ 14
 四、广义汽车设计研究的意义 ······ 14

第二篇 广义汽车设计

第二章 汽车设计分工体系设计分析（上）暨狭义汽车设计分工体系设计分析 ······ 19
第一节 汽车设计分工体系概说 ······ 19
 一、汽车设计分工体系的基本概念 ······ 19
 二、汽车设计分工体系的研究方法 ······ 20
 三、汽车设计分工体系研究的目的、要求及意义 ······ 20
第二节 狭义汽车设计分工概说 ······ 21
 一、狭义汽车设计专业分工（一）暨汽车造型设计专业分工概述 ······ 21
 二、狭义汽车设计专业分工（二）暨汽车总体设计专业分工概述 ······ 25
第三节 狭义汽车设计职级分工概述 ······ 34
 一、汽车造型设计师职级与职级分工概述 ······ 34
 二、汽车总体设计师职级与职级分工概述 ······ 35

第三章 汽车设计分工体系的设计分析（下）暨广义汽车设计分工体系设计分析 ······ 41
第一节 汽车设计分工体系设计（专业）的任务与必要性 ······ 41

一、汽车设计分工体系设计的必要性暨广义汽车设计
　　　　分工体系设计专业的必要性概述 ………………………… 41
　　二、汽车设计分工体系设计专业的任务内容 …………… 43
　　三、汽车产品研发分工体系设计专业职级分工的讨论
　　　　与建议 ………………………………………………………… 46
第二节　广义汽车设计的主要任务与相应的职级
　　　　　分工的讨论 …………………………………………… 46
　　一、我国广义汽车设计任务分工概况 …………………… 46
　　二、汽车产品研发任务分工的所谓"兼职模式"弊端
　　　　的分析讨论 ………………………………………………… 53
　　三、广义汽车设计第一责任人职责任务与职级分工的
　　　　讨论 …………………………………………………………… 55
第三节　汽车设计分工体系设计分析小结 …………… 64

第四章　汽车产品设计流程梗概 ………………………… 66
第一节　汽车产品设计流程概说 …………………………… 66
　　一、汽车产品设计流程的基本概念 ……………………… 66
　　二、我国汽车产品设计流程亟待解决的问题 ………… 68
第二节　广义汽车设计流程梗概 …………………………… 69
　　一、广义汽车设计流程概说 ………………………………… 69
　　二、广义汽车设计流程梗概 ………………………………… 71
第三节　狭义汽车设计流程梗概 …………………………… 73

第五章　中国汽车产业使命目标与产品研发战略目标
　　　　要求的讨论 ……………………………………………… 79
第一节　中国汽车产业使命目标的讨论 ………………… 79
　　一、使命的释义 ……………………………………………… 79
　　二、中国汽车产业使命目标要求与设计的讨论 ……… 82
第二节　中国汽车产业发展战略目标要求
的讨论 ……………………………………………………………… 83
　　一、"战略"一词的释义 …………………………………… 83
　　二、中国汽车产业使命与战略目标的关系 …………… 85
　　三、中国汽车产业发展战略目标要求的讨论 ………… 86

第六章 发展中国汽车自主品牌产品研发的一般性策略的讨论 ... 89
第一节 中国汽车产业发展策略的回顾 ... 89
一、"三大三小"策略简介 ... 89
二、中国汽车产业发展出发原点的回顾 ... 90
三、中国汽车产业发展战略或策略研究的现状 ... 90
第二节 中国自主品牌汽车产业地域发展策略的讨论 ... 91
第三节 中国发展自主品牌汽车一般性策略的讨论 ... 92
一、汽车产品品牌的基本概念 ... 92
二、中国汽车自主品牌发展现状与发展趋势概说 ... 94
三、汽车产品技术性能指标度的基本概念 ... 97
四、中国发展自主品牌汽车的历史经验 ... 100

第七章 发展中国汽车自主品牌产品研发策略的讨论 ... 106
第一节 汽车产品的分类 ... 106
一、汽车产品分类概说 ... 107
二、汽车产品定义及分类的讨论 ... 108
三、汽车产品分类小结 ... 119
第二节 做大做强自主品牌乘用车产品策略的建议 ... 120
一、做大做强非普通乘用车自主品牌策略的讨论 ... 120
二、做大做强自主品牌非普通乘用车产品路径策略的讨论 ... 124
三、做大做强轿车自主品牌分三步走策略的建议 ... 125
第三节 做大做强自主品牌商用车产品策略的建议 ... 127
第四节 做大做强自主品牌越野车产品策略的讨论 ... 129
一、越野车自主品牌产品研发存在的突出问题 ... 129
二、目前我国越野车产品品牌众多的由来与各品牌生存之道的解析 ... 131

三、整治越野车产品品牌过多、市场集中度低的
　　　　一般性措施讨论 …………………………………… 133
　　四、做大做强自主品牌越野车产品策略的讨论 ……… 133
第五节　做大做强自主品牌汽车零部件产业策略
　　　　的讨论 …………………………………………… 145
　　一、中国汽车自主品牌零部件产业现状的特点 ……… 145
　　二、做大做强中国汽车零部件产业自主品牌策略的
　　　　讨论 ……………………………………………… 146

第八章　企业汽车产品研发组织使命与行动纲领的
　　　　讨论 ……………………………………………… 150
　第一节　企业汽车产品研发组织使命目标与行动
　　　　纲领的讨论 ……………………………………… 150
　　一、企业汽车产品研发组织使命目标与行动纲领的
　　　　释义 ……………………………………………… 150
　　二、设计制定企业汽车产品研发组织使命与行动纲领
　　　　意义的讨论 ……………………………………… 151
　第二节　企业组织设计制定使命目标与行动纲领
　　　　要求的讨论 ……………………………………… 152
　第三节　企业组织使命与行动纲领设计例解的
　　　　讨论 ……………………………………………… 152
　　一、关于东风汽车公司技术中心使命与行动纲领栏目
　　　　设置的讨论 ……………………………………… 152
　　二、关于东风汽车公司技术中心企业使命设计的
　　　　讨论 ……………………………………………… 154
　　三、关于东风汽车公司技术中心企业行动纲领设计的
　　　　讨论 ……………………………………………… 154
　第四节　相关问题的讨论 ………………………………… 157

第九章　中资企业发展自主品牌汽车产品研发战略的
　　　　讨论 ……………………………………………… 159
　第一节　企业产品研发战略与策略的一般性
　　　　讨论 ……………………………………………… 159
　　一、企业产品研发战略与策略的释义 ………………… 159
　　二、企业产品研发战略与策略的客观性 ……………… 160

三、企业产品研发战略与策略是企业发展战略与
　　策略的重要组成部分 ·············· 160
第二节　在新的历史发展阶段企业产品研发战略
　　　　目标的讨论 ················· 161
一、关于在新的历史发展阶段企业产品研发战略要求
　　的讨论 ····················· 161
二、关于在新的历史发展阶段企业产品研发战略目标
　　的讨论 ····················· 162

第十章　中资企业发展自主品牌汽车产品研发策略
　　　　的讨论 ··················· 175
第一节　企业产品研发策略的释义暨企业产品
　　　　研发策略研究的主要任务 ········· 175
第二节　自主品牌非普通乘用车产品研发贯彻落实
　　　　"集中力量打歼灭战"的战略指导方针之
　　　　策略的讨论 ················· 176
一、关于贯彻率先做大做强SUV自主品牌产品战略之
　　策略的讨论 ··················· 176
二、关于贯彻率先做大做强乘用车类皮卡自主品牌产品
　　战略之策略的讨论 ··············· 178

第三篇　高机动越野汽车系列车型型谱设计暨汽车平台产品系列化设计例解

第十一章　打造高机动越野汽车整车主要技术参数
　　　　　系列平台产品设计技术平台的设计分析
　　　　　（方法）与设计流程 ············ 185
第一节　汽车产品系列化设计的基本概念 ······ 185
第二节　打造高机动越野汽车整车主要技术参数
　　　　设计技术平台之例解 ············ 188
一、打造整车系列平台产品型谱设计技术平台的释义
　　及其意义 ···················· 188
二、打造整车系列平台产品整车主要技术参数设计技术
　　平台需完成的设计分析任务项之总汇 ······ 189

三、打造整车系列平台产品整车主要技术参数设计技术
　　　　　平台的一般性设计分析方法 …………………………… 190
　　　四、高机动越野汽车整车主要技术参数设计分析与体系
　　　　　化之研究 ………………………………………………… 193

第十二章　汽车地形通过性参数系统性研究 ………………… 218
　第一节　汽车地形通过性参数系统性研究的内容与
　　　　　研究的意义 ……………………………………………… 218
　第二节　汽车地形通过性参数设计系统性研究方法
　　　　　概述 ……………………………………………………… 219
　第三节　汽车设计使用条件范围内道路或地面条件
　　　　　的关键性评价指标的分析认知 ………………………… 220
　第四节　汽车设计使用条件范围内道路或地面最大
　　　　　坡度与汽车坡道起步能力的概念 ……………………… 222
　第五节　汽车地形通过性参数设计分析与设计流程
　　　　　的讨论 …………………………………………………… 223
　　　一、汽车地形通过性参数设计第一组参数设计分析 … 223
　　　二、汽车地形通过性参数设计第二组参数设计分析 … 226
　第六节　高机动越野汽车整车主要技术参数设计
　　　　　技术平台打造结果汇总 ………………………………… 236

第十三章　高机动越野汽车系列平台产品型谱设计暨
　　　　　整车平台产品系列化设计例解 ……………………… 239
　第一节　我国开展汽车产品型谱设计之历史概况 …………… 239
　第二节　高机动越野汽车系列平台产品型谱设计之
　　　　　概说 ……………………………………………………… 240
　　　一、系列平台产品型谱释义 ……………………………… 240
　　　二、高机动越野汽车系列平台产品型谱作为汽车整车
　　　　　平台产品系列化设计之例解的解释 ………………… 241
　　　三、汽车系列平台产品型谱设计的一般性要求 ……… 242
　第三节　开展完成高机动越野汽车系列平台产品型
　　　　　谱设计的意义 …………………………………………… 242
　　　一、它是将我国高机动越野汽车产品做大做强的
　　　　　需要 ……………………………………………………… 243

二、它是提升我国越野汽车产品系列化水平，赶超国际
　　汽车产品系列化先进水平的需要……………………… 243
三、它是我们深入学习掌握先进汽车系列化设计理念和
　　产品研发方法的需要……………………………………… 243
四、它是提高我们产品设计研发效率与质量的需要 … 243
第四节　高机动越野汽车系列平台产品型谱设计
　　　　分析……………………………………………………… 244
一、高机动越野汽车系列平台产品型谱设计方法
　　概述………………………………………………………… 244
二、高机动越野汽车系列平台产品型谱设计第一组
　　关键参数的设计分析…………………………………… 245
三、高机动越野汽车系列平台产品型谱第一组关键
　　参数设计完成后即可同步完成的型谱参数设计 … 262
四、高机动越野汽车系列平台产品轴距参数之型谱 … 268
五、高机动越野汽车系列平台产品地形通过性参数
　　型谱………………………………………………………… 270
六、高机动越野汽车系列平台产品整车外形尺寸
　　型谱………………………………………………………… 271
第五节　高机动越野汽车系列平台产品型谱设计
　　　　小结……………………………………………………… 272
一、小结1 ……………………………………………………… 272
二、小结2 ……………………………………………………… 275
三、小结3 ……………………………………………………… 275

第十四章　汽车产品品牌系列化设计初探……………… 276
第一节　汽车产品品牌系列化设计概说…………………… 276
第二节　汽车产品品牌概述…………………………………… 277
一、汽车产品品牌的基本概念……………………………… 277
二、汽车产品品牌系列化设计任务内容与责任主体 … 278
第三节　汽车产品品牌研发能力评价的客观方法与
　　　　汽车公司品牌研发能力跨越式提高路径问题
　　　　的讨论…………………………………………………… 280
一、汽车产品品牌研发能力评价的客观方法…………… 280

二、汽车公司品牌研发能力跨越式提高路径问题的
　　　　讨论 ·· 281
第四节　关于军需越野汽车产品全谱系化的
　　　　讨论 ·· 282
　　一、我国军需越野汽车产品品牌系列化需求的例说 ··· 282
　　二、军需越野汽车产品全谱系化的讨论 ··············· 283
参考文献 ·· 287
后记 ·· 288
鸣谢 ·· 289

第一篇
汽车设计概说

引　言

　　普通社会大众，很难区分汽车设计与汽车产品工程，而将它们笼统地称为汽车技术。然而，从事汽车技术的专业人员与有关人员，就需要将汽车设计与汽车产品工程区别对待，即需要按照汽车设计与汽车产品工程各自专业的客观要求来加以对待，也就是人们常说的要按照客观要求或客观规律办事，否则，汽车技术的发展就会事倍功半。

　　本篇首先回顾了汽车设计的发展简史，强调了汽车设计是汽车产品研发实施分工的产物，并介绍了在现代汽车工业之前汽车产品研发的生产方式普遍是合伙人的股份制，是亨利·福特在研发福特 T 型车时率先采取了岗位聘任制。亨利·福特对汽车产品研发的生产方式的变革取得了极大的成功——从此开创了汽车产品研发生产方式的主流模式，即岗位聘任制；意义更为重大的是从此开创了现代汽车工业。另就汽车设计来说，汽车产品研发岗位聘任制取得成功的内涵是十分值得用心揣摩的。

　　本篇还阐释了汽车设计的释义，并且首次提出了狭义汽车设计与广义汽车设计的概念。

第一章

汽车设计概述

第一节　汽车设计是汽车产品研发实施分工的结果

20世纪初，亨利·福特在研制福特T型车时，聘请了多位汽车产品研发不同专业领域的专家，而他本人则亲自承担起产品总设计师的工作，并且对所聘用的产品研发人员用其所长，组成了有组织、有专业分工的研发团队，共同研制福特T型车，即改变了过去由少数志同道合之人鼎力合作包办某一新车型的全部研发工作的汽车产品研发的生产方式。这也就是说，福特T型车的研发生产方式一改此前的合伙人股份制合作方式为岗位聘任制。正是福特T型车研发生产方式的这种改变，才使得福特T型车能够很好地满足当时人们对汽车产品品质的要求，加之亨利·福特还发明了解决汽车零部件互换问题的技术措施和汽车流水生产作业方式，大大提高了汽车产品的生产效率，使得汽车生产成本也大幅度降低。因此，亨利·福特在获得极大的商业成功的同时，也开创了现代汽车工业，并极大地推动了现代汽车工业的发展。

从此，汽车产品研发的生产方式就沿着亨利·福特研发T型车时所开创的汽车产品研发的生产方式，即汽车产品研发实施设计目标要求的设计制定与设计目标的贯彻落实实行分工并实行岗位聘任制，不断发展、完善。

另外，汽车产品研发的组织方式与汽车产品研发活动的规模，亦是相辅相成、相互促进的。

广义汽车设计

目前，国内外大、中型汽车公司的汽车产品研发工作大体上均按如下两个层级进行分工。

第一层级分工：

在第一层级分工层面上，汽车产品研发工作被划分成管理技术类、产品研发技术类、非产品技术类和一般性服务类四大类。

产品研发技术类工作系指汽车产品研发工作中的汽车设计专业技术工作和汽车产品工程专业技术工作及产品试验和新技术研究工作，这四类产品研发工作又被统称为汽车产品研发技术工作。

非产品技术类工作，顾名思义，并非系指技术含量不高的工作，而是特指所应用的技术为非产品技术工作。解决此类工作和一般性服务类工作的需求［如IT（互联网技术）保障、保安、保洁等］，汽车产品研发机构通常采取服务外包的方式。而汽车产品研发机构则专注于汽车产品研发管理技术和汽车产品研发技术的有关工作。

值得指出的是，在实际产品研发工作过程中难免会出现对汽车产品研发技术类工作也采取服务外包的方式。但是，应尽快摆脱此类服务外包。产品研发技术类工作若长期依靠服务外包势必会严重阻碍汽车产品研发组织自主掌握该类产品研发技术的核心，也势必会影响到产品研发成本与产品研发人员的士气。

第二层级分工：

在第二级分工层面上，产品研发技术类工作又被进一步划分成如下四小类。

第一类分工——汽车设计，即设计制定研发目标要求。人们通常将其通俗地比喻成"画圈"。

例如，亨利·福特在研制福特T型车时所开创的汽车产品研发有组织的、集体性产品研发活动，即实行汽车设计与汽车产品工程分工，并一改此前的合伙人股份制，实行岗位聘任制。后经实践证明他的这些做法是符合汽车设计客观要求的。亨利·福特的这些做法即是他对研发福特T型车所做出的、原始的广义汽车设计，而福特T型车的具体研发目标要求即属于福特T型车的狭义汽车设计。

亨利·福特开创的汽车产品研发实行汽车设计与汽车产品工程分工和岗位聘任制，是亨利·福特对汽车产品研发分工体系和充分调动产品研发人员主观能动性措施的贡献。也正是亨利·福特所奠定的产品研发分工体系和充分调动产品研发人员主观能动性措施的这些原始的、广义汽车设计的基础，才使得福特T型车产品研发团队鼎力合作，一举奠定了福特T型车产品市场竞争力领先的局面。

亨利·福特在组织福特T型车产品研发时就很好地解决了产品研发"五事之首"的问题，即亨利·福特通过其相比较而言较为科学合理的产品研发分工体系和用人体制——岗位聘任制的实行充分调动了产品研发人员的主观能动性。这两项举措的设计直接奠定了亨利·福特"现代汽车工业之父"的地位。

值得一提的是，关于调动研发人员的主观能动性，亨利·福特为什么没有采取当时汽车产品研发普遍所采取的合伙人股份制，而是开创性地采取了岗位聘任制呢？笔者认为这是由于合伙人股份制也有固有的缺点，那就是，汽车产品研发合伙人对汽车产品研发目标的想法很难统一，那么主观能动性也是得不到充分发挥的。汽车产品研发，包括汽车设计，其各项工作都必须统一到一个目标上来。用统一的目标统领各项工作，做到"人心齐，泰山移""上下同心，其利断金"，并在统一目标的基础上"步调一致，才能取得胜利"，这是各行各业亘古不变的道理，也就是说，合伙人股份制在汽车产品研发方面有其自身的局限性。而亨利·福特所开创的汽车产品研发岗位聘任制很好地克服了合伙人股份制的局限性，获得了巨大的成功，并且成为百年汽车工业产品研发的主流研发生产方式。

在亨利·福特所设计的汽车产品研发分工体系的雏形和汽车产品研发的岗位聘任制的基础上，第二次世界大战后出现了汽车设计的再次分工，即将汽车造型设计与汽车品质目标要求设计实行了分工。这首先就是对亨利·福特所设计的汽车产品研发分工雏形的再设计、再提高，也是广义汽车设计对汽车设计分工体系的再设计。此后，20世纪50年代中后期60年代初，在汽车工业先进国家纷纷出现了汽车产品研发战略与策略的研究和汽车产品规划设计等不同于传统的、狭义汽车设计概念的汽车设计任务，即开始出现大量不同于具体产品研发目标要求的设计任务，从此汽车设计在汽车造型设计与汽车品质目标要求设计已经实施分工的基础上，再次出现分工，或者说，从此本书将要着重讨论的广义汽车设计就开始较为普遍地、客观地、正式地走上历史舞台。

无论是现代汽车工业创建的初期，还是之后的百年发展，都充分表明了只有广义汽车设计相对先进的汽车产品研发组织，产品研发能力才能相对领先，才能够研发出产品市场竞争力相对领先的汽车产品。并且，凡是对汽车产品研发能力和所研发的产品市场竞争力不满意的公司，都应从广义汽车设计方面去找原因、找解决问题的路径。这也是开展广义汽车设计的意义所在。

第二类分工——汽车产品工程，即贯彻落实所制定的产品研发目标要求，人们通常将该类产品研发工作称为汽车产品工程，并通俗地将汽车产品工程比

广义汽车设计

喻成"打眼"。

汽车产品工程的责任目标是贯彻落实产品研发项目的具体设计目标,即负责汽车设计所设计制定产品品质的研发目标的贯彻落实。

综上所述,狭义汽车设计的责任目标,简言之就是贯彻落实广义汽车设计的要求。而汽车产品工程的责任目标则是贯彻落实狭义汽车设计的要求。

第三类分工——产品试验工程,通俗地说,产品试验工程的责任目标即是检查所打的眼与所画圈的符合度;另外,产品试验工程的任务通常也包括对下述第四类分工,即产品新技术研究的试验验证工作。

第四类分工——产品新技术研究,即针对新产品研发对新的产品设计理论的需要和针对新产品研发对新的产品工程技术的需要而开展的产品新技术的研究工作。

开展产品新技术研究的目的与要求:针对应用当前所掌握的产品技术所研发完成的汽车产品不能满足将来产品市场竞争的需要或不能满足企业发展战略目标需要的现实,产品技术先进的大型汽车公司通常都会投入大量的人力与物力来研发新的产品技术,以满足公司长远发展过程中对产品新技术的需求。

汽车行业习惯上将设计制定具体汽车产品品质研发目标要求的系列活动或系列工作称为汽车产品设计活动,并简称为汽车设计,而将贯彻落实具体汽车产品研发目标要求的工作称为汽车产品工程,并将验证汽车产品工程是否满足其设计目标要求的有关工作称为汽车产品试验工程。汽车设计与产品工程及产品试验工程,三者之间的分工应是泾渭分明的。此处"泾渭分明"意指:三方面的工作既要有明确的、各自的责任主体,又是紧密相连的,或者说,三方面的工作又是相互支持或配合的。并且,将上述前三种类型的技术工作笼统地称为产品研发工作,而称上述第四种类型的产品新技术研发工作为技术研发工作,以示技术研发与产品研发的区别。

国内外汽车产品研发的实践和理论分析均表明:本书所介绍的汽车产品研发上述分工措施(或模式)是保证汽车产品研发质量和效率的必要措施。这也是在自主品牌汽车产品研发实践中要认真学习、贯彻,并不断加以完善提高的。

针对上述所介绍的汽车产品研发分工模式,不妨先试想一下:如果没有汽车设计和汽车产品工程的科学分工,也就是说,负责汽车产品品质研发目标贯彻落实的汽车产品工程专业技术人员同时也是设计制定有关产品品质研发目标要求的主体责任人,通俗地说,就是自己画圈自己负责打眼。那么,会不会造成产品研发目标实际上是"打哪指哪",而不是"指哪打哪"呢?而产品研发是"指哪打哪"好,还是"打哪指哪"好呢?对此,答案是不言自明的。

总之，汽车设计是汽车产品研发实施专业分工的产物。汽车产品研发实施专业分工，并不断细化分工是促成现代汽车工业诞生与发展的重要的、内在或内生的推动力，也是保证汽车产品研发质量与效率的客观要求。正是由于汽车设计是汽车产品研发分工的产物，因此，若想要深入了解或学习汽车设计，那么，汽车设计分工则是最佳切入点。

第二节　汽车设计的一般性释义

经过第一节的温习，了解到，汽车设计首先是汽车产品研发组织将产品研发目标要求的设计制定与研发目标要求的贯彻落实实施分工的结果。因此，汽车设计的第一层含义为：汽车设计属于汽车产品研发活动分工的结果；第二层含义为：汽车设计系指研究设计制定汽车产品研发目标要求的系列活动。

众所周知，分工是组织分工的一种结果与目的，即分工是组织分工的产物，而且分工的目的就是通过组织实施的分工来提高组织活动的效率。汽车设计活动是汽车产品研发组织实施分工的产物，因此，汽车设计活动与汽车产品研发组织之间存在着类似于父母与子女的关系。也许正是因为如此，汽车产品研发组织在重视、强调具体产品研发目标设计的同时，也注重汽车产品研发组织自身目标要求的建设。并且，应公认：有什么样的汽车产品研发组织，或者说，有什么样的产品研发队伍，就会研发出什么样的市场竞争力产品。这正是汽车产品研发组织普遍重视自身建设的核心意义。

这也就是说，汽车产品研发目标要求有两个方面或两个层次：一是对汽车产品研发组织的目标要求，或者说，汽车产品研发组织关于汽车产品研发的总的目标要求；二是具体产品研发的目标要求。

上述两方面目标要求的关系为：具体产品研发目标要求属于产品研发总目标要求的子目标要求，而且，子目标要求与总目标要求又是对立统一的。有子目标要求必然会有总目标要求。汽车产品研发组织关于汽车产品研发的总目标要求就是具体产品研发目标要求的高度概括或集中体现；而具体产品研发目标要求本身也需要总目标来对其加以高屋建瓴。或者说，汽车产品研发组织的总目标要求是关于具体产品研发目标要求的指导。汽车产品研发组织关于汽车产品研发的总目标要求的实现势必需要通过多个具体产品研发目标要求的实现累积，而才得以实现的。汽车产品研发组织持续开展产品研发的终极总目标即是汽车产品研发组织的使命目标。

1954 年，企业管理大师彼得·德鲁克（Peter Drucker）在其著作《管理的实践》中指出，并不是因为有了企业和员工，才有了工作和工作目标，而是相反，明确了企业组织使命才能确定企业每个部门和员工的工作目标要求，而有了工作目标要求才会有企业和员工，员工也才有了工作。所以，企业组织使命是企业存在的重要前提条件或标志，也是企业的根本性目标。

汽车产品研发组织所设计制定的使命目标则应是对阶段性的产品研发战略目标的统领，并且，阶段性的产品研发战略目标则是使命目标实现的路径。具体产品研发目标是对公司产品研发总战略目标的贯彻落实。

而从另一个角度来说，汽车设计和其他事物一样，亦存在两面性。

一是人们关于汽车设计的主观要求，即汽车产品设计应以满足人们的主观要求为目标。

二是汽车设计活动本身对其行为主体的要求，称之为汽车设计的客观要求，即汽车设计活动需满足的客观规律或要求。

综上所述，汽车设计的任务内容可以划分成上述两个层次，或主观与客观两个方面。

因此，研究汽车设计亦需要从上述的两个层次或从主观与客观的两个方面来开展，并且缺一不可，或者说，研究汽车设计需要均衡地从上述两个层次或主观与客观的两个方面来进行。

第三节　狭义汽车设计概说

一、狭义汽车设计的释义及其要求

人们对汽车设计的主观要求，顾名思义，系指人们主观方面对汽车产品的要求。例如，高效、可靠、环保等要求，这些都是我们一直在为之努力奋斗的目标。类似的汽车设计主观要求所对应的汽车设计的任务内容及目标要求，大家也无不熟悉。

笔者将我们所熟悉的汽车设计的这部分任务内容称为狭义汽车设计，即狭义汽车设计系指设计制定具体汽车产品研发目标要求的活动。其中包括设计制定汽车形（包括内饰与外饰）的目标要求和汽车使用品质的目标要求。并且，人们通常将设计制定汽车形的目标要求，包括外形和内饰及色彩方面的要求，称为汽车造型设计，而将设计制定汽车产品使用品质的目标要求简称为汽车设计。开展狭义汽车设计的目标要求，无非就是直接、更好地满足人们对汽车产品的主观要求。

二、关于狭义汽车设计的分析方法

关于狭义汽车设计的分析方法，可划分为如下四类。

1. 狭义汽车设计的一般设计分析方法

狭义汽车设计的一般设计分析方法，并不意味着该类方法不重要、不实用或实用意义不够高，反而系指那些常用的、不需要再开展专门研究的，并且已经在实际汽车设计中得到普遍应用的汽车设计分析方法。例如，《汽车设计》（1981，2001）等有关教材和各类汽车设计参考资料上所阐述的关于狭义汽车设计分析方法。

2. 狭义汽车设计的重要设计分析方法（一）

狭义汽车设计的重要设计分析方法（一）系指按狭义汽车产品设计流程要求开展汽车设计的方法。

对此需要加以说明的是，目前大家所普遍熟悉的汽车产品设计流程均系指狭义汽车设计流程。然而，汽车设计是由广义汽车设计和狭义汽车设计两部分组成，因此，汽车设计流程也应该相应地由两部分组成：一是狭义汽车设计流程，二是广义汽车设计流程。

关于狭义汽车设计流程与广义汽车设计流程的进一步讨论，请见本书后续有关的叙述。

3. 狭义汽车设计的重要设计分析方法（二）

狭义汽车设计的重要设计分析方法（二）系指汽车多品种、系列化产品设计分析方法。

可能有人会说，此类设计分析方法不需再单独列出，因为，《汽车设计》（1981，2001）等资料已有阐述了，它可被包含在上述汽车设计的一般分析方法中。

对此，笔者回答如下：

《汽车设计》（1981，2001）等有关资料关于汽车产品系列化的阐述，仅限于汽车产品系列化概念的介绍，还没有论及或没有给出关于汽车产品系列化设计的具体方法的指导。例如，没有指出开展汽车产品系列化设计的第一关键任务是什么，如何完成第一关键任务等。更何况，其所给出的系列化概念也是很值得商榷的，或者说，《汽车设计》（1981，2001）等有关资料对汽车产品系列化的阐述存在亟待提高的地方。例如，《汽车设计》（1981，2001）等有关资料关于汽车产品系列化的定义存在将系列化视作通用化措施之嫌疑。而实际上，产品系列化则是利用多种产品通用化的措施，利用产品实体结构平台、产品技术平台和产品标准平台，来实现低成本地满足人们对汽车产品的多样化需求的措施；而通用化则是多样化产品实现低成本的重要措施而已。

关于汽车产品系列化的定义与系列化设计分析方法，请见本书后续所做的论述。

4. 其他狭义汽车设计分析方法

关于上述一般方法、重要方法（一）、（二）等设计分析方法有待增补的说明。

毫无疑问，前面我们提到过的汽车设计的一般设计分析方法、重要设计分析方法（一）和重要设计分析方法（二），势必会是动态的，即不断会有新的汽车设计分析方法研究成果出现，来对上述三种汽车设计分析方法进行增补。因此，笔者特以"其他狭义汽车设计分析方法"的名义，说明上述三种汽车设计分析方法的最新增补。

在此，恳请汽车设计同行们不吝赐教，协力对狭义汽车设计分析方法进行增补。

第四节　广义汽车设计概说

一、广义汽车设计的定义

正如第三节所述，笔者将大家都熟悉的设计制定具体汽车产品研发目标要求的系列活动定义为狭义汽车设计，而与狭义汽车设计相对应的，就是广义汽车设计。

首先，广义汽车设计研究的任务内容是汽车设计的客观要求或客观规律。

然而，由于汽车设计的客观要求的内容是很宽泛的。例如，汽车设计对人力、物力、财力、信息等资源，都是开展狭义汽车设计所需要的客观条件。但是，它们并非汽车设计这一水渠的"干流"，而属于"支流"，即它们无不是从不同的侧面来给汽车设计提供某种保障。可见，这些"支流"是不符合广义汽车设计释义的。

因此，笔者进一步将广义汽车设计定义为：

广义汽车设计系指为了保证狭义汽车设计高质量与高效率而开展的，但是，设计任务内容本身已超出了狭义汽车设计的任务内容，已不再属于狭义汽车设计定义所规定的任务范畴，并与狭义汽车设计紧密相连的汽车设计的一系列延伸设计或向狭义汽车设计任务来源上流的追溯。或者说，广义汽车设计系指汽车产品研发组织关于设计制定狭义汽车设计目标要求之外的、关于汽车产品研发组织自身目标要求的设计制定的一系列活动。

汽车产品研发组织目标体系中关于汽车产品研发组织自身的目标要求，也不是单一的目标要求，而是由多个目标所组成的目标体。在这多个目标所组成的目标体中，最为重要的目标，正如第二节所指出的那样，它应该是：

(1) 汽车产品研发组织的使命目标。
(2) 汽车产品研发组织产品研发的战略目标，即实现使命目标的路径。

广义汽车设计研究的任务内容还应包括产品研发行动纲领的研究。

当汽车产品研发组织的使命目标和实现使命目标的路径明确后，接下来的重要研究任务就是行动纲领的研究。行动纲领是关于实现目标要求的纪律保证。汽车产品研发的行动纲领的研究内容，应包括：

(1) 汽车产品研发组织使命与行动纲领的研究；
(2) 汽车产品研发分工体系的研究；
(3) 汽车产品研发流程的研究。

第一，关于汽车产品研发组织使命与行动纲领的研究目的或意义为：充分调动汽车产品研发组织每一位成员与其利益关联方开展汽车产品研发活动的主观能动性。汽车产品研发工作属于科研活动的一种，或者说，汽车产品研发工作具有科研活动的属性。而充分调动科研工作者对科研工作的主观能动性，则是一切科研活动管理的第一要旨。

第二，在汽车产品研发组织的目标体中，除了需要有终极目标（即使命目标）之外，还需要有在不同历史条件下的阶段性目标。这不同历史条件下的阶段性目标，就是人们常说的汽车产品研发战略与策略目标，也就是实现使命目标的路径。例如，目前我们发展自主品牌乘用车产品是应优先发展非普通乘用车自主品牌产品，还是应优先发展普通乘用车自主品牌产品，或两手都要抓，并且，两手都要硬？开展汽车产品研发战略与策略研究的目的要求就是给出类似上述问题的答案。

然而，对于汽车产品研发组织来说，其使命目标和战略与策略目标的贯彻落实，是需要行动纲领来保驾护航的。

关于汽车产品研发组织所设计提出的行动纲领，无不是对其使命目标和战略与策略目标的贯彻落实具有重大意义的纪律要求之纲要。并且，这"纪律要求之纲要"只有关于使命目标的行动纲领也是不够的。它还需要有保障产品研发活动高质量、高效率的行动纲领。例如，汽车产品研发的一切活动都需要按科学的分工体系之要求来组织，并按照科学的产品研发流程的要求来组织完成。

总之，汽车产品研发，包括汽车设计，需要由统一的目标来引领各项工作。"人心齐，泰山移""上下同心，其利断金"和"步调一致，才能取得胜

广义汽车设计

利"等道理深入人心，就是对此很好的阐释。

由此可见，上述依据广义汽车设计定义所提出的，汽车产品研发组织使命目标与行动纲领、产品研发的战略与策略目标和汽车产品研发分工体系与开发流程的研究，共计四个方面，无不是汽车产品研发（包括汽车设计）活动极其重要的客观要求。

然而，《管理的实践》告诉我们，汽车设计的客观要求有诸多项，远不止上述四个方面。并且，这诸多项的客观要求对汽车设计的影响也是不均等的。其中，势必存在主要的客观要求和非主要的客观要求。主要的客观要求对汽车设计的发展起主导性的作用，而非主要的客观要求则处在从属的地位。因此，面对诸多汽车设计客观要求，应区分主要客观要求和非主要客观要求，也就是汽车设计客观要求的主要矛盾和非主要矛盾，并且要加以区别对待。

面对汽车设计诸项客观要求，我们应该如何判断哪些客观要求属于主要客观要求，哪些客观要求属于非主要的客观要求？为此，需要从认知诸项汽车设计客观要求的联系性着手，即审视诸项汽车设计客观要求所对应着的、需要开展的工作的内容，看它是否构成了满足与之相关联的汽车设计客观要求得以满足的前提条件。如果此客观要求所对应的、需要开展的工作构成了彼客观要求得以满足的前提条件，那么，我们就认为此客观要求就是主要的客观要求。

例如，本书将要重点讨论的汽车产品研发组织使命目标、汽车产品研发战略目标、产品系列化设计目标要求，它们是狭义汽车设计必要的设计输入，即设计依据或目标要求，并且，开展汽车产品系列化设计亦是提高产品研发效率和保障产品研发质量的重要措施。这些一并被视作汽车设计的主要客观要求或广义汽车设计的主要任务内容。

综上所述，在上述所给出的广义汽车设计定义的基础上，针对汽车设计诸项主要客观要求的集合的认知与尊重而开展的一系列活动，也可定义成广义汽车设计，或者说，广义汽车设计也可定义为设计制定开展狭义汽车设计所需要的一系列设计制定狭义汽车设计的依据与目标要求的活动。例如，汽车产品研发组织的使命目标要求是狭义汽车设计依据的总源头，而汽车产品研发组织使命不仅是充分调动汽车产品研发组织成员与利益关联方的主观能动性的需要，还是汽车产品研发战略与策略的设计依据，而汽车产品研发战略与策略又是设计制定汽车系列平台产品型谱的设计依据。汽车系列平台产品型谱，又是设计制订具体车型研发目标的设计依据，总之，它是狭义汽车设计的依据。

对照上述汽车设计、狭义汽车设计的释义及广义汽车设计的定义，我们不难发现：截至目前，我国在汽车设计理论方面所开展的研究和取得的理论研究成就，主要集中在狭义汽车设计方面，而广义汽车设计的概念则是笔者在本书中首次公开提出来的、一个全新的汽车设计概念。但是，不能说此前，我们对广义汽车设计或汽车设计的主要客观要求一无所知。只不过是没有对广义汽车设计进行系统性的研究，或者说，没有将汽车设计客观要求的感性认知上升为系统的理性认知。

过去在汽车产品设计、研发工作中，一直偏重于狭义汽车设计分析方法的研究与应用，对广义汽车设计理论研究与应用则重视不够，这就会导致下述现象（或现象之一）出现。

（1）科学的、有价值的产品研发战略与策略研究，无不是关于当前所处的汽车产品市场，或当前汽车产业所处的发展阶段，最具研发（或市场）价值产品类型的回答，或者说是汽车产业与企业应优先研发的产品类型的回答。

因此，缺乏汽车产品研发战略与策略的研究，会直接导致缺乏对优先研发产品的正确认知。

（2）缺乏对广义汽车设计的研究，势必会导致汽车产品研发分工体系不能与时俱进，不能充分发挥产品研发分工体系对保障产品研发效率与质量的作用。

（3）缺乏对广义汽车设计的研究，势必会导致汽车产品研发流程不够健全，即对汽车设计不能起到应有的指导作用。

汽车产品研发与汽车设计流程不健全，不是说对流程从来就没开展过专门的研究、建设，而系指汽车产品研发与汽车设计的流程对保障汽车产品设计质量与效率的作用不明显或根本就没有什么实际作用。

更为严重的是，当出现或发现流程的作用不强之后，长期找不到问题的责任主体与解决问题的办法，似乎谁对这些问题都没有责任。结果就是，对上述问题大家视若无睹，任其长期地存在着。而与之相反的是，如果对广义汽车设计有深入的研究或深入的认知，则上述问题根本就不会产生，偶尔在局部有所发生，大家也都知道问题的责任主体是谁并会督促其改正。

这正是我国自主品牌汽车设计和产品研发不尽如人意的主要原因。或者说，我国汽车技术界目前亟待解决的重大问题之一，就是要补齐广义汽车设计理论研究与实际应用的这块短板。

二、广义汽车设计研究的主要内容

由广义汽车设计的定义可知，一般（general）意义上的广义汽车设计所研究的内容可划分成两大方面。

一是认知蕴含在狭义汽车设计中的、汽车设计的诸项主要客观要求并力求使汽车设计的诸项主要客观要求得到较好的满足。

二是学习、研究广义汽车设计的分析方法。

然而,广义汽车设计直接的具体任务内容则为:

(1) 研究、设计制定汽车产品研发组织的使命目标与行动纲领,并组织宣贯。

(2) 研究、设计制定汽车产品研发组织的产品研发战略与策略,并组织落实。

(3) 研究、设计制定汽车产品研发组织的汽车设计和产品研发流程,并组织宣贯。

(4) 组织开展汽车产品研发组织的汽车设计和产品工程分工体系的研究,并使之与时俱进、不断完善。

(5) 组织开展汽车产品系列化设计升级活动。既要突破目前的产品系列化设计仅局限于平台系列化产品,又要学习研究系列平台产品的研发和产品品牌系列化设计的方法。

三、学习、研究广义汽车设计的一般性方法

依据广义汽车设计的定义,即广义汽车设计研究内容是汽车设计的诸项主要客观要求,并就汽车设计的主要客观要求来说,其产生的根源无不是人们对汽车设计的主观要求。也就是说,主要客观要求无不是对主观要求的反作用。没有作用力就不会有反作用力的原理告诉我们,认知汽车设计的主要客观要求,或者说,研究、掌握广义汽车设计,需要对照人们对汽车产品的主观要求来认知汽车设计的主要客观要求。并且,还需要明确一点,那就是,汽车设计的主要客观要求,或者说,客观对主观的反作用,绝对不会是对具体哪位设计师的客观要求。汽车设计的主要客观要求必定是关于对汽车产品研发组织的、具有共性的客观要求,而具体设计师则需要尊重汽车设计组织所提出来的汽车设计或汽车产品研发的客观要求。

因此,这也就规定了研究认知汽车设计主要客观要求,或研究、掌握广义汽车设计理论的方法应从并也只能从认知人们对汽车设计的主观要求来入手。

四、广义汽车设计研究的意义

开展广义汽车设计的首要任务或首要意义,就是充分调动全体员工与利益相关方的主观能动性,为高质量、高效率地实现产品研发目标而努力。

开展广义汽车设计的次要的目的要求或意义,还在于:在实现凝心聚力的前提下,广义汽车设计的任务内容为引导产品研发人员高效、高质量地实现产品研发组织目标与不同历史条件下的具体产品研发目标所设计、采取的组织措

施。而这些措施的目的或意义为面对激烈的产品市场竞争，优选产品研发项目并集中力量（即聚力）高质量、高效率地完成。

正如广义汽车设计定义所说，广义汽车设计是汽车设计诸项主要客观要求的集合，并且本书关于广义汽车设计的阐述并不是简单地将汽车设计诸项主要客观要求简单地堆砌在一起，而是将汽车设计诸项主要客观要求加以梳理、阐释，使得广义汽车设计具有较强的系统性。

尊重客观要求或按客观要求办事，这一原则大家都耳熟能详。

大道至简，知易行难。

它难就难在需要结合汽车设计实际来认知汽车设计的客观要求，并且需要运用马克思主义哲学事物之间都是联系着的哲学观点，深入分析汽车设计诸项客观要求之间的联系性，才能确认汽车设计诸项主要客观要求。这样才可高效率地认知汽车设计诸项主要客观要求并给予尊重。

开展广义汽车设计具体的意义如下：

对于狭义汽车设计来说，众所周知，一般有什么样的设计队伍，就会得到什么样的设计结果。对于不注重产品研发设计即对于汽车设计的客观要求不去开展深入的研究、认知，并给予充分尊重的汽车产品研发组织来说，这样的产品研发组织怎么会有高水平的设计队伍呢？怎么能设计、研发出市场竞争力强的汽车产品呢？那是绝对不可能的！

本书将要探讨的广义汽车设计之主要内容为：汽车产品研发组织使命与行动纲领、汽车产品研发战略与策略、汽车设计分工体系与产品设计流程及汽车产品系列化设计等，无不是保证汽车设计质量及效率不可或缺的措施，或者说，这些研究内容无不是汽车设计极其重要的客观要求。

第二篇
广义汽车设计

广义汽车设计

引　言

依据本书所给出的广义汽车设计的定义，广义汽车设计的任务首先应包括：①汽车设计分工体系的设计与汽车产品设计流程的设计制定；②汽车产品研发使命与战略设计制定。

汽车产品研发使命与战略设计制定的任务，可被划分成两个层面来讨论：一是国家汽车产业使命与发展汽车产业战略及策略；二是企业汽车产品研发组织使命与产品研发战略及策略。

为此，本书先着重讨论了中国汽车产业使命的概念及其研究的意义，接着介绍了战略与策略的释义，并重点讨论了中国汽车产业产品研发宜采取的战略与策略的建议。

经本书的研究、讨论提出了：

（1）应按皮卡汽车的主要功能，将皮卡汽车产品细分为主要功能为载货的载货皮卡和主要功能为载客的载客皮卡，并向实现自主品牌皮卡乘用车产品和SUV产品做大做强，率先发力或取得突破。

（2）关于自主品牌普通乘用车的做大做强，则宜分两步走来实现。

第一步，针对导致我国自主品牌普通乘用车产品市场竞争力不强之现实的根本原因在于我们没有掌握先进的产品技术标准，潜心学习、研究掌握先进的自主品牌普通乘用车产品技术标准，就成为提高自主品牌普通乘用车产品市场竞争力必须要打好的基础。

第二步，针对汽车产品市场竞争力的强弱，在一定程度上取决于汽车诸项性能指标所组成的性能指标体系与目标用户购买偏好之要求的符合度的现实，提高自主品牌普通乘用车产品市场竞争力宜采取认知汽车诸项性能指标的度，并给予逐一满足的策略。

企业汽车产品研发组织使命与产品研发战略及策略，将在本书后续的章节中给予讨论。

第二章

汽车设计分工体系设计分析（上）
暨狭义汽车设计分工体系设计分析

第一节 汽车设计分工体系概说

一、汽车设计分工体系的基本概念

人类社会发展的历史表明社会分工是提高社会生产率的有效措施。社会分工的趋势不但不可逆转，而且势必会越来越细化。例如，不但汽车产品研发形成了一门专业，并且汽车产品研发专业还形成有多个分支。例如，汽车产品研发被细分为汽车设计与汽车产品工程等多个专业。汽车产品研发专业分工和细化专业分工的趋势，同样也是不可逆转的。

汽车产品研发的分工和汽车设计的分工首先需要明确的是，它们是汽车产品研发组织为了更好地提高产品研发质量与效率而组织的分工，而不是员工自愿组合的分工。其次，《孟子·离娄上》告诫我们，凡事"不以规矩，不能成方圆"。汽车设计的分工同样也是不以人们的意识为转移的，而须"以规矩"。否则，就不会得到理想的结局，即汽车设计分工需要按汽车设计的客观要求来进行组织、实施。这是汽车产品研发组织推行汽车设计分工的组织原则。否则，汽车设计的高质量、高效率就会成为一句空话。

广义汽车设计

一方面，公司汽车产品研发组织的汽车设计分工体系设计的第一责任人就是公司产品总设计师。另一方面，考虑到"众人拾柴火焰高"，汽车设计分工体系的设计不仅需要公司的产品总设计师和汽车产品研发组织设置的汽车产品研发分工体系设计专业的专业人员，也需要有专家、学者从专业条块分工和专业层级分工两个维度来对广义汽车设计和狭义汽车设计分工体系的客观要求做立体化的认知。关于汽车产品研发分工体系设计专业的设立，详见本书第三章的叙述。

二、汽车设计分工体系的研究方法

认知汽车设计分工体系的客观要求，需要牢记分工是形式，并且形式须服从于内容的需要。也就是说，研究汽车设计分工体系的科学方法是：需要从汽车设计任务的划分与各分工任务的内容来考察它们对汽车设计的反作用，即客观要求。通俗地说，研究汽车设计分工体系的实用方法，就是依据人们关于汽车设计分工体系的构想或现实，或者说，借鉴他人的汽车设计分工体系，来分析汽车设计分工体系的构想或现实是否存在不完善和不妥之处，并提出改进措施，再实践、再改进的一种过程。

三、汽车设计分工体系研究的目的、要求及意义

开展汽车设计分工体系研究的目的，无非就是通过对汽车设计分工的形式与分工的内容是否符合进行分析，给予汽车设计分工体系肯定或指出其所存在的有待提高之处，来不断提高汽车设计分工体系的科学性。

对此，我们都不敢想象，汽车产品研发组织没有一套科学的、能很好地满足汽车设计客观要求的汽车设计分工体系，也能够高质量、高效率地完成汽车产品研发任务。这也就是说，开展汽车设计分工体系研究的意义，那就是，为了不断提高汽车设计质量和效率而对汽车设计分工体系给予不断完善或改革，提供理论依据或指导。

另外，汽车设计由广义汽车设计与狭义汽车设计两部分组成，因此，汽车设计分工体系的研究内容除了狭义汽车设计任务，还应包括广义汽车设计任务。

因此，关于汽车设计分工体系的设计分析，我们先研究讨论狭义汽车设计的分工体系，见本章关于狭义汽车设计分工体系设计分析的讨论；而关于广义汽车设计分工体系的设计分析，详见本书第三章。

第二节 狭义汽车设计分工概说

首先，人们对汽车设计的主观要求，可归纳为两个方面：一是要中看，二是要中用。

"中看"系指汽车产品需要符合现代人审美观的要求，"中用"系指汽车产品的功能与功能品质要满足现代人的使用要求。

目前，汽车产品市场竞争已经将人们对汽车产品两方面的要求"中看"和"中用"，全面推向前所未有的高度。关于汽车产品"中看"的要求现在已经发展到了汽车产品要和工艺品一样，可用来欣赏；而关于"中用"的要求，现在已经不满足于产品各项功能齐备，还要求各项功能经久耐用、符合驾乘人员人机工程的要求，并且使用起来还要经济、少维护、少保养和产生较少污染等。可见，如此高的"中看、中用"之要求，并不是依靠非专业力量所能满足得了的。这"中看"和"中用"的主观要求势必会产生对人们的反作用——汽车设计需要走专业化的道路，即汽车设计需要实施专业化分工，这是汽车设计的重要客观要求之一。

汽车设计的分工，首先是关于汽车产品"中看"和"中用"的分工。

"中看"方面的分工任务内容是为了使汽车产品满足人们对汽车产品的审美要求而开展的一系列活动，活动的核心目标是满足人们对汽车产品的审美要求；而"中用"方面的分工任务内容即是设计制定汽车产品使用品质目标要求的一系列活动，其核心任务是设计制定汽车产品使用品质的目标要求。

关于汽车设计分工，无论是狭义汽车设计的专业分工，还是后续要讨论的狭义汽车设计的职级分工，从哲学层面上来说，汽车设计分工都属于形式，而分工的形式须符合分工任务内容的要求，即形式需符合内容的原则。这一原则说明，汽车设计分工的任务内容决定了汽车设计分工的形式。因此，研究、讨论汽车设计分工与分工体系，就是要在全面了解、掌握汽车设计诸项任务内容的前提下，针对汽车设计不同任务的方面和不同层级的任务，来分别科学合理地确定不同设计任务和不同任务层级方面的责任主体与对责任主体的要求。

一、狭义汽车设计专业分工（一）暨汽车造型设计专业分工概述

首先，面对或针对人们对于汽车产品"中看"的要求，现代汽车工业普遍采取的措施为实行汽车造型设计专业化，并称该专业为汽车造型设计专业。汽车造型设计专业的任务内容即是设计制定汽车内、外饰造型和色彩的目标要求。

广义汽车设计

无论是汽车内饰造型设计，还是汽车外饰造型设计，人们对汽车造型设计的根本要求都是：汽车造型设计师运用汽车造型设计之手段，如造型设计流程、制作造型效果图和模型，以及所要用到的笔、纸和制造模型所需要的料具等物质手段，通过造型设计师开展创造性劳动来完成汽车造型设计任务，或者说，通过造型设计的一系列手段来赋予汽车产品较高的附加价值。

然而，价值是一个涉及经济学、哲学、伦理学和美学等多种学科范畴的概念。就一般意义来说，价值是表明主体与客体关系的概念。价值系指客观事物对人们需要的满足，即对人们的有用性。马克思曾经指出："价值这个普遍的概念是人们在满足他们需要的外界物的关系中产生的。"价值客体自身的属性是构成价值的客观基础；而人们对客体的需要则构成价值的主观条件。价值的实现取决于主体对客体的对待。

造型（艺术）和其他艺术形式一样，满足人们的需求是其价值的客观基础，而人们对艺术的需要则构成价值的主观条件。前半句的意思是说艺术要源自生活，后半句的意思是说艺术要高于生活。不然的话，艺术价值的实现就会失去主观条件。

汽车造型设计也需要很好地贯彻落实"艺术要源自生活，更要高于生活"这一方针。汽车造型设计的价值需要根植于汽车产品目标用户的需要和审美观，就如同艺术要源自生活的道理一样。另外，汽车造型设计价值的实现则取决于目标用户对造型的价值评价。只有获得目标用户高的价值评价，用户才会肯花较高的价格去消费。这就如同艺术要高于生活一样。这其中的道理说来也很简单，那就是，没有人愿意花钱去欣赏不高于生活的艺术表演。

关于汽车造型设计的要求，也有最高要求和最低要求之分。

汽车造型设计的最高要求为：目标用户对产品的内、外饰形成消费偏好，也就是说，要求造型设计为整车产品的市场竞争力增加较高的分数。

汽车造型设计的最低要求为：在用户面前，要保证不能给整车产品市场竞争力减分。

可见，造型设计是影响汽车产品市场竞争力一个极其重要的方面，汽车公司对此也都无不重视。

通常汽车公司都要对造型设计开展多轮评审。

第一轮，评审的主要内容有客观评审和主观评审两方面。客观评审的内容多为人机工程有关的尺寸与整车设计目标要求的符合度的评审。通常利用数模来评审，再辅以实物模型的评审。而主观评审的第一轮评审多为造型效果图的评审。要从多张效果图中选出几个设计方案来，以便分别制作油泥模型，进入下一轮的评审。

第二轮，从多张效果图中选择出若干款设计草案，分别制作小比例的油泥模型，以供评审。

如果整车尺寸不是很大的普通乘用车和 SUV 等产品，制作 1:2 或 1:3 或 1:5 的油泥模型。而对于整车尺寸比较大的车型，如大中型客车和大中型商用车，则可考虑制作局部油泥 1:2 或 1:3 模型来评审。

第三轮，依据上一轮评审意见，修改油泥模型或淘汰一些方案，进入下一轮评审。

第四轮，依据上一轮评审意见，决定是继续修改油泥模型还是进入下一轮评审。

第五轮，制作 1:1 油泥模型或局部 1:1 油泥模型，从中选出造型设计师所看中的造型设计方案，提交给关注汽车造型的公司领导和产品总设计师评审，并且，依据公司有关领导的评审意见再行优化设计，直至获得认可。

公司领导参加造型设计评审会，并提出造型设计的改进目标要求，这实际上也是造型设计活动的一部分，与造型设计师所开展的造型设计活动并无本质上的差别，只不过在造型设计的贡献方式和流程方面有一些不同。

因此，笔者称公司领导参加造型设计评审会并提出造型设计改进目标要求为造型设计做贡献的活动为广义汽车造型设计。广义汽车造型设计的行为主体不是专业的造型设计师而是造型设计需求方的代表，即公司有关领导；广义汽车造型设计所提出的造型设计的改进目标的贯彻落实还需要专业的造型设计师来负责完成；在流程方面也有明显的不同，广义汽车造型设计在流程上属于"马后炮"，并且，也只有甘当"马后炮"才能实现贡献于造型设计的目的，即不会对专业造型设计师的造型创意形成某种局限，而是提高。

总之，开展广义汽车造型设计属于造型设计的客观要求，并且广义汽车造型设计流程的客观要求是甘当"马后炮"。

造型设计评审的重点和要求如下。

（1）如果所设计车型属公司比较成功品牌的换代产品，评审的重点通常为老一代产品造型基因的传承与发展。

关于造型基因，通俗地说，就是决定产品外观识别度造型元素的组合。

成功品牌的换代产品造型基因传承的要求为：新造型与老造型相比较，要让用户一眼就能识别出新产品和老产品的关系就如同人类的父子一样，二代产品之间既要求像又要求有所不同，也就是说，要有所进步。

（2）如果所设计车型属于公司的全新产品，则要求会更高一些。首先，要明确全新车型品牌的市场定位，以便造型设计师根据品牌市场定位；其次，设计提出全新车型的造型基因，并同时完成造型基因演变的型谱，也就是说，

广义汽车设计

要对全新产品之后代产品（若干代产品）造型基因的演变有预设计。

人们常说的造型设计风格，其实就是分类归纳的造型基因，而造型基因用造型专业术语来说，也即元素。

汽车产品造型风格通常可被划分为时尚、时尚+稳重大气、稳重大气、高贵四种类型。

时尚风格比较适合年轻女性和年轻未婚男性，或者说，适用于相对比较低端的汽车产品；而时尚+稳重大气风格，就是在稳重大气风格的基础上适当加上一些时尚元素，该类风格比较适合成熟的年轻女性和中年之前的男性，简言之，它适合中低端的汽车产品；而稳重大气的风格适用面最为宽广，它比较适合中高端汽车产品；高贵风格则适合汽车产品品质为高端的汽车产品和事业有成的成功人士。以上四种类型的造型风格所适用的对象，在汽车造型设计评审时需给予注意。

汽车造型应避免前些年有人调侃的那样：远看这车值几十万元，近看值十几万元，坐进后发现也就值几万元，一开上路发现也就值两三万元。然而，这种现象在当时人们普遍对汽车产品不是很了解、品牌意识也不强的历史条件下或家庭刚购买第一辆车时，反而会对产品销售有短期促进作用，这也是不容否定的。但是，随着汽车知识的普及和人们品牌意识的形成，这种"表里不一"反而会对产品销售产生不利的影响。

除上述要求之外，造型设计与造型评审还有一项基本要求，即需要考虑减小汽车风阻和高速行驶时的风噪声。也就是说，造型设计除了需要从美学的角度去处理造型之外，也需要从技术的角度去考虑汽车造型，使其全面满足设计目标的要求。为此，有实力并要求较高的公司通常都会要求开展整车模型风动试验和整车风动试验，来完善造型设计。

另外，除了上述关于造型专业的任务内容与要求之外，司乘人员的驾驶操作方便性与乘坐舒适性（包括上、下车的方便性），即所谓的汽车产品人机工程，以及整车轴距、前/后悬长度、整车外部高度尺寸，都需要造型设计师从造型设计专业的角度向汽车总体设计师提出属于汽车造型专业的设计意见书或建议书。这是因为，整车轴距、前/后悬长度、整车外部高度尺寸设计所考虑的重要方面因素之一，就是汽车外形尺寸是否协调、是否符合人们对造型审美的要求，而外部尺寸决定了汽车内部尺寸，然而，内部尺寸需要满足司乘人员驾乘舒适、方便的要求。

上述关于汽车造型专业的任务内容，亦是动态的，即造型专业分担的任务内容，或者说，对汽车造型设计的专业要求，会随着汽车产品市场竞争日益白热化而不断提高，也势必会随着汽车造型专业力量的增强而增多，直至汽车造型设计的分工符合汽车设计的客观要求。

二、狭义汽车设计专业分工（二）暨汽车总体设计专业分工概述

（一）汽车总体设计专业分工概述

先来分析一下汽车设计的任务内容。

关于汽车设计的任务内容，为了叙述方便，可以先按汽车结构来对汽车设计的任务内容做如下的梳理。

汽车结构可被划分成如下三个层次。

第一层次——整车，即总体。

第二层次——组成整车的诸子系统，即汽车子系统。

第三层次——组成子系统的诸总成与零部件。

关于汽车设计任务的专业分工，人们首先想到的汽车设计专业分工的模式为，按上述汽车结构三个层次所决定的任务来进行专业任务分工。

任务分工（一）——汽车总体设计任务，相对应的专业为汽车总体设计专业。

任务分工（二）——汽车子系统设计任务，相对应的专业为汽车（子）系统设计专业。

任务分工（三）——汽车总成与零部件的设计任务，相对应的专业为汽车总成与零部件设计专业。

下面就对上述人们普遍会想到的汽车设计专业分工模式做分析、讨论。

如果不加分析而简单机械地就按上述汽车设计结构的三个层面的任务来定义汽车设计专业的分工，就有可能犯教条主义的错误。为此，需要对上述汽车设计结构三个层面的任务内容逐一加以认知，要认知其任务的属性和其客观要求。也只有这样，才能避免犯教条主义的错误，并同时也使汽车设计的专业分工更加科学、合理，即能够很好地保证和提升汽车设计的质量与效率。

首先，汽车总成与零部件是组成整车的基础。并且，笔者的思维习惯也正是先从"基础"做起。但是，从"基础"做起，还要先抓"顶层设计"，这对于研究、探讨汽车设计任务的专业分工来说，不会带来任何本质上的差别。这是因为，无论是先从"基础"做起还是先抓"顶层设计"，都需要考虑"基础"与"顶层"的相互对接，即如果先抓"顶层设计"，则需要考虑底层基础承受能力和其他方面的需要；如果先从"基础"做起，也必须明确基础的成长发展方向和所要达到高度的要求，以避免"基础"和"顶层"之间出现错位或不到位现象。而且，一般来说，是先从"基础"做起，还是先抓"顶层

广义汽车设计

设计",应取决于是否存在主动方。就汽车设计结构上述"三个层面"的任务内容来或专业分工来说,均不存在主动方。三大任务都是汽车设计活动的客体。

因此,笔者认为讨论、研究汽车设计的专业分工,完全可按先"基础"后"顶层"的秩序,即可从明确汽车总成与零部件设计任务的责任主体及相应的专业和对该专业的要求,来开始对汽车设计专业分工的讨论。

按汽车设计的定义,即凡是制定具体汽车产品品质的研发目标要求的工作均属于汽车设计工作的范畴。而贯彻落实汽车设计所设计制定或提出汽车产品品质的设计目标要求,则属于汽车产品工程工作的范畴。例如,变速器总成的重量、振动噪声等使用性能指标要求的设计制定,就属于变速器总成设计工作的范畴,而关于研究落实变速器总成的这些设计目标要求的工作,如变速器零部件采用何种材料、齿轮精度等级等,则属于变速器总成产品工程工作的范畴。

可见,汽车总成与零部件层面上的研发任务均可划分为两方面:一是设计制定总成与零部件功能与功能品质的目标要求,即总成与零部件的设计工作;二是总成与零部件的产品工程工作。总成与零部件设计即是给总成与零部件的产品工程工作设计制定研发目标要求,也即俗话说的"画圈"。而总成与零部件产品工程即是贯彻落实设计目标要求,也就是俗话说的"打眼"。

在此,先讨论一下汽车总成与零部件设计任务与汽车总成与零部件产品工程任务之间的关系。

首先,汽车总成与零部件研发的"画圈"与"打眼"两方面工作,虽然是紧密相连的,但是,"画圈"与"打眼"工作应该是泾渭分明的,即各自应有自己明确的、独立的责任主体,而不应该由总成与零部件产品工程师或总成与零部件设计师一肩挑,即兼职。否则,势必会使汽车产品研发在组织上无从保证上述"画圈"与"打眼"不会出现所谓的"打哪指哪"的现象或类似问题。

然而,在汽车总成与零部件产品研发层面上,摆脱或克服设计制定设计目标要求与产品工程工作由产品工程师一肩挑的现象,也还是不够的。还需要研究、明确在汽车设计分工体系中设计制定总成与零部件设计目标要求的责任主体是谁,汽车总成与零部件设计师的职级。

首先,制定总成与零部件的设计目标要求,即总成与零部件设计需要对汽车子系统中的其他总成与零部件的设计给予统筹考虑。

汽车子系统无不是由结构各异、功能原理亦各不相同的若干个总成与零部件所组成的。汽车子系统之所以需要由若干个功能原理各不相同、结构亦各异的总成与零部件组成，无非是由于组成子系统的单一元件（即总成与零部件）之功能不够系统，需要若干个元件相互配合才能满足整车对汽车子系统功能的要求，或者说，这样才能使汽车子系统的功能完整。

例如，汽车动力与传动系统，是由发动机、变速器和主减速器等总成与有关零部件组成。只有在组成完整的系统后才能满足驱动汽车、完成地面机动任务的要求。这也就是说，动力与传动系统驱动汽车做地面机动任务需要系统中各总成与零部件的相互配合；无论是哪一个单一总成或零部件不与其他总成或零部件配合均不可能驱动汽车做地面机动任务。也正是因为汽车动力与传动系统需要各总成与零部件的配合才能完成驱动汽车的任务，所以，汽车设计在制定组成汽车动力与传动系统的总成或零部件的设计目标要求时，需要并亦可以考虑采用类似此消彼长的措施。例如，为了满足汽车最大驱动力设计目标要求，可以考虑采用最大扭矩较大的发动机，亦可以考虑不增大发动机的最大扭矩指标，而采用较大的变速器Ⅰ挡速比或较大的主减速器速比来满足整车对最大驱动力的要求。由此可见，汽车动力与传动系统设计在完成设计制定组成该系统的诸总成与零部件的设计目标要求时需要并也应做统筹考虑。

上述举例表明，汽车设计在制定组成汽车子系统的诸总成与零部件的研发目标要求时，需要对组成系统的诸总成与零部件做统筹研究，以使得所制定的诸总成与零部件的设计目标要求具有系统性。而不应孤立地、片面地研究制定系统内的诸总成与零部件的设计目标要求。

也正因汽车设计在制定组成汽车子系统的诸总成与零部件的设计目标要求时，需要做统筹考虑，就产生出了汽车子系统设计。这也就是说，理论上可认为关于总成与零部件设计目标要求的设计责任主体的专业应该是汽车子系统设计专业，而不应该是总成与零部件设计专业。

但是，上述理论方面的内容还需要与实际相结合。

汽车设计的分工，首先是整车厂商（或主机厂）与汽车零部件供应商之间的分工，而影响汽车总成与零部件分工形式的重要因素则是汽车产品研发周期的客观要求。

例如，如果完全、严格地按上述理论方式来组织实施汽车子系统设计研发，即组成汽车子系统的诸总成与零部件的设计研发要由整车厂家的汽车子系统设计师来统筹完成的话，那么，可试想一下，即使是汽车子系统设计师接受设计任务后立即就给出了总成与零部件的设计目标要求，而后续产品工程图纸的出图，零部件或总成的试制、试验，所需要的周期也一定不能满足汽车子系统和整车研发周期的需要。

因此，为了解决总成与零部件产品研发周期长、满足不了整车或汽车子系

广义汽车设计

统研发周期需要的问题，汽车工业，或者说，汽车零部件工业摸索出来的切实可行的一条成功的措施，就是总成与零部件产品研发先行，即实行汽车总成与零部件产品研发按总成与零部件产品功能与品质的模块化、标准化、系列化的要求先行完成产品研发。这样整车厂商的汽车子系统的设计任务就转变成统筹优选模块化、标准化了的总成与零部件。而不再是统筹研究设计、制定组成汽车子系统的诸总成与零部件的设计目标要求。相应地，总成与零部件的设计与研发的行为主体就转变成了汽车总成与零部件产品的供应商，而整车厂商的汽车子系统设计任务就转变成统筹优选模块化、标准化了的总成与零部件，这就实现了整车厂商与零部件供应商的分工。

另外，整车厂商在研发新车型时，除了需要对组成系统的诸总成与零部件做统筹优选外，还由于汽车诸子系统之间，如汽车转向系统与汽车制动系统之间，也有着千丝万缕的联系，因此，整车厂商在开展汽车子系统设计时必须同时完成下面两方面的任务。

一是要统筹考虑组成该子系统的诸总成与零部件的优选。

二是要以所设计的汽车产品整体目标完整、平衡和最优化为准绳，来协调组成该汽车的诸子系统设计之间的相互关系。

将上述整车厂商所要开展的汽车子系统设计任务与下面将要讨论的汽车总体设计任务做一对比，可知上述整车厂商所要开展的汽车子系统的设计任务内容就是汽车总体设计任务的一部分；并且，汽车总体设计就是完成组成整车的诸子系统的设计任务、所组成的汽车总体设计任务的任务"块"或"团组"，或者说，汽车总体设计的任务就是除了需要完成组成整车的诸子系统的设计任务外，还要以所设计的汽车产品整体目标完整、平衡和最优化为准绳，来协调组成该汽车各个子系统设计之间的相互关系。也就是说，汽车总体设计任务有两个方面。

一是组成整车的各个汽车子系统的设计任务，即设计制定整车各个子系统统筹优选诸总成与零部件的标准或评价之要求。

二是以汽车产品整体目标完整、平衡和最优化为准绳，来协调组成该汽车各个子系统设计之间的相互关系。

由此可见，整车厂商层面所开展的汽车诸子系统设计任务无不属于汽车总体设计任务的范畴，汽车总体设计的任务方面也决定了汽车总体设计的定义。关于汽车总体设计的定义，详见下一小节的叙述。

综上所述，整车厂商所开展的狭义汽车设计，可被划分成两个专业。

一是汽车造型设计专业，负责制定汽车产品形的设计目标，要求要"中看"。

二是汽车总体设计专业，负责制定汽车产品品质的设计目标，要求要"中用"。

然而，从汽车产业的角度来说，不仅需要注重推动汽车造型设计和汽车总体设计的发展，还需要注重推动汽车总成与零部件设计的发展，并且推动汽车总成与零部件设计的责任主体即是汽车零部件的生产供应商。

（二）汽车总体设计的定义

依据汽车总体设计上述两个任务，可将汽车总体设计定义为：汽车总体设计系指设计制定组成整车的诸子系统功能品质的设计目标要求与设计依据。

综上所述，汽车总体设计是由诸子系统设计任务内容所组成的设计任务"块"或"团组"。另外，汽车总体设计的任务是以所设计的汽车产品整体目标完整、平衡和最优化为准绳，来协调组成该汽车的诸子系统设计之间的相互关系。也就是说，"分"势必产生"总"。而"总"的任务则是对"分"进行整合。"分"和"总"是对立的统一体。

汽车整车厂商的汽车产品研发组织的汽车总体设计任务的责任主体通常称为汽车总体设计师，而相对应的专业则被称为汽车总体设计专业。

例如，汽车制动系统设计，本身就是汽车总体设计任务的一个组成部分。就汽车制动系统设计来说，除了汽车制动系统本身的设计，即统筹优选模块化、标准化了的组成汽车制动子系统的零部件或总成的任务之外，还应包括协调汽车制动系统设计与其他子系统设计之间的关系。例如，协调制动系统和与其紧密联系的汽车转向系统之间的关系就是汽车总体设计的重要任务之一。

也正是由于需要统筹优选组成汽车子系统的诸总成与零部件，而不可孤立评价与选择组成汽车子系统的诸总成与零部件。这也就是说，汽车子系统的诸总成与零部件的统筹优选的任务就将统筹优选诸总成与零部件的工作统筹成为汽车子系统设计，而且，汽车之所以需要由若干个功能原理各不相同、结构亦各异的子系统组成，也无非是由于组成汽车子系统之功能不够全面，需要统筹考虑若干个汽车子系统的相互配合才能满足汽车整车设计的要求。统筹考虑若干个汽车子系统的相互配合，正是汽车总体设计的核心任务。

所以，整车厂商的汽车产品研发的汽车设计专业分工体系不应再设有汽车子系统设计专业。这是因为汽车子系统设计任务需要统筹考虑诸子系统或多个子系统的设计才能很好地完成。这"统筹"就将整车厂商的汽车设计任务都统筹成为汽车总体设计。

讨论至此，关于汽车总体设计定义，还有一点需要强调一下，即上述笔者所给出的汽车总体设计的定义与目前人们所普遍了解的汽车总体设计之定义是

广义汽车设计

有明显不同的。差别就在于：目前人们所普遍了解的整车厂商的汽车设计专业分工体系是由汽车总体设计和汽车子系统设计所共同组成的。然而，笔者新提出的观点则是：整车厂商所开展的汽车子系统设计本身就是汽车总体设计，或者说，汽车子系统设计是汽车总体设计的诸组成部分。

关于汽车总体设计的定义，事关汽车设计专业分工的理论依据。建议同行们结合自己所在的汽车产品研发组织的汽车设计专业分工的实际来理解消化笔者所给出的汽车总体设计定义的科学性。

除此之外，大家也许还会心存疑问：汽车总布置的任务内容是什么？即汽车总布置的定义是什么？或者说，汽车总布置就是汽车总体设计吗？

针对这些疑问或困惑，笔者给出如下说明。

汽车总布置所对应的英文名词为 vehicle packaging。而英文 packaging 意指打包、组装等。在此，vehicle packaging 可直译为汽车组装，意译则为汽车总布置。

如感觉不够的话，笔者还可做如下的进一步解释。

汽车总布置工作的核心任务，或者说，汽车总布置的定义应为：汽车总布置系指采用能够反映出汽车总成与零部件形状的二维产品图（或草图），现在则是普遍使用总成与零部件的三维数模，将组成整车的总成与零部件实施虚拟装配。其目的要求为：以便于（及早）发现总成与零部件组装成整车时的装配问题，并及时解决；通过虚拟装配来检查装配成整车之后是否能满足整车设计的要求。可见，汽车总布置不负责设计制订整车设计目标，而只是负责并也只能负责通过虚拟装配来检验汽车总体设计目标要求的落实情况。或者说，虚拟装配是检验汽车总体设计目标要求贯彻落实的重要措施之一。因此，汽车总布置的任务内容不符合汽车总体设计定义，而符合的却是汽车产品工程定义。

由此可见，汽车总布置与设计制定汽车产品功能及功能品质设计目标要求，即汽车总体设计，是完全不同类型的任务。可将汽车总布置与汽车生产再做一比较，会发现：汽车总布置更加符合汽车装配生产的定义，不过汽车总布置的任务为汽车总成与零部件的虚拟装配，而实际的汽车生产所装配的则是实体总成与零部件。因此，应该按汽车产品工程的一个重要分支或汽车产品工程专业的一个子专业来对待汽车总布置。

关于上述汽车总体设计定义取得的过程，有必要给出如下补充说明。

笔者关于汽车总体设计定义的认知或获得，是有一个漫长发展过程的。十多年前笔者关于汽车总体设计任务或汽车总体设计的定义认知为：我国汽车产品研发，亟待加强汽车子系统设计力量。加强汽车子系统设计力量或能力建设，是提高我国汽车总体设计水平的有效措施；汽车总体设计是汽车设计实施分工的结果，汽车设计的组织分工与汽车是由多个子系统所组成的，并且汽车子系统又是由多个总成与零部件所组成的，特点应相符，即汽车设计应被划分为汽车总体设计、子系统设计、总成与零部件设计三个层次、多个方面……可见，笔者十多年前所给出的汽车总体设计的定义是有很大瑕疵的。

并且，对汽车设计分工的论述也存在很大的瑕疵，甚至存在错误之处。例如，指出汽车总体设计不包含汽车子系统设计，就是一种错误。但是，其积极意义也是不容否定的，那就是，明确指出了提高汽车总体设计水平和汽车总体设计能力的有效措施是加强汽车子系统的设计力量。

经过十多年的不断学习与对汽车设计实践的思考，笔者终于在《汽车之感悟》的基础上给出了令自己满意也会令同行满意并接受的关于汽车总体设计的新定义。这又一次证明了孔子所提倡的温故知新有多么的重要。而且，笔者在这方面的体会是——知新常常是离不开温故的。

（三）汽车总体设计任务内容概述

在继续讨论汽车总体设计任务之前，先请大家温习一下毛泽东《矛盾论》中关于矛盾的学说：凡事都是由多个矛盾组成的矛盾体，在这个矛盾体中势必会有处于支配地位的主要矛盾，也会有处于从属地位的次要矛盾；当主要矛盾解决后，次要矛盾就迎刃而解了。因此，凡事都需要认知主要矛盾，并需要先着力解决主要矛盾。

那么，又该如何去认知汽车总体设计这一矛盾体中的主要矛盾或关键任务呢？

马克思主义哲学告诉我们：事物都是相互联系的，凡事都需要研究事物之间的联系性，而不应孤立地看待研究事物或事物的某一个方面。

如果孤立地看待研究事物或事物的某一个方面，那就无法认知事物的主要矛盾或矛盾的主要方面，会认为无论哪件事物都是主要矛盾，或者说，事物之间就会没有什么主要矛盾和次要矛盾之分。这是不正确的，是不符合马克思主义哲学观点的。马克思主义者认知事物的主要矛盾是从认知事物之间的联系性着手。并且，主要矛盾或关键任务势必存在于任务体中并起主导作用，或者说，当其关键任务还没有得到解决，则其他一系列非主要任务都无法得以完成，而当主要矛盾或关键任务得以解决其他矛盾就会迎刃而解了，或其他的非主要矛盾就不存在了。

无论处理什么问题都要以此标准或方法来衡量或认知矛盾体中的主要矛盾，并且，抓住主要矛盾或关键任务是全面、高效率地解决矛盾的前提。

值得指出的是，上述关于矛盾的学说，不仅是指导我们开展、完成狭义汽

广义汽车设计

车设计的思想武器,亦是笔者写作完成《广义汽车设计》的思想武器。总之,是做任何事情、研究任何问题的重要方法之一。

关于汽车总体设计任务,依据汽车总体设计定义,已经明确了汽车总体设计任务前两项的任务内容,第一,由诸子系统设计任务内容所组成的设计任务块或团组,以及以所设计的汽车产品整体目标完整、平衡和最优化为准绳,来协调组成该汽车的诸子系统设计之间的相互关系。第二,设计制定诸子系统的设计依据和目标要求。将决定汽车总体设计定义的该两项汽车总体设计任务,称为汽车总体设计的关键任务,或汽车总体设计的主要矛盾性。之所以说汽车总体设计的该两项任务是汽车总体设计的关键任务,对此,可以试想一下:如果该项任务没有完成,那么,怎么可能完成其他总体设计任务?答案是不言自明的。这是因为设计没有了目标要求,设计依据也就没了,而没有设计依据,设计是无法开展的。那么,按照上述"矛盾之学说",除了该两项"主要矛盾"之外,也还有一些其他的非主要矛盾或非关键任务。

汽车总体设计,除了上述两项主要矛盾或关键任务之外,还有如下非关键任务。

汽车总体设计非关键任务之一:

所设计、研发的汽车产品品质有关的产品标准的制修订。

所设计、研发的汽车产品品质有关的产品标准的制修订就是将上述首项和第二项汽车总体设计任务所制定的关于所设计、研发的汽车产品功能品质的目标要求和设计依据标准化,除此之外,还有汽车内饰和外饰设计目标要求的标准化。

产品标准化的意义在于:企业有关该产品的一切活动都应以无条件地满足产品标准之要求为底线,或者说,产品标准就是将上述第一项和第二项汽车总体设计任务所制定产品功能品质的目标要求和对汽车内饰、外饰的设计要求,由企业给予这些目标要求以"企业内部法律条款"的地位,而"法律条款"则是不得触碰的红线。

汽车总体设计非关键任务之二:

对所完成的汽车设计任务内容进行自检。

该项汽车总体设计任务和加工工人完成加工机械零件任务一样,不能说加工完就算完成任务了,还需要自检。这也就是说,在汽车总体设计任务完成的过程中,责任主体要随时对所完成的设计内容进行检查或设计师团队内部互检。

汽车总体设计非关键任务之三:

配合或指导公司其他有关部门开展产品研发的其他有关工作,即需要配合或指导生产准备部门制定出所研发车型生产准备资金的预算,并配合生产准备、试生产及试销工作等。

汽车产品研发的全过程为:从着手设计始,直至试生产和试销成功。

配合试生产和试销亦是汽车总体设计的重要任务之一。因为,在配合试生产和试销过程中可发现设计问题,并完成改进。完成了从设计到实现产品质量改进的全过程,才算完成了汽车设计的一个完整的过程。

在此,还要对关键任务和一般任务的概念补充强调一下。

如果说,关键任务系指那些此项任务没得到解决,则与此项关键任务关联着的其他一般任务就不具备完成的条件,也就是说,一般任务的完成是以关键任务的完成为前提条件的。

按此原则来判断,上述汽车总体设计任务中的第一项和第二项属于汽车总体设计任务的关键项,而其他三项均不符合汽车总体设计任务关键项的要求。例如,上述汽车总体设计任务中的第三项任务,即汽车产品标准的制修订。虽然该任务的重要性亦是不言自明的,但是该项汽车总体设计任务的完成是需要有前提条件的,那就是,第一项和第二项汽车总体设计任务完成之后才有条件开展该项工作。可见,它不符合汽车总体设计任务的主要矛盾或关键任务的定义,即该项汽车总体设计任务不是汽车总体设计任务中的关键任务项。

汽车总体设计师在面对繁重的汽车总体设计任务时,心中务必要有一幅清晰的完成汽车总体设计任务的路线图,以避免自己被其他有关部门牵着走。为此,也需要注意与这些部门沟通,让它们了解并理解自己心中的完成任务的路线图。

并且,在制定完成上述汽车总体设计任务的路线图时,需要对汽车总体设计的关键任务,即主要矛盾和非关键的一般任务区别对待。

在此,值得强调的还有两点。

一是不仅上述的汽车总体设计任务是由关键任务和非关键的一般任务所组成的任务体(矛盾体),汽车设计的各不同任务方面和不同的设计阶段或不同的任务层面,亦都分别是由多个不同的矛盾所组成的矛盾体,并在这些不同任务方面、任务的不同阶段或任务的不同层面的矛盾体中有着各自的主要矛盾。为了能够更好地完成汽车设计任务,同样需要始终遵循上述之"矛盾之学说",来处理汽车设计有关问题。

二是上述关于汽车总体设计的关键任务内容,经过讨论已经给予了明确。那么,反过来问一下,狭义汽车设计的关键任务又会是什么呢?对此,与上述分析汽车总体设计任务的关键任务内容同理可得:狭义汽车设计的首要、关键任务内容必定是汽车总体设计。

广义汽车设计

综上所述，整车厂商所需开展的汽车设计（注：造型设计除外）即是汽车总体设计，而从汽车产业的角度来看，狭义汽车设计是由汽车造型设计、汽车总体设计和汽车总成与零部件设计三个层面所组成。并且，汽车产品工程任务也可分成两个层面和多个子专业。汽车产品工程的两个层面：一是汽车总布置产品工程，二是总成与零部件产品工程。

第三节　狭义汽车设计职级分工概述

一、汽车造型设计师职级与职级分工概述

1. 汽车造型设计的职级起点

目前，汽车造型设计师通常都来源于工业产品设计类高等院校或高等专科美术学校工业设计类专业的毕业生。考虑到工业产品设计本科生的培养成本会比汽车工程专业本科生的培养成本高出许多，所以，建议工业产品设计专业的本科生入职为汽车造型初级设计师，待遇的起点应至少要不低于汽车工程专业毕业的硕士研究生。否则，一是不够公正，二是汽车造型设计的后备力量的质量会得不到应有的保障。

目前，我国汽车行业骨干企业面对刚入职的本科毕业生通常是不分专业，一律同等对待。例如，东风汽车公司技术中心就没有考虑到从小学习美术、造型设计成本会比学产品工程类专业的成本高出许多，对造型专业设计师的薪酬起点与产品工程类专业的薪酬起点同等对待。可以说，这是不符合造型设计人才培养成本较高这一普遍规律的。这势必会造成看好的造型设计后备人才，即有关高校的毕业生招不进来或招进来难以留住的现象。

总之，建议应考虑到专业的不同、培养成本的不同，来给予新入职员工以不同的对待。

2. 汽车造型设计师职级划分概述

目前我国汽车业界通用的或多数企业汽车造型设计师的职级大体上划分为造型设计总监、主任设计师、设计师三个主要层级。造型设计总监又分为品牌造型总监、外观造型总监、内饰造型总监、色彩纹理造型总监等。在型面设计、模型制作等造型子领域也均有相应的职级划分。

关于汽车公司造型设计总监、主任设计师的职级对待，随着我国汽车行业骨干企业人力资源管理部门代表企业所设计的汽车产品设计师分工体系的不同，会有不同的职级对待，但是，总体上差别不大。例如，在东风汽车公司造型设计总监的职级与在后面将要谈到的平台产品研发项目总工程师或平台产品

研发项目负责人的职级对待相同。这同样也是没有考虑到造型设计总监成长成本远远高于汽车产品工程专业的平台产品研发项目负责人或项目总工程师的成长成本。据此，特提出建议如下：应将汽车造型设计总监的职级提高至与汽车设计专业的系列平台产品总设计师（见后续详细说明）相同的职级来对待，即应高出项目总工程师和汽车产品研发组织所设立的系列平台产品总设计师平级对待。并且，造型设计总监的职级提高后，造型设计副总监与主任设计师等一系列相关的汽车造型设计师的职级，均应"水涨船高"式地跟涨。

3. 汽车造型设计职级分工概述

完成了上述关于各级汽车造型设计师的职级划分讨论后，就需要讨论如何避免"有职无权"的现象，即要对各级汽车造型设计师明确职级分工，要避免高职低用或低职高用现象的发生。

例如，在东风汽车公司技术中心，公司首席造型总设计师所担任的是品牌造型总监的角色；主要负责品牌造型战略的演进，造型发展趋势、造型设计如何反映汽车或代表汽车产品的品质等问题的宏观把控等，为品牌造型方向发展、造型专业发展引领方向。

造型设计副总监担任的是汽车造型设计子专业总监的角色；协助造型设计总监对所负责的造型设计子领域的造型战略、设计方向、设计品质进行把控，规划专业发展路径等。

造型主任设计师，其职责则为协助上级设计师，带领自己的专业团队完成所负责平台或车型项目的造型设计工作。

造型主管及以下职级设计师的职责担当为：根据既定造型方向及设计要求的指令，完成所领受的具体造型设计工作。

二、汽车总体设计师职级与职级分工概述

1. 汽车总体设计师任职资格概述

正如前所述，汽车总体设计的核心任务就是统筹组成汽车诸子系统的设计目标要求，包括统筹组成汽车子系统诸总成与零部件的设计目标要求，并设计制定组成整车的诸子系统的设计依据。这也就是说，从事汽车总体设计工作需要有汽车总成与零部件产品工程或整车总布置产品工程相关工作经验作为基础。也只有这样才能在统筹对象之间做到"知己知彼"，否则，在统筹制定组成汽车子系统诸总成与零部件的设计目标要求时，统筹对象就会变得强势或统筹目标难以达成。并且，总成与零部件产品工程师从相关专业大学本科毕业到成长为有所专长的产品工程师，一般需要有 8~10 年的实际工作的历练。对于勤奋好学、专业基础好并有悟性的年轻人来说，至少需要 5 年的历练。

广义汽车设计

综上所述，汽车总体设计师的任职资格是已经在相关产品工程专业成为主管工程师并工作1年左右，并且本人具有向汽车总体设计师发展的要求。

取得汽车总体设计师任职资格后，职业发展的通道则应为：争取用一两年的时间成为汽车总体设计专业学科梯队成员，即学科第三梯队成员；此后，再用两三年的时间成长为学科第二梯队成员；再此后，用两三年的时间争取成为汽车总体设计专业学科带头人或汽车总体主任设计师或汽车总体设计师团队负责人。值得说明的是，这是汽车总体设计人才成长的一般要求或规律，其中也不乏出类拔萃人才的出现，对出类拔萃人才需要具体问题具体分析。

2. 汽车总体主任设计师或汽车总体设计学科带头人的任职资格

对于勤奋好学、专业基础好、有悟性，并且已经在汽车总体设计学科第二梯队的岗位上的年轻人，再经过两三年实际工作的历练，就应具备汽车总体设计主任设计师或汽车总体设计专业学科带头人的任职资格。

但是，具备任职资格是一回事，而实际任职又是另一回事。这是由于具有任职资格人员实际是否任职，还取决于实际岗位的需求。这就对人事部门相关工作提出了具体的要求，即对员工发展通道设计要有预见性，要避免有岗位无人才或有人才无岗位问题的出现。

综上所述，汽车总体主任设计师和汽车总体设计专业学科带头人就汽车总体设计来说，两者职级并列；并且，汽车总体设计师职业上升通道共应有四级台阶，或者说，汽车总体设计师的职级可划分为如下四级。

第一级——初级，即一级汽车总体设计师。

第二级——二级汽车总体设计师，即汽车总体设计专业学科第三梯队成员。

第三级——三级汽车总体设计师，即汽车总体设计专业学科第二梯队成员。

第四级——四级汽车总体设计师，即汽车总体设计专业学科带头人或汽车总体设计主任设计师。

这也就是说，汽车总体设计师团队最少应由不同职级的4位或4位以上的汽车总体设计师组成。

汽车产品研发组织的汽车总体主任设计师与其所带领的设计师团队应与汽车产品研发组织所开展的系列平台产品研发的项目对应。关于系列平台产品总设计师的职责分工，详见后续有关的叙述。

在汽车主任设计师所领导的设计师团队内部，切记不可按项目来进行分工，而应严格地按职级来分工。详见下面的阐述。

3. 汽车总体设计师的职级分工

有了职级划分并不等于有了职级分工。

职级划分的目的在于按职级分工，避免高职低用和低职高用等不应有的、不良现象的发生。目前，我国汽车产品研发组织普遍对汽车产品研发人员的职级划分很重视。但是，主要问题是在实际工作中高职低用或低职高用的现象还是比较多的，也就是说，实际的职级分工有较大的随意性。

与汽车总体设计师的职级设计相比较，更为重要的是落实汽车总体设计师的职级分工。

汽车产品研发组织交给汽车总体设计师团队的任务，每次都会有所不同，也就是，每一次的设计目标要求和达到设计目标的约束条件，即达成汽车总体设计任务的目标和路径，都会有所不同；但是，相同的是，每次设计任务完成的路径都会有起点和终点，更为重要的是每次任务完成的路径都会如前面所介绍的"矛盾之学说"所指出的那样：每次任务完成的路径必定会有"主要矛盾"，或者说，会有完成任务路径的关键节点的存在。按"矛盾之学说"，解决问题的关键是抓主要矛盾的解决。而当主要矛盾得以解决后，其他的非主要矛盾就会迎刃而解。这就告诉我们，汽车产品研发组织每次下达给汽车总体设计师团队的任务之完成路径势必存在"主要矛盾"或完成任务路径的关键节点。对此，汽车总体设计师团队的主任设计师或学科带头人，是汽车总体设计师团队中职级最高者，工作经验最为丰富，解决问题的能力也当属最强。

所以，在面对汽车总体设计任务的"主要矛盾"或完成任务路径的关键节点时，汽车总体设计师团队的主任设计师或学科带头人理应当仁不让，承担起汽车总体设计任务的"主要矛盾"所对应的设计任务；而且，对于"非主要矛盾"中难以解决的问题当然应交给汽车总体设计学科梯队的"二号"设计师来承担，汽车总体设计学科梯队的"三号"设计师及其他普通汽车总体设计师则依次按各自的职级分担其余设计任务。

例如，笔者记得自己20世纪80年代初在二汽产品处底盘科参加工作时，时任科长马克定在这方面就给我们提供了很好的学习样本。当时底盘科每周六（当时的周六是工作日）都开一次工作总结会，马科长会总结一下本周的工作，并对下一周的工作重点与难点启发我们发言、讨论。最后，马科长会对下一周的工作，根据任务的重要程度的不同（也就是现在所说的要区分关键任务和非关键任务），并依据员工的专业分工与个人能力的强弱，即在专业分工的基础上，按职级来做出工作部署和安排。

这就是老一辈留给我们晚辈的宝贵经验。笔者在此特向当年的老科长马克定表示感谢和致敬。感谢他不仅带领我们很好地完成了当年的产品研发任务，

广义汽车设计

同时,也使得我们这些刚出校门的晚辈能够为二汽的产品研发做出了点滴贡献并快速成长。并且,在多年后的今天,让笔者有了再一次温故知新的机会,即从回顾以往的工作经历中向老前辈学习,总结组织汽车产品研发的经验。

总之,汽车总体设计职级分工的要求或要旨是:让能者劳关,即让能者解决关键问题;而并非让能者人尽其才。能者人尽其才即形容能者包办相关的一切事务。对此,多解释几句,人尽其才系指一句成语,出自《淮南子·兵略训》。《淮南子·兵略训》中指出:"若乃人尽其才,悉用其力,以少胜众者,自古及今,未尝闻也。"其原意是指:若队伍里人尽其才、悉用其力,这样的大部队被一支小部队所打败,这是从古到今都没听说过的,也是不可能发生的事。《现代汉语成语词典》对"人尽其才"的解释是:尽——全部用出;"人尽其才"系指每个人都能充分发挥自己方方面面的才能。然而,在现代社会,特别是我国今天的社会,可谓是人才济济,这就造成了在当今社会一个人的方方面面的才能都得以充分发挥,是不合理的,同时也是不可能、不现实的。现代社会用人理念在客观上早已经由人尽其才转变成人尽所长,即用人之所长和人尽所长。笔者所提出的上述汽车总体设计师的职级分工意见,其理论基础就正是《汽车产品研发全员管理学》所提出来的人尽所长。

综上所述,汽车总体设计师的职责任务为:协助汽车总体设计主任设计师完成汽车产品研发组织交给的汽车总体设计任务和协助汽车总体设计主任设计师完成汽车总体设计部门设计能力建设的有关工作任务,或者说,各级汽车总体设计师的职责是完成所在部门的领导——汽车总体主任设计师或部门的领导所指派的汽车总体设计任务。而汽车总体主任设计师的主要职责是:面对汽车研发组织下达的汽车总体设计任务,首先要分析、认知所领受的汽车产品研发组织下达的、诸项汽车总体设计任务完成的路径,并对完成路径中的关键任务项要勇于担当、义不容辞,并带领助手们完成汽车产品总体设计的各项任务。

或者说,汽车总体主任设计师的主要职责任务为:接受系列平台产品总设计师所委派的、需要汽车总体设计师团队提供协助或开展设计研究才得以很好完成的汽车总体设计任务,并要求汽车主任设计师带领其设计师团队勇于承担类似的汽车总体设计的重点或难点之任务。也就是说,需要汽车总体主任设计师组织自己的汽车总体设计师团队在系列平台产品总设计师的指导下完成所要求的汽车总体设计的设计分析工作,以协助系列平台产品总设计师完成系列平台产品总体设计任务。

系列平台产品总设计师在带领汽车总体设计师团队完成汽车总体设计任务时,一般来说,通常会在下述方面需要汽车总体设计师团队提供协助。

（1）竞品分析。

（2）非全部的，即局部的整车子系统的产品定义，即需要汽车总体主任设计师给出汽车子系统的性能指标和重量指标、子系统采购成本的定义等，或者说，系列平台产品总设计师依靠他个人能力所不能及的、需要汽车总体设计师团队给予协助的汽车子系统定义及其总成与零部件的评价分析。

（3）系列平台产品的少数、个别子系统的产品技术平台的打造。关于产品技术平台的打造，请详见本书第三篇有关的阐释。

总之，汽车总体主任设计师的任务就是带领自己的汽车总体设计师团队针对系列平台产品总设计师需要协助完成系列平台产品的设计任务。例如，上述的竞品分析、打造少数个别子系统的产品技术平台等。

也只有这样才符合人尽所长的要求，也才能高效率和高质量地完成系列平台产品的设计任务。

但是，这样的汽车总体设计任务分工的模式，对汽车产品研发组织选择系列平台产品总设计师和为其配备汽车总体设计师团队提出了更高的要求，即要求对系列平台产品总设计师的汽车设计业务的专长和短板，两方面都要有清楚的掌握，并且，在选择配备汽车总体设计师团队时做到系列平台产品总设计师与其所带领的汽车总体设计师团队的汽车设计专长要有互补效应。总之，汽车产品研发组织或该组织在某一历史时间段内完成产品研发的质量高、效率高，势必是汽车产品研发组织人事管理、专业技术人员共同努力的结果。这也从另一方面说明了汽车产品研发分工体系没有固定的某一种模式，而有的只是适合于自己的产品研发组织的分工模式，与适合于汽车产品研发组织特定的人才条件下的系列平台产品研发、设计的分工模式。

上述汽车总体设计师的职级分工，该如何保证？这还是一个待解的大问题。如果该问题不能很好解决的话，则上述关于汽车总体设计师的职级分工就会变成一句空话。为此，笔者进一步提出建议如下。

贯彻落实上述关于汽车总体设计师职级分工的意见，需要有汽车总体设计流程来给予保证。并且，汽车总体设计流程不能只体现狭义汽车设计流程的要求，还应该体现出广义汽车设计流程的要求。对此，请详见本书后续关于汽车产品设计流程的叙述。

4. 汽车总体设计实施职级分工的意义

关于上述汽车总体设计师团队内部分工，切记千万不要去搞按车型项目来实行分工。

为了说明汽车设计师团队内部按车型项目分工对产品研发质量和进度的影响，请允许假设：目前，某汽车产品研发组织的汽车产品研发共有 A、B、C、

广义汽车设计

D 四款车型设计任务,并且,该汽车产品研发组织内部的汽车总体设计师,包括汽车总体主任设计师在内,只有 4 位汽车总体设计师。这样,如果实施按项目分工,就会要求这 4 位汽车总体设计师一对一地分别承担 A、B、C、D 四个项目中的一个,并对所分管的设计项目,眉毛胡子一把抓,才能保证完成设计任务。

然而,该 4 位汽车总体设计师的技术水平与能力,或者说,业务专长不会是"一刀切"的。也就是说,按项目分工,所完成的设计任务质量势必也不会是"一刀切"的,而是会有差别的,是保证不了全部项目的设计质量都是一流的。但是,如果汽车总体设计实施上述的职级分工,则上面假设所说的四个项目的设计质量可全都保证是一流的。

为此,考察、比较一下两种不同的汽车总体设计分工方式,对完成设计任务的效率和质量会有哪些不同的影响。

汽车总体设计实施上述笔者所建议的职级分工,简言之,就是汽车总体设计师按照各自职级的高低各领取设计项目的一段任务来完成(注:"一段任务",段长亦会有差别)。而设计任务段的链条是首尾相接的,这自然会对各自的完成人有监督或督促的作用,即自己所分担的设计任务如果不按进度要求高质量地完成的话,就会影响到他人完成任务。

然而,按项目分工,即 4 位设计师各自独立完成所领受的任务;其完成任务的进度和质量,与他人完成任务没有直接的关联。其他人也就不会给予足够的关注,至少,关注度会有所降低。因此,汽车总体设计实施上述的职级分工不仅会对保证设计质量有利,也会对保证设计效率有利。

另外,汽车总体设计实施上述的职级分工不仅会有助于职级较低的汽车总体设计师的业务能力快速成长,还会促动职级较高的汽车总体设计师努力学习新技术,即这样会给职级较高的汽车总体设计师"逆水行舟,不进则退"的感受,促进每个人都不断学习。

5. 汽车总体设计师的职级横向比较

汽车总体设计师入职的最低要求为汽车产品工程专业的主管工程师,之后逐级升至汽车总体主任设计师,并且,在汽车公司产品研发组织内部,汽车总体主任设计师的职级建议与汽车产品工程专业的平台项目总工程师(亦称平台项目负责人)平级来给予对待。

第三章

汽车设计分工体系的设计分析（下）暨广义汽车设计分工体系设计分析

第一节 汽车设计分工体系设计（专业）的任务与必要性

一、汽车设计分工体系设计的必要性暨广义汽车设计分工体系设计专业的必要性概述

在第二章中，讨论了狭义汽车设计的专业分工及相应的职级分工。例如，从汽车产业的角度来看，狭义汽车设计任务可被划分成如下三个专业来完成。

（1）汽车造型设计专业。
（2）汽车总体设计专业。
（3）汽车零部件或总成设计专业，汽车零部件或总成设计任务的责任主体为零部件供应商。

而从整车厂商所需开展的汽车设计活动的实际来说，狭义汽车设计任务可划分为汽车造型设计与汽车总体设计两个专业。

但是，整车厂商开展狭义汽车设计只设有造型设计与汽车总体设计两个专业，也还是不够的。

首先，第二章所讨论的狭义汽车设计分工体系，是汽车界人士不断研究、

广义汽车设计

探索的结果。而按本书关于广义汽车设计的定义，关于狭义汽车设计分工体系的不断研究、探索的活动，正属于广义汽车设计主要任务内容之一，或者说，狭义汽车设计分工体系就是人们开展广义汽车设计的结果。

并且，汽车设计分工体系的设计也势必需要实施专业化、走专业化发展的道路。否则，汽车设计分工体系的设计就会处于业余水准，而不能很好地满足狭义汽车设计的客观要求。

这就好比交响乐队有多种乐器演奏，而乐队演奏多种乐器就会产生出乐队指挥的道理是一样的。一般来说，专业乐队的演奏势必要求专业的指挥才能发挥出专业乐队应有的水平。为了使狭义汽车设计的分工体系能够促进狭义汽车设计质量与效率的提升，势必会产生关于汽车设计分工体系设计专业的需求。或者说，对于整车厂商来说，狭义汽车设计的汽车总体设计专业和造型设计专业再加上广义汽车的汽车设计分工体系设计专业，才能使得整车厂商拥有完备的专业分工。

就汽车设计的分工体系来说，它是汽车产品研发组织为了能够更加高质量、更加高效率地完成狭义汽车设计任务而进行的汽车设计分工体系设计的结果。并且，在我国汽车产品研发组织中，很久以前就设置有产品研发计划调度部门，并发挥着重要的作用。例如，在20世纪末东风汽车公司技术中心就设有计调室，负责产品研发计划调度方面的工作，当时该机构的科级员工就有12人之多，占产品研发人员总数的8%左右。

可以说，大家对于汽车产品研发计划调度专业的任务内容或所起的作用都是了解的。在此，不再赘述。

但是，时至今日，计划调度专业在汽车产品研发组织中也没得到应有的专业认可。例如，从事计划调度工作人员的职称存在名不正的问题。我国汽车公司职称序列中普遍没有关于产品研发计划调度的、名实相符的职称序列的设计。

总之，整车厂商所开展的狭义汽车设计被分工成汽车造型设计、汽车总体设计两大专业并实行相应的职级分工之后，势必就会在客观上提出关于设置开展汽车设计分工体系与汽车设计计划调度专业的需求。并且，计划调度与分工体系设计所需要的专业基础是完全相同或相通的。对此，不可想象，对汽车产品研发分工体系不了解或了解不够，也可较好地完成产品研发计划调度工作。因此，两者在自身专业方面完全可以设置成同一专业，即汽车产品研发（包括汽车设计）分工体系设计与计划调度专业，可简称为体系与调度专业。

从汽车产品研发体系与计划调度专业产生的根源或必要性，狭义汽车设计与广义汽车设计的释义，可看出：汽车产品研发体系与计划调度的专业任务内容不属于狭义汽车设计任务的范畴,而属于广义汽车设计任务的范畴。

二、汽车设计分工体系设计专业的任务内容

因狭义汽车设计任务分工,或者说,因广义汽车设计任务分工而产生的汽车设计分工体系设计专业的任务也应划分为两部分。

一是针对狭义汽车设计任务内容的发展变化或汽车产品设计分工的现状,依据汽车设计分工形式应服从汽车设计分工任务内容需要的原理,研究调整或细化现行的汽车设计分工体系,以使得狭义汽车设计分工体系更加符合狭义汽车设计的客观要求。

二是除了需发挥汽车分工体系设计专业对狭义汽车设计分工体系的指导作用之外,还应注重汽车设计分工体系设计专业自身专业体系设计与能力建设的任务。

对于汽车设计分工体系设计研究任务是否需要设立为专业的问题,可能有人会说:汽车设计任务分工的阐述已经清楚地表明了汽车设计需要分成汽车造型设计和汽车总体设计两个专业,那么,汽车设计就按此专业分工来进行组织即可,没必要再设置汽车设计分工体系设计专业。

对此问题,笔者给出如下回答。

首先,依据汽车设计分工体系设计专业的任务内容来看,正如前面所指出的那样,它已经超越了狭义汽车设计任务的范畴,而属于广义汽车设计任务范畴了。

其次,狭义汽车设计任务的专业分工,是关于狭义汽车设计任务内容的任务块的划分。然而,只有任务块的划分,即只有专业的分工,无疑是远远不够的。

为此,必须要清楚地意识到:汽车设计按专业分工之后,对于形成和提升专业能力,并更好地完成专业任务块的设计任务来说,就好比是将建筑材料——砖,按形制或颜色的不同分类、堆放,即将汽车设计人员按专业的不同划分成不同的专业部门,即等于按专业区域分开来"堆放"而已。然而,这些按专业不同堆放在一起的"砖",即专业设计人员以专业类聚,与形成强大的专业能力的目标要求还存在很大的差距,或者说,完成专业分工只是形成专业能力所需要的基础。也就是说,依靠专业分工还不能形成强大的专业能力,或者说,所形成的专业能力与将专业人员的个人专业能力经过科学合理的组合所形成的能力是不可比拟的。若想使得专业块的专业能力实现最大化,就必须在专业块分工的基础上进一步实行职级分工。这就好比泥瓦匠将分区域堆放的砖砌成墙,并且,只有将砖砌成墙,这砌成墙的砖才是能成为建筑或建筑的一

广义汽车设计

部分，才能起到或发挥建筑的作用。这个比喻告诉我们：在汽车设计专业分工的基础上，进一步实施汽车设计师的职级分工是汽车设计又一重要的客观要求。也正因为此，才在上一章中对狭义汽车设计的专业分工与职级分工做了深入的讨论。

最后，狭义汽车设计的分工是汽车产品研发组织所组织实施的狭义汽车设计的分工，不是狭义汽车设计师们自发的分工。然而，从理论上来说，狭义汽车设计分工体系并不是汽车产品研发组织天生的。这也就是说，汽车产品研发组织的重要任务之一就是研究设计汽车产品研发和汽车设计的分工体系。而且，这一任务同样也需要责任明确。

责任明确，它包含两层意思：一是责任主体的明确，二是责任任务内容的明确。

关于汽车产品研发组织的汽车设计分工体系设计的第一责任人，正如第二章所指，就是公司产品总设计师。另外，考虑到"众人拾柴火焰高"，汽车设计分工体系的设计，也和狭义汽车设计一样需要走专业化的发展道路，即也需要汽车产品研发组织设置汽车产品研发分工体系设计专业，并且还需要有专家、学者从专业条块分工和专业层级分工两个维度来对广义汽车设计和狭义汽车设计分工体系的客观要求做立体化的认知。

除了明确责任主体之外，还需要明确汽车产品研发分工体系设计专业的责任任务。正如前面所述，汽车产品研发和汽车设计分工体系设计专业的责任目标应是：发挥好对汽车产品研发组织的汽车产品研发和汽车设计分工的指导作用，加强自身专业体系与专业能力的建设。

由此可见，汽车设计分工体系设计专业或汽车产品研发分工体系设计专业重点的、核心性任务为：在专业分工的基础上，研究设计制定汽车产品研发组织汽车产品研发专业人员的职级分工。

值得指出的是，汽车产品研发分工体系设计专业的任务内容与目前个别汽车产品研发组织所设置的产品研发机构设置研究室是分与总的关系，即汽车产品研发分工体系设计专业的任务，包含了产品研发机构设置的任务。但是，顾名思义，汽车产品研发机构的设置不能包含全部的汽车产品研发分工体系设计专业的任务内容。例如，产品研发机构设置就不能名正言顺地包含职级分工体系的设计任务，而不包含职级分工体系设计任务就会使得类似研究室的意义大打折扣。

另外，可能有些人会认为，如果说汽车产品研发分工体系设计专业的核心性任务是设计汽车产品研发专业人员的职级分工，那么，类似的工作任务目前不是也有专门的部门来承担吗？即普遍由汽车产品研发组织的人事管理部门对此负责的吗？

  对此，笔者想说的是，关于汽车产品研发专业人员的职级分工体系设计应从人事管理部门独立出来。这就如同国家立法和执法是两个不同部门来负责的道理。汽车产品研发专业人员的职级分工体系设计与国家立法部门的职能相类似或大同小异，而汽车产品研发组织的人事部门则与国家执法部门的职能相类似或大同小异。除此之外，做出关于汽车产品研发专业人员的职级分工体系设计应从人事管理部门独立出来的建议，还有另外的现实考虑，那就是：由于汽车产品研发专业人才个人性格或兴趣、专业基础等差异性的原因，造成他们的业务成长亦会有一些差别。产品研发专业人员会有人只喜欢深耕一门专业，而有的产品研发专业人员则是喜欢多了解学习一些相关的专业知识。喜欢深耕一门专业的人才，势必会成长为所谓的专才；而除自己当下所做的专业之外还想多了解学习一些其他专业知识的人才，势必会成长为所谓的通才。而且，对于汽车产品研发组织来说，该两种人才亦都是需要的，同样也是难能可贵的。汽车产品研发组织不仅需要为所谓的专才考虑职业上升的通道，同时，也需要为通才考虑职业上升的通道。然而，汽车产品研发分工体系设计与汽车产品研发计划调度专业所需要的人才正是所谓的汽车产品研发各专业的通才。这样就解决了通才的职业上升通道问题，同时也解决了汽车产品研发分工体系设计专业所亟须解决的人才问题。

  另外，解决产品研发通才职业上升通道的问题是各家汽车产品研发组织都会遇到的一个现实问题。例如，由于个人性格或专业基础等其他客观原因，从事汽车产品研发专业工作多年，而当步入中年（35岁以后）即有10年或以上工作经历了，这时自我发现或组织上发现了自己不是一个汽车产品研发专才的料而是一个通才的料，并且由于年龄等原因又制约了自己再向产品研发专家方向发展。这样的通才不给予充分利用，对汽车产品研发组织来说是一种人才的浪费，而对于个人来说，组织上不给予这样的通才职业发展以出口，会对通才个人的积极性或主观能动性产生不良影响。因此，应解决类似的问题。类似问题的解决措施就只有疏通人才上升的通道，即让专才和通才各自都有不同的职业上升通道可走。这就是笔者所提议汽车产品研发组织设置分工体系设计专业的初衷之一。

  笔者建议汽车产品研发组织设置分工体系设计专业的另一初衷是：除了上述汽车产品研发分工体系设计需要汽车产品研发各专业的通才之外，汽车产品研发的指挥调度也同样需要类似的通才。并且，目前关于汽车产品研发的指挥调度也缺乏科学的专业定位或定义。加之，汽车产品研发指挥调度对人才的专业知识结构的要求也与汽车产品研发分工体系设计专业是完全相同的，并出于尽量简化产品研发机构设置的考虑，笔者进一步建议将所设置的汽车产品研发分工体系设计专业的任务内容将汽车产品研发指挥调度的任务亦包括进来，形成一个大专业。或者说，将汽车产品研发分工体系设计专业包括于汽车产品研发指挥调度的任务之中。

三、汽车产品研发分工体系设计专业职级分工的讨论与建议

下面再谈一下汽车产品研发分工体系设计专业职级分工的问题。

如上所述，汽车产品研发分工体系设计专业所需要的人才是所谓的产品研发各专业的通才。然而，若要想成为一名汽车产品研发各专业的通才，笔者认为至少需要10年到15年的多个、不同专业的工作岗位的历练。这也就是说，笔者认为汽车产品研发分工体系设计师的职级应为科级，而该专业的学科带头人或部门负责人应该与大家都熟悉的汽车产品研发组织的人事部部长或经理平级。值得说明的是，这里所说的汽车产品研发分工体系部门负责人，他的职责有两个方面：一是汽车产品研发指挥调度长或公司产品研发的总指挥和产品总设计师的助理，协助公司产品研发总指挥或产品总设计师开展有关工作；二是对公司产品研发或汽车设计分工体系的贯彻落实负有第一责任的公司产品总设计师助理，协助公司产品总设计师开展有关分工体系设计研究方面的工作。因此，关于该部门负责人的职级，仅就产品研发指挥调度职能来说与人事部部长平级也是常见的对待。否则，会出现人微言轻，不利于开展相关工作的问题。

综上所述，汽车产品研发分工体系设计专业的任务可划分为四大项：一是研究设计汽车产品研发组织各专业的任务分工或部门、科室设置的合理性；二是研究设计汽车产品研发组织各类专业人才职级的划分与对待；三是汽车产品研发分工体系设计专业自身的能力建设；四是产品研发的指挥调度。

第二节　广义汽车设计的主要任务与相应的职级分工的讨论

至此，已经对汽车产品研发分工体系设计专业的任务与职级给出了建议。然而，关于广义汽车设计的职级分工的讨论与研究，还没有全部完成。让我们一同来对广义汽车设计的职级分工再做如下的研究、讨论。

一、我国广义汽车设计任务分工概况

虽然广义汽车设计是笔者新近才提出来的概念，但是不可否认，我国和拥有完整汽车工业的其他国家一样，广义汽车设计一直都是客观存在的。并且，

研究制定汽车产业发展与企业设计制定产品研发战略与策略、研究汽车产品研发和汽车设计的分工体系等任务，都属于广义汽车设计重要的任务内容。

不需多言，关于汽车公司和汽车产品研发组织的汽车产品设计，包括广义汽车设计和狭义汽车设计，其设计任务的第一责任人，无疑是公司汽车产品总设计师。这也就是说，公司汽车产品总设计师是公司广义汽车设计和狭义汽车设计分工体系这一"金字塔"的塔尖。

然而，关于公司汽车产品总设计师的主要职责和职级，却不可一概而论。

例如，20世纪七八十年代的二汽，技术岗位就设有产品总设计师，并且职级待遇为当时二汽的产品研发组织的副职待遇，即产品总设计师职级等同于产品处副处长。

在此，让我们回顾一下二汽当年汽车产品总设计师的职责任务及职级对待的合理性。

当年二汽产品研发的主要任务有：研发25Y越野汽车产品，利用25Y越野汽车主要总成。例如，利用EQ6100汽油发动机、变速器等总成，研发东风EQ140平台系列产品，并持续改进25Y和EQ140平台系列产品，及换代产品的研发。

在当年的历史条件下，二汽产品研发任务势必是国家实行计划经济的结果，即以"多快好省"地满足国民经济和国防建设的需要作为具体产品研发任务的首选。而这首选的产品研发任务，必然就会是EQ25Y越野汽车和EQ140载货汽车产品的研发，并且，也别无其他的选择余地。

也正因为此，二汽当年研发EQ25Y越野汽车和EQ140载货汽车是别无选择之选择，这就在客观上省略了汽车产品设计流程中的广义汽车设计的重要任务之一，即汽车产品研发战略与策略的研究，可直接进入汽车产品研发组织分工体系的设计。对此，二汽当年的实际是：二汽产品设计师团队和产品工程师团队，实际上实行的是混合编队，也就是说，那时的二汽产品研发，产品工程师与产品设计师没有实行严格的专业分工。而在产品研发任务完成的过程中，二汽产品总设计师势必发挥出了应有的作用，特别是在各种产品技术决策方面起到了不可替代的作用。

这也就是说，当年的二汽关于汽车产品研发和汽车设计的分工体系的设计，实际上的做法是：没能对汽车产品研发和汽车设计的分工体系开展系统性研究，而是参照或照搬中国汽车界老大哥——中国第一汽车集团有限公司（以下简称"一汽"）的产品研发和汽车设计分工体系的架构来开展产品研发的。然而，一汽的产品研发和汽车设计分工体系的架构，在当时也是"三十年一贯制"的，即从苏联援建后所形成的产品研发分工体系就一直被沿用。

广义汽车设计

然而，苏联援建一汽时所提供的产品研发分工体系的指导思想是什么，今天无从查证了。

但是，深入研究二汽和一汽当年的产品研发与汽车设计分工体系之后，可以看出：我国在苏联的援助下，于20世纪50年代建成了一汽，实现了我国汽车工业从无到有的转变。其产品研发队伍的建制，即产品研发分工体系，也同工厂设计一样，是苏联所提供的。苏联所提供的产品设计队伍建制，正如《汽车之感悟》所指的那样有两个明显的特点。

（1）将汽车总体设计与总布置设计不加区分，即总布置兼职做汽车总体设计。

（2）总成与零部件设计直接对整车总布置负责。例如，负责驱动桥、变速器总成产品研发人员在技术上分别与整车总布置直接对接，而不是与动力与传动系统设计师对接，也没有动力与传动系统设计师。

通过上述苏联所提供的汽车产品研发分工体系的两个显著特点，可对苏联所提供的汽车产品研发分工体系的指导思想略见一斑，那就是，苏联所提供的汽车产品研发分工体系的指导思想相对来说重视汽车产品工程而轻视汽车产品设计。这是汽车技术相对落后时所常见的表现，也是汽车工业较先进的国家或企业对汽车工业相对落后的国家或企业所常见的一种产品研发分工体系的输出。也正是由于上述指导思想的影响，在我国汽车产品研发分工体系中，才会有总工程师兼职产品总设计师，或者说，即使设有产品总设计师岗位，公司产品总设计师的职级也远低于公司总工程师或副总工程师。例如，20世纪80年代二汽的产品总设计师的职级就明显低于二汽总工程师和其他副总工程师的职级。

值得说明的是，可能有人说：改革开放后，包括一汽在内的我国汽车行业骨干企业的产品研发队伍的建制和汽车研发组织的分工体系，同苏联援建时所提供的产品研发队伍和产品研发分工体系相比较，已经有较大的调整和变化了。所以，不能用老眼光来看待目前国内汽车产品研发分工体系。

对此，笔者想要说的是：目前，我国汽车骨干企业的汽车产品研发分工体系和当初的分工体系相比较，虽有调整，但是大都是产品研发队伍行政组织条块的简单分拆或合并，产品研发组织分工体系的系统性却没有得到应有的加强与提高，即我们的汽车产品研发分工体系仍然亟待变革，分工体系的客观要求仍然亟待认知、尊重。

例如，上述所介绍的二汽关于汽车产品总设计师的对待，与30年后东风猛士轻型越野汽车产品平台研发过程中对待东风猛士产品平台项目技术负责人有很大的相似之处，即在汽车产品研发组织内部，产品研发项目技术总负责人的职级对待均为产品研发组织（当年的二汽产品研发组织称为产品处，而东风猛士平台产品研发时的产品研发组织称为东风汽车公司技术中心）技术序列中的最高职级。当年研发 EQ140 车型时设置有产品总设计师岗位，而东风猛士研发过程中却以项目总工程师岗位代之，并称为东风汽车公司技术中心首席总工程师或东风猛士平台产品研发项目总师。跨越了 30 多年的实践证明了上述汽车产品研发组织内部关于产品研发项目技术负责人的职级对待较好地调动并发挥了产品研发项目总设计师的作用，或调动了产品研发项目总设计师对项目工作的主观能动性。因此，我们说，上述关于产品研发平台项目技术负责人的对待是符合或基本符合汽车产品平台研发客观要求的。

但是，细心的读者可能已经发现，同样是负责汽车平台产品研发项目，EQ140 平台产品研发项目设有产品总设计师，而东风猛士平台产品研发项目技术总负责人则被称为东风猛士平台产品研发项目首席总工程师，不能称为东风猛士平台产品总设计师。并且，也还能较好地调动了产品研发项目总设计师对项目工作的主观能动性，这又是为什么呢？

对此，请看笔者所给出的解释：

东风猛士平台产品项目是由总装车船部所提出来的研发一款轻型高机动越野汽车产品平台及平台系列产品项目。为此，总装车船部委托负责军需越野车产品技术性能指标论证任务的总装定远试车场负责研究拟定所要研发的东风猛士系列车型平台产品的诸项技术性能指标的设计目标要求（军方人士习惯称之为技战术指标），因此，东风猛士车型的总设计师单位理应是总装定远试车场，而东风汽车公司则分工负责东风猛士平台产品研发中的产品工程任务，或者说，东风汽车公司或东风汽车公司技术中心属于东风猛士项目的总工程师单位，而不是总设计师单位。相应的东风汽车公司参与或负责东风猛士项目的有关人员，只能称为东风猛士项目总工程师或项目总指挥。而关于东风猛士项目总设计师是东风人的说法，则是没有根据的，并是不合时宜的一种说法，或者说，说东风猛士项目总设计师是东风人，是对定远试车场的不尊重，再说严重一点，那就是，说东风猛士项目总设计师是东风人有欺世盗名之嫌疑。

另外，汽车产品总设计师也有两个层次：一是公司或集团产品总设计师，二是型号或平台产品总设计师。

在汽车公司内部，产品总设计师属于一种职务或岗位。并且，也不是谁觉得自己对公司产品设计贡献大或最大，就可称为公司产品总设计师的。而第二个层次的汽车产品总设计师，就是公司所研制产品某型号的产品总设计师。东风猛士项目总设计师当属型号产品总设计师，并且，东风猛士项目型号总设计师单位是定远试车场，而不会是东风汽车公司。

广义汽车设计

然而，东风 EQ140 车型则与东风猛士项目不同，它是东风汽车公司前身——二汽自主设计研发的一款中型载货汽车。因此，EQ140 载货汽车在二汽能找到总设计师，而东风猛士项目则不同。东风猛士项目在东风汽车公司内部就找不到总设计师。说到此，二汽当年任命的产品总设计师对应的应该是上述所说的型号总设计师。而实际上的二汽产品总设计则应该是二汽 EQ140 车型投产初期时组织的"64 项产品攻关"的技术总负责人孟少农总工程师兼职的。

东风猛士项目研发过程中的设计与产品工程实施上述分工，是有科学内涵的。它是避免"画圈与打眼"两方面任务一肩挑后有可能（或往往）会出现的"打哪指哪"现象的有效措施。并且，类似的产品研发分工模式也是汽车工业先进国家的普遍做法。

可能会有人说，在我国除了由总装车船部所提出并经总装定远试车场经过论证完成设计指标的军车研发项目之外，我国各大汽车公司自主设计、自主研发的汽车产品都应有相应的产品总设计师，这该是对的吗？

这话只说对了一半。为什么说这话只说对了一半呢？

首先，这是因为我国汽车公司自主品牌产品，是自主设计的产物。并且，设计师团队成员对自主研发产品的贡献度会是不均等的，那么，在设计师团队中贡献最大者是否可被称为产品总设计师？答案是否定的。

这其中的原因是：公司产品总设计师是一种职务或岗位，汽车公司和汽车产品研发组织的汽车设计工作无不是按要求分工合作完成的。并且，汽车公司或汽车产品研发组织的产品总设计师的主要职责，也不是在狭义汽车设计任务方面，而是在广义汽车设计任务方面。例如，设计制定产品研发战略与策略研究、产品研发分工体系和汽车产品流程的制修订等方面。

在汽车公司层面上，设有总工程师和副总工程师等岗位，然而，若干年以来，我国汽车产品研发的实际是普遍没有设置产品总设计师岗位，这就导致了产品总设计师相关工作任务，势必是由总工程师或由公司其他老总兼职完成的。而在汽车产品研发组织实体层面上，如在公司所成立的技术中心层面上，同样也只设项目总工程师岗位，没有设置平台产品总设计师岗位；平台产品设计师相关的工作任务，亦是由项目总工程师兼职完成的。

不知从何时开始，过去汽车产品研发组织所设置的汽车产品副总设计师岗位也都名存实亡了，或者说，若干年以来，不仅产品总设计师的任务是由总工程师兼职完成的，而且产品副总设计师一直就是某种"职称"或副总设计师转岗为副总工程师了。

可以说，上述类似的汽车产品研发任务的分工形式已经成为某种模式。该分工模式的特点就是兼职——公司总工程师或其他老总兼职公司产品总设计师；而在汽车产品研发组织实体层面，平台项目总工程师兼职平台项目总设计师。

目前，可以说我国仅仅是在车身产品研发方面，造型设计和车身产品工程专业分工是泾渭分明的。或许正因为造型设计与车身产品工程实施了泾渭分明的分工，今天，汽车造型设计才取得了有目共睹的进步。可曾几何时，汽车产品工程师都能对汽车造型设计提出不少的建议来。这种现象一去不复返了。而且，如今有许多新车造型设计无不是让汽车产品工程师眼前一亮。

在近10年来自主品牌狭义乘用车产品研发需求的推动下，在汽车总体设计层面上的分工体系也取得了一些进步，即改变了过去长期以来整车总布置工程师兼职完成汽车总体设计师职责的局面。具体说，那就是，目前在我国自主品牌（狭义）乘用车公司中有为数不少（或普遍）的汽车产品研发组织，在整车设计部门专业设置方面改变了过去由整车总布置专业担纲或兼职汽车总体设计师的职能，而目前整车设计部门专业分工的主流模式为：负责整车性能指标设计专业或称之为整车集成设计专业、竞品（测试）分析专业和商品定义等专业来共同完成汽车总体设计层面上的汽车设计任务。

由此可见，上面所介绍的目前我国汽车总体设计层面上的分工体系的主流与过去的汽车总体设计分工体系已经有了长足的进步。这是毋庸置疑、应给予充分肯定的。但是，在此也请大家注意到上面所介绍的、取得长足进步的汽车总体设计层面的分工体系，与本书关于汽车总体设计的任务和相应的职级分工的讨论中所提出来的汽车总体设计层面的分工体系相比较，理念是完全不同的。

本书所提出来的汽车总体设计分工的理念为：

（1）汽车总体设计任务层面上，汽车总体设计在专业上应被视为一个整体，不应、也没必要再将汽车总体设计专业细分成两个及两个以上的专业。

（2）关于汽车总体设计的分工，首先应按汽车产品研发组织所开展或承担的系列平台产品设计任务来组织系列平台产品总体设计师团队，也可以说，汽车产品研发组织在汽车总体设计层面上的分工是按照系列平台产品设计任务来组织分工的；而在系列平台产品总体设计师团队内部的分工则是应按照汽车总体设计师的职级来实施分工。

然而，上面所介绍的目前我国主流汽车总体设计层面的分工体系所体现出来的关于汽车总体设计分工的理念却是：

首先，汽车总体设计任务也实行专业分工，并且，通常是将汽车总体设计专业的任务内容进一步划分成多个专业来完成。例如，一是竞品分析专业；二

广义汽车设计

是整车性能指标设计专业或整车集成设计专业;三是商品定义专业,即负责将汽车产品的工程概念转化为目标价格与目标成本的商品概念。

其次,在汽车总体设计专业下的各子专业的内部分工是按项目来实施分工,如竞品分析专业内部分工就是按项目来进行分工的。其他的汽车总体设计专业子专业的内部分工也都是按项目实行分工。

值得加以强调的是,考虑到本书新提出、讨论的汽车总体设计分工的建议只在东风猛士平台产品研发过程中做过局部尝试,并未经过全面实践验证,但是,局部尝试就已经表明该汽车总体设计分工建议会大大地提高产品研发质量与研发效率。

因此,笔者暂且不给出关于上述两种汽车总体设计分工体系或分工模式孰优孰劣的结论性意见,而是进一步建议诸位同行在各自所在的汽车产品研发组织开展的汽车产品研发的实践中,去用心地体会本书所讨论、提出来的汽车总体设计分工的建议与目前主流的,或者说,在我国自主品牌汽车产品研发中具有代表性的汽车总体设计分工模式孰优孰劣。

在此,仅提醒诸位同行,本小节所介绍的目前我国主流汽车总体设计层面的分工体系是不符合汽车设计分工的一般规律,即不符合两个或多个专业合作即会产生出一个新的专业的普遍规律。

也正如本书所指出的那样,汽车产品研发组织实施汽车总体设计与造型设计专业分工,则会产生出全新的汽车产品研发分工体系设计专业。可是,本小节所介绍的目前我国主流汽车总体设计层面的分工体系则是由三个子专业所组成,并没有产生出一个全新的专业来。

然而,没"产生出"一个全新的专业来,那么,在完成汽车总体设计任务过程中,是否就如同交响乐队演奏缺少一个乐队指挥,或者说,由部门各自负责部门的产品研发计划调度,这是否相当于由一个业余乐队指挥来指挥乐队演奏呢?答案可能是仁智各见,或许也有可能达成共识。然而,计划与调度是不可分割的一项职能,调度则必须要依据汽车产品研发组织整体产品研发工作状态来实施,这样的调度才会是高效、符合汽车产品研发客观要求的。

综上所述,第一,目前我国汽车产品研发在汽车产品设计与汽车产品工程专业分工方面存在严重的,或者说,较为普遍的所谓的兼职现象。例如,目前,我国各家公司的汽车产品研发组织普遍设有首席总工程师、产品研发项目总工程师岗位,并在公司层面设有公司总工程师、副总工程师岗位;而汽车产品研发组织普遍没有设置产品总设计师岗位,公司层面也没有设置公司产品总设计师岗位。并且,在汽车产品研发的基层,各级产品工程师兼职完成应由各级汽车总体设计师完成的汽车总体设计任务的现象也很普遍。第二，虽然我国汽车设计分工体系在近些年也取得了一些进步，但是，总体上距汽车产品研发的客观要求还存在不小的差距。

二、汽车产品研发任务分工的所谓"兼职模式"弊端的分析讨论

上述所介绍的关于我国自主品牌汽车产品研发任务分工所存在的兼职模式之弊端，应给予充分的认知。

首先，上述所介绍的目前我国汽车产品研发的分工模式，无论是广义汽车设计分工还是狭义汽车设计分工，都在一定程度上存在所谓的兼职现象，兼职的弊端如下。

1. 无法从组织上确保避免所谓的"打哪指哪"现象的发生

"打哪指哪"原意系在射击时不能射中指定目标，就按实际射击时的弹着点来指认射击目标。

"指哪打哪"用来形容汽车产品研发，意思是：产品研发的各项具体目标是由目标执行者（即各级产品工程师）自我设定的（注：汽车产品造型除外），而不是由专门负责产品研发目标设计制定的各级汽车产品总体设计师来设计制定的。特别是在实际工作中，很多汽车产品研发目标不仅仅是由负责贯彻落实目标要求的各级产品工程师来设定的，并且，不是事先制定产品研发的目标要求，而是事后或事中才明确研发目标要求。这就势必会导致汽车产品研发组织在组织上无从保证具体产品研发目标的设计制定不是按负责目标要求的贯彻执行方、按自己有绝对把握达成的研发目标来设计制定或上报所研发产品的研发目标的现象发生，即无法确保产品研发目标"指哪打哪"的现象不会发生。

众所周知，射击时打哪指哪，是练不出好枪法的。同样的道理，汽车产品研发"指哪打哪"现象的存在也不利于汽车产品研发水平的提高。

关于汽车产品研发"打哪指哪"现象，暂且不去争论在实际产品研发工作中"指哪打哪"现象是否频出或是否普遍。然而，关于"打哪指哪"现象，无疑应该是零容忍。并且，需要从汽车产品研发组织分工体系设计上给予保证杜绝出现"打哪指哪"现象，即需要由组织措施来提供保障。这是因为：

（1）"打哪指哪"现象的存在，不仅会让有关产品研发行动的目标直接就打了折扣，还会给后续的产品研发活动提供一个不好的对标参照。这会慢慢地导致形成这样的一种不良风气，即拿不合理当成理所当然。也就是俗话所说的，拿不是当理说。例如，在实际产品研发工作中，常常会听到有人说：我也

知道这样做不合理,但是,这在我们实际工作中已经形成惯例了,既然已经是惯例了,我们就按惯例来做吧。

(2)"打哪指哪"现象的存在,会使汽车产品工程技术失去汽车设计目标要求的引领作用。

"打哪指哪"现象的存在,会使产品工程技术人员对于产品技术进步不再有"不到长城非好汉"的气势与决心,而是得过且过、随遇而安。或者说,在实际的产品研发活动中,没有通不过验收评审的项目;但是,同时亦没有通过验收评审后,甚至是通过鉴定了,就不再有颠覆性问题的项目,或者说,产品竞争力不达预期要求的项目是常态。这不能说其中没有"打哪指哪"之"功劳"。

长期以来我国汽车产品工程技术和汽车设计的发展均不甚理想。在汽车工程技术方面所取得的突破性成果也不够多,特别是自主品牌汽车产品的市场竞争力进步也很缓慢。究其原因,笔者认为与汽车设计对汽车产品工程技术发展的引领作用发挥不甚理想有很大的关系,或者说,与我国的汽车产品研发分工所普遍存在的兼职模式不无关系,或许,还是其直接的原因。

然而,对照国外汽车产品技术先进的大公司,它们的汽车设计与汽车产品工程无不实行严格的分工,并且,它们的汽车设计任务的责任主体与负责贯彻落实产品设计目标的责任主体无不都是泾渭分明的。它们没有我们各级汽车产品工程师兼职各级汽车产品设计师的现象。国外汽车产品技术先进的大公司对汽车设计和汽车产品工程实施严格分工,无非就是为了避免产品研发工作中出现上述所谓的"打哪指哪"现象,以保证用专业化的汽车设计对汽车产品工程技术起到引领作用,从而保证所研发汽车产品的研发质量和促进汽车工程技术不断进步。

2. 有悖于专业化的要求

汽车产品研发中的汽车设计与汽车产品工程两大主流专业分工不明确,即各级汽车产品工程师兼职完成各级汽车产品设计师的工作,或者说,各级汽车设计师兼职完成各级汽车产品工程方面的工作,这除了上述的、不能从组织上保证不会出现对待产品研发目标"打哪指哪"现象之外,还有悖于汽车产品研发专业化的要求。

汽车产品市场竞争早已经要求汽车产品研发必须要用专业化的力量才有可能满足人们对汽车产品的要求。

然而,目前我国汽车产品研发组织内部专业分工所普遍存在的,或者说,在我国汽车产品研发的实际工作中常有汽车设计工作任务和汽车产品工程工作任务相互兼职的现象。而兼职势必就会有一职不是自己的专长或专业。

关于专业，可百度一下"专业"一词的释义，"专业"一词系指专门从事某种学业、职业和专门的学问或技术等。这也就是说专业的高水准首先就要求专业人员在一段时期内或长期专门从事某一专业的活动。正如俗话所说的，一心不可二用。而长期兼职势必会导致专业水准大打折扣，或不能得以迅速提高。这或许就是我国汽车产品技术进步长期不甚理想的主要原因。或者说，打破现行的专业分工所普遍存在的"兼职模式"，让汽车设计与汽车产品工程双方都走专业化发展模式，不仅是汽车设计的客观要求，亦是汽车产品工程方面的客观要求。

在此，对照一下媒体关于我国军工产品研发的有关报道：我国先进军工企业或其产品研发，企业设有总设计师、总工程师和总指挥岗位，型号产品研发任务亦设有型号总设计师、型号总工程师和型号总指挥岗位等。各级总设计师、总工程师与总指挥之间有严格、科学的分工。总设计师带领设计团队负责研究制定产品研发技术目标的要求；总工程师带领各级产品工程师负责贯彻落实产品研发目标要求；而总指挥则负责产品设计与产品工程进度的协调与落实，另外，总指挥还负责能力建设的进度与协调。

如果说没有上述的军工企业类似的科学的岗位分工，那么，近些年以来我国军工产品研发取得的长足进步，则是不可想象的。对比军工产品研发的分工，汽车产品研发的分工却存在明显的兼职现象。或许这正是我国军工产品研发取得的成绩喜人，而汽车产品研发却一直不能令国人满意，特别是近年来自主品牌汽车产品饱受诟病的原因。

三、广义汽车设计第一责任人职责任务与职级分工的讨论

不需多言，在汽车公司内部广义汽车设计的第一责任人，理应就是公司产品总设计师。然而，不同的汽车公司由于产品研发所处的历史发展阶段的不同，相应的汽车产品总设计师的主要职责任务也会有所不同，并因主要职责任务的不同职级也会有所不同。

（一）汽车产品研发三个不同的发展阶段

汽车公司产品研发的发展阶段，可被划分为初、中、高三个不同的发展阶段。

1. 汽车产品研发初级发展阶段

在汽车产品研发初级发展阶段，所研发的产品无不局限于单一平台系列产品的研发。例如，当年二汽东风 EQ140 载货汽车平台系列产品的研发和北汽 BJ212 汽车平台系列产品研发。

汽车产品研发初级发展阶段所对应的企业发展阶段，通常是开创汽车产品研发与生产的初期发展阶段。

2. 汽车产品研发中级发展阶段

在汽车产品研发中级发展阶段，所研发的产品已经不再局限于单一平台系列产品研发了，而是向着车型种类齐全方向发展。例如，20 世纪 80 年代前，一汽和二汽都是以研发、生产中型载货汽车为主，之后通过技术引进等方式将产品类型逐步扩展到轿车和轻、中、重型载货等几乎各种类型汽车产品的生产与研发。

如何理解汽车产品研发中级发展阶段特点，笔者认为可借鉴下围棋的实践：无论在产品研发初级阶段所下的第一步棋子的落点如何，在接下来的产品布局阶段都需要按"金角、银边、草肚皮"的围棋常识来"抢大场"，而不应在布局阶段，即汽车产品研发的第二阶段来追求第三阶段应追求的目标。

3. 汽车产品研发高级发展阶段

随着各类型汽车产品市场竞争的加剧，以及各家企业所研发、生产的汽车产品类型的完备或近于完备，对汽车产品研发提出了更高的要求，即要求各类型汽车产品要实现系列平台产品和系列品牌产品的研发。可见，系列平台产品或系列品牌产品的研发，与以往局部地、逐一开展平台系列产品或单一品牌产品的研发有实质性或革命性的发展变化。

关于系列平台产品的定义与系列平台产品研发和系列品牌的定义与产品研发，可见本书后续的阐述。

在此，值得指出的是，目前，我国汽车企业的产品研发所处的发展阶段是参差不齐的。例如，一汽和东风都已经走过初级和中级两个发展阶段，现正处于高级发展阶段的前夕。而有的企业还处于初级发展阶段。

汽车产品研发发展阶段的不同，势必会导致不同发展阶段下的汽车公司产品总设计师的职责任务有所不同。对此，请见下面的讨论。

（二）汽车产品研发初级发展阶段汽车公司产品总设计师主要职责任务及职级的讨论

如果说，汽车公司的产品研发还处于初级发展阶段，那么，公司产品总设计师的职责任务，就会有被简化了的任务内容，也会有被加重了的任务内容。

例如，当汽车公司的产品研发所处的发展阶段为初级发展阶段时，所研发的产品通常仅局限于单一平台系列产品研发，并且，该发展阶段所研发的单一平台系列产品的决策通常是客观约束的结果。例如，国家产业政策的要求，或者说，企业发挥已有的工厂装备与产品技术等因素考虑的结果，而并非产品总设计师依据企业开展汽车产品研发战略与策略研究所提出来的首款平台系列产品研发方向的建议或意见，并且，从另一方面来说，企业的第一款平台系列产品的研发方向无论如何选择，都不可能避免强劲竞争对手的压制。所以说，企业的第一款平台系列产品研发方向的选择只要符合国家汽车产业政策，并且，能够最大限度地利用企业生产汽车产品的各类资源即可，而没有必要在产品研发战略与策略方面花费更多的时间成本。

初级发展阶段的普遍特点就是百业待兴。例如，属于广义汽车设计任务的汽车产品研发分工体系和汽车设计分工体系、汽车产品设计流程制修订的任务，会由于企业没有这方面可利用的基础或企业这方面的基础较差而明显地变重了。

综上所述，当汽车公司还处于汽车产品研发的初级阶段时，公司汽车产品总设计师的第一责任为：带领他的团队完成狭义汽车设计任务，即开展、完成依据公司工厂的工装、设备优先发展的、具体产品研发目标的设计任务。

在广义汽车设计任务方面，公司汽车产品总设计师是开展狭义汽车设计分工体系设计的第一责任人。开展汽车设计或汽车产品研发分工体系设计的目的要求为：使得狭义汽车设计的专业分工与职级分工科学合理，即能够很好地满足狭义汽车设计的客观要求，或者说，当产品研发处于初级发展阶段时，公司产品总设计师是保持公司汽车设计分工体系能够科学合理、符合汽车设计和汽车产品研发的客观要求的第一责任人。

同理，设计制定公司产品设计流程的第一责任人也是公司产品总设计师。

除上述三项主要职责之外，公司汽车产品总设计师还肩负着制修订产品标准、配合新产品生产准备与试生产和试销第一责任人的任务。

另外，处于产品研发初级发展阶段的汽车公司产品总设计师的另一重要任务目标要求就是，积极准备或积极争取推动公司产品研发向中级发展阶段发展。

关于此发展阶段公司产品总设计师职级对待，可参考20世纪80年代二汽对产品总设计师的对待，即按产品研发高级发展阶段的平台产品总设计师来对待。

（三）汽车产品研发中级发展阶段汽车公司产品总设计师主要职责任务及职级的讨论

正如前面所述，在汽车产品研发中级发展阶段，所研发的产品已经不再局限于单一平台系列产品，而是向着车型种类齐全方向发展。

在中级发展阶段过程中，优先发展的产品事关汽车公司经营业绩的优劣。

广义汽车设计

例如,在20世纪我国着手发展乘用车时,东风成立的合资公司所引进的产品为小排量经济型轿车产品,而一汽和上海汽车集团股份有限公司(以下简称"上汽")各自成立的合资公司所引进的产品的发动机排量要大一些,其产品既适用于那个历史时期作为公务用车使用,也适合于先富裕起来的家庭购买作为私家车来使用。并且,历史证明了这一发展阶段发展轿车产品的战略方向的不同,对后续发展有很大的影响,甚至,笔者认为某汽车合资公司如今(2019年)走到破产边缘的重要原因之一就是该合资公司当初所选择的产品类型不当。

因此,汽车产品研发战略的研究就成为汽车公司产品研发中级发展阶段的第一要务,也是汽车产品总设计师的第一责任。

除此之外,上述关于汽车产品研发初级发展阶段任务中的设计制定或修订公司产品设计流程、开展汽车设计分工体系的设计研究等,也是中级发展阶段产品总设计师的第一责任。并且,要完成对公司所开展的平台系列产品狭义汽车设计目标要求的制定给予指导,而不是起到公司所研发产品项目总指挥的作用或替代公司汽车产品研发项目总工程师。总之,产品总设计师需要找准自己的主要职责任务的定位。

但是,值得指出的是,目前处于汽车产品研发中级发展阶段的大多数汽车公司,普遍没有或很少有公司产品总设计师岗位。然而,汽车公司产品总设计师的职责任务却是客观存在的,只不过这些没有设置产品总设计师岗位的公司是将公司产品总设计师岗位职责任务由其他人员兼职而已。例如,公司总工程师或副总工程师兼职完成产品总设计师的职责任务。然而,类似的兼职只是岗位的兼职,却鲜有主要职责没有被遗漏的,如产品研发分工体系的设计、产品设计流程制修订的任务,就鲜有被兼职者所继承并给予很好完成的。总之,类似的兼职模式的弊端是很深的。

上述关于此发展阶段汽车产品总设计师的职责任务的重要性,就决定了中级发展阶段汽车产品总设计师的职级对待应与公司副总经理同级。否则,对于发挥公司产品总设计师的职责作用来说,势必会有人微言轻的难以克服的弊端。

(四)汽车产品研发高级发展阶段汽车公司产品总设计师主要职责任务及职级的讨论

1. 系列平台产品总设计师主要职责任务与职级的讨论

当汽车产品研发步入高级发展阶段后,产品研发就由初级和中级发展阶段产品研发具有相对孤立地、逐一开展单一平台系列产品研发,向同步开展系列产品平台研发演变。

关于系列平台产品的概念与系列平台产品设计方法，请见本书后续有关阐述，在此不再赘述。

汽车产品研发步入高级发展阶段的标志就是汽车产品研发已不再是每次只考虑单一平台系列产品的研发，而是同步开展系列平台产品设计。如果仍然是一次产品研发活动只考虑单一平台系列产品的设计，则类似的产品研发活动就没有步入汽车产品研发的高级发展阶段；反之，就认为步入产品研发的高级发展阶段。

就汽车产品研发步入高级发展阶段的标志来看，目前我国的汽车产品研发处在高级发展阶段的前夕，还没有步入高级发展阶段。

就狭义汽车设计的任务内容来说，当汽车产品研发步入高级发展阶段之后，单一平台产品的设计就被系列平台产品的系列化设计所取代了，或者说，单一平台产品设计就被整合到了系列平台产品的系列化设计当中去了。例如，单一平台产品的整车主要技术参数的设计就会被系列平台产品型谱的设计所替代。

这也就是说，当汽车产品研发步入高级发展阶段后，汽车产品研发组织原来被分散在各平台项目负责人（或称项目总师）手中的平台产品的设计任务就会被整合、集中到各系列平台产品总设计师的手上，而留给各项目负责人或总师的任务就只有产品工程方面的任务了，即项目总师就成了名副其实的项目总工程师。这一时期公司所需要的系列平台产品总设计师的人数会明显少于所研发平台产品的数量。另外，由于上述汽车设计任务的整合势必会引起公司产品总设计师与系列平台产品总设计师之间的分工不同于中级发展阶段公司产品总设计师与诸平台产品总设计师，即型号总设计师之间的分工。

下面就一同来讨论一下当汽车产品研发步入高级发展阶段之后，公司汽车产品总设计师与系列平台产品总设计师之间的分工。

首先，目前国外汽车产品研发先进的一些大型汽车公司，其产品研发早已经跨过一次产品研发活动只开展、完成一款平台产品的阶段，步入系列平台产品一次完成产品（型谱）规划设计、分期分批地开展、完成系列平台产品的设计、研发。甚至于，产品工程实力强大的汽车公司也同步完成系列平台产品的研发。

汽车系列平台产品设计，无论是在需要考虑问题的复杂程度上，还是在设计工作量方面，都会比以单一平台产品设计的工作量、需要考虑问题的复杂程度高得多。另外，当汽车公司产品研发步入高级发展阶段后，其所开展的系列平台产品设计也不仅仅是某一系列平台产品的设计。因此，对汽车公司来说，

广义汽车设计

除了公司汽车产品总设计师之外，系列平台产品总设计师也是不可或缺的，或者说，系列平台产品总设计师在公司产品总设计师的岗位序列中起承上启下的作用，是十分重要的岗位。

系列平台产品总设计师是贯彻落实公司所要求自己所分工负责的系列平台产品研发战略与策略的第一责任人，同时，也是贯彻落实公司汽车设计分工体系与产品流程的第一责任人，并且，在贯彻落实公司产品总设计师对产品研发的要求时，要结合自己所负责的系列平台产品设计具体问题的个性，创造性地贯彻落实公司产品总设计师所要求的产品设计流程与产品研发分工体系。

例如，在贯彻落实产品总设计师关于产品研发分工体系要求方面，首先，要认识到产品总设计师所设计的汽车产品研发或汽车产品设计的分工体系，仅仅是关于分工体系的梗概，或者说，是分工体系的结构框架。它并非具体的要求，它也不可能要求得很具体。这是因为系列平台产品总设计师的汽车设计能力的专长与他所带领的汽车总体设计师团队的专长相比较，一定是各有专长的，但是，同时也会有能力的短板，而且，系列平台产品总设计师与其设计师团队的分工体系的目的与要求却是在分工体系中人人都能实现人尽所长、取长补短。系列平台产品总设计师的业务专长与其设计师团队的业务专长都会是因人而异的。因此，需要系列平台产品总设计师亲自完成的汽车总体设计任务的方面也不能是"一刀切"，而是应由具体系列平台产品总设计师在了解了自己所带领的汽车总体设计师团队每位设计师业务专长之后，将完成系列平台产品总设计师与其团队的分工体系的设计上报给公司产品总设计师与自己所在的汽车产品研发组织的行政领导，其目的就是防止系列平台产品总设计师与自己所带领的汽车总体设计师团队的分工不能够做到人尽所长，避免人尽其才的现象出现，或者说，避免设计工作出现被遗漏的现象。

系列平台产品总设计师带领汽车总体设计师团队完成系列平台产品的狭义汽车设计任务，包括制修订系列平台产品技术标准、指导配合生产准备用试生产和试销等任务。

关于系列平台产品总设计师的职级对待，毫无疑问应高于产品研发处于初级发展阶段时期的产品总设计师的职级对待。具体地说，建议系列平台产品设计师的职级对待要高于项目总工程师的职级对待，并与汽车产品研发组织行政负责人同等对待。

2. 公司产品总设计师主要职责任务与职级的讨论

在讨论完公司汽车产品研发步入高级发展阶段后的系列平台产品总设计师的主要职责任务与职级对待之后，接下来要讨论的就是公司汽车产品总设计师的主要职责与对待问题了。

当汽车公司汽车产品研发步入高级发展阶段后，汽车产品总设计师的主要职责就会发生一定的变化，具体地说当产品研发步入高级发展阶段后公司产品总设计师的主要任务应该有：

（1）参与国家层面的汽车产业政策的制修订，或产业政策制修订的研讨。

要求公司产品总设计师参与国家层面的汽车产业政策与国家汽车产业发展战略与策略的制修订，其目的对企业来说，就是能够深入了解国家汽车产业发展方向与动态，争取国家层面的产业政策有利于自家企业，以便能更好地制修订企业的产品研发战略与策略，并将企业对国家发展汽车产业政策的愿望表达出来，以便汽车产业政策制修订时能参考企业需求的意见，并使得企业产品研发战略目标的指向与国家汽车产业发展战略目标要求的指向一致。

（2）制修订企业自主品牌产品发展战略与策略并向公司董事会负责。

对于汽车公司来说，企业产品发展战略与策略在比较大的程度上即是公司的发展战略。因此，企业产品研发战略对企业发展意义重大。企业产品研发战略与策略的制定或修订的流程梗概通常为：公司董事长或董事会成员（亦包括产品总设计师本人）有制修订产品研发战略与策略的需求时，则应向董事会和产品总设计师提出来，产品总设计师对董事会成员所提出的制修订产品研发战略的要求给予回答或解释。但是，企业产品研发战略与策略制定时要做深入的研究，并要求具有一定的前瞻性；如果企业发展环境没有重大变化的话，一般应"一张蓝图绘到底"。

关于企业产品研发战略的任何修改，都需在产品总设计师提出制修订产品研发战略与策略的方案后，提请董事会研究讨论，最后，须经董事长批准。

关于我国汽车产业发展战略与策略和企业产品研发战略与策略的讨论，请见本书后续有关章节的叙述。

（3）公司产品总设计师是公司汽车产品品牌系列化方案设计的第一责任人。

设计制订产品品牌系列化方案，以便企业设计制定品牌战略与策略，使企业产品经营效益最大化。对此，可参见本书有关章节关于产品系列化设计的叙述。

（4）对研发全新系列车型的品种与全新系列车型的品牌定位、换代产品发展方向与时机等有关事项向董事会或产品（技术）委员会给出属于产品总设计师的意见或建议。

（5）公司产品总设计师是设计或制修订企业产品研发组织使命与行动纲领或使其表述与时俱进的第一责任人。

广义汽车设计

(6) 公司产品总设计师是设计或完善产品研发和汽车设计分工体系的第一责任人。

公司产品总设计师还应担负起指导和督查公司自主品牌汽车产品研发和分工体系,包括汽车设计分工体系不断改善的责任。

公司产品总设计师指导和督查公司自主品牌汽车产品研发组织汽车产品研发,包括汽车设计分工体系的设计与不断完善的抓手,即笔者在前面讨论汽车设计专业分工时所提到的汽车产品研发组织负责汽车产品研发分工体系的专业团队。

值得指出的是,不仅公司产品总设计师有指导和督查汽车产品研发组织分工体系的设计与不断完善的职责,公司总工程师也同样有指导和督查汽车产品研发组织分工体系的设计与不断完善的职责。因此,公司总工程师与产品总设计师应分工合作负责设计、完善公司汽车产品设计分工体系或汽车产品工程分工体系,并使其能保持与时俱进。

(7) 公司产品总设计师是公司汽车产品研发和汽车设计流程制修订的第一责任人。

公司产品总设计师是公司自主品牌产品设计流程制修订的第一责任人,这并不是说,公司各类产品的设计流程的建立与不断完善的有关工作统统归公司产品总设计师一个人去负责完成,而是指公司的产品设计流程是否科学、适用,即能不能起到保证汽车产品的设计质量与效率的作用和是否先进的责任在于产品总设计师。但是,设计制定公司汽车产品设计流程在很大的程度上是公司设计研发不同类型汽车产品、保证设计质量或研发质量经验的总结,或是借鉴他人的成功经验,然而,总结和借鉴他人的成功经验需要贯彻"一切为了群众、一切依靠群众"的方针。也就是说,公司产品总设计师负责设计制定各类汽车产品设计流程,需要公司研发生产的各类型汽车产品(如狭义乘用车、越野车和商用车等)所对应的诸位系列平台产品总设计师来分担设计制定系列平台产品设计流程的任务。

(8) 编制并下发系列平台产品设计任务书。

公司产品总设计师发挥作用的重要渠道之一,就是编制并下发系列平台产品设计任务书。

公司产品总设计师应根据公司对系列品牌产品研发战略目标的要求,编制并下发系列平台产品设计任务书。系列平台产品设计任务书应对系列平台产品的设计目标要求,即系列平台产品满足市场需求的分工与系列平台产品设计目标制订的设计依据均给出说明。

目前我国自主品牌的设计,对于具体的整车设计目标要求,包括汽车子系统与零部件的设计目标要求都很重视，要求给出整车产品定义书（即设计任务书）、汽车子系统与零部件的定义，可是缺少的是设计制定这些具体的整车设计目标要求、子系统与零部件产品定义的设计依据，即对系列平台产品的设计计目标要求与系列平台产品设计目标的设计依据缺少一份系列平台设计任务书来给予表述。

（9）公司产品总设计师另一重要职责是督导产品技术标准的制修订。

公司产品总设计师的另一重要职责，就是负责督导系列平台总设计师完成系列平台/产品技术标准的制修订。对此，还想多说几句。

现代企业均无不想自家的企业是一流企业或无不想早日成为一流企业。

大道至简。企业若想要业绩一流，就必须要有一流企业的作为。而关于"一流企业"的论述，可输入"一流企业"百度一下，即可得到关于"一流企业"的如下论断。

一流企业的管理靠文化或靠文化创新与文化进步；二流企业的管理靠制度或靠管理制度创新；三流企业管理靠人，也就是靠人治。

一流企业做文化，二流企业做品牌，三流企业做产品。

上述关于企业"流"的论断，笔者认为都不无道理。但是，都还不够全面。经过一年多的思考，笔者的观点更倾向于将企业家（或企业领导人）和企业产品技术专家、管理专家分开对待，因为他们之间是有分工的。

西方关于企业家有种说法，大企业（家）做人，小企业（主）做事。

对此，笔者个人的理解是：企业大，则各类事务多且繁杂，依靠企业家个人的精力来管理企业（即所谓的做事），那是绝对不现实的。解决的办法或出路唯有大企业家做人，即做人的工作。其中，包括做文化、做人事。而做人事，也就是知人善任。而小企业主则完全不同，他的企业规模小，企业管理的有关事务均可在他的感知、触知的范围内，可实行直接管理。

一流企业管理专家所主之事应为：一是协助企业家提出或创新管理理念，并提请企业家批准；二是能够认知到企业管理所存在的关键问题（即主要矛盾），并给出解决关键问题的办法或方案。

二流企业管理专家所主之事则为：能按企业家所制定的企业管理分工，管好自己所分管的业务。同时，也能很好地贯彻落实企业的管理理念等，而其他的管理专家皆算三流。

一流产品技术专家做产品标准的制修订，二流产品技术专家做产品项目，三流产品技术专家则做产品技术研究。

按上述所说的产品技术专家的分工，督导企业产品标准的制修订，则是企业产品总设计师义不容辞的重要职责之一。或者说，加强企业内部产品技术专家的分工，并加强产品总设计师在产品系统中的地位是使企业步入一流企业的客观要求（之一）。

综上所述，当汽车公司产品研发步入高级发展阶段后，公司产品总设计师的职责任务是十分繁重的，对汽车公司来说，产品总设计师是拉动公司发展的"三驾马车"之一（注："三驾马车"通常系指企业产品总设计师、总工程师和总会计师），即产品总设计师的职级对待应与公司总工程师和总会计师平齐。为了使得产品总设计师顺利地履行如此繁重的职责，需要给产品总设计师配总设计师办公室。总设计师办公室人员在汽车设计专业方面的历练要高于汽车产品研发组织的汽车总体设计专业的主任设计师，但是，可低于系列平台产品总设计师。产品总设计师办公室成员应听从产品总设计师的安排或依据产品总设计师的需要开展工作。

第三节 汽车设计分工体系设计分析小结

本书关于狭义汽车设计分工体系的设计分析和广义汽车设计分工体系的设计分析的讨论，表明了我国汽车行业骨干企业的汽车设计分工体系普遍存在亟待改进的主要问题。

问题1：人事管理部门既负责产品研发专业人员职级分工的"立法"又负责"执法"。对汽车产品研发分工体系，没能按它是一门专业来对待，更没有成立专业部门来负责汽车产品研发分工体系的设计，直接导致了人事管理部门既负责产品研发专业人员职级分工的"执法"又兼职其"立法"。

问题2：汽车产品研发实际工作中各级产品工程师兼职各级产品设计师的现象较为普遍。

值得指出的是，汽车设计分工体系，仅仅是汽车产品研发分工体系建设的一个子系统，与汽车设计分工体系并列的还有汽车产品工程分工体系，它们共同组成了汽车产品研发分工体系的重要（或主体）部分；除了汽车产品研发分工体系之外，汽车产品研发组织还有党建体系、汽车设计技术理论体系、汽车产品工程技术体系、产品试验体系等。

总之，现代企业一切皆是体系，并且，现代汽车产品研发组织的产品研发能力或水平，现代汽车企业的盈利能力，无不取决于企业各类体系的完整性与科学性，而所谓的体系科学性系指体系满足企业发展客观需要的满足度。就汽车产品研发组织和现代汽车企业各类体系设计来说，本书关于汽车设计分工体系的研究只能算是抛砖引玉。或者说，我国汽车产品研发组织体系和企业各种体系建设还有不少工作要做。

例如，对于汽车集团公司来说，各业务板块的分工体系、各业务板块内部的组织体系等，均有待开展研究并给予提高。并且，各业务板块分工体系的设计与板块内部组织体系的设计，不会是一劳永逸的，是需要不断改进与提高的，或者说，是需要随着企业市场竞争条件的变化而随时做出调整的。企业体系如果不去随着企业所处的市场竞争条件变化做出调整的话，势必会导致企业的生产经营由好变差。这也就是说，企业改革没有完成时，只有进行时。

第四章

汽车产品设计流程梗概

第一节 汽车产品设计流程概说

一、汽车产品设计流程的基本概念

汽车产品设计流程系指汽车公司或汽车产品研发组织为了能够高质量、高效率地完成汽车产品设计,以产品设计流程的形式(或名义)对各级汽车产品设计师完成设计任务时所做出的强制性指导。

关于汽车产品设计流程对各级汽车产品设计师所做的强制性指导,笔者想在此开宗明义地给予说明。

汽车产品设计流程对各级汽车产品设计师所给出的强制性指导,并非关于汽车产品设计分析方法的指导,而是对各级汽车产品设计师完成不同的设计任务内容先后次序和针对不同的设计任务内容所要求的设计师的资质要求的指导。

先让我们看一下关于"流程"一词的释义。

百度一下"流程",我们可得到"流程"一词的基本意思指水流的路径,引申为事物进行中的次序或顺序的布置和安排;或指完成由两个及以上的业务步骤所组成的一个完整的业务行为的过程。也就是说,"流程"的重点是事务进行中的次序或顺序的布置和安排,而非关于处理事务的技巧。

也就是说，汽车产品设计流程并非关于汽车设计或汽车产品工程方面的技术分析方法的指导。

因此，汽车产品设计流程的核心任务内容通常为下述方面，或者说，汽车产品设计流程的核心要求为：

（1）汽车产品设计流程应对完成各类、不同难度或复杂程度的设计任务的牵头人或带头人的资质要求给予明确，以便按流程的要求选定各类设计任务的第一责任人。

（2）设计任务的第一责任人，需要将自己和自己所带领的设计团队所承担的设计任务分解到具体的设计师，同时也要明确自己作为第一责任人的具体设计任务。

关于汽车总体设计任务的分解，汽车产品总设计师需要将每次上级下达给自己及团队的设计任务进行分解。例如，需要将整车总体设计任务分解成汽车动力与传动系统设计、汽车转向系统和制动系统设计、汽车承载系统设计、电子控制系统与电器系统设计等诸子系统设计任务，并且，重点是要将整车总体设计的各子项设计任务按流程所规定的设计师资质的要求明确到人，如张三、李四等。

值得指出的是，汽车总体设计需要完成的设计任务内容，一般都是明确的，不会有什么遗漏，但是，任务分解的重点和难点是要做到符合人尽所长的分工原则，或按团队内部成员的职级来分派任务；并且，要求每位设计师领受设计任务后再进行任务内容的分解。例如，领受动力与传动系统设计任务的设计师，需要将所领受的任务再行分解成若干子项任务，如分解成整车行驶阻力的大小、动力传动系统的传动效率、动力与传动系统驱动汽车的动力性指标、发动机功率指标与扭矩指标设计等一级子项任务下的二级子项任务内容，以及二级子项任务下的三级子项任务内容等。

各项设计的输出既要保证整车产品市场竞争力的需要，又要保证其可行性。对此，通俗地说，汽车产品总体设计师要对自己所设计制定的产品研发目标要求胸有成竹，即要能够做到，如果产品工程师说产品总设计师所设定的目标要求过高，在现有的产品工程技术条件下不可能达到，产品总设计师应能证明所设计的目标要求经过开展某某方面的努力后是完全能够达到的，并要让产品工程师无可辩驳。

据此，笔者有种体会，即好的汽车产品总设计师在汽车产品工程方面的造诣不仅不会输给有关专业的汽车产品工程师，并且，还可能对产品工程师完成产品工程方面的任务给予技术或思想方法方面的指导。

汽车产品设计流程的核心内容为完成任务人资质的要求与将设计任务分解

要求，而并非汽车设计或汽车产品工程方面的技术分析方法的指导。

对此，笔者进一步的理解是：关于汽车产品设计流程有些同事希望能将汽车设计分析作业指导书亦包括在汽车产品设计流程当中，或者说，有些人认为企业制修订汽车产品设计流程的主要任务内容就是企业组织有关专家编撰汽车设计分析作业指导书，来对企业研发新产品提供指导。对此，笔者有不同的看法。

从理论上来讲，为了保证新产品设计的先进性需要采用最新的汽车设计分析方法。一方面，汽车设计分析作业指导书在成书的过程中或之后，汽车设计分析方法就会有进步，然而，类似的进步不可能被及时地反映到汽车设计分析作业指导书中。另一方面，汽车产品设计师对汽车设计分析方法的认知，势必也存在由感性认识上升到理性认识的过程，而在上升为理性认识前是不会、也不应该反映到汽车设计分析作业指导书中的。因此，汽车设计分析作业指导书的内容无不都是一些早已经形成理论并被固化了的关于汽车设计分析方法的理性认识。这也就是说，汽车设计分析作业指导书的内容不能满足实际汽车设计的要求，它只能是汽车设计基础知识的汇编，或者说，它只能被用作企业汽车设计最初级的培训教材。可是，类似的汽车设计初级教材早已经有了，如《汽车设计》。

因此，笔者认为汽车产品设计流程不应包括所谓的汽车设计分析作业指导书。企业关于汽车设计分析方法的提高，应通过不断打造产品技术平台来实现对汽车产品设计分析方法的积累、提高。

二、我国汽车产品设计流程亟待解决的问题

问题1：

正如本书前面所指出的那样，汽车设计的任务由两部分组成：一是广义汽车设计任务，二是狭义汽车设计任务。

因此，汽车产品设计流程也应该由两部分组成：一是广义汽车设计流程，二是狭义汽车设计流程。并且，由于两部分的任务内容不同，两部分的设计流程自然也就会有所不同。

但是，由于广义汽车设计是本书才提出来的一个全新的概念，这或许是我国汽车行业骨干企业的产品设计流程的内容（大都）仅仅是关于狭义汽车设计的流程，而普遍没有设计制定广义汽车设计流程的原因。也正因如此，我国汽车产品设计流程亟待增加广义汽车设计流程。

问题2：

就目前我国汽车行业骨干企业的汽车产品设计流程的建设发展概况来说，

汽车产品设计流程建设普遍处于初级阶段。之所以说处于初级阶段，一是我国各家汽车公司的产品设计流程，目前都没有涉及广义汽车设计任务内容完成的流程；二是就狭义汽车设计任务内容完成的流程来说，仅有存档资料。

说"仅有存档资料"的依据是什么呢？即所存档的狭义汽车设计流程对企业设计人员的指导作用普遍不够明显。究其原因不外乎其内容不够完整、不够系统。例如，我国企业的狭义汽车产品设计流程的编制，普遍没有对设计流程中的关键任务项和非关键任务项加以分析、认知，也就谈不上对设计流程中的关键项与非关键项加以区别对待。这就难免会造成汽车产品设计流程对"事务进行中的次序或顺序的布置和安排"不符合汽车设计客观要求现象的出现，也就是说，势必会使"次序或顺序的布置和安排"出现错乱。

上面提到的"关键项与非关键项"的概念系指汽车设计任务与世间万物一样，都是由多个矛盾所组成的矛盾体，并且，正如《管理的实践》所指出的那样：在矛盾体中，诸矛盾对事物发展所起的作用是有区别的，是不相同的。有的矛盾处于支配的地位，属于主要矛盾，而有的矛盾处于被支配地位，属于非主要矛盾。主要矛盾问题的解决是非主要矛盾问题解决的前提条件。或者说，汽车设计任务体中，势必存在关键任务，而且，关键任务是完成其他非关键任务的前提，因此，解决矛盾或处理汽车设计任务时，需要认知什么是汽车设计的关键任务，并优先完成汽车设计任务体中的关键任务。

按"次序或顺序"缺乏深入研究的汽车产品设计流程来开展汽车设计，势必难免，或者说，一定会出现"彼"项设计任务内容的完成需要以"此"项设计任务内容的完成为前提条件，即"彼"项设计任务的完成需要"此"项任务完成所提供的设计依据或目标要求，而流程却安排"彼"项设计任务内容的完成先于"此"项设计任务内容的完成，这就造成了完成"彼"项设计任务内容时缺少依据和目标要求。按类似汽车产品设计流程指导所完成的汽车设计，设计质量怎么会高？

因此，汽车产品设计流程的发展建设在我国还属于汽车设计分析方法的短板，亟待加强与提高，并且任重道远。

第二节　广义汽车设计流程梗概

一、广义汽车设计流程概说

正如前面指出的那样，狭义汽车设计任务内容为具体产品的设计目标要求的制定，该任务内容与狭义汽车设计的主观要求相对应；而广义汽车设计的任

广义汽车设计

务内容，不同于狭义汽车设计的任务内容，它是关于更好地保证狭义汽车设计质量及设计效率，汽车产品研发组织集体采取的组织措施。或者说，广义汽车设计是关于狭义汽车设计的主要客观要求。例如，汽车产品研发组织产品研发战略与策略的设计制定、汽车设计分工体系和汽车产品设计流程设计等任务内容。

由此可见，开展正向汽车设计，而非所谓的逆向汽车设计时，按汽车设计全流程，汽车设计的第一要务即是完成广义汽车设计的任务；而当广义汽车设计流程走完之后，汽车设计才开始执行狭义汽车设计流程。也就是说，广义汽车设计流程与狭义汽车设计流程为上下游的关系。

广义汽车设计流程与狭义汽车设计流程既然是上下游的关系，那么，上下游的交界在哪里呢？

广义汽车设计流程与狭义汽车设计流程的交界，无疑应该处于狭义汽车设计开展之前，并且是处于广义汽车设计完成了开展狭义汽车设计所需要的设计依据与设计目标要求的设计制定之后，才转入狭义汽车设计阶段。

按上述关于广义汽车设计任务内容的定义可知，广义汽车设计与狭义汽车设计相比较，狭义汽车设计的特点是"一车一设计"，而广义汽车设计则有着较高的通用性。例如，组织使命目标与行动纲领、产品研发分工体系等类似的广义汽车设计任务，它们是不需要"一车一设计"的，而具有较高的通用性。或者说，广义汽车设计任务具有汽车设计任务金字塔上端的属性，并对处于下端的狭义汽车设计任务具有覆盖、引领的作用。

正如本书前面所阐述的那样，我国汽车企业的产品研发所处的发展阶段是参差不齐的，有的企业产品研发正处于高级发展阶段的前夕，而有的企业产品研发还处于初级发展阶段。汽车产品研发的三个不同发展阶段，其开展产品研发的生产方式和目标任务也是各不相同的。而且，任务与生产方式的不同，势必会导致汽车产品研发三个不同发展阶段对广义汽车设计流程的客观要求各不相同。但是，汽车产品研发高级阶段对广义汽车设计流程的客观要求代表着汽车设计流程的发展趋势。

另外，按流程的释义，研究、讨论汽车设计流程，就是要明确汽车设计任务的分解与任务分解后完成人的资质要求及对任务完成人完成任务的路径与措施的要求。而这都是为了能够高效率、高质量地完成汽车设计任务，也就是说，研究制定汽车设计流程的目的就是满足汽车设计的客观要求。

因此，就让我们一同来对汽车产品研发处于高级阶段的广义汽车设计流程的梗概做探讨，或者说，笔者将自己关于产品研发处于高级发展阶段的广义汽车设计流程中相对重要的流程内容的理解在此和大家做一交流。

二、广义汽车设计流程梗概

1. 明确汽车设计流程制修订任务的第一责任人

汽车设计流程,包括广义汽车设计流程和狭义汽车设计流程,并非企业或汽车产品研发组织与生俱来的,而是需要企业或汽车产品研发组织不断学习、摸索,即需要依据企业或汽车产品研发组织的产品研发所处的发展阶段的不同、产品研发的目标要求的不同,研究制修订的。

关于企业或汽车产品研发组织设计制修订汽车产品设计流程,首先需要解决或回答的问题就是,由谁负责牵头制修订汽车设计流程,或者说,谁是公司或汽车产品研发组织制修订汽车设计流程的第一责任人。

不需多言,企业或汽车产品研发组织制修订汽车产品设计流程的第一责任人应该是汽车公司产品总设计师。若由他人代替的话,势必会存在名不正言不顺,或者说,人微言轻的弊端,从而造成对汽车设计流程执行不力的现象。

汽车设计流程第一责任人,并不是说有关汽车设计流程制修订的任务全都归第一责任人一个人来承担、完成,而系指第一责任人对公司汽车设计流程的科学性、合理性与适用性负总责,并且,产品总设计师更多的是公司制修订汽车设计流程任务的总指挥与总协调人,而不会是公司汽车设计流程的主要(或唯一的)起草人。

2. 完成广义汽车设计流程的源头性(或上游)任务

公司产品研发组织使命目标与行动纲领的制修订是公司董事会成员的权力与任务,而公司产品总设计师也应该参与公司产品研发组织使命目标与行动纲领的制修订。但是,产品总设计师在自己日常的产品研发或汽车设计的工作中,更多的却是温习公司董事会集体为公司产品研发组织所设计制定的产品研发组织的使命目标与行动纲领,通过温习以求达到温故知新的成效,以利于准确地理解和把握公司董事会所设计制定的产品研发组织使命目标与行动纲领的内涵,以便在后续的汽车设计活动中更好地贯彻落实使命目标与行动纲领。

可能有人会说,取消上述广义汽车设计流程的任务内容也未尝不可。因为,该流程的任务是务虚的。但是,笔者认为,从理论上来说,汽车产业使命目标与企业产品研发组织的使命目标是设计制定汽车产业发展战略与策略,企业设计制定产品研发战略与策略的依据,因此,如果将上述广义汽车设计流程的任务内容取消,那么,在理论上汽车产业发展战略与策略、企业产品研发战略与策略的设计制定就没了依据,也没了目标要求。因此,设计制定汽车产业使命和企业汽车产品研发组织的使命是广义汽车设计的首要设计任务内容,即是汽车设计流程的源头性任务,并且,该源头性任务与后续的汽车产业发展战略与策略、企业产品研发战略与策略，直至开展狭义汽车设计任务前的广义汽车设计的最后一项流程任务都是一脉相承的。

关于广义汽车设计源头性设计任务——国家汽车产业使命与企业产品研发组织使命目标要求，可参见本书后续关于国家汽车产业使命与企业产品研发组织使命目标要求设计制定的讨论。

3. 广义汽车设计流程中的中游设计任务

如果说，准确地理解、掌握公司董事会设计制定的汽车产品研发组织的使命目标与行动纲领的内涵，属于公司产品总设计师完成广义汽车设计任务内容所需要完成的功课的话，或者说，公司产品总设计师在参与完成了上述汽车产品研发组织的使命目标与行动纲领这一汽车设计流程的源头性任务之后，接着就应步入或去完成广义汽车设计流程中的中游设计任务。

广义汽车设计流程中的中游设计任务势必应在完成下游设计任务之前要给予完成，并与流程中的源头性设计任务紧密相连。然而，符合类似条件的中游设计任务势必就是汽车产业发展战略与策略、企业产品研发战略与策略的设计制定。纵观汽车设计全流程，也只有汽车产业发展战略与策略、企业产品研发战略与策略的设计制定的任务内容与使命目标要求的衔接是最紧密的，并且，汽车产业发展战略与策略、企业产品研发战略与策略的设计制定是开展新产品型谱规划设计的依据，而新产品型谱规划设计又是开展狭义汽车设计的依据与目标要求。

如果说，制修订国家汽车产业使命目标与行动纲领、企业产品研发组织使命目标与行动纲领和国家所提倡、鼓励的汽车产品研发战略与策略的设计制定，这几项广义汽车设计任务需要或要求企业汽车产品总设计师积极参与，那么，企业产品研发战略与策略设计制定的第一责任人或实际的第一完成人，不需多言，一定是企业汽车产品总设计师。

关于国家所提倡、鼓励的汽车产品研发战略与策略的设计制定，企业产品研发战略与策略的设计制定，本书给出了例解。详见本书后续对有关内容的叙述。

4. 广义汽车设计流程中的下游设计任务

企业的终极目标是企业组织的使命目标，企业的产品研发战略目标则是给使命目标提供支持的，属于实现使命目标的手段措施；而企业产品研发战略目标的实现则是通过企业诸系列平台产品研发目标的实现来实现的。并且，企业诸系列平台产品研发目标的指向是需要通过系列平台产品型谱（规划）设计来表达的，或者说，当企业产品研发步入了高级发展阶段时，广义汽车设计流程中的下游设计任务，就是开展诸系列平台产品型谱规划设计，如轿车系列平台、SUV系列平台、商用车系列平台、越野车系列平台的型谱规划设计。

可见，随着汽车公司诸系列平台产品型谱设计任务的展开，公司产品总设计师的精力是不够的，作为公司诸系列平台产品型谱设计任务的第一责任人，他是需要助手的，并且，诸位系列平台产品设计师应承担起公司产品总设计师完成诸系列平台产品型谱设计助手的责任或任务。

在这一设计任务层面上，公司产品总设计师与系列平台产品设计师也是有分工的。公司产品总设计师是公司产品研发诸系列平台产品型谱设计任务的第一责任人；而系列平台产品设计师则应将自我定位为系列平台产品型谱设计的第一完成人，来完成自己所承担的系列平台产品型谱的设计任务。

值得指出的是，对于广义汽车设计流程之后的狭义汽车设计所需要的设计依据与目标要求，只给出系列平台产品型谱设计是不够的，还需要有狭义汽车设计所要完成的产品品质目标要求的设计依据，即由公司汽车产品总设计师和系列平台产品设计师设计制定关于系列平台产品所要采用的产品技术标准或标准体系的确认或完备之要求。

也就是说，广义汽车设计流程四的设计任务，除了系列平台产品型谱的设计任务之外，还有系列平台产品所要采用的产品技术标准或标准体系的确认或完备之要求，这是与系列平台产品型谱设计同样重要的设计任务。

广义汽车设计流程四的设计任务属于是与狭义汽车设计任务交界面上的设计任务，并且，"交界"处的任务一方面是广义汽车设计任务，另一方面则是狭义汽车设计任务，两类设计任务的责任主体是不同的。即广义汽车设计任务的第一责任人为公司的产品总设计师，而狭义汽车设计的责任主体却是系列平台产品设计师。为此，为了能够更好地保证与广义汽车设计的任务与责任主体与狭义汽车设计的任务与责任主体之间的任务交接平顺，特此建议系列平台产品的广义汽车设计任务的完成需要有一输出物，以便于狭义汽车设计的承接。这一输出物即是系列平台产品设计任务书，其中的主要内容应为：

（1）系列平台产品型谱的设计及其设计说明书。

（2）系列平台产品所要采用的产品技术标准或标准体系的确认或完善的要求，以及相应的说明（书）。

至此，笔者已经将自己关于广义汽车设计流程梗概的理解和大家做了交流。下面就是关于狭义汽车设计流程梗概的讨论。

第三节　狭义汽车设计流程梗概

讨论狭义汽车设计流程，首先需要明确一个前提，即狭义汽车设计的任务

广义汽车设计

千差万别，不同的狭义汽车设计任务，所要求的狭义汽车设计流程也会有所不同，而包罗这些不同设计任务所对应的设计流程，对笔者个人来说是不可能完成的任务。因此，本书只能针对具有代表性的狭义汽车设计任务的系列平台产品设计任务流程梗概和大家做一交流，目的是为同事们提供狭义汽车设计流程参考例解。

1. 系列平台产品总设计师领受设计任务

系列平台设计任务源于公司产品总设计师所编制下发的系列平台产品设计任务书。系列平台产品设计流程的首要内容即是系列平台产品总设计师从公司产品总设计师那里领受系列平台产品设计任务，这也就是，公司产品总设计师代表公司对系列平台产品总设计师承担具体的系列平台产品设计任务的资质审核的过程。

在汽车设计或汽车产品研发工作中，由于没有注重对设计任务领受人、完成人的资质审核，而造成的汽车设计质量出现问题的现象不能说是比比皆是，也是屡见不鲜的。这就说明了，加强汽车设计任务完成人资质的审核是汽车设计的客观要求之一。

值得一提的是，将系列平台总设计师资质审核列为系列平台产品设计流程的首要内容，可以借鉴建筑行业对项目任务完成人资质的审核。汽车产品各级设计师的资质审核，需要虚心地向其他行业学习，如向建筑行业学习。但是，隔行如隔山，具体怎么向其他行业学习，还是有待研究的。

2. 系列平台产品总设计师要汇报对所领受任务的理解

系列平台产品总设计师领受设计任务之后，首先需要做的就是明确系列平台产品设计任务的目标要求，或者说，要将自己和自己的设计师团队对公司产品总设计师关于系列平台产品的设计目标要求的理解，包括如何打造产品技术平台，以公司规定的某种标准格式向公司产品总设计师做出书面汇报，并在得到公司产品总设计师的书面认可之后，才能继续其他流程。

设计本流程的意义还在于增强公司产品总设计师对系列平台产品总设计师工作质量的控制。并且，增加控制亦是保证设计质量的手段措施之一。它也是汽车设计本身所固有的重要客观要求之一。

3. 系列平台产品总设计师需要做好设计任务分解工作

系列平台产品总设计师要将设计任务进行分解。设计任务的分解要做到：

（1）要明确需要系列平台产品总设计师自己操刀完成的设计任务。

（2）要明确设计师团队中的第一骨干，即学科带头人需要完成的设计任务和团队中每一位设计师要完成的设计任务的内容。

（3）将分解后的设计任务完成人的业务专长与任务分解后的诸项任务的要求相匹配；还要将分解后的诸项任务完成人名单及诸位设计师的设计资质，按公司有关规定上报给项目评审验收小组，并请求审批。以避免在设计项目完成后，即生米已做成熟饭，再行验收，而是分阶段、分任务验收。

关于设计项目的评审验收，务必要克服在设计项目完成的过程中少有安排验收，只是待设计流程已经走到最后阶段，才安排验收。这就相当于在生米煮成了熟饭后做评审验收，而不是对米与水的比例、煮饭的用火等事关所做米饭的质量的重要因素进行评审验收，即不注重过程，而只注重结果的评审验收，是不能充分发挥评审验收保证设计质量作用的。

强调本流程的目的是加强设计过程控制、保证设计质量。而且，完成本流程的过程也就是成立（或调整）系列平台产品设计师团队的过程。

4. 需要对设计任务的诸分项任务区别对待

要求系列平台产品设计师，包括系列平台产品总设计师，认真分析各自所承担的设计任务完成的路径，从中认知完成设计任务路径中的关键任务内容，并将关键任务内容与非关键任务内容区别对待。

作为设计师，务必要认知设计任务分解后的诸分项设计任务完成的先后次序，即务必要认清诸分项设计任务中的关键与非关键设计任务。关键设计任务系指对非关键的、一般设计任务具支配地位的设计任务，或者说，关键设计任务的完成事关非关键的、一般设计任务的设计依据，而关键设计任务没有完成之前，非关键的、一般设计任务就会没有或找不到设计依据，而关键设计任务完成之后，相应的非关键的、一般设计任务就会易于完成了。

值得对此加以强调的是，据笔者的调查了解，我国自主品牌汽车的狭义汽车设计流程中普遍没有对关键设计任务和非关键的、一般设计任务加以区分，也就是说，我们的汽车设计流程没有抓或没有抓准流程中完成设计任务的主要矛盾。这势必会造成设计流程中所规定的、要求给予优先完成的分项设计任务，即流程所要求的完成任务的秩序，对设计师的指导作用是丧失的。这正是目前我国各家自主品牌汽车产品设计流程对具体设计师的指导作用不强的主要原因，也是汽车产品流程亟待解决的具体问题（之一）。

5. 要将所完成的设计任务的输出物清单上报、备案

系列平台产品总设计师和主任设计师及团队中的诸位设计师，都应将自己所承担的设计任务与分解后的诸分项设计任务完成的质量目标，或者说，需要将自己所承担的设计任务与分解后的诸分项设计任务需要完成的设计分析报告的明细及完成设计交付物的清单,一并上报给设计项目评审(验收)小组备案。

6. 打造或完善产品设计技术平台

当公司或汽车产品研发组织的汽车产品研发处于高级发展阶段时,所组织的汽车产品研发已不再是单一、孤立的平台产品的研发设计、研发,而是系列平台产品研发设计。而依据系列平台产品(见本书后续有关内容的叙述)系指产品技术高度通用的多品种平台产品。因此,开展系列平台产品设计、研发的关键(之一)就是要研究、掌握系列平台产品所通用的产品设计技术平台。

然而,就设计研发系列平台产品所需要的产品技术平台来说,由于要体现产品设计技术的进步,即使是换代产品也是既有继承亦有创新,因此,对产品技术的创新,是需要将其打造成产品技术平台的。或者说,需要对所设计、研发的换代产品的产品技术平台开展一些填平补齐的工作。

如果说设计研发的系列平台产品属于公司此前从未研发过的全新产品,那么,打造全新产品技术平台工作,就会成为全新系列平台产品设计、研发任务的关键工作。

7. 系列平台产品型谱设计

系列平台产品设计的关键设计任务内容为系列平台产品型谱设计。这就如同单一平台车型设计时整车主要技术参数的设计是单一平台车型设计的关键任务内容的道理,这是因为,如果没有整车主要技术参数的设计,则单一平台车型的设计就没有了设计依据和目标要求,即单一平台车型的设计就会没了方向、不知所终,也就无法开展有关的设计工作。而如果没有系列平台产品型谱设计,则系列平台产品的设计同样也就没了设计依据和目标要求,没有开展设计工作的方向、不知所终。所以,系列平台产品型谱设计是系列平台产品设计的第一关键设计任务。

关于系列平台产品型谱设计,本书阐释了高机动越野汽车系列平台产品型谱设计与设计分析,可作为系列平台产品型谱例解。请参见后续有关章节的阐述。

开展、完成系列平台产品型谱设计的第一责任人,自不必多言,理应是系列平台产品总设计师。或者说,系列平台产品型谱设计任务的责任主体是系列平台产品总设计师与其助手们——系列平台产品设计师。

8. 开展系列平台产品诸子系统设计

在完成了系列平台产品型谱设计之后,即为系列平台产品诸子系统设计的展开提供了设计依据与设计目标要求，也就是说，接下来就应开展系列平台产品诸子系统设计工作了。例如，可展开汽车动力与传动系统设计、汽车行走系统设计和汽车承载系统设计等。而当各子系统启动设计工作之后，系列平台产品总设计师的任务就转入在公司产品总设计师指导下开展、完成系列平台产品诸子系统的产品技术要求标准清单的提出和相应的制修订产品标准的任务，及对诸子系统设计工作指导当中去了。

然而，系列平台产品诸子系统设计师则需要向系列平台产品总设计师申请召开自己所负责的汽车子系统设计方案评审会。

全面展开系列平台产品诸子系统设计工作后，需要系列平台产品总设计师、诸子系统主管设计师和系列平台产品主任设计师注意的事项如下。

第一，系列平台产品总设计师需要注意自己设计师团队的诸位子系统主管设计师，虽然他们的专业都是汽车设计，但是，他们的专长各不相同。例如，有的设计师专长于汽车动力与传动系统设计，有的设计师专长于汽车行走系统设计，有的设计师专长于汽车电器系统设计等，所以，他们之间的分工要贯彻人尽所长的原则。

第二，诸位子系统主管设计师同样要让自己的助手人尽所长。例如，负责或参与汽车动力与传动系统设计的设计师，有的专长于汽车动力与传动系统的计算，特别是对汽车动力与传动系统的传动效率的估算有专长，而其他的汽车动力与传动系统设计师则对发动机外特性扭矩曲线要求的设计有所专长等。汽车动力与传动系统主任或主管设计师就有责任发挥他们的专长。其他子系统设计分工与此类似。

然而，关于设计师的专长，它是一个相对的概念，有比较就会有竞争。系列平台产品总设计师所带领的设计师团队需要建立一种欣赏他人之业务能力之所长，每一位设计师的所长都能得以发挥的气氛，即建立一种良性竞争气氛。这是决定一个汽车设计师团队战斗力的关键因素。

因此，这就对系列平台产品总设计师提出了另一方面的要求，即保证自己所带领的设计师团队成员工作主观能动性得以充分发挥，也就是人尽所长，并要对主任设计师和主管设计师在给自己的助手安排工作任务时不能用其所长的现象给予纠正。对系列平台产品总设计师的这一职责，笔者起了一个专有的名称，那就是"业余纪委委员"。系列平台产品设计师团队是否需要"业余纪委委员"呢？答案是肯定的。因为，不应避讳的一点是：有团队，团队队员之间就会有竞争，而有竞争就难免会出现矛盾。然而，汽车设计分工体系中却没有专职的"纪委委员",所以,笔者回顾自己的工作经历和观察其他设计团队的情况,认为系列平台产品总设计师可兼职自己所带领的设计师团队"业余纪委委员"的工作。

9. 按申报的系列平台产品设计输出物清单提交设计输出

系列平台产品总设计师和其设计师团队提交诸项设计分析报告及完成设计后需交付的交付物。

上述九项狭义汽车设计流程是笔者对系列平台产品设计流程(梗概)的补充,即上述九项狭义汽车设计流程均是目前国内企业狭义汽车产品设计流程所忽视的、狭义汽车产品设计流程的"主流或干流"的流程内容。

第五章

中国汽车产业使命目标与产品研发战略目标要求的讨论

第一节 中国汽车产业使命目标的讨论

一、使命的释义

"使命"一词有两层含义:一是系指意义重大、需要并也值得为之长期努力的任务;二是系指践行该重大任务的行为是高度自愿的,并且无论遇到什么困难都会百折不挠、坚持践行下去。

可见,中国汽车产业使命系指中国汽车产业组织所自我设计制定的、全体从业人员和利益关联方都会自觉地为之长期努力奋斗的、具有重大意义的根本性总目标,并且,还会想方设法将这种自觉情绪传染给所有的利益关联方。

对企业使命,同样也可做如下的进一步理解。

天下事务(或任务)和企业各类任务无外乎以下五种类型。

(1)临时性任务。它系指应对突发事件或以前没能想到的、现在想到的,并在短时间内就可完成或有结论的事务。

(2)短期任务。它系指当年或更短时间就可或应完成的任务,即属于计划内的工作任务,但是,年度计划内或更短的时间内就可完成的任务。

(3)规划类任务。它系指纳入工作规划的任务,这类任务完成时间通常

广义汽车设计

为三年到五年不等。

（4）长期性任务。它系指任务完成的时间不止一个规划任务周期，或者说，长期性任务系指需要经过长期的努力奋斗才能完成的任务。

（5）使命性任务。在实际工作中，使命性任务与上述四种类型任务不同，它不是一项或两项具体的企业任务，而系指对企业使命贡献度较高的诸项具体任务的集合、对企业使命贡献度最高的长期性任务。或者说，对企业使命贡献度较高的诸项具体任务是企业使命任务的具体化体现。

另外，依据使命的释义，企业使命性任务目标无不是企业组织或员工高度自觉为之努力奋斗的目标，因此，企业组织对具有长远、重大意义的使命目标没有必要也不应该凡事都列入工作计划，不应将凡事都变成"规定动作"，也就是说，应对个别使命感强的员工给予自选动作的权力，即应对所承担的任务之考核给予适当的弹性。

值得一提的是，党中央将开展全体党员不忘初心、牢记使命教育活动作为治国治党的首要任务，这首先就说明了开展使命教育活动的重要性。然而，使命教育是需要层层落实的。如果使命教育不是层层展开、层层落实的话，就会让人们感觉到使命教育活动是空洞的、没有实际意义的。就拿国企或央企的汽车产品研发组织来说，应结合企业在发展国民经济的活动中的分工和企业的特点，让自己企业的汽车产品研发组织的使命深入员工之心，同时也亟须企业的汽车产品研发组织在面对上述五种不同类型任务时，制定出区别对待使命任务的要求。

不需多言的是，凡是没能将使命性任务与其他四类企业任务加以区别对待的企业组织，其使命教育就是高空中的浮云，还有很大的提高余地。将使命性任务与其他四类企业任务区别对待，是企业组织是否落实党中央深入开展不忘初心、牢记使命教育活动的重要标志或重要评价指标。

在此，笔者简短地说一说本书完成的经历，本书在写作的过程中，由于疏忽大意对书稿没有及时拷贝，就在书稿即将完成之际所使用的电脑硬盘损坏了，数据全无了。如果不是坚持"不忘初心，牢记使命"的话，笔者就会放弃本书的写作了，或者说，正是由于有了使命意识笔者才得以坚持凭着记忆并用了一年多的时间写作完成《广义汽车设计》。

如果日常花在临时性事务（或任务）方面的时间比较多，首先，这说明我们的工作缺乏计划性，或者说，工作计划性还有待提高；而与之相反，如果花在临时性事务（或任务）方面的时间比较少，说明我们的工作计划性增强、提高了。并且，一般来说，完成临时性任务的时间占比比较高，则会导致个人在工作方面难出成绩。而要取得较为突出的工作成绩，务必要减少花在临时性事务（或任务）方面的时间，同时增加花在规划类任务和长期性任务方面的时间。

若要取得意义深远、令人瞩目的成就则需要长期地、全身心地投入长期性任务中去，并要在践行长期性任务过程中有强烈的使命意识。

与上述五种类型任务相对应的（工作）目标即临时性工作目标、短期工作目标、规划类工作目标、长期性工作目标及使命性工作目标。

上述五种类型工作目标的关系为：

（1）长期性工作目标应该对临时性工作目标、短期目标和规划类工作目标起到引领、指导的作用，或者说，其他三类工作目标是为长期性工作目标服务的，是达成长期性工作目标的路径。

（2）长期性工作目标应该受使命性工作目标的引领与指导。并且，长期性工作目标应是使命性工作目标的阶段性体现，或者说，长期性工作目标是达成使命性工作目标的路径。

如果用一句通俗的话来表达什么是企业组织的使命目标，那就是，企业组织使命目标相关人员自愿践行的、永远在路上的、意义深远的工作目标。

由于中国汽车产业是由诸多企业所组成的总体，而这诸多企业是中国汽车产业的诸组成部分，因此，中国汽车产业与中国自主品牌汽车企业一样，并不是因为有了中国汽车产业组织、中国汽车产业有了诸多组成的企业、企业有了员工，才有了工作任务和工作目标；而是明确了汽车产业使命才能统领每个企业的使命目标，每个企业的部门和员工的工作目标要求才能得以确定，当汽车产业有了使命目标要求才会有企业和企业员工，员工也才有了工作。所以，产业组织和企业组织使命是企业存在的重要前提条件或标志；而汽车产业使命则是对企业组织使命的统领或指导，只有这样才能实现"上下同心，其利断金"。也就是说，只有这样中国汽车产业的发展才能更快、更好。

由此可见，中国汽车产业和企业管理的首要的、原点性或顶点性的任务就是设计制定中国汽车产业使命和企业组织使命。同时，设计制定中国汽车产业使命和企业组织使命亦是汽车产业与汽车产品研发重要的客观要求之一。

并且，正是由于设计制定中国汽车产业和企业组织使命目标是原点性或顶点性的任务，因此，设计制定使命目标的任务势必需要汇集、融合各有关方面的力量，而并非仅仅依靠产品设计的专业力量就能很好完成的。对此，可想而知，汽车产业与企业诸方面的管理与行政管理的专家学者，及汽车产业与企业管理哲学大师等力量与汽车产品设计专业力量一起，才是完成设计制定中国汽

广义汽车设计

车产业与企业组织使命目标不可或缺的力量。而且,为了汇聚、融合多方面的专业力量,就势必需要有多方面专业领域进行沟通的共同语言。这一共同语言则必然是非哲学莫属。也就是说,哲学是其他各学科力量汇集、融合而形成的矛之尖;汽车设计学问的顶点是(汽车产品)哲学。

二、中国汽车产业使命目标要求与设计的讨论

1. 设计制定中国汽车产业使命目标要求的讨论

在中国,历史早已经证明没有共产党就没有新中国。并且,没有共产党所领导的改革开放,今天的中国也不会如此富强。全国人民一致拥护共产党的领导,全国各行各业的领导核心是中国共产党。因此,中国汽车产业使命目标的指向需要与中国共产党的初心与使命保持一致。

中国共产党之所以能够成为全国各行各业的领导核心,并获得全国人民的衷心拥护,无非是因为我们的党一直为践行初心与使命在努力奋斗,即一直为中国人民谋幸福,为中华民族谋复兴而努力奋斗。

中国共产党的初心与使命的关键字是"谋"字,而不是"送"字。结合党的群众路线:一切为了群众,一切依靠群众,就会很容易理解"谋"字了,即我党的目的是为中国人民的幸福生活和中华民族复兴而努力奋斗,实现目的的手段是团结、依靠全体中国人民去共同努力、奋斗!

笔者以为这正是我党继承发扬古今中外人类先进思想的结果。例如,司马迁说:天下熙熙皆为利来,天下攘攘皆为利往。马克思亦曾指出:"①每个人只有作为另一个人的手段才能达到自己的目的;②每个人只有作为自我目的(自为的存在)才能成为另一个人的手段(为他的存在);③每个人是手段的同时又是目的,而且只有成为手段才能达到自己的目的,只有把自己当作自我目的才能成为手段。"

中国自从改革开放以来,全党的工作重心早已转移到了经济建设。这也就是说,改革开放后,我党为人民谋幸福、为中华民族谋复兴的措施是以经济建设为中心。

2. 关于中国汽车产业使命目标设计的讨论

关于中国经济建设的发展,有两点是众所周知的。

一是实体经济和虚拟经济都是发展经济不可或缺的重要手段措施。虚拟经济是助推实体经济发展不可或缺的手段措施,虚拟经济健康发展的前提是与实体经济协调发展。

二是发展实体经济的基本措施无非是促进所谓的支柱产业健康快速地

发展。

按国际流行的支柱产业的产值占国民经济总产值之比重的判断标准，中国汽车产业多年前就已成长为中国经济发展的支柱产业。但是，在产业报国、产业强国的竞赛中，我国汽车产业与其他支柱产业相比较，其"领头羊"的地位还不够明显。并且，在产业报国、产业强国的竞赛中，无疑是需要"领头羊"来领跑的。

综上所述，可将中国汽车产业使命目标表述为：在产业报国、产业强国的行业竞赛中争当"领头羊"。

这与我党一贯的"为中国人民谋幸福，为中华民族谋复兴"的初心与使命的指向相一致，特别是与改革开放以来，我党为人民谋幸福、为中华民族谋复兴的主要措施转移到以经济建设为中心是高度契合的。或者说，将我国汽车产业使命目标定义为在产业报国、产业强国的竞赛中争当领头羊是客观的、必然的无二之选。

第二节 中国汽车产业发展战略目标要求的讨论

正如文献所指出的，中国汽车产业使命目标须转化成战略目标。下面就一同来对中国汽车产业发展战略目标做如下之讨论。

一、"战略"一词的释义

自古双方征战都懂得兵来将挡、水来土掩，那为什么还有胜败呢？胜败，固然是双方兵力或实力对比的使然，但是，以少胜多、以弱胜强的战例古今中外亦数不胜数。究其原因，无非就是敌对或竞争双方关于征战或竞争之谋划的优劣。可见，谋划的重要性。

敌对或竞争双方的谋划，可分为战略、策略及战术三个层面。

1. 关于战略层面上谋划的任务内容暨"战略"一词的释义

略——《新华字典》关于"略"字的解释，一是大致，不详细，如大略、简略。二是简要的叙述，如史略、要略、事略。三是计谋，如方略、策略、战略。

笔者结合本书的需要并依据《新华字典》中所给出的略字的基本字义，取略字之释义为：对重大之事的发展方向、发展阶段的判断，相应处置的谋划，称之为谋略。就谋略的内容来说，是关于如何处置重大问题所谋划的行动纲要，而不是关于非重大问题的谋划，也不是关于处置重大问题的细节方面的谋划。关于细节的谋划则应属于计谋或战术研究的范畴。

战略——所对应的英文词汇为 strategy，本意系指关于战争全局的统筹谋略；现泛指对事关全局重大问题的谋略。例如，历史上秦国扫平诸侯国就是用了"远交近攻、各个击破"的战略；再如，徐留平履新一汽后即明确提出了："将新红旗打造成为'中国第一、世界著名'的'新高尚品牌'"的品牌战略；等等。

战略层面上的谋划任务为：

第一，战略总目标的谋划和关于战争全局的、统筹的谋划。

这就好比我们外出旅行，要先选定或谋划旅行目的地及做好相应的准备一样。

另外，关于战略总目标的谋划，也需要有相关路径的谋划。不然的话，战略总目标就不会具有所需要的执行力，甚至会变成一句空话。或者说，就不能充分地调动执行者的主观能动性。因此，战略总设计师既要完成战略总目标的谋划，也要完成实现战略总目标路径的谋划，并要求负责局部战场的主官参与。例如，国家军队的统帅面对战争，无疑他应是战争的总指挥、战略的总设计师。而与此同时，总指挥还应制定出战争的不同阶段和不同战场或分战场的战略。并且，在制定各分战略时应该也需要听取各分战场的指挥官们的意见或建议。这也正是一个国家的战略家通常是一个集体或群体，而非是一个人的原因。古今中外的实际战争的统帅与将领在战略制定方面无不是互补的。

第二，由于战略总目标的实现，通常都不会是一蹴而就的，因此，需要针对战略总目标做好战略路径的谋划，即关于战略总目标实施的分阶段和分区域目标的谋划。它好比我们外出旅行时关于途经地或中转站的谋划，或者说，战略路径就好比我们旅行途径地连线的谋划。

第三，战略措施的谋划，即不同阶段战略目标达成的措施和战略总目标达成措施资源的总体把握。例如，战略目标达成所需要的兵力及火力等资源的总体把握，而不是关于兵力及火力的具体布置。而关于兵力和火力的具体布置，则属于战术层面所研究的任务内容。这就好比我们针对不同的旅行路径或路段来选择交通工具或交通方式的规划。但是，并非关于怎么去买车票等细节的考虑。

第四，战略目标达成的收益与代价的评估，及不同阶段战略目标达成的收益与代价的评估。收益与代价评估的目的无非就是下达执行战略之决心。

关于战略总目标敌对双方通常均是不加掩饰的，或者说，直接或间接展示给对方。这是因为，战略总目标想掩饰也是掩饰不住的，既然掩饰不住，那就不如直接或间接地展示给对方，或许还能起到震慑或迷惑对方的作用。然而，关于战略路径和战略措施的谋划，敌对双方却是严格保密的。例如，全国解放战争先解放东北，这一战略目标是没必要保密的，但是，解放东北先解放哪座城市，即解放东北的路径却是要严格保密的，甚至还需要做出某种假象来迷惑对手。

2. 关于策略层面上谋划的任务内容暨策略一词的释义

与"战略"一词紧密相连的另一个词汇即策略。

策略——通常认为所对应的英文词汇为 strategy 和 tactic，即策略通常亦可做战略来解释，亦可取战术之释义。

笔者以为，对照战略系指对事关全局的重大问题的谋略，"策略"一词的释义应系指关于局部比较重要问题的谋划或战略目标实施过程中针对不同时期的战略任务目标的谋划。简言之，战略侧重的是总；而策略侧重的则是分。并且两者之间的界线并不分明，只是战略更侧重于总体，而策略更侧重于局部或不同时期的战略任务目标的谋划而已。也就是说，战略研究与策略研究相比较，策略研究要比战略研究来得更加具体一些，即战略研究的重点是关于战略实施的最终目标的谋划；策略研究则是关于空间域的局部重大问题的谋划，或者说，策略研究的重点是局部战略（地域或时间域的局部战略）或局部战略之间的衔接。

如果用一句话来表达战略与策略差别的话，笔者认为是是否需要严格保密。策略在设计制定与执行的过程中，是需要严格保密的，而战略总目标却是不需要保密的。

3. 关于战术层面上的谋划任务内容暨战术一词的释义

与上述战略、策略紧密相连的另一个词汇为战术。

战术——所对应的英文词汇为 tactic，系指战时运用各种战争手段达到策略和战略目标要求的谋划。

战术应服从于战略与策略的要求，并且，战术制定的责任主体为具体战役、战斗的指挥官；战术要求不仅应具体，还应具有灵活性。

二、中国汽车产业使命与战略目标的关系

1. 使命与战略的一般关系

依据上述战略和策略的释义，战略目标是关于使命目标分阶段的适时路径

的谋划，或者说，战略目标是关于使命目标在不同历史时期或不同地域局部之分使命目标。

例如，我党的初心与使命是为中国人民谋幸福，为中华民族谋复兴，而在不同的革命历史时期，我党践行使命的战略目标是不同的。例如，土地革命时期，战略目标为实现武装割据、发展壮大革命武装力量，其措施或手段则为打土豪、分田地，使耕者有其田。而在长征时期的战略目标则为北上抗日，促成全民族抗战。

可见，使命目标是坚定不移的，而战略目标是与时俱进的。并且，战略目标的制定取决于使命目标的要求和手中所掌握的可利用的资源。例如，中国共产党的使命目标是为中国人民谋幸福，为中华民族谋复兴；而在抗日战争、事关民族危亡的时刻，党的战略目标则为赶走日本侵略者、不当亡国奴。

战略、策略及战术之间的关系：战略就好比一把雨伞的柄杆，策略好比伞骨，而战术就好比一把雨伞的防雨布。柄杆、伞骨和防雨布，这功能不同的三个部分是一把雨伞缺一不可的。

2. 中国汽车产业使命与发展汽车产业战略的关系

依据前面所介绍的使命与战略的关系，中国汽车产业使命目标是坚定不移的，而战略目标则是与时俱进的，并且，汽车产业战略目标的制定取决于或服务于汽车产业使命目标的要求和汽车产业发展的状况。例如，当汽车产业还不能很好地满足国民经济发展对运输生产的需要时，就谈不上为全面满足社会对交通的需要，而去大力发展轿车产品。因此，汽车产业战略目标是实现汽车产业使命目标的路径，或者说，战略是使命的阶段性目标。

三、中国汽车产业发展战略目标要求的讨论

如上所述，中国汽车产业应以争当产业报国、产业强国竞赛中的领头羊作为汽车产业的使命目标。在该使命目标的引导下，应采取何种发展战略呢？

"以铜为镜，可以正衣冠；以古为镜，可以知兴替；以人为镜，可以明得失。"（《旧唐书·魏征传》）

下面就回顾一下，中国汽车产业发展所经历的历史阶段。

1. 第一发展阶段

从时间段来看，该发展阶段始于 20 世纪 50 年代。历史节点事件则为一汽的建成和中型解放卡车的投产。而且，该发展阶段结束于 20 世纪 80 年代中期。其划时代的节点事件则为 1983 年中国成立了乘用车合资公司，从此中国汽车产业开始走向载货汽车与乘用车并重的发展新时代。

在该发展阶段，我国汽车人主要致力于中型运输车辆的研发与生产，为满足国民经济发展对运输生产的需要做出了应有的贡献。例如，在一汽建成后，还建成了二汽和重型汽车制造厂等。到了20世纪70年代末在我国大江南北、长城内外基本上改变了运输生产需要靠人拉、肩扛和畜力运输为主的局面，在满足国民经济发展对运输生产的需要的同时也发展壮大了汽车产业本身，并为中国汽车产业步入第二发展阶段准备了所需要的人才与经验。

2. 第二发展阶段

该发展阶段始于20世纪80年代初期，结束于21世纪初。这期间中国汽车产业的发展目标由第一发展阶段时注重满足国民经济发展对运输生产的需要，转变为在此基础上注重满足由国民经济发展所带来的对乘用车，即轿车的需求。

具体地说，该发展阶段始于1983年。

1983年，中国成立了第一家中外合资乘用车公司——北京吉普汽车有限责任公司。该发展阶段结束于21世纪初。这一历史时期前后历时20多年。之所以说，这20多年是值得纪念的中国汽车产业发展的第二发展阶段，是因为在中国汽车产品市场不断发展壮大的推动下，中国汽车产业成功地开启了国人汽车产品大众化的新时代。从那时起，中国汽车产品市场，即轿车市场出现了井喷式增长，使得中国汽车产业在做大的道路上迅速崛起，于2009年坐上了全球汽车产品产销量第一的位置，即实现了中国汽车产业做大的历史性目标。

值得一提的是，中国乘用车的起步，即中国汽车产业的第二发展阶段，是从所谓的实施"三大三小"战略开始的。说起"三大三小"，可能年轻的同事鲜有所知。"三大"系指经政府部门严格审批，所确定下来的发展轿车产品的"三大"基地，分别是一汽大众、东风神龙、上海大众。所谓的"三小"，同样亦是经政府部门严格审批，所确定下来的发展轿车产品的"三小"基地，分别是北京吉普、天津夏利、广州标致。

"三大三小"作为20世纪80年代末期我国大力发展轿车工业的主要谋划，至今仍对中国汽车产业影响深远。如今，在很多老汽车人的口中，依然能够听到许多关于"三大三小"的讨论。并且，关于"三大三小"笔者也有话要说，详见后续的关于中国汽车产业发展策略的讨论。

3. 第三发展阶段

上述中国汽车产业发展阶段的历史轨迹，清楚地表明了中国汽车产业在第二发展阶段的基础上，即成功地实现中国汽车产业做大的目标背景下，别无选择地迎来了将中国汽车产业做大做强的第三发展阶段。

广义汽车设计

在中国改革开放进一步扩大的条件背景下,只有将我国自主品牌汽车做大做强,才能实现中国汽车产业的使命目标,而不是泛泛地将中国汽车产业做大做强。泛泛地将中国汽车产业做大做强,而不是专注于将中国汽车产业的自主品牌做大做强,那么,最终结果只能是给别人做嫁衣裳。

中国汽车产业从2009年起就步入以做大做强自主品牌汽车产品为战略总目标的第三个历史发展阶段。并且,该发展阶段与前两个发展阶段的战略目标一样,都是属于不同历史阶段下的关于中国汽车产业使命目标的必然要求或必然的路径。

然而,除了中国汽车产业使命与战略目标外,值得认真思考与深入探讨的还有中国汽车产业发展的策略。对此,可详见第六章、第七章和第九章关于中国汽车产业发展策略的讨论。

第六章

发展中国汽车自主品牌产品研发的一般性策略的讨论

第一节 中国汽车产业发展策略的回顾

在讨论中国汽车产业发展策略时,同样需要以史为鉴。

关于中国汽车产业发展策略,最早可见于20世纪80年代初期。当时国家出于节约外汇和发展轿车工业的考虑,着手布局发展轿车产品,即出台了所谓的"三大三小"发展轿车产品的策略。

一、"三大三小"策略简介

首先,"三大三小"之策略,仅仅是中国当时关于发展轿车产品的谋划,属于发展中国汽车产业局部的战略。所以,笔者认为称"三大三小"之谋划为战略是不符合"战略"一词释义的,而称"三大三小"之谋划为当时我国政府有关部门所制定的轿车发展策略为宜,不宜称"三大三小"为战略。

关于"三大三小"策略的实施效果,无疑是对中国汽车产业发展起到了积极的促进作用。评价"三大三小"策略实施的效果,不能以今天的、关于发展中国汽车产业的认知来要求在当时历史条件下研究出台的产业发展策略。因为,当时历史条件下的人们,包括中国汽车产业发展战略与策略的制定者们,都很难摆脱计划经济的思维。虽然说,当时我国已经实行了改革开放,但是，那时的改革开放与今天的改革开放是不可比拟的。如果以今天的视角来审视"三大三小"策略，就会发现有很多不妥之处。例如，没有给予自主品牌足够的重视等。关于"三大三小"策略及其他战略与策略的分析与讨论，应将重点放在吸取经验教训方面和这些以往所采取的战略与策略对中国汽车产业的发展是否起到过积极的促进作用即可。若求全责备，按现在的认识来要求过去，那便是欠妥当了。

二、中国汽车产业发展出发原点的回顾

"三大三小"策略布局有一个共同点，那就是，没有一个自主品牌，都是以追求产品的高起点为目标而引进的品牌。

那时，我国还没有自主研发高水平汽车产品的能力，然而，产品走中高档路线，在当时的历史条件下，以市场换技术，走技术引进之路，也不失为快速满足国民经济发展对中高档汽车产品的需求，以避免每年都需要花大量、宝贵的外汇来进口中高档汽车的有效措施。从这方面来说，"三大三小"之策略，无疑是值得肯定的。

但是，现在回头来看，中国汽车产业的发展不应唯有"三大三小"、不应只顾做大中国汽车产业，而没有强烈的做大做强自主品牌的意识。

然而，中国汽车产业在其第二发展阶段的过程中，各大国有企业或央企只满足于依靠所成立的中外合资企业将产销量做大，或者说，忙于成立新的汽车（或乘用车）合资企业；只有少数民营汽车企业在致力于推动中国自主品牌乘用车的发展。并且，民营企业在推动中国汽车产业自主品牌乘用车或轿车发展的过程中，还受到了国家汽车产业政策的不鼓励或压制的对待。当时为早日摆脱中国汽车产业所谓的"散、小、差"的局面对民营汽车企业进入轿车生产领域实行严格限制的政策。例如，始建于1986年的吉利汽车，于1997年才拿到轿车整车生产销售资质。这就是说，本应担当中国轿车（或乘用车）自主品牌发展主力的国有企业和央企却在发展自主品牌轿车（或乘用车）的道路上迟到了将近20年，即从20世纪80年代国家布局"三大三小"开始起，到中国汽车产业人意识到必须大力发展自主品牌，迟到了近20年的时间。

好在21世纪初，中国汽车产业人，无论是大型国有企业，还是民营企业都行动起来了，开始致力于中国自主品牌汽车产业的发展。

三、中国汽车产业发展战略或策略研究的现状

针对当前中国汽车产业发展所处的历史阶段的发展战略与策略，已多有研究。例如，中国汽车工业协会发布的《中国汽车发展战略研究》，肖俊涛所著

的《中国汽车产业自主品牌与自主创新研究》等。

但是，正如前面所述，我国汽车产业的发展已经于步入以做大做强自主品牌为战略目标的历史发展阶段。在讨论了中国汽车产业使命目标与战略目标之后，接下来应该讨论的就是中国汽车产业发展的策略。并且，按照策略一词的释义，它应系指局部战略。关于中国汽车产业发展的局部战略，首先应系指不同地域、不同类型汽车产品的发展战略，以及不同发展阶段的发展战略。

然而，从文献可知，"中国汽车发展战略研究"项目是由中国汽车工业协会于2010年发起，联合中国汽车行业Top 10企业，通过对中国汽车行业全方位、多角度的全景式系统研究，着重阐述和分析了对国民经济发展、人民生活、节能减排等重要因素的影响作用，提炼总结出中国汽车发展战略，从而引导我国汽车产业快速、健康、可持续地发展。可以说，这刚好表明了目前关于中国汽车产业发展战略与策略的研究还缺乏中国自主品牌汽车产业发展的局部战略，即缺乏关于不同地域和不同类型自主品牌汽车产品发展策略的研究。本章对此做一些补缺性的研究、讨论。

第二节　中国自主品牌汽车产业地域发展策略的讨论

发展自主品牌汽车产业所需要的资金来源，无非是民营企业和国企或央企的投资。并且，民营投资是以盈利为目的的。而地方政府支持汽车产业发展自主品牌和国有企业的投资目的，除了保证国有资产增值保值之外，还有拉动当地GDP（国内生产总值）和促进就业等方面的考虑。

因此，就民营企业投资自主品牌汽车产业来说，自然是多多益善。至于民营企业具体往哪个地区去投资发展自主品牌汽车产业，可分产品研发基地和总部基地与生产基地来分别对待。发展自主品牌汽车产业应鼓励民营企业到劳力价格偏低的地区去投资，同时限制或不鼓励将生产基地设在东南沿海等相对发达的地区。

然而，关于地方政府支持发展自主品牌及国有企业投资发展中国自主品牌汽车产业，生产基地不得再设在北京、上海等这些一线城市，而鼓励设在目前经济欠发达地区。例如，北汽集团公司在重庆郊县和湖南等地设立工厂，来生产北汽自主品牌汽车产品的做法，既缓解了北京市人口和城市污染的压力，又帮助了当地政府缓解就业的压力，并帮助当地政府发展了经济，是非常值得鼓励和学习的。另外，笔者认为类似措施的采取，对降低北汽自主品牌汽车的生产成本亦会是有利的。

总之，北汽的类似做法是值得学习、推广的。

第三节　中国发展自主品牌汽车一般性策略的讨论

正如前面所述，中国汽车产业发展的历史将现阶段的发展战略目标，别无选择地推向了以做大做强自主品牌作为现在和今后中国汽车产业发展的战略目标。

在讨论完中国汽车产业应以在产业强国的竞赛中争当"领头羊"作为中国汽车产业使命目标，并以做大做强中国汽车自主品牌作为现阶段的战略目标之后，不需多言，接下来就应该研究、讨论中国汽车自主品牌发展的策略。按照"策略"一词的释义，策略系指局部战略或不同类型汽车产品的分战略。而关于发展中国汽车自主品牌的地域战略，在第二节已讨论过了，下面就研究、讨论不同类型汽车产品发展自主品牌的战略。

中国汽车自主品牌发展策略由两部分组成：一是汽车自主品牌经营策略；二是汽车自主品牌产品研发策略。或者说，汽车自主品牌产品研发策略是汽车自主品牌发展策略的重要组成部分。因此，当我国汽车产业已经整体上步入第三发展阶段，即以做大做强自主品牌为战略目标的新的发展阶段，建议在该阶段中国汽车产业组织，首先就要坚定地倡导或要求自主品牌企业树立起科学的品牌意识。

一、汽车产品品牌的基本概念

百度百科指出：广义的"品牌"是具有经济价值的，是一种无形资产。它是用抽象化的、特有的、能识别的心智概念来表现其差异性，从而在人们的意识当中占据一定位置的综合反映。品牌建设具有长期性。

狭义的"品牌"是一种拥有对内和对外两面性的"标准"或"规则"，是通过对理念、行为、视觉、听觉四方面进行标准化、规则化，使之具备特有性、价值性、长期性、认知性的一种识别系统的总称。这套系统称为 CIS（corporate identity system，企业形象识别系统）。

"现代营销学之父"菲利普·科特勒在《市场营销学》中给出的产品品牌的定义为：产品品牌是销售者向购买者长期提供的一组特定的特点、利益和服务。品牌是给拥有者带来溢价、产生增值的一种无形的资产；它的载体是用于和其他竞争者的产品或劳务相区分的名称、术语、象征、记号或者设计及其组合，而增值的源泉来自消费者心智中形成的关于其载体的印象。品牌承载更多的是一部分人对其产品以及服务的认可，是一种品牌商与顾客购买行为之间相互磨合衍生出的产物。品牌简单地讲系指消费者对产品及产品系列的认知程度。

品牌是人们对一个企业及其产品、售后服务、文化价值的一种评价和认知，是一种信任。品牌已经成为一种商品综合品质的体现和代表，当人们想到某一品牌的同时总会和时尚、文化、价值联想到一起，企业在创建品牌时不断地创造时尚、培育文化，随着企业品牌的做大做强，不断从低附加值转向高附加值，向产品开发优势、产品质量优势、文化创新优势的高层次转变。当品牌文化被市场认可并接受后，品牌才产生其市场价值。

品牌也是制造商或经销商加在商品上的标志，由名称、名词、符号、象征、设计或它们的组合构成。

目前，理论界对于产品品牌的定义有多种，现归纳列举如下。

第一，产品品牌是指组织及其提供的产品或服务的有形和无形的综合表现，其目的是借以辨认组织产品或服务，并使之同竞争对手的产品或服务区别开来。

第二，产品品牌是一种名称、术语、标记、符号或图案，或是它们的相互组合，用以识别企业提供给某个或某群消费者的产品或服务，并使之与竞争对手的产品或服务相区别。

第三，产品品牌是企业或品牌主体（包括城市、个人等）一切无形资产总和的全息浓缩，而"这一浓缩"又可以以特定的"符号"来识别；它是主体与客体，主体与社会，企业与消费者相互作用的产物。

第四，产品品牌是一种识别标志、一种精神象征、一种价值理念，是品质优异的核心体现。培育和创造品牌的过程也是不断创新的过程，自身有了创新的力量，才能在激烈的竞争中立于不败之地，继而巩固原有品牌资产，多层次、多角度、多领域地参与竞争。品牌也指公司的名称、产品或服务的商标，和其他可以有别于竞争对手的标示、广告等构成公司独特市场形象的无形资产。

笔者认为，品牌之所以会有若干种不同的定义，是因为品牌属于产品或服务的一种定义，而定义首先取决于认知的对象。除此之外，它还取决于认知主体和认知主体所使用判断或命题的语言逻辑及认知的对象。这是决定一个定义的三大因素。认知主体的不同或认知目的的不同，所给出的定义就会有所不同；同样地，主体所使用判断或命题的语言逻辑不同，也会给出不同的定义。同样重要的一点是，针对认知的对象或同一对象，但认知的角度不同，其认知的结果，即所给出的定义，也会是不同的。这样品牌的定义有多种，也就不难理解了。

笔者提出的汽车产品品牌的定义如下。

广义汽车设计

汽车产品品牌不仅是一种识别标志，还是公司的名称、产品或服务的商标。如果汽车产品品牌仅限于此的话，那么，就不能称之为品牌了，而只能说是公司的名称、产品或服务的商标或标识。

汽车产品品牌应系指汽车公司的产品或部分产品，甚至某一品种产品，在消费者中形成了购买偏好。通俗地说，形成购买偏好的消费者，往往有当回头客的经历或意愿。例如，20世纪80年代起至今，每当人们想购买中型或重型商用车时，就会想到东风汽车。这也就是说，汽车产品由商标形成品牌是有条件的，那就是，该品牌汽车产品的品质与价格符合消费者的购买偏好，并且，长期以来这种购买偏好稳中有进。也只有这样，才能不断加强消费者的购买偏好，即才能使得该品牌牢固地植根于消费者心中，从而形成著名品牌。

按上述所给出的汽车产品品牌的定义，汽车产品品牌核心性的工作任务一方面就是设计制定品牌产品品质的标准，并且，产品品牌维护的核心性工作，也就是不断地修订品牌产品品质标准，使其能够不断加强消费者的购买偏好。汽车产品品牌核心性工作任务的另一方面就是品牌宣传与推广和产品售前、售中、售后的服务标准，两方面是相辅相成的。

二、中国汽车自主品牌发展现状与发展趋势概说

目前，我国汽车自主品牌众多，有种让人眼花缭乱甚至鱼龙混杂的感觉。这是品牌发展初始阶段难免出现的一种现象。并且，这只能通过加强品牌规划，即开展并提高品牌系列化设计，来逐步给予解决。另外，汽车产品品牌发展的历史过程中，各汽车公司的资产重组和品牌融合也是造成品牌众多的另一重要原因。

然而，在众多的汽车产品品牌中，能写进品牌系列化设计教科书的，笔者认为首推德国大众汽车公司的品牌系列化设计。

大众汽车公司在狭义乘用车产品方面有轿车与SUV两大类主导产品。大众旗下有两个汽车品牌产品被广大汽车消费者所熟悉：一是大众品牌系列产品，二是奥迪品牌系列产品。大众品牌汽车产品也有多个子品牌，如大众高尔夫、帕萨特、宝来等子品牌所组成的轿车系列产品，大众途昂、途观等子品牌所组成的SUV系列产品。而奥迪品牌与大众品牌相比较，则属于高档化产品品牌。奥迪品牌既有A系列轿车产品也有Q系列SUV产品。

大众各品牌轿车产品的设计适用的道路或地面条件，即设计使用条件是相同的。例如，各类轿车品牌产品设计适用的道路或地面的最大纵向坡度为20%，即大众各品牌轿车产品的纵向通过角为11.31°，以适应广大城乡公路及等级公路的使用条件的要求。大众各品牌轿车产品只是所针对的用户购买偏好

不同。另外，大众各品牌的 SUV 产品的设计适用道路或地面，即设计使用条件也已标准化了。同样，大众各品牌的 SUV 产品所针对的用户购买偏好亦是不同的，即设计使用条件相同，但是，品质特点各不相同。

总之，大众各具特点的品牌产品品质的背后一定是贯彻执行的产品技术标准不同或所贯彻的产品技术标准各具特点。并且，大众各品牌产品的技术服务标准也是各具针对性的，这些技术标准和服务标准是大众发展的基石。

将上述大众汽车公司产品系列品牌的概况，与目前我国自主品牌系列化或多品牌做一对比，不难发现我国自主品牌汽车的品牌系列化或多品牌与国外先进水平明显存在下述差距。

我国大多数自主品牌汽车产品，过去所贯彻执行的产品技术标准绝大部分为国家标准和行业标准，而企业标准或企业产品品牌标准只是很少的一部分，因而产品品牌竞争则主要集中在对于国家标准和行业标准的理解与执行上。的确，汽车行业有通用标准或国家标准，然而，这些标准是最低要求，品牌产品贯彻的产品技术标准应高于"通用标准或国家标准"。并且，企业品牌产品和企业的不同品牌产品所贯彻的产品技术标准应有品牌产品自己的标准体系，即不应以"通用标准或国家标准"为主。可以说这方面正是我国很多自主品牌产品市场竞争力不强的重要原因。

企业实施多品牌战略（或品牌系列化），要求企业品牌系列化产品中的品牌产品的技术标准要有所通用，也要有所不同。

综上所述，目前我国汽车产品自主品牌建设方面，尽管已经取得了长足进步，但是，与国外品牌建设先进的国家或公司比较，还存在很大的差距，特别是在自主品牌汽车产品技术标准建设方面更是落后。

因此，中国汽车产业发展自主品牌务必要树立起科学的品牌意识，注重研究建立品牌与产品技术标准和产品技术服务标准的对应关系。树立起做品牌就是做产品技术标准和产品服务标准的思想，并意识到只有产品技术标准和产品技术服务标准能够与时俱进，品牌产品的市场竞争力才能与时俱进，不断获得提升。忽视产品技术标准和产品技术服务标准的建立，而一味地通过变换产品结构配置，来推出新品牌产品的做法，是不可能改变自主品牌产品市场竞争力落后局面的，是不可取的。

目前，汽车技术强国，如欧、美、日，其所掌握的汽车技术，在传统技术领域已臻于完善，它们正大力开展新能源汽车与无人驾驶等非传统汽车技术的研究与试应用。与此同时，它们也没有放弃传统汽车技术。例如，日本本田公司就研发成功了压燃式汽油发动机，使得汽油发动机的热效率与压燃式柴油机的热效率几乎相同。

广义汽车设计

这也就是说，中国汽车产业的产品技术既要在传统技术领域一如既往地奋力追赶先进，也需要在新兴技术领域奋力挤进第一阵营。面对汽车产品新技术快速发展与汽车传统技术远落后于一些汽车技术发达国家的现实，要一手抓传统技术的追赶，一手抓新兴技术的发展，并且，两手抓、两手都要硬。

但是，对我国发展自主品牌汽车产品的策略，也有另外的一种声音。特别是近年来，多有媒体针对中国自主品牌汽车产品在传统技术领域落后的现状发文建议：中国汽车技术应走所谓的"弯道超车"的技术路线。

"弯道超车"，原本是赛车的一个专业术语。它系指参赛车手在跑弯道时要比在直线跑道上更易超越对手。李彦宏于2009年指出：金融危机让我国经济正处在"弯道"上，此时正是实现跨越式发展，超越对手的良机。应当说，经济发展的每一次危机，都是产业重新布局、企业重新洗牌、新机遇不断涌现的关键时期，以"弯道超车"比喻危中有机会，有振奋精神、鼓舞士气、提升信心的功效。

"弯道超车"理论，在发展经济方面有某些积极意义。例如，运用"弯道超车"理论能够让我们避免在一些夕阳产业上一条道跑到黑，重新布局产业，为发展赢得新机遇。

在汽车产品技术方面，由于我们的自主品牌汽车产品技术与国外先进水平相比较，可以说，是落后得太多。这就导致国外的先进汽车产品技术领跑者，即使是出现了一时的失误或努力不够，我们还是改变不了追赶者的身份。假设经过两三年的时间，最终证明了上述所说日本本田公司研发的压燃式汽油发动机与传统的火花塞点火发动机相比较，并不如日本本田公司当初所想象的那样可以大大提高汽油发动机的热效率或在其他方面存在不可逾越的技术障碍。那么，本田公司的汽油发动机技术仍然领先于我国的发动机技术，如在发动机性能耐久性和振动噪声等方面领先于我国的发动机技术。总之，日本的发动机技术是我国自主品牌汽油发动机一时还难以赶上的。

在新能源汽车与自动驾驶方面，中国自主品牌汽车一样亦不存在弯道超车的机会。例如，自动驾驶技术的汽车转向控制技术，若想达到世界一流或世界领先的水平，或者说，助推中国自主品牌汽车产品市场占有率明显提升，照样离不开先进的汽车操纵稳定性传统技术做基础。然而，我国自主品牌汽车产品的转向操纵稳定性与合资品牌或外资品牌的汽车转向操纵稳定性仍存在不小的差距。具体来说，在汽车操纵稳定性理论研究方面，我们还没有取得汽车前后轴轴距、前转向轮内外车轮转角差值对汽车操纵稳定性影响研究的突破。而这些汽车操纵稳定性技术的研究正是我国开展汽车自动驾驶技术研究必须补上的技术短板。更何况，类似的自动驾驶技术对于汽车产品市场竞争力的提升只能起锦上添花的作用,但是,只依靠自动驾驶技术是不能将"拖拉机变成为宝马汽车"的。也就是说,只有中国自主品牌汽车的操纵稳定性等技术与国外先进品牌的产品技术能够比肩的时候,自动驾驶技术才能发挥出赢得产品市场的作用,或者说,在研发汽车自动驾驶技术的同时,我们也需要将汽车操纵稳定性等技术的短板补上去。另外,自动驾驶也同样离不开传统的变速器 AMT(先进制造技术)或 AT(变速器技术),而这两个方面的技术一直是我们的技术短板。

下面再对新能源汽车技术做一简短的讨论。

新能源汽车技术的发展照样离不开传统的汽车动力与传动系统的设计技术或理论。例如,将汽车的传统内燃式发动机驱动变换成纯电动的、轮毂电机驱动,轮毂电机的驱动力特性曲线该如何设计?对此,如果有科学的、先进的内燃式汽车发动机动力与传动系统设计理论做参考或指导,就不难或很容易确定轮毂电机的驱动力特性曲线的要求。否则,利用落后的汽车功率平衡方法,就只能依据最高车速目标要求确定新能源汽车所需要的功率的目标要求,而不能确定出所需要的驱动力,即扭矩外特性曲线。由此可见,科学、先进的传统内燃式发动机动力与传动系统设计理论是新能源汽车的动力系统设计不可或缺的基础。

然而,我们自主品牌汽车的动力与传动系统设计理论,仍然普遍地停留在教科书的水平上,即只有功率平衡的设计计算方法,而没有确定发动机扭矩指标要求的理论方法。当没有这些科学、先进的传统汽车动力与传动系统设计理论做基础时,就能设计出令人满意的新能源汽车的动力系统,这是笔者所不敢想象的。

总之,无论是新能源汽车还是自动驾驶技术,都需要有先进的传统技术做基础,利用先进的传统技术会助力新能源汽车产品技术、自动驾驶技术取得突破。也就是说,目前在汽车技术领域中国自主品牌没有任何弯道超车的机会。因为,落后得太多了。

中国自主品牌汽车只有在发展自主品牌汽车产品的道路上,脚踏实地,坚持自强不息,才能步入发展的快车道。这也是需要我们给予尊重的、中国做大做强自主品牌汽车的客观要求之一。

三、汽车产品技术性能指标度的基本概念

度是一个哲学概念。马克思主义哲学认为,度是标志事物质和量统一的哲学范畴,它代表事物保持其质稳定性的量之限度和幅度,即量的变化范围。

对于度的含义,应从三个方面来把握。

广义汽车设计

第一，度标志事物质和量相结合的不可分割的属性，凡事都存在度。

不仅整车最高车速设计指标存在所谓的度，其他技术性能指标和最高车速指标一样，全都存在所谓的度的概念。只不过整车技术性能项目的不同，其相应的度就是不同的。整车技术性能指标低于所谓的度，则产品市场竞争力就会不强；相反，整车技术性能指标超过了所谓的度，对提高产品市场竞争力不仅不会带来积极的影响，有时还会有一些不良的影响。这正是性能指标度的意义之所在。

第二，度又是质和量的相互规定，质规定着量，量也规定着质；事物的变化是否超出度，是区分量变和质变的唯一标准。

例如，本书所讨论的汽车产品分类，汽车产品的类型规定汽车纵向通过角的范围；反过来，汽车纵向通过角的设计取值也规定了汽车产品的类型。

第三，度的方法论具有十分重要的实际意义：在认识上，把握度可以精确地认识事物的质；并且，掌握适度原则，对避免形而上学的片面性则具有决定性的意义。

大家都知道，汽车就是依靠其自身装备的动力来驱动，实现高效率的地面机动，因此，汽车首要的技术性能就是获得尽可能高的平均技术速度的能力，即汽车的动力性，最高车速是评价汽车动力性的重要指标。而且，汽车产品类型不同，也就是其设计使用条件或针对的用户要求的不同，对最高车速指标的要求就是不同的。例如，普通乘用车最高车速的设计，并不是满足用户以最高车速行驶为要求的，而是为了满足用户加速、爬坡性能的要求而采用后备功率较大的动力总成所带来的一种设计结果；另外，则是考虑到现代汽车内燃机的特性，即当往复式内燃发动机转速达到其额定最高转速的85%后，发动机的燃油经济性和振动噪声就会发生恶化。因此，采用现代往复式内燃发动机的商用车通常控制实际行驶最高车速时所对应的汽车发动机转速范围的上限，通常为

$$Ne \not> 0.85 Nemax$$

式中，Nemax 为发动机的额定最高工作转速；Ne 为发动机经济区转速上限。

采用往复式内燃发动机的普通乘用车，当发动机转速不高于其最高额定转速的50%，通常即为发动机的经济转速。并且，在此经济转速范围区间内工作，发动机的振动噪声也会相对较小。

综上所述，商用车最高车速的度为设计使用范围内允许的实际行驶最高车速除以0.85。例如，东风 EQ140 车型设计使用条件范围内的实际最高车速70 km/h（当时历史条件下，中国内地还没有高速公路，公路以三、四级公路为主，二级公路的里程亦很短。而且，全国各地省道的最高限速为70 km/h），

这也就是说，东风 EQ140 车型最高车速的度所对应的车速指标约为：70/0.85 ≈82 km/h。

与上同理，对于设计适用范围包括高速公路运输的大、中型商用车来说，实际行驶车速也不应高于 100 km/h，则其最高车速的度所对应的车速指标则应为：100/0.85 ≈118 km/h。

在乘用车已经普及的今天，普通乘用车在实际使用中，如果很少上高速公路，即大多数的行驶里程是在城市一般公路上或类似公路上完成，也就是说，其实际行驶的最高车速通常都小于 70 km/h，即很少有高于 70 km/h 的时候，则最高车速设计取值为 70/0.5 = 140 km/h 即可。

而当用户所在的城市有高架路或有限速 80 km/h 的公路路段时，最高车速设计取值则应为：80/0.5 = 160 km/h。

这就是我们说"家轿"（或家庭的第二辆车）的最高车速普遍为 140 ~ 160 km/h 的技术内涵或合理性之所在。

也就是说，新研发的乘用车产品，即使市场定位为"家轿"，最高车速也应不低于 170 ~ 180 km/h，这样与最高车速为 140 ~ 160 km/h 的"家轿"相比较才会有后发优势。

然而，对于产品定位为家庭的第一辆车，或者说，购车目的不仅是在市区内代步，而是喜欢自驾旅游，即高速公路行驶里程占总里程的比例高于 10% 的朋友或产品定位为中、高档商务用车，仍采用上述"家轿"的最高车速就不合适了。建议该类产品定位的新研发车型的最高车速设计目标在 240 km/h 左右才会有后发优势。而最高车速为 240 km/h 的乘用车在限速 120 km/h 的高速公路上行驶时，才能使发动机工作转速保持在额定最高转速 50% 的经济转速范围之内，并且，发动机的振动与噪声也会相对较低，进而可达到大幅度地提高乘坐的舒适性的目的。

就最高车速度的设计指标来说，度应系指最高车速指标高于度之后，最高车速的再提升对汽车产品市场竞争力的提升不再有明显的帮助了，而当最高车速指标低于最高车速的度时，最高车速的提升会对提高汽车产品市场竞争力有明显作用。最高车速的度所对应的最高车速值是随着车型的不同而不同的。因此，上面所说到的"家轿"的最高车速的度所对应的最高车速指标为 180 km/h；而商务用轿车和 SUV 车型的最高车速的度所对应的最高车速指标为 240 km/h。

总之，关于汽车技术性能指标的度，需要具体问题具体分析。而上述关于最高车速的度的讨论，只是设计确定汽车诸项性能指标度的一个例解而已。

四、中国发展自主品牌汽车的历史经验

可能有些年轻的读者朋友会问：中国发展自主品牌汽车，有什么成功的经验可借鉴？

正如前面所说，20 世纪 80 年代中国才有合资汽车公司，也就是从那时起才开始有合资品牌汽车。此前，中国内地所生产、销售的汽车产品无不都是中国的自主品牌汽车。只不过那个年代的自主品牌汽车很少有乘用车，即使有少数的乘用车品牌产品，如北京 212 吉普和上海牌轿车，其产销量也很低，技术水平也很落后，对中国汽车产业发展的贡献度不大。也就是说，那个年代的自主品牌汽车产品以载货汽车品牌为主，如东风 EQ140 车型和解放 CA141 车型等。

众所周知，共性和个性是一切事物固有的属性。事物既有共性的一面又有个性的一面。共性系指不同事物之间的共同性质；个性系指该事物区别于他事物的特殊性质；并且，共性决定事物的基本性质；个性揭示事物之间的差异性。

因此，今天在此讨论我国发展自主品牌汽车产品的历史经验，不应局限于过去的成功经验是哪一类型产品的成功经验，而应透过具体产品的成功经验来认知对于我们今天做大做强自主品牌汽车有所启示的、"共性"的东西。

为此，需要我们从中国汽车人创下的发展自主品牌汽车产品的成功案例中，来认知其中所蕴含的"共性"的东西。提到以往的成功案例，当属东风人所创造的东风 EQ140。这是最值得中国汽车人所记取、借鉴的历史经验。

东风 EQ140 车型成功的经验，可概括如下。

经验一：东风 EQ140 车型整车技术性能指标设计将后发优势发挥得淋漓尽致

1978 年 7 月，EQ140 车型正式投产。该车型额定载重量为 5 t，发动机最大功率为 135 马力，最高车速设计为 89 km/h。

东风 EQ140 车型当年研发时的竞争对象是一汽的中型载货汽车。当时一汽所生产的车型为 CA10B，并且 CA10B 车型直到 1982 年，才开始转产 CA10C 车型。并且，CA10C 车型是在 CA10B 车型的基础上改进设计，载重量由 4 t 提高到 4.5 t，发动机最大功率由 95 马力提高到 110 马力，最高车速由 75 km/h 提高到 80 km/h。1983 年，一汽才推出载重量为 5 吨的解放牌 CA15 型载货汽车。而新车型发动机的最大功率却只有很小的提升——动力从 110 马力提高到 115 马力。

直到 1987 年 1 月，一汽才实现全新车型 CA141 的垂直转产。

CA141 车型装备了全新研发的 CA6102 汽油发动机，顶置气门结构，排量 5.56L，压缩比为 7.4，使用 80 号以上汽油，最大功率 135 马力，最大扭矩 372 Nm。

离合器与老解放结构相同，为双片干式，摩擦片直径 280 mm，螺旋弹簧压紧，主动压盘、中间压盘等结构尺寸做了局部调整，增加了强度以适应发动机动力的提高。变速箱是在老解放的基础上做局部改进发展起来的，五挡变速箱并不带同步器。后桥为老解放的双级减速后桥，桥壳局部加厚加强。而 1978 年投产的东风 EQ140 车型发动机为 EQ6100 汽油发动机，最大功率为 135 马力，最大扭矩为 365 Nm，离合器为单片干式，摩擦片直径为 325 mm；后桥为铸造桥壳，主减速器为单级、双曲线螺旋锥齿轮主减速器。

总之，从整车主要技术参数指标来看，解放 CA141 和东风 EQ140 这两款车型几乎相同。但是，CA141 车型主要总成的结构型式还有不少落后于东风 EQ140 车型的地方。

这也就是说，解放牌中型载货汽车产品在产品技术进步方面分成了三步走：CA10C、CA15 和 CA141，在第三步 CA141 车型才勉强与东风 EQ140 车型的技术参数水平相接近或相同。

从 CA141 车型和东风 EQ140 车型的市场竞争过程来看，可以说 CA141 车型是全程完败东风 EQ140 车型。究其全程完败的原因，至今仍能看到的分析评论是关于 CA141 车型刚投产的两三年其产品竞争不过东风 EQ140 车型的原因分析，即 CA141 车型在投产之初的两三年，其产品市场竞争力远低于东风 EQ140 车型。对这一现象，当时有很多人发表过分析文章。普遍的观点是将 CA141 车型比喻成一个刚出生没多久的孩子，身体还有待发育，而另一个则是青壮年（东风 EQ140 车型已经投产近 10 年了），这一大一小去比体能，自然不具有可比性，等等。类似的分析，难免有些牵强。

CA141 车型市场竞争力一直都不及人们的预期，被东风 EQ140 车型压着走。对此，却没有见到有人给予过分析。在此，笔者和大家分享一下自己粗浅的看法，那就是，即使 CA141 车型的成熟度达到了和东风 EQ140 车型比肩的程度，我们也要将心比心，即假设我们自己就是用户，在面对一个既成熟又有一定先进性的车型时，还会选择与之相比较技术虽不落后，但也没有任何先进之处的、成熟度还有等待于验证的产品吗？答案是不言自明的。

总之，在和东风 EQ140 车型竞争的全过程中，CA141 车型始终没能改变自己追赶者的地位。对此，可借用广泛流传的一句话，即经常被模仿，却从未被超越。

值得加以强调的是，这不是过去汽车产品市场竞争所独有的现象。今天，

广义汽车设计

我们同样也多见采用对标的设计方法所研发完成的汽车产品的市场竞争力远不及其对标车型。所谓的对标，就是模仿！而我们从未见到过在产品市场竞争方面，模仿者超越被模仿者的现象。

下面我们再分析一下东风EQ140车型技术指标的实用性与先进性。

针对当时大部分公路都是三、四级公路，为了使东风EQ140车型的驱动能力不被白白地浪费，各家运输公司普遍采取的是主车拖带挂车的办法。从全国范围来说，这种拖挂运行的方式维持到20世纪90年代初期。这也就是说，东风EQ140车型依靠拖带挂车（适用四级公路和三级公路）获得了近10年（1978—1987年）的辉煌，而不依靠拖带挂车（适用三级公路和二级公路）又获得了（1987—1997年）10年的辉煌。直到1997年随着全国高速公路里程的不断增加，东风EQ140车型才被市场无情地拉下神坛。前后共计辉煌了近20年的时间。

综上所述，在汽车最基本、最重要的性能指标——汽车动力性能方面，东风EQ140车型的动力性能自始至终都将竞争对手抛在了身后。东风EQ140车型很好地满足了非高速公路运输时代的要求，也就是说，东风EQ140车型的设计将后发优势发挥到了极致。

经验二：二汽人坚持不懈地进行产品改进

东风EQ140车型的成功，除了上述将后发优势发挥得淋漓尽致之外，即针对非高速公路运输车辆对产品技术性能的基本要求一步到位外，还有一个重要因素，那就是，二汽人坚持不懈地进行产品改进。

在20世纪80年代初中期，二汽的产品研发队伍已经达到了上千人。如此大规模的产品研发队伍只专注于一个产品的改进，社会上有好多的不理解。记得当时有种说法，湖北有两大待解之谜：一是神农架林区到底有没有野人？二是二汽养1 000多人的产品研发队伍，到底都干了些什么？

在此，笔者可以代以回答：二汽当年养1 000多人的产品研发队伍的直接意义就在于创造了东风EQ140车型长达20年的辉煌；间接意义在于，它为中国汽车产业的产品研发事业培养了大量的人才。

但是，就创造东风EQ140车型20年的辉煌来说，成亦萧何，败亦萧何。

20世纪80年代初期，国家严格实行计划经济，不批准二汽人发展轻型车和重型载货车，只要求二汽人专注于中型载货汽车。这就为二汽人专注于EQ140车型的改进创造了所需的外部条件，这是成亦萧何。对于二汽向多元化车型发展来说，那就是败亦萧何，即国家有关部委不批准二汽向多元化车型发展。

综上所述，我国自主品牌产品研发的历史给今天的我们留下了极其宝贵的经验。

第一，新产品研发项目在产品技术性能方面要相对于研发项目立项时具有市场竞争力的产品技术性能，需要有足够的提前量，以避免当完成研发之时即成为落后于市场需求的产品，或者说，要避免总在市场需求的后面追赶。要敢为人先，整车技术性能指标应力求达到整车技术性能指标度的要求。

第二，当年的二汽依靠将 EQ140 车型这一款平台产品做优就取得了辉煌。这本身说明汽车产品是一种大产品，即靠单一品牌、单一产品亦可创造企业创业发展初期的辉煌。关键是要将产品做优，将产品做优则一切皆有可能。

第三，对产品改进要肯花大力气。这是弥补我们汽车产品研发能力、水平不够高的必要措施。同时，也是提高我们汽车产品研发能力、水平的有效措施。这就好比说，一位作者，他的写作水平的确不高，但是，通过反复修改作品，其作品也能被广大读者所接受或喜爱。

第四，不需多言，即使肯花大力气和时间来做产品改进，还需要有整车产品技术性能的"提前量"来提供实施产品改进战略所需要的空间与时间。而东风 EQ140 车型整车主要性能指标或产品技术性能框架的设计为产品改进提供了将近 20 年的战略实施的空间与时间。

第五，作为汽车最重要的性能指标，东风 EQ140 车型最高车速指标不仅很好地达到了最高车速的指标要求，还略高于设计使用条件的最高车速的要求。

可能会有人说，我们目前发展自主品牌的难点和重点是自主品牌乘用产品研发，而东风 EQ140 车型是 20 世纪 70 年代国内自主研发的载货汽车，两者能联系得上吗？

对此，笔者想强调的是：学习、借鉴当年二汽研发 EQ140 车型的成功经验，并非要简单、机械地照搬当年 EQ140 车型的具体设计，而是要学习、借鉴二汽研发 EQ140 车型成功经验的内涵，也就是要学习：产品技术性能指标与产品竞争对象相比较需要发挥后发优势、研发目标要以整车技术的诸项性能指标的度作为研发目标要求，并要肯花大力气来做产品改进。

例如，某家央企乘用车公司的一款自主品牌 SUV 车型与该公司其他车型相比，产销量是名列前茅的，但是，放到国内同类产品市场里面去比较，会发现在单一品牌产品销量前五名的名单中却没有该 SUV 车型。为此，笔者主张开展该 SUV 车型产品市场竞争力分析，或者说，开展该 SUV 车型重要设计指标度的认知与分析。结果只做了对于该 SUV 车型来说最为重要的前三项指标，即最高车速、纵向通过角和坡道行驶能力的评价分析，见表 6-1。就发现了该 SUV 车型设计所存在的问题。

由表 6-1 我们可知，该 SUV 车型整车重要技术性能指标中，虽与研发时的对标车型相比较并不弱。但是，与 SUV 车型整车重要技术性能度的指标相比较，还是存在不小的差距。特别是其通过性指标与动力性指标仅仅略高于"家轿"或与"家轿"相当。所以，该 SUV 车型市场竞争力不如预期，就不难理解或是必然的。

表 6-1　某 SUV 车型整车重要技术性能指标与评价

最高车速	180 km/h	评价分析：与研发时的对标车型相比，最高车速值相同，没有体现出后发优势。与同类车型最高车速 240 km/h 相距甚远
纵向通过角	16.7°	评价分析：16.7°纵向通过角所对应的坡道的坡度为 30%。高出普通乘用车 10 个百分点（注：普通乘用车的纵向通过角所对应的坡道的坡度为 20%），足矣。并且，在同类 SUV 车型中亦属最高，即达到了该类车型纵向通过角的度。但是，其地形通过性参数也存在不够系统的一面，即离去角 22.1°小于相应的离去角"度"的要求——25°
坡道行驶能力	大概为 21.2%，只比普通乘用车该项设计指标高出 1.2%	评价分析：该 SUV 车型的最大爬坡度为 30%，即最大爬坡度与纵向通过角所对应的坡度值相同，然而，其坡道行驶能力却不得而知（注：由于没有发动机最低稳定转速下的外特性扭矩值，在此，只能根据笔者的经验做一大概的判断——坡道行驶能力为：该 SUV 车型的最大爬坡度 30%／该 SUV 车型变速器一挡与二挡的速比间隔 1.416 = 21.2%，即该 SUV 车型的坡道行驶能力只比普通乘用车 20% 的设计指标高出 1.2%。这一定是导致该款 SUV 车型市场竞争力不强的致命原因。或者说，如果不将该 SUV 车型的最大爬坡度大幅度地提高到 45% 并满足在 30% 的坡道上起步的要求，则该 SUV 车型提高市场竞争力的其他努力会是不达预期目标的或是徒劳的）

CA141 车型与 EQ140 车型研发的历史经验告诉我们：作为后发车型，整车技术性能指标紧跟对标车型或个别方面略有高出，那么，后发车型的产品竞争力是无法和对标车型的市场竞争力相提并论的。遗憾的是，这一历史教训又被近些年来的自主品牌乘用车产品研发的实践多次证明。

因此，若要提升改进后发车型的市场竞争力，笔者认为可分三步走。

第一步，如果想成功挑战对标车型的市场竞争力，在整车重要技术性能指标方面不能跟在对手身后，而要跳到对手的前面去，即整车重要技术性能指标应以该款车型的设计使用条件所要求的性能指标的度作为设计指标。

例如，以上述举例的 SUV 车型为例，其最高车速须提升至 240 km/h、离去角也应提升至 25°以满足 16.7°纵向通过角对离去角的要求；并且，还需要大幅度地提高低速动力性，即将低速坡道行驶能力提高至可在纵向通过角 16.7°所对应的坡度为 30%的坡道上行驶，也就是说，在 30%的坡道上能够平稳、顺利地起步和驻车。

第二步，如果所研发车型想成为国内自主品牌产品的"领头羊"或挑战合资品牌的产品市场竞争力的佼佼者，则所研发车型的各项整车技术性能参数指标需要以各项性能指标所对应的度作为设计目标要求，即要做到整车技术性能指标不存在短板。

这就要求整车总体设计师研究、认知整车各项技术性能指标的度。

第三步，如果所研发车型想挑战国际最知名品牌的市场竞争力，则需要在做好上述第二步的基础上大幅度地提高所研发车型的可靠性和耐久性。

综上所述，建议中国发展自主品牌汽车产品，行业协会大力倡导和要求自主品牌汽车制造商在设计制定新产品技术性能研发目标时，要向东风 EQ140 车型学习将后发优势发挥得淋漓尽致，即所设计的新产品整车技术性能指标要达到所对应性能指标的度的要求。否则，那种紧跟对标车型的做法是注定要失败的，或者说是注定达不到预期目标的。

值得加以强调的是，汽车各项性能指标度的概念是本书新提出来的，难免需要一个理解和接受的过程。另外，我们做大做强自主品牌汽车，特别是做大做强自主品牌乘用车，是我国发展汽车产业的必然要求。然而，它也是不可能一蹴而就的，而是有一个艰苦努力的过程。这艰苦努力的过程实际上就是将我们的自主品牌汽车产品的各项技术性能指标，包括可靠性与耐久性指标，逐项地提高为整车设计使用条件所要求的技术性能指标度的要求。这也是我们做大做强自主品牌汽车产品的具体技术路径。

第七章

发展中国汽车自主品牌产品研发策略的讨论

第一节 汽车产品的分类

在第六章中我们讨论了发展中国汽车自主品牌产品的一般性策略,即不针对特定类型汽车产品,力求适用于各类型中国汽车自主品牌产品做大做强之策略,下面我们再分别针对狭义乘用车自主品牌产品、商用车自主品牌产品、越野车自主品牌产品做大做强之策略展开讨论。

第六章与本章的内容并不是相互排斥的,而是相辅相成的。本章内容是对第六章内容的具体延伸。

之所以需要对狭义乘用车、商用车和越野车自主品牌产品做大做强之策略分别进行讨论,无非是因为:关于做大做强中国自主品牌汽车产品,它绝对不会是一蹴而就的,而需要我们从不同方面给予精心谋划并要付出艰苦努力才能得以实现。而且,由于不同类型的汽车产品所面对的竞争环境不同,基础也不同,即不同类型汽车产品的自主品牌与做大做强目标的差距也是不相同的。例如,我国自主品牌重型载货汽车,无论是从自主品牌重型载货汽车产品的销量还是从自主品牌重型载货汽车产品的市场份额来看,离做大做强之目标都是最接近的。然而,我国乘用车自主品牌产品的市场竞争力在与合资品牌产品,即国际品牌相比时还处于绝对的劣势,离做大做强自主品牌乘用车产品的目标差距甚大。

因此，谋划做大做强中国自主品牌汽车产品的策略，除了需要谋划发展中国汽车自主品牌产品的一般性策略，还需要对发展中国汽车自主品牌产品之策略做分类研究、谋划。

也正因为研究、讨论发展中国汽车自主品牌产品之策略需因类施策，即需要依据产品类型的不同，研究制定不同类型产品做大做强之策略。为此，我们需要先讨论、研究汽车产品的分类，之后，再行讨论不同类型汽车产品做大做强自主品牌之策略。也只有这样，才能对不同类型汽车产品做大做强之策略做系统的讨论、研究。

一、汽车产品分类概说

我国汽车设计理论与实践的落后体现在多个方面。例如，关于汽车产品的分类，只在大学本科教材——《汽车构造》中有较为全面的叙述。但是，众所周知，《汽车构造》是从汽车构造的角度来分类汽车产品的，而不是从汽车设计的角度来进行汽车产品分类的。

关于汽车设计所需要的汽车产品的分类，一般来说，汽车产品是根据各类产品定义的不同来划分汽车产品类型的。

关于"定义"一词，百度百科指出：定义系指认知主体，即给出定义者，使用判断或命题的语言逻辑形式，确定一个认知对象或事物在有关事物的综合分类系统中的位置和界限，使这个认识对象或事物从有关事物的综合分类系统中彰显出来的认知行为。简言之，定义即是定义者对于一种事物的本质特征或一个概念的内涵和外延的确切而简要的说明。

因此，我们在此讨论汽车设计，需要从汽车设计的角度来认知汽车产品的分类，而不是从汽车构造的角度来认知汽车产品的分类。

值得一提的是，在"强国学习"所开设的每日慕课中，有一课的内容是植物分类学，笔者学后颇受启发。汽车设计同样需要建立汽车设计的基础学科——汽车产品分类学。在汽车产品分类学形成之前，无论是谁，都不应该要求他人所给出的产品定义与产品分类和自己的预想或判断相符合，而应抱着求同存异、百家争鸣的心态，积极参与对汽车产品的定义和分类的讨论。笔者也正是本着这种心态，在此将关于汽车产品的定义和分类的点滴认知与大家交流一下。

另外，需要说明一点的是，笔者之所以对汽车产品分类这样重视，是因为汽车产品分类是广义汽车设计的重要基础。

广义汽车设计的定义表明了开展广义汽车设计研究的主要目的之一，就是

广义汽车设计

明确产品研发的方向或产品研发的总目标要求,即以汽车产品市场需求为导向,研究制定研发产品的方向性目标要求。然而,如果广义汽车设计不去学习、研究汽车产品的分类,则面对总体上供过于求的汽车产品市场,就无从认知产品研发的方向。通俗地说,就会感觉到汽车产品市场总体上已经饱和的今天,无可作为。只有学习、研究汽车产品的分类,才会知道发展汽车产品市场的机会在哪里,也就是说,在细分产品类型的过程中,会发现、认知需要研发什么样的汽车产品。

汽车产品研发战略与策略,是广义汽车设计的重要任务之一。而汽车产品研发战略与策略无不都具有较强的针对性。没有针对性的"包治百病的药方"一定是浮云,百无一用。而要使汽车产品研发战略与策略具有针对性,就需要研究、掌握汽车产品的分类。

因此,学习、研究汽车产品分类是广义汽车设计重要的基础性任务。并且,汽车产品分类的依据是汽车产品类型的定义。而且,汽车产品的分类与各类汽车产品的定义,需要一并进行讨论、研究。

二、汽车产品定义及分类的讨论

(一)汽车产品定义与汽车产品分类概述

汽车产品系指依靠自身装备的动力来驱动,并能高效率地完成人们所赋予的地面交通与运输任务的现代机器。

据此,人们对汽车产品的基本要求应为:一是自重要轻;二是汽车动力性能要强,即汽车动力与传动系统驱动汽车获得尽可高的平均技术速度的能力要强。

然而,上述两方面的基本要求实际上都没有什么明确的门槛值(注:法规标准关于自重利用系数和汽车动力性要求的门槛值低得很,通常都能轻松达到。),所以,汽车产品才会是一种普及程度极高的现代机器。也正因为普及度极高,汽车产品市场竞争十分激烈,并且市场竞争推动着自重利用系数与汽车动力性指标等其他技术性能指标不断进步。

也就是说,汽车产品不应该按汽车动力性(即汽车获得尽可能高的平均技术速度的能力)和汽车自重利用系数的高低来分类。实际上也没见到过有人或汽车技术权威人士这样来划分汽车产品类型。

汽车产品应该依据人们所赋予的、汽车地面机动任务的类别与完成任务的路面或地面条件来进行分类。通俗地说,就是只能按汽车是干吗用的、在哪种地面或道路使用来进行汽车产品的分类。

（二）汽车产品按人们赋予的任务类型分类的方法

汽车产品按人们赋予的任务类型有如下三种划分方法。

一是运载人员，即完成载客的任务；相应的汽车产品类型称之为乘用车。

二是运载各种货物，即完成载货的任务；相应的汽车产品类型称之为载货汽车。

三是完成一些特殊的任务，如运送伤病员的救护车和各种市政服务用车，如洒水车、清扫车等。并且，完成这些特殊任务的车辆，都是分别在乘用车产品平台或载货汽车产品平台的基础上，经过改装或加装一些装置而成的。因此，人们习惯上称这一类型的汽车产品为变型车或改装车。

也正因为此，在研究汽车平台产品的分类时，没必要将各种类型的变型车产品单独列为一类汽车产品，而是将变型车产品按平台产品的类型来进行分类处理。

（三）汽车产品按设计适用的路面或地面条件分类的方法

如果仅仅将汽车产品按人们赋予的任务类型做上述三种分类，首先是不符合汽车产品发展实际，其次是满足不了汽车设计需要，即满足不了认知汽车产品市场需求的需要。因此，人们除了按所赋予汽车所完成的运载任务的类别——载人还是载货来划分汽车产品类型之外，通常还进一步地按汽车产品设计适用的路面或地面条件来划分汽车产品的类型。

1. 乘用车

乘用车可进一步被划分为普通乘用车和多功能运动汽车。

（1）普通乘用车。顾名思义，普通乘用车系指设计适用的路面或地面条件范围为普通常见的路面或地面条件。

（2）多功能运动汽车，即 SUV。人们将所能够适用、较之普通乘用车设计适用路面或地面条件苛刻一些的 7 座及 7 座以下的小型乘用车定义为 SUV。

2. 载货汽车

与乘用车相似，载货汽车亦可做进一步的分类。

（1）普通载货汽车。普通载货汽车系指设计适用的路面或地面条件范围为普通常见的路面或地面条件。

（2）皮卡。人们通常将与 SUV 设计适用的路面或地面条件相同，并且其乘坐功能亦较强的小型车辆定义为皮卡。

越野汽车亦被人们进一步划分成如下两种类型：一是一般机动性越野汽车，英文名为 cross–country vehicle；二是高机动越野汽车，英文名为 high–mobility off–road vehicle。

并且，在汽车产品分类方面，对越野汽车产品通常不再强调乘用越野汽车或载货越野汽车。

(四) 目前普遍采用的汽车产品分类方法存在问题的讨论

上面所介绍的是目前被人们广泛应用的汽车产品分类之方法。但是，这些方法是存在问题的。

问题1：

由上述汽车产品的分类，我们可知：所谓的普通车辆，包括普通乘用车和普通载货汽车两种类别的汽车产品。并且，这两种类别的汽车产品所能适用的路面或地面条件的苛刻程度相同，均不及SUV或皮卡，而SUV或皮卡所能适用的路面或地面条件的苛刻程度也不及一般机动性越野汽车，设计适用路面或地面条件最为苛刻的汽车产品，当属高机动越野汽车。

但是，汽车设计适用路面或地面条件的苛刻程度，如果没有量化的概念，则上述的汽车产品分类只能作为汽车产品定性的分类。笔者认为类似的定性分类的概念，对于社会大众了解汽车或为自己选购汽车足矣。但是，对于研究汽车设计（理论）的汽车产品设计师来说，则需要对各种类型汽车产品的设计适用路面或地面条件的苛刻程度进行系统的量化研究。否则，所设计的汽车就会有可能出这样或那样的问题。

例如，据网易汽车2011年5月24日综合报道：2011年5月23日，正在爱尔兰访问的美国总统奥巴马要去访问他的外高曾祖父卡尼的住处曼尼格村。可是，当总统一行人刚从都柏林的美国大使馆停车场出发，就在停车场大门口处的坡道上，总统的座驾被托底了，发出一声金属碰撞的巨响后，他的汽车就动弹不得了。此次乘坐的车型并非09款的新型座驾，而是06款的DTS车型。

汽车发生触地失效的原因，无非是汽车地形通过性参数不能满足所要通过地形的要求。常用的汽车地形通过性参数有最小离地间隙、接近角、离去角、纵向通过角等。而从上例汽车发生触地失效时的情况来判断，是由于汽车纵向通过角不满足所要通过的地形的要求，即汽车纵向通过角小于道路的坡道角。

那么，这次美国总统的座驾纵向通过角不满足常见的、一般普通车辆都能通过的地形之要求的深层次原因又是什么呢？对此，笔者给出分析如下。

从出事现场照片来判断，这是一辆比普通轿车的轴距要加长的高级轿车，以满足总统乘坐空间的要求，正因为轴距的加长才使得汽车的纵向通过角变小，以至于它不能顺利通过美国大使馆停车场大门口的坡道导致发生了托底。

可以说，这次美国总统座驾发生触地失效是典型案例，说明了汽车纵向通过角参数忽视不得。

另外,这个典型案例也说明了当今世界的老牌汽车王国——美国,关于汽车地形通过性的认知也仅限于孤立地、片面地进行汽车地形通过性参数设计,而没能用诸项汽车地形通过性参数相互联系的观点,去研究设计汽车诸项地形通过性参数。

凡是用孤立、片面的观点去对待诸项汽车地形通过性参数设计的,都有同一个共同特点,那就是,汽车地形通过性参数设计取值指标越高越好,而不去问诸项汽车地形通过性参数之间的联系性。

例如,关于汽车最小离地间隙,按孤立、片面的观点,最小离间隙的设计取值无疑是越大越好等。再如,简单地加长汽车轴距参数,而没能相应地提高汽车前后车轮之间车部件的离地间隙,也是典型的孤立地、片面地进行汽车地形通过性参数设计的案例。并且,按此孤立、片面的观点看待汽车诸项地形通过性参数,不出问题属于侥幸,而出问题则是一种必然。

汽车总体设计需要对汽车纵向通过角参数等一系列地形通过性参数,如汽车纵向通过角、最小离地间隙、接近角、离去角和横向通过角等,进行系统研究。正如笔者所介绍的"矛盾之学说"那样,在众多汽车地形通过性参数中势必会存在对其他参数起支配作用的关键参数,而认知哪项参数是起支配作用的关键参数,则是汽车总体设计的重要任务与重要研究内容之一。

问题2:

众所周知,人们之所以将载货汽车定义为载货汽车,其所依据的正是载货汽车的主要功能不是载客,而是载货。而与载货汽车相反,乘用车之所以被人们定义为乘用车,所依据的也正是乘用车的主要功能为载客,而不是载货。但是,载货汽车也有一定的载客能力。通常单排座驾驶室载货汽车也可载 2~3 名司乘人员;而乘用车一般也具备少量的载货功能,如轿车的后备厢。但是,轿车等乘用车的后备厢的载货功能不是主要功能,轿车等乘用车的主要功能是运载乘客。

那么,问题就出来了——皮卡汽车,它的额定乘员的总质量与其额定的载货质量难分伯仲,应该将皮卡汽车产品定义为哪类汽车产品呢?

目前,在中国内地,总体上是将皮卡汽车按载货汽车来对待的。具体地说,皮卡汽车的车牌与大中型载货汽车的一样,只准挂用黄牌照。这就极大地限制了皮卡汽车产品的应用,也就极大地限制了皮卡汽车产品市场的发展壮大。对此,本书后续还会给予深入的讨论。

但是,在许多欧美国家,则视皮卡汽车是自用车还是商用车来加以区别对待。美国大多数州规定:皮卡汽车的额定总质量不大于 6 000 磅,即不大于 2 724 kg,则可上与轿车同类的车牌。

广义汽车设计

谈到商用车和自用车，商用车的概念与自用车的概念是相对应的。

顾名思义，自用车系指车主不以赚取运送客人或货物运输而收取的运费作为自己购买汽车的（主要）目的，而（主要）是为了满足车主个人及相干人等的生活或生产经营活动需要的自备车辆。然而，商用车的车主则是以赚取运送客人或货物运输收取运费为（主要）购车、用车之目的。可见，一辆汽车是不是属于商用车，取决于车主购车、用车的目的，而不在于车的类型和大小（即吨位）。目前，人们普遍将大、中型载货汽车称为商用车，笔者以为这有两方面原因：一是大、中型载货汽车绝大多数的车主是作为商用车的目的而购买的；二是也有载货汽车制造商标榜自己所生产的载货汽车产品能给广大用户带来可观的经济收益的需要。

综上所述，关于皮卡这类汽车产品，到底是归为载货汽车更合理还是划归为乘用车更符合实际呢？也就是说，皮卡汽车产品科学分类的标准是什么？目前，关于皮卡汽车产品科学分类的问题，和汽车设计所需要的各种类型汽车产品严谨、科学的定义一样都还有待于我们一同去探讨。

（五）各种类型汽车产品定性之定义与分类的讨论

研究各类汽车产品的定义，同样也需要遵循毛主席关于矛盾的学说，即要抓处于支配地位的主要矛盾的解决。然而，相比较来说，我们关于高机动越野汽车的了解最少，因此，关于各种类型汽车产品的定义，先从高机动越野汽车产品的定义入手，开始我们的讨论。

高机动越野汽车产品定义，或者说，什么样的越野汽车产品才能称之为高机动越野汽车产品呢？衡量高机动越野汽车产品的根本标准是什么？

人们通常以为，高机动越野汽车系指机动性能高的越野汽车，一般机动性越野汽车则系指机动性能一般的越野汽车，或者说，高机动越野汽车产品，它的设计适用路面或地面条件最为苛刻；一般机动性越野汽车产品，它所适用的路面或地面条件的苛刻程度不及高机动越野汽车产品。但是，一般机动性越野汽车产品的设计适用路面或地面的苛刻程度比皮卡和SUV要苛刻一些。对于非专业人员来说，能有上述的认知足矣。但是，不需多言，对于汽车设计专业人员来说，无疑是远远不够的。

文献对高机动越野汽车产品和一般机动性越野汽车产品的定义做了进一步的探讨。文献经研究指出：一般即是普通。一般机动性越野汽车即是普通机动性越野汽车。普通机动性越野汽车与普通乘用车之间也一定存在着共性与个性。

首先，让我们来看一看普通机动性越野汽车与普通乘用车之间的个性，即该两种不同类型车型之间的差异性：普通乘用车和一般机动性越野汽车之间的差异性无非是它们的设计使用条件不同，进而是对它们的使用性能要求的不同。

再让我们来看一看，普通机动性越野汽车和普通乘用车本质共性。

毫无疑问，普通机动性越野汽车和普通乘用车本质共性就在于该两种车型共有的"普通"二字上，即它们的本质共性系指它们的出身（注：产品的出身即研发之目的）无不是根据各自不同的产品市场（普通越野汽车或普通乘用车）占有率目标要求作为研发目的，或者说，一般机动性越野汽车和普通乘用车无不是以保证生产经营盈利目标作为各自研发的第一目标要求。

不需多言，关于一般机动性越野汽车产品和普通乘用车产品的定性之定义，就应该能够反映出这两类汽车产品本质性的共性。因此，我们可对普通乘用车产品和一般机动性越野汽车产品分别给出如下的定性之定义。

普通乘用车产品系指产品研发是以与目标竞争对手产品相比较，用户购买的偏好更强作为研发设计目标。也就是说，与目标竞争对手的产品相比较（即对标），所研发车型的技术性能指标不得有落后项并力求先进。

一般机动性越野汽车产品系指产品研发是以与竞争对手产品相比较，用户购买的偏好更强作为研发设计目标。或者说，与竞争对手的产品相比较（即对标），所研发车型的技术性能指标同样不得有落后项并力求先进。

同样，可将普通载货汽车产品的定性之定义类推为：普通载货汽车产品系指产品研发是以与竞争对手产品相比较，用户购买的偏好更强为研发设计目标。或者说，与竞争对手的产品相比较（即对标），所研发车型的技术性能指标同样不得有落后项并力求先进。

由此可见，普通载货汽车、普通乘用车和一般机动性越野汽车产品的共性，即都是以与各自的竞争对手产品相比较，用户购买的偏好更强作为研发设计目标，或者说，与竞争对手的产品相比较（即对标），所研发车型的技术性能指标同样不得有落后项并力求先进。也就是说，无论是一般机动性越野汽车，还是普通商用车、普通乘用车，其设计目标都不是最大限度地满足车辆在其设计使用条件下的地面机动需要。

综上所述，一般机动性越野汽车的设计目标要求为部分、有限地满足车辆地面机动需要，或者说，以与竞争对手产品相比较更受市场欢迎，而并非以最大限度地满足车辆地面机动需要为设计目标的越野汽车产品。也正因如此，我们才有定义、研发、生产高机动越野汽车产品的必要。

上述关于高机动越野汽车产品和其他类型汽车产品定义的讨论，是在人们关于汽车产品类型的普遍概念的基础上做出的。而且，上述讨论将汽车产品分成两大类：一是以最大限度地满足地面机动需要为目标的地面机动车辆，二是以产品市场占有率最大化为目标的地面机动车辆。也就是说，将高机动越野汽车产品单列为地面机动车辆的一种独立的类型。这就为研究汽车产品定义的量化指标依据，明确了主攻方向——高机动越野汽车产品定义的量化指标依据。

（六）高机动越野汽车产品和其他类型汽车产品定义或分类的量化指标依据的讨论

1. 汽车产品定义与产品类型划分的量化指标依据概说

在得到各种类型汽车产品的定性之定义后，就需要我们在汽车产品按任务类别归纳的基础上继续将汽车产品完成任务所能适用的路面或地面条件做出分类归纳，即完成高机动越野汽车产品和其他类型汽车产品分类定义与产品类型划分的量化指标依据。

众所周知，人们普遍采用汽车地形通过性指标和地面通过性指标来评价汽车产品设计适用的路面或地面条件及汽车在设计适用的路面或地面的通过能力。

汽车地形通过性系指汽车不与地面发生所谓的间隙失效（即除了车轮之外，汽车整车结构构件不与所行驶的地面发生接触或刮碰）的能力。汽车地形通过性通常是采用汽车坡道行驶能力、汽车纵向通过角、汽车横向通过角、汽车接近角与离去角、汽车最小离地间隙、汽车克服台阶或壕沟（即汽车通过凸凹不平路段）的能力等指标来给予评价。

汽车地面通过性的基本概念为：汽车行驶时，特别是通过松软地面时，在汽车驱动力的作用下地面会对汽车产生反作用力——地面推动力或称土壤推动力，但是，与此同时也对汽车车轮产生了地面阻力亦称土壤阻力；并且，定义挂钩牵引力为土壤推力与土壤阻力之差，它是汽车克服路面或地面行驶阻力的一种储备，该储备可以用来克服坡道及坎坷不平路面或地面的阻力。汽车挂钩牵引力指标越高，说明汽车地面通过性能就越佳。

针对上述汽车挂钩牵引力的概念，笔者认为应在挂钩牵引力概念的基础上再引入单位汽车总质量汽车挂钩牵引力的概念来评价汽车地面通过性会更加科学合理。而在引入单位汽车总质量汽车挂钩牵引力的概念之后，当车速比较低、汽车行驶时的空气阻力很小，即可忽略不计空气阻力时，单位汽车总质量汽车挂钩牵引力的概念就与汽车动力因数的概念在实质上完全相同了。

正如前所述，汽车动力性不适合作为汽车产品分类的依据，那么作为汽车动力性最为重要的评价指标——汽车动力因数，自然也就不适合作为汽车产品分类的依据了。所以说，汽车挂钩牵引力及汽车地面通过性均不适合作为汽车产品分类的依据。

综上所述，我们可得到关于高机动越野汽车产品和其他类型汽车产品定义与产品分类的量化指标依据的重要先导性或预备性结论为：应以汽车产品设计适用的地形通过性参数作为各种类型汽车产品定义与产品分类的量化指标依据，而汽车地面通过能力的量化指标不能作为汽车产品分类的依据。

2. 汽车产品定义与产品类型划分的量化指标依据的讨论

汽车地形通过性参数也有多个，如汽车最小离地间隙、汽车纵向通过角与横向通过角、汽车接近角与离去角等。文献告诉我们，这众多的汽车通过性参数会组成了一个矛盾体，或者说，组成了一个参数体。在这个参数体中，势必会存在处于支配地位的参数，即主要矛盾。并且，当这个主要矛盾的参数设计取值得以确定之后，则处于非支配地位的参数设计取值就会变得迎刃而解了。

笔者在事物之间都是相互联系的哲学观点指导下，经过深入研究、挖掘诸项汽车通过性参数之间的联系性，最终，对汽车通过性参数设计取得了如下认知。

（1）汽车地形通过性的主要矛盾或关键参数。

汽车设计使用条件范围内的路面或地面的最大纵向坡度，也就是汽车纵向通过角参数。而其他诸项地形通过性参数的设计取值都是处于第二位的，即其他地形通过性参数的设计取值会受汽车纵向通过角参数所影响。

汽车纵向通过角参数与其他地形通过性参数之间的关系，详见本书后续有关内容的叙述。

（2）按前面讨论的定义，作为高机动越野汽车，需要最大限度地满足地面机动的要求。为此，考虑到非人工或非机械铺筑的道路，即自然地面，它的最大附着系数为 0.68，这也就是说，汽车行驶在自然地面条件下，虽然会遇到高于 68% 的坡道（或坡地），但是，由于最大附着系数的制约，汽车实际所能行驶的最大坡度为 68%；而且，附着系数高于 0.68 的路面地面无不是人工或机械铺筑的路面，这种路面坡度均没有超过 30% 的。

综上所述，只要高机动越野汽车设计使用条件范围内的路面或地面的最大坡度为 68%，即可满足地面机动的需要。或者说，地面机动的地形通过性的最高要求为可在 68% 的坡道上行驶。

对此，值得加以强调的是，这里所说的可在 68% 的坡道上行驶，不仅是要求最大爬坡度达到 68%，还要求在 68% 的坡道上平稳起步与驻车，并且在出入坡顶或坡底时不得发生触地失效的现象。

因此，与 68% 坡度相对应的汽车纵向通过角不小于 34.22°（tan34.22° = 68%）。而其他诸项地形通过性参数则以纵向通过角参数为依据完成设计。对此，详见本书后续有关内容的阐述。

3. 其他类型汽车产品定义与产品类型划分的量化依据的讨论

我们在前面讨论过，除了高机动越野汽车产品是以最大限度地满足地面机动需要为设计目标外，其他各种类型汽车产品无不是以与同类型汽车产品相比较用户购买的偏好更强作为新产品研发设计目标的。

并且，非高机动越野汽车产品，获得用户购买偏好增强的措施并非调整汽车的设计使用条件（除非是有意研发所谓的"跨界"产品，即 cross v.），而是在与竞争对象的设计使用条件相同的前提下（即不改变汽车产品类型），依靠品质提升和加强产品品质满足市场需求的针对性或降低产品成本与售价来提高用户的购买偏好。

目前普通乘用车、普通载货汽车、多功能汽车 SUV、皮卡、一般机动性越野汽车产品的设计使用条件已经固化下来了，或者说，已经标准化了。例如，普通乘用车与普通载货汽车的设计使用条件范围内路面或地面的最大坡度为 20%，而多功能汽车和皮卡类汽车产品的设计使用条件范围内路面或地面的最大坡度范围为 25%~30%，一般机动性越野汽车的设计使用条件范围内路面或地面的最大坡度范围为 35%~40%。各类型汽车产品纵向通过角的设计取值范围，见表 7-1。

表 7-1 各类型汽车产品纵向通过角的设计取值范围

汽车类型	汽车设计使用条件范围内路面或地面的最大坡度	汽车纵向通过角的设计取值
普通载货车	不小于 20%	不小于 11.31°
普通乘用车	不小于 20%	不小于 11.31°
多功能运动汽车和皮卡类汽车产品	不小于 25%~30%	不小于 14.04°~16.7°
一般机动性越野汽车	不小于 35%~40%	不小于 19.29°~21.8°
高机动越野汽车	不小于 68%	不小于 34.22°

至此，我们已经讨论完成了按汽车设计适用路面或地面条件来划分各类汽车产品的量化指标依据。而各类汽车产品的其他诸项地形通过性参数则以其纵向通过角参数为依据完成设计，或者说，汽车的纵向通过角参数是汽车地形通过性参数体的关键参数。对此，详见本书后续有关内容的阐述

值得一提的是，高机动越野汽车产品定义的问题，曾经困扰了笔者达 10 年之久。后来于 2016 年才在他人的协助和自己的努力下得以解决。就高机动越野

汽车设计来说，高机动越野汽车产品定义问题属于再难也必须给予攻克的问题。因为它是高机动越野汽车设计第一关键问题。这个问题如果得不到很好的解决，那么，高机动越野汽车产品设计就找不着方向，就会寸步难行或难免指鹿为马的错误。例如，尽管早在10多年以前，即东风猛士平台产品定型之后，笔者就开始着手研究（或称着手总结）高机动越野汽车系列车型总体设计，但是，一直被高机动越野汽车定义问题所困扰，总结难以展开，如今在解决高机动越野汽车产品定义的问题后才取得了进展。关于高机动越野汽车总体设计或高机动越野汽车系列平台型谱设计，请参见本书后续有关内容的阐述。

4. 高机动越野汽车产品设计方法特点的讨论

上述关于高机动越野汽车产品的定义表明：高机动越野汽车产品完全不同于一般机动性越野汽车产品。产品不同，产品设计的方法就应随之调整或变化。

首先，根据高机动越野汽车产品的定义，高机动越野汽车产品设计方法不能再继续采用一般机动性越野汽车产品设计的方法，即不能再采用所谓的"对标"方法，而应研究与高机动越野汽车产品定义相符的设计方法。

无论什么产品，都是为人类服务的，即产品都要以人为本。高机动越野汽车产品也不例外。因此，追求"人—机"融合发挥出机器为人类服务的最大效能，无疑应是高机动越野汽车产品设计的终极目标要求；另外，高机动越野汽车产品的定义将"地面"提到了应有的高度，即将地面视为与"人—机"同等重要的"人—机（车）—地面"系统的组成部分之一。研究"人—机—地面"系统不仅仅是追求"人—机"融合发挥其最大效能，还包括使"人—机—地面"系统发挥出最大效能，即最大限度地满足地面机动的需要。

由此可见，高机动越野汽车产品设计方法的特点应为：

第一，不再沿用与其他车辆"对标"的传统设计方法。

第二，在对待"人—机—地面"系统中的"地面"这一组成部分时，给予了从未有过的重视。

第三，高机动越野汽车产品设计所追求的目标为最大限度地满足地面机动的需要，而不像其他类型汽车产品那样追求的是产品市场占有率最大化。从这点来说，高机动越野汽车产品是真正意义上的以满足用户使用需要为目的的汽车产品；而其他类型的汽车产品从设计理念的角度来说，无不是以产品市场占有率最大化为目标，并以部分满足用户需要为实现自己目的的手段。由此可见，高机动越野汽车设计也有它相对简单的一面。因此，我们不应说哪类汽车产品的技术含量就比另一类汽车产品的技术含量高。技术含量的高低与汽车产品的类型无关，而在于在产品研发过程中的研发人员所赋予的一般劳动量的有效性。

5. 皮卡类汽车产品定义与产品类型划分的量化指标依据的再讨论

由于皮卡类汽车产品的特殊性,除了需要应用上述关于按设计适用的路面或地面条件来划分其类型的量化依据之外,还需要有关于划分乘用车或载货汽车的量化依据来对具体的皮卡类汽车产品的属性给出科学的定义。

对于皮卡类汽车产品用户来说,他们无不希望国家有关行政管理部门按乘用车来对待皮卡类汽车产品,而目前国家有关行政管理部门的惯例则是按载货汽车来对待皮卡类汽车产品。笔者认为关于如何对待皮卡类汽车产品的问题,不应"一刀切",而应依据具体皮卡车型主要功能与皮卡类汽车产品系列化设计来加以区别对待。

(1) 针对皮卡类汽车产品既具有载货功能又具有载客功能的属性,将皮卡车相应地分成两个功能区:一是载货区,即货厢区;二是乘员区,即载客座位区域。相应地就有乘员区额定载质量参数和载货区额定载质量参数。就具体的皮卡车型来说,这两种质量参数相互比较,如果乘员区额定载质量小于货箱区额定载质量,我们就定义该皮卡的主要功能为载货;相反,如果乘员区额定载质量大于或等于货箱区额定载质量,我们就应该定义该皮卡的主要功能为载客。

(2) 目前,关于皮卡的对待,无视皮卡的主要功能之区别而将皮卡类汽车产品统一视作载货汽车的做法,是不科学、不合理的,即应按皮卡车型的主要功能来对待皮卡类汽车产品。

(3) 关于皮卡乘员区额定质量的确定。

首先,皮卡额定乘员人数。例如,单排座2~3人座或双排座5~6人座,或多排座,这应属于皮卡制造商在满足国家有关标准要求前提下依据市场需求自行设计的参数(之一)。

依据GB/T 5910—1998(《轿车质量分布》)轿车乘员质量标准为68+7=75 kg。值得对此补充说明的是,标准乘员质量为75 kg属于汽车设计的最低要求,而关于乘员质量的上限却没有给出标准,笔者认为可由汽车制造商自行、科学地给予设计、规定。

皮卡车型设计所考虑的每位乘员的额定质量数值越高、额定乘员数越多,就越有利于该皮卡车型被视作乘用车。

为此,可以考虑不局限于GB/T 5910—1998标准所给出的每名乘员的标准质量75 kg,而将每名乘员质量的最大设计取值定为90 kg。

其次,皮卡类汽车产品常见的有单排座和双排座两种;双排座额定乘员人数要比单排座车型多,这就导致了人们对双排座皮卡类汽车产品的安全性要求会比单排座要高一些。至少，单排座皮卡车型的安全性要求用双排座皮卡车型的来代替是不会有任何问题的。而实际皮卡类汽车产品制造商对其皮卡产品亦无不是单排和双排系列化设计与生产的，即平台产品的额定许可总质量是相同的。但是，由于单排座皮卡车型的额定乘员人数较双排座皮卡车型的少，这就会导致单排座皮卡车型的额定载货质量比双排座皮卡车型高出许多，即单排座皮卡车型额定乘员的总质量小于额定载货质量。

因此，单排座皮卡车型应按属于同一平台产品的双排座皮卡车型的属性，即依据双排座额定乘员质量与额定载货质量的对比来划分皮卡类汽车产品的属性。

由此可见，按上述笔者所建议的判定皮卡车型属性的方法，会大大增加皮卡类汽车产品被认定为乘用车的比例，同时，也为我国有关行政管理部门调整皮卡类汽车产品的对待提供科学的依据。

三、汽车产品分类小结

汽车产品分类及量化指标依据见表 7-2。

表 7-2　汽车产品分类及量化指标依据

汽车类型			汽车设计使用条件范围内路面或地面的坡度	汽车纵向通过角的设计取值
载货汽车	普通载货汽车		20%	11.31°
	皮卡类载货汽车		25%~30%	14.04°~16.7°
乘用车	普通乘用车	轿车类产品	20%	11.31°
		非轿车类产品，如各种类型的巴士产品	25%~30%	14.04°~16.7°
	非普通乘用车	SUV 类产品	25%~30%	14.04°~16.7°
		符合乘用车定义的皮卡产品		
越野汽车	一般机动性越野汽车		35%~40%	19.29°~21.8°
	高机动越野汽车		68%	34.22°

综上所述，笔者将汽车产品分成三大类，即载货汽车、乘用车、越野汽车，同时，做出八小类的划分：普通载货汽车、皮卡类载货汽车、轿车类产品、非轿车类产品、SUV 类产品、符合乘用车定义的皮卡产品、一般机动性越

野汽车和高机动越野汽车。与过去常见的汽车产品分类方法相比较,其突出的特点是:将皮卡划分成两类,即一类为乘用车类皮卡,它符合笔者所给出的乘用车定义;另一类为载货汽车类皮卡。并且,给出了各类汽车产品分类的量化指标依据。

第二节 做大做强自主品牌乘用车产品策略的建议

一、做大做强非普通乘用车自主品牌策略的讨论

正如前面所述,狭义乘用车可划分成两类:一是普通乘用车,二是非普通乘用车。非普通乘用车类型产品系指 SUV 产品和符合本书新所提出来的乘用车概念的皮卡类汽车产品。

在此,笔者强烈建议:中国汽车产业做大做强自主品牌乘用车产品,应坚定不移地以率先做大做强非普通乘用车产品为突破口。

之所以给出上述建议,所出于的考虑是:首先,战场上敌对双方的攻防,突破口的意义,是众所周知的。因此,我们做大做强中国自主品牌乘用车产品也需要选择一个突破口。其次,作为做大做强中国自主品牌乘用车产品的突破口,非普通乘用车有较好的发展基础。

先让我们看一下全球十大品牌车型的销售统计数据。

Focus 2 Move 公布了 2017 年全球销量前十的车型及销售量数,见表 7-3。

表 7-3 2017 年全球销量前十的车型及销售量数

排名	公司	品牌	产品类型	2017 年全球销量/辆
第十名	大众	POLO	轿车类	656 179
第九名	通用	雪佛兰索罗德	皮卡类	660 530
第八名	福特	福克斯	轿车类	671 923
第七名	大众	途观	SUV 类	703 143
第六名	本田	CR-V	SUV 类	748 048
第五名	丰田	RAV4	SUV 类	807 401
第四名	本田	思域	轿车类	819 005
第三名	大众	高尔夫	轿车类	952 826
第二名	福特	F 系列	皮卡类	1 076 551
第一名	丰田	卡罗拉	轿车类	1 224 990

Focus 2 Move 给出的统计数据表明：2017 年全球十大品牌产品的总销量为 8 320 596 辆，轿车类产品销售量 4 324 923 辆、SUV 类产品销售量 2 258 592 辆、皮卡类产品销售量 1 737 081 辆。由此可见，在十大品牌中属于非普通乘用车品牌的 SUV 类和皮卡类产品，共有五个品牌，与轿车品牌的数量平分秋色；并且，在十大品牌中，轿车类产品的销售量与 SUV 类和皮卡类产品的销售量之和亦是平分秋色。即轿车类产品销售量与 SUV 类和皮卡类产品销售量之比为

4 324 932/3 995 673(SUV2 258 592 辆 + 皮卡 1 737 081 辆) = 1.082 403

其中，SUV 类产品销售量与"三大主流产品"（轿车、SUV 和皮卡）的总销量之比为

$$2\ 258\ 592/8\ 320\ 596 = 26.67\%$$

并且，十大品牌中皮卡类产品销售量与"三大主流产品"（轿车、SUV 和皮卡）的总销量之比为

$$1\ 737\ 081/8\ 320\ 596 = 20.88\%$$

可见，十大品牌的 SUV 类产品和皮卡类产品的销量之比为

$$2\ 258\ 592/1\ 737\ 081 = 1.300\ 22$$

上述十大品牌轿车与非普通乘用车的销量之比，具有普遍的代表性。例如，根据我国乘联会的数据，2017 年，我国乘用车累计销量达到 2 376.44 万辆，同比微增 2.1%，其中轿车累计销量为 1 165.97 万辆，同比下降 3.4%，为近年来首次下滑，同时，轿车在整体狭义乘用车市场的占有率也历史性下跌。但是，轿车销售量与非普通乘用车的销售量之比亦为

$$1\ 165.97/(SUV1\ 025.27 + 皮卡 41) = 1.093\ 5$$

另外，中国内地汽车产品市场上"三大主流"产品中的 SUV 产品的销量占比却远远地高出国际十大品牌中 SUV 销量的占比：

$$1\ 025.27/(1\ 165.97 + 41) = 0.849\ 5$$

也就是说，在中国内地 SUV 产品销量占"三大主流"产品总销量的比例与国际十大品牌产品相对应的数据比较，高出了 3.185 倍。然而，皮卡产品的销量却出奇的低，即

$$41/(1\ 165.97 + 1\ 025.27) = 1.87\%$$

上述汽车产品销售统计数据，清楚地表明了：

(1) 中国内地汽车产品市场与国际十大品牌汽车产品市场相比较，轿车产品与非轿车的 SUV 产品和皮卡产品所占市场份额的比例，几乎是相同的，可用平分秋色来形容。

（2）中国内地汽车产品市场，一方面是 SUV 产品销量出奇的高，与国际十大品牌 SUV 产品销量的占比相比较，高出了 3 倍多；另一方面则是皮卡产品销量出奇的低。并且，SUV 产品的销量与皮卡产品的销量之和的占比与国际十大品牌极为相近。

人们不禁会问，造成上述现象的原因是什么？

第一，笔者认为造成中国内地皮卡类汽车产品市场份额出奇低的原因，并不是中国内地广大用户不需要皮卡类汽车产品，或不喜欢皮卡类汽车产品，而是政府相关部门的政策对待所导致的。例如，到目前为止，中国道路行政管理部门没能将皮卡类汽车产品按其主要功能区分为乘用车皮卡与载货车皮卡，而是采用"一刀切"的方式笼统地将皮卡类汽车产品视为载货汽车来对待。这势必极大地压制了皮卡类汽车产品市场的兴起。

第二，我国自主品牌轿车产品市场份额与合资品牌轿车的相比较，2017 年市场份额的 81% 被合资品牌轿车所占据，而自主品牌轿车的市场份额还不到 20%。与之相对比的是：2017 年我国自主品牌 SUV 市场份额为 61%，合资与外资品牌占市场份额为 39%。特别是我们欣喜地看到中国自主品牌 SUV 产品——长城哈弗 H6 的全球销售量名列 2017 年 SUV 全球销售量的第五名，达到了 531 981 辆，国内销售 509 544 辆，海外销售量的占比为 4.9%（表 7-4）。

表 7-4 2017 年 SUV 全球销量前十

车型	全球销量/辆	国内销量/辆	国内销量占比/%
丰田 RAV4 荣放	807 401	128 545	15.9
本田 CR-V	748 048	181 177	24.2
大众途观	703 143	340 032	48.3
现代途胜	620 678	134 252	21.6
哈弗 H6	531 981	505 944	95.1
日产逍客	498 853	156 322	31.3
日产 Rogue	449 992	0	0
日产奇骏	426 103	184 612	43.3
起亚 KX5	425 471	20 641	4.9
马自达 CX-5	408 417	49 555	12.1

可见，我国自主品牌长城哈弗 H6，不可谓做得不大。但是，海外销售量的占比明显过低。如果按在同类产品中全球销售排名进前十，并且海外销售量的占比达 20%（左右），这样的标准来定义自主品牌做大做强的话，那么，长城哈弗 H6 无疑已经属于被做大之列了，但是，与"做强"还有不小的差距。

尽管如此，已经做大了的自主品牌——长城哈弗 H6 向人们昭示了其是目前我国狭义乘用车自主品牌中与做大做强目标最为接近的品牌。

并且，2017 年中国内地皮卡产品销售量为 41 万辆左右。仅长城皮卡一家就占市场份额的近 30%。

在此，按 2017 年国际十大品牌皮卡类汽车产品的销量占十大品牌产品总销量的占比，来估算一下中国内地普遍采取科学、正确的方式对待皮卡类汽车产品后，皮卡类汽车产品市场的增量应为

皮卡类汽车产品市场预计增量 X/中国内地 2017 年三类主流产品销量 2 232.24 万辆 = 22.26%

即皮卡类汽车产品市场的增量约为 490 万辆。

对此该增量我们的自主品牌也不可能独占，合资品牌和外资品牌的皮卡类汽车产品也会分占一定的市场份额。

总之，自主品牌皮卡类汽车产品获得 61% 的市场份额在产品技术上比自主品牌 SUV 类产品获得 61% 的市场份额较容易达到。

这也就是说，只要中国内地彻底改变对待皮卡类汽车产品的态度，至少应能给中国自主品牌乘用车带来大约 490 × 0.61 = 298.9 万辆的增量市场。这样大的市场增量相当于 2017 年长城哈弗 H6 的 6 倍，即我们至少可培育出规模相当于 6 个长城哈弗的自主品牌皮卡类汽车产品的上升空间。

对此，可能有人会说：按笔者所述，国际十大品牌中的皮卡类汽车产品和 SUV 类汽车产品的销量约占十大品牌销量的半壁江山，也就是说，当中国皮卡类汽车产品销量上去了，自然会挤占中国 SUV 类汽车产品的销量。

对此，笔者想说的是：中国内地汽车产品市场 SUV 类产品的市场份额超乎寻常的高，皮卡类汽车产品的市场份额又超乎寻常的低；而 SUV 和皮卡之和的市场份额却与国际十大品牌产品所反映出来的市场规律又是高度契合的。对此现象，我们还应做深入的分析。

中国内地市场上这两种类型产品市场份额的总量与国际十大品牌产品所反映出来的市场规律，是高度契合的。并且，SUV 类产品和皮卡类汽车产品，都属于非普通乘用车类汽车产品，两者设计适用的道路条件是完全相同的。从表面上来看，皮卡类汽车产品的销量上去了，会挤占 SUV 类产品的市场份额。

但是，其实不然。2017 年 SUV 类产品市场份额的超高和市场超预期的表

现,均是由于抢吃了此前 SUV 类产品市场的"余粮"所致,即中国内地 SUV 类产品市场兴旺也就是最近 5 年内的事情,而此前的 SUV 类产品市场受 SUV 类产品供应量的限制,多年来一直处于供不应求的状态,这势必会存下些"余粮",所以,才会有当 SUV 类产品的供应能力上来了之后"新粮和余粮通吃"的现象。

可是,这种 SUV 类产品市场份额超高的现象一定不会是可持续的。依据笔者的预测:中国内地 2018 年 SUV 产品市场不会再有像 2017 年那样超高的增长速度,而其市场份额会维持在 2017 年同等水平上或略低一些,并且,相对高端的 SUV 产品的产销形势会大大地好于低端的 SUV,这会是大概率事件。并且,在 2019 年以后的两三年时间内 SUV 产品市场份额会连续走低,亦会是大概率事件。也就是说,中国内地 SUV 产品市场份额会在 5 年内与国际十大品牌汽车产品的 SUV 产品市场份额比例完成接轨。

关于 SUV 类产品和皮卡类汽车产品,虽然它们的设计适用的路面或地面条件是相同的,但是,其功能与用途,或者说,用户购买的偏好却是风马牛不相及的。因此,笔者认为皮卡类汽车产品不会挤占 SUV 类产品的市场。

另外,值得加以强调的是,本节所提出的做大做强中国自主品牌乘用车需要坚定不移地贯彻落实率先取得非普通乘用车自主品牌做大做强的突破之策略,并不意味着坐等将非普通乘用车自主品牌做大做强之后,才开始着手做大做强轿车自主品牌和其他类型自主品牌之事,而非普通乘用车率先取得突破的意思系指针对我国自主品牌汽车狭义乘用车产品相对而言的强势类型汽车产品,或者说,与做大做强目标的差距相对较小的汽车产品类型,即非普通乘用车产品,应率先取得或让人们率先看到做大做强自主品牌非普通乘用车的突破性成果。这并不意味着放弃或暂时放弃做大做强自主品牌轿车,而是针对轿车自主品牌做大做强的现实,笔者认为做大做强自主品牌轿车宜采取积小胜为大胜,分三步走的策略。率先取得做大做强自主品牌非普通乘用车的突破性成果,是给普通乘用车自主品牌和其他类型汽车自主品牌的做大做强摸索经验,树立起信心和榜样。

二、做大做强自主品牌非普通乘用车产品路径策略的讨论

1. 中国汽车工业协会需要制定皮卡类汽车产品进一步分类的标准并要主动积极地与路政管理部门做好沟通

正如本书此前所提出的应视皮卡类汽车产品主要功能的不同,以额定乘员的总质量与额定载货质量之比值的大小,将皮卡类汽车产品划分为载货型皮卡与载客型皮卡。为此,建议中国汽车工业协会组织有关专家研究将此意见转化

为皮卡类汽车产品的分类标准,并且,要主动积极地与路政管理部门做好沟通,力争早日实现路政管理区别对待载货型皮卡与载客型皮卡。

不需多言,上述建议的实施势必会极大地激发非普通乘用产品的主力品种,即乘用车皮卡产品市场的需求。力争早日实现路政管理区别对待载货型皮卡与载客型皮卡是任何一家自主品牌汽车企业的推动力所不及的,是需要行业协会出面担纲才能够早日实现的。

2. 中国汽车工业协会应积极组织有关专家开展关于皮卡类汽车产品转型的研究与宣讲

时至今日,我国路政管理部门对待皮卡类汽车产品仍是"一刀切",即没能按皮卡类汽车产品的主要功能来区别对待乘用车类皮卡与载货车类皮卡,导致皮卡类汽车产品的销售量占中国汽车产品市场的份额很小或微不足道。例如,2017年全年中国内地皮卡类汽车产品的总销量仅为41万辆左右,这势必会导致我国对皮卡类汽车产品研发不够重视。而当汽车标准给出乘用车类皮卡与载货车类皮卡的定义标准,且路政管理部门采取区别对待乘用车类皮卡与载货车类皮卡之后,皮卡类汽车产品的市场需求势必会被极大地激发起来。

然而,载货类皮卡用户的偏好与乘用车类皮卡用户的偏好是不同的,为了迎接国家路政管理部门对皮卡类汽车产品实施分类对待后乘用车类皮卡汽车产品市场需求的极大迸发,我们需要早日做好乘用车类皮卡产品研发的准备。

例如,研究、掌握载货车类皮卡与乘用车类皮卡用户购买偏好的不同,需要认知载货类皮卡产品用户群的主要社会身份与乘用车类皮卡产品用户群的主要社会身份的共性与个性,进而认知两类皮卡产品用户购买偏好的不同,设计出能够分别针对满足两类皮卡产品用户购买偏好的皮卡产品。

三、做大做强轿车自主品牌分三步走策略的建议

第一步,通过贯彻落实本书前面关于中国发展自主品牌汽车一般性讨论所建议的树立科学的品牌意识之策略,并在此基础上将我们的自主品牌汽车产品整车的各项主要性能指标逐步、逐项地满足各项技术性能指标度的要求,以阻止和扭转自主品牌汽车产品市场竞争力颓势。

我们应该看到,国外汽车产品市场竞争力的强者,都是一些著名的老品牌(注:特斯拉纯电动汽车品牌除外),这也就是说,产品市场竞争力强的品牌一般都是多年的产品技术和市场营销经验积累造就而成的。

并且,这些产品市场竞争力较强的品牌,都有一个共同的特点,那就是,产品的技术性能指标达到了相应技术性能指标的度的技术性能指标的项目数,一定比产品竞争力一般的品牌产品之技术性能指标达到相应的技术性能指标度

广义汽车设计

的技术性能指标的项目数多许多。例如，假设整车主要技术性能指标刚好有10项，而市场竞争力强的品牌产品的技术性能指标会有10项或9项达到了这些性能指标所对应的性能指标的度，而市场竞争力一般的品牌产品的整车技术性能指标只有2~3项能达到相应的技术性能指标的度，甚至更少。

在市场竞争白热化的今天，产品竞争力强的品牌，产品技术性能指标达到度的数目数，一定比市场竞争力一般的品牌产品的产品技术性能指标达到度的数目数要多一些。或者说，我们大家都无法找出来，也不可能找出来，其产品技术性能指标达到度的要求的产品技术性能指标的数目数多的品牌产品，其产品的市场竞争力反而不及那些产品技术性能指标达到度的要求的数目数比较少的品牌产品。

并且，我们也应该看到：在汽车产品市场竞争的初级形态或阶段，决定竞争成败的主要因素是产品技术性能指标达到相应技术性能指标度的数目数的多寡；在这初级竞争形态过程中，首先应通过产品技术性能指标达到技术性能指标度的数目数来提高用户的购买偏好。而当汽车产品市场竞争步入中级形态后，即产品技术性能指标几乎都达到了技术性能指标度的要求，决定竞争成败的主要因素就会转变成整车产品可靠性和耐久性与需要较少维护的比拼；在中级竞争形态过程中通过产品可靠性与耐久性和维护、保养方面的不断提高来提高用户的购买偏好。而当汽车产品市场竞争步入高级形态后，决定竞争成败的主要因素就会转变成对用户或消费者购买偏好的养护。

第二步，从总体上来说，中国汽车产品自主品牌，需要从上述汽车产品市场竞争的初级形态做起，并需要尽快地跨越到汽车产品市场竞争中级形态中去，即尽快争取在初级形态的竞争中胜出，加入整车产品可靠性和耐久性与需要较少维护的比拼行列中去，争取立于不败之地。

中国汽车自主品牌产品在中级竞争形态的竞争中立于不败之地的标志，就是与合资或外资品牌竞争对手相比较，在保证与竞争对手同样的售后服务质量的前提条件下，每千万元产品销售额因产品零部件质量问题应承担的赔付给用户的经济负担或在一定行驶里程数内千辆产品故障次数，两项统计数据均不高于合资或外资品牌竞争对手的统计数据。还需要其产品正常使用过程中维护保养里程，也不得低于合资或外资品牌竞争对手的维护保养量程间隔。

第三步，当汽车产品市场竞争步入高级形态后，决定竞争成败的主要因素就会转变成对用户或消费者购买偏好的养护。

对上述观点，可能有人会说，无论是初级、中级还是高级竞争形态，产品价格的竞争都是关键。但是，我们应该不要忘记，在汽车产品市场竞争中，汽车制造商是以盈利和盈利最大化为目的的。而且，汽车产品品质的提升与满足消费者用车偏好的提升，是保证盈利和盈利最大化的根本措施。

第三节　做大做强自主品牌商用车产品策略的建议

　　我国商用车自主品牌产品的发展，总体上一直强于乘用车自主品牌的发展。这一是得益于改革开放初期自主品牌商用车能够基本上满足市场需求，改革开放前所建立起来的商用车零部件价格体系与用户对商用车的价值评价体系，特别是长期坚持商用车的自主研发，使得无论是商用车产品研发体系还是商用车产品研发人才及产品技术，都具有较为坚实的基础。也就是说，商用车改革开放前的基础，使得改革开放后，商用车自主品牌能够在商用车产品市场的推动下逐步做大。二是得益于地利，即得益于故障救援和其他售后服务的地利之便。三是得益于国内对商用车产品需求多年来的快速增长。这就使得我国自主品牌商用车无论是从国内产品市场的销售量和市场集中度的角度，还是从自主品牌近些年来的市场份额来看，与其他类型汽车产品相比较，在做大做强的道路上始终处于领跑的地位，即已经实现了做大的目标要求。

　　但是，与做强的目标要求还有着不小的差距，主要表现在以下三个方面。

　　第一，出口海外的商用车产品占总产销的比例与20%还有不小的差距。

　　第二，产品的可靠性与耐久性和少维护、少保养的要求与国际著名品牌的商用车相比较，还存在很大的差距，或者说，产品的可靠性与耐久性和少维护、少保养的要求是目前我国商用车产品技术亟待解决的、突出的短板性问题。

　　第三，我国商用车产品主要技术性能指标，也存在参差不齐的问题。

　　由于商用车的负荷大，特别是重型商用车，因此，不断提高商用车零部件与总成的可靠性和耐久性，一直都是商用车制造商致力的重要目标。

　　动力性能指标参差不齐，特别是动力性能指标与整车设计适用条件不匹配。例如，商用车设计使用条件范围内路面或地面的最大纵向坡度为20%，这就要求发动机最低稳定转速的扭矩使用外特性扭矩所对应的变速器 I 挡时的爬坡能力不得低于20%，否则，会导致变速器挡位的不合理，同时，也会导致实际使用中需要减挡至变速器 I 挡，进而会产生换入 I 挡难的不应有之现象。除此之外，我国商用车动力与传动系统设计的另一个较为普遍的问题就是，最高车速指标设计常有不合理现象。

　　具体来说，要针对商用车或载货汽车车型常用车速的不同，对商用车技术性能指标提出不同的技术性能指标度的要求，科学地认知系列载货汽车或商用车诸项整车技术性能指标，包括零部件与总成的可靠性与耐久性等要求的度，

广义汽车设计

并逐一给予满足。

关于载货汽车或商用车整车技术性能指标,包括可靠性和耐久性指标度的概念,正如笔者此前所阐述过的,商用车和轿车及其他类型的汽车产品一样,其技术性能指标包括可靠性和耐久性指标,在满足市场需求方面无不存在"度"的概念;这些汽车产品品质的度系指当产品品质的评介指标超过了指标度的要求后,如再继续提高产品品质的评价指标,则对提高产品市场竞争力的作用微乎其微;而当产品品质的评介指标低于指标度的要求时,提高产品品质的评价指标则会大幅度地或明显地提高产品的市场竞争能力。

例如,随着商用车或载货汽车运输专业化的发展,对商用车或载货汽车动力与传动系统设计提出更高要求的同时,也提供了解决问题的技术方案。为此,可将大中型载货汽车或大中型商用车的最高车速设计指标度分为如下三挡。

第一挡,最高车速设计指标为 94 km/h。

其针对性的设计使用条件或使用要求为:城市或城镇、乡村道路行驶限速为 70 km/h 和大城市高架路行驶限速为 80 km/h,即满足以实际行驶最高车速为 80 km/h 时所对应的发动机实际转速为不大于发动机的额定最高转速的 85% 的要求。

第二挡,最高车速设计指标为 106 km/h。

其针对性的设计使用条件或使用要求为:城市或城镇、乡村道路行驶限速为 70 km/h 和大城市高架路行驶限速为 80 km/h,并考虑到偶尔上高速公路上行驶的要求,即满足以在高速公路上行驶最高车速为 90 km/h 时所对应的发动机实际转速为不大于发动机的额定最高转速的 85% 的要求。

第三挡,最高车速设计指标为 118 km/h。

其针对性的整车设计使用条件或用户要求为:以 90 km/h 的速度在高速公路上行驶时,并具备一定加速与爬坡的能力,即具备一定的巡航能力,并且当偶尔以 100 km/h 的速度行驶时,也能满足所对应的发动机实际转速为不大于发动机的额定最高转速的 85% 的要求。

该挡速度特性适合于用户对于燃油经济性要求比较高,并且高速公路行驶属于经常性的工况。

可能有人会说,大中型载货汽车或商用车也会有最高行驶车速高于 100 km/h 的情况。对此,正如文献所指出的那样,大、中型载货汽车的实际行驶最高车速考虑到燃油消耗与运输效率,多数国家的高速公路限速为 100 km/h。我国也是如此。也就是说,对于大中型载货汽车或商用车来说,最高车速设计为 118 km/h,足矣。

上述是关于商用车或载货汽车的最高车速设计指标度的设计说明,也就是关于诸项整车技术性能指标度的认知的一个例解。

因此,目前做大做强商用车或载货汽车自主品牌的当务之急,就是要针对商用车或载货汽车车型的常用车速的不同来认知整车技术性能指标的度,并且认知一项或若干项就在产品研发中落实一项或若干项,而当整车技术性能各项指标均做到了整车技术性能相对应的度之后,我国自主品牌商用车或载货汽车的产品市场竞争力就会大幅地提高。同时,这也是做大做强商用车或载货汽车自主品牌产品必须要过的一道坎。

第四节 做大做强自主品牌越野车产品策略的讨论

一、越野车自主品牌产品研发存在的突出问题

为了加强讨论的针对性和有效性,我们先来认知一下我国越野车自主品牌当前存在的突出问题。

越野车产品的固有属性决定了越野车产品市场与其他类型的汽车产品市场要小得多,或者说,越野车产品市场要远远小于商用车和乘用车市场。例如,在我国有"越野车世家"之称的北汽,2017年越野车产品的销售也仅为27 000辆左右;而东风汽车公司近几年来越野车的产销量都在2 000~3 000之间徘徊;各汽车厂家2017年的产销总和也不会超过50 000辆。这与年销量百万级和千万级的重型卡车与乘用车相比较,是百分之几或千分之几的差距。

上述是关于越野车产品市场小的介绍。下面再说一说我国越野车产品市场的"散"。

我们只就军需(或警需)地面机动越野汽车产品生产商来说,就有北汽、东风汽车、一汽、陕汽、南汽和上汽红岩等,并且,除此之外,湖北武汉枭龙公司等企业也在积极争取为军需(或警需)地面机动车辆做出它们的贡献。这么多家公司分吃的仅仅是三五万辆的市场。可见,我国越野车产品市场"散"的严重程度。

再说我国越野车产品的"差"。

由于军需(或警需)地面机动车辆,都有着一套比较严格的产品生产质量保证体系,因此,笔者认为在此不便于对我国越野车产品质量进行具体评价。一般来说,如果不与国际先进的水平比较,可以说,我国的越野车产品质量还不差,如果与德国越野车质量相比较,众所周知,我们的差距还是很

广义汽车设计

大的。

在此，对我国越野车产品的"差"，重点讨论一下产品研发能力的差。

我国从事商用车产品研发的队伍规模有多大？从事乘用车产品研发队伍的规模又有多大？从事越野车产品研发的队伍规模又有多大？对此，我们可想而知：尽管上述公司对军车产品研发都很重视，但是，据笔者的了解，除了北汽越野车产品研发队伍与北汽乘用车产品研发队伍的规模比较接近或相当之外，而其他公司越野车产品研发队伍的规模都要比乘用车或商用车产品研发队伍的规模小或小很多。

然而，一般来说，一支产品研发队伍的能力或水平在很大程度上取决于该支产品研发队伍的产品研发人员的数量。也就是说，一家小单位的工作人员的最高专业水平，一般不会比大单位工作人员的最高专业水平高。这是普遍的规律。其中的道理或许就是小单位的人手少，分工不如大单位那样细，而分工却是提高专业水平的重要措施。

就具体越野车产品研发来说，越野车产品研发队伍规模小，势必会影响到产品研发的分工和从事同一专业的人员的数量。而从事同一专业人员的数量过少，是影响专业水平提升的重要因素之一。另外，公司的越野车产品市场规模小，就不足以支撑起较大规模的产品研发队伍。两方面不但不能形成相辅相成的关系，反而是负反馈或负相关的关系。

我国越野车产品产业所存在的"小、散、差"，是导致或影响我国越野车产品研发能力或水平提升的关键因素。对此，我们同样亦可做一下反向试想，即假设现有的公司的越野车平台产品都统一到某一家公司，这家公司的越野车平台产品研发的机会就增加了。产品研发队伍增加了锻炼的机会，势必会带来研发水平与研发能力的大幅度提升。而越野车产品研发与生产的过度分散，直接造成了越野车产品研发锻炼的机会被平均化，这也是目前我国越野车产品研发能力和水平不高或发展不甚理想的重要原因。

总之，20世纪曾经长期困扰我国汽车产业发展的所谓"小、散、差"的问题，经过中国汽车人多年的努力奋斗，乘用车和商用车的"小、散、差"问题早已经成为过去时。然而，我国越野车"小、散、差"的问题仍然是现在进行时。

毋庸置疑，中国越野车自主品牌做大做强，首先就要彻底地摆脱目前所谓的"小、散、差"的局面。并且，"散"是"小、差"的根源。"散"是导致"小"的原因，而"小"又是导致"差"的原因。正是由于规模小，才无法支撑起高水平研发所需要的规模，而产品研发规模小、研发力量的不足就势必会导致产品技术性能，即产品品质的落后。治疗"小、散、差"须先治疗

"散"。

二、目前我国越野车产品品牌众多的由来与各品牌生存之道的解析

为了能更好地探讨扭转我国越野车产品品牌过度分散局面的措施，笔者认为有必要先认知一下我国越野车产品多品牌的由来和多品牌各自的生存之道。

众所周知，改革开放前，我国越野车的生产所实行的是计划经济体制。越野车产品品牌得有国家准许的"准生证"才能出生与成长。例如，北汽的BJ212、南汽的依维柯2046、东风EQ240、EQ245、解放CA30（解放CA30后被东风EQ240取代，之后，一汽在很长一段时间内都没越野车品牌产品）、济南黄河或斯太尔越野汽车等。这些越野车品牌及其产品，大体上满足了那一时期我国对越野车产品的基本需求。

当时间来到21世纪，国家有关部门认识到上述越野车产品已经不能很好地满足国防建设发展的需要，特别是BL212车型，亟须研发整车技术性能大幅度提升的新车型来替代。

为此，总装车船部一改此前"组织专家考查、选择承制商"的模式，而在BL212车型换代产品研发上开始向美军学习，用招标的方式选择新产品研制厂商。

经过专家对设计方案进行评比与概念样车试制与测试，在江铃汽车设计方案与北汽设计方案二选一的最后一轮的竞争中，北汽新一代轻型越野车设计方案，即北汽勇士轻型越野车系列车型，最终胜选。紧接着总装车船部可能是受到了美军轻型高机动越野车悍马在伊拉克战争中大量使用的启发，于2002年又组织进行了轻型高机动越野车研制厂商的招标。东风汽车公司在本次招标中以较大优势胜选。在东风猛士系列车型和北汽勇士系列车型先后定型之后，总装车船部又开展了中型高机动研制厂商的招标活动。在中型高机动越野车的竞标中，一汽中型高机动越野车胜出；重型高机动越野车研发的招投标也已于2017年一季度末尘埃落定，陕汽获得了重型高机动越野车产品的研发、承制资格。

笔者试将类似于上述优选军需越野车新产品研发承制厂商的方法称之为平台优选法，它系指总装车船部在优选军需越野车新产品研发承制厂商时组织有关专家考查、分析、评比承制厂商某单一平台系列产品研发是否具有比较优势。例如，在选择BL212车型换代产品的研发承制厂商时，之所以选择了北汽，就因为北汽勇士平台产品的设计方案及勇士平台产品的系列化设计方案更加符合需方的设计要求，而没有将后来所研发的轻型高机动、中型和重型高机

动越野车合并一起来招标、优选。

　　这也就是说，在 21 世纪之初，我国已经完成了轻型、中型高机动军需越野车产品的布局。随着重型高机动越野车产品承制厂商的最后确定，本轮军需越野车产品承制厂商的"选布点"工作宣告结束，同时意味着我国军需越野车产品新一轮的布局或布局调整已经是箭在弦上了。

　　从上述军需越野车产品布点的情况来看，对改善我国越野车产品"散、小、差"是会有一定作用的，但是，与做大做强越野车品牌的需要还是有差距的。

　　我国军需越野车产品生产、供应除了具有"定点"、按订单生产特点之外，另一大特点就是价格高。军需越野车产品，其每年的价格亦是由供需双方协商确定的。双方协商价格的依据无非就是产品定型时的定价、定型后导致成本增减的产品设计变动因素与生产产品所用的原材料价格变动的因素。其中，新平台产品定型时的价格是每年订货价格的基础。该价格（基础）是需方和供方在产品定型时经过双方有关专家认真核算，并考虑给供方留有一定合理的利润空间而核定的价格。

　　总之，我国军需越野车产品价格构成的基本模式为估算成本 + 目标利润。因此，除了军需越野车产品在个别年份的需求结构性调整所造成的个别车型品种的需求量大幅度地减少之外，军需越野车产品的供方都会是有利可图的，或者说，鲜有军需越野车产品供应商短期或长期亏损现象出现。

　　越野车产品，就用途的范围来说，比较广泛。例如，越野车运动、地质勘探、森林消防、大型基础设施建设工程工地等，特别是国防建设的需要一直是越野车产品需求的风向标并是需求发展方向的代表或需求主体。军需越野车产品的价格也在很大程度上或基本决定了民需越野车产品的价格。

　　尽管各国军需越野车产品的定价模式基本相同，并且，各国民需越野车产品的价格也都受到军需越野产品价格的较大影响，或者说，军需越野车产品的价格决定了民需越野车产品的价格。但是，直到目前，我国军需越野车产品品牌多、分散，这就直接导致了我国军需越野车产品各品牌的产销量低，而产销量低则是成本和价格居高不下的根本原因。因此，我国民用越野车产品的价格势必会跟着同样地居高不下。并且，民用越野车产品价格高，势必会影响到产品市场的扩大，而产品市场容量得不到明显提高又反过来使得产品价格高居不下。可以说，两者成了恶性循环的关系。

　　总之，目前我国越野车各品牌的生存之道，就是产品价格居高不下。而产品价格居高不下是影响越野车产品推广应用的重要因素或关键因素。

　　因此，若想要做大做强越野车自主品牌，必须想方设法大幅度地提高越野车产品市场的集中度,不得再继续放任越野车产品品牌过多、市场过度分散现象的存在。

三、整治越野车产品品牌过多、市场集中度低的一般性措施讨论

众所周知,整治越野车产品品牌过多、产品市场集中度低的措施,无非是通过产品市场自由竞争,强者逐渐脱颖而出,弱者则被逐渐淘汰出局。但是,这样提高越野车产品市场集中度,无疑会是一种缓慢的过程。它是无法满足尽快将我国自主品牌越野车产品做大做强需要的。

这也就是说,依靠越野车产品市场内部自由竞争或仍按"平台优选法"来优选下一代军需越野车产品研发承制厂商的话,中国越野车产品品牌过多、产品市场集中度低的现象势必会持续相当长的历史时期。

另外的措施,就是改变越野车产品品牌市场竞争的条件或要求。

这就等于告诉我们,治理越野车产品自主品牌过多、产品市场集中度低,牵牛要牵牛鼻子。那么,什么是治理我国越野车产品自主品牌过多、产品市场集中度低的"牛鼻子"呢?这是不言而喻的,那就是,大力提高军需越野车产品市场的集中度。

笔者在此强烈建议:为了使我国越野车产品早日摆脱品牌过多、产品市场集中度低的困扰,需要改变下一代军需越野车产品研发承制厂商的优选办法,即在下一轮优选军需越野车的研发承制厂商时,摒弃目前所采用的"平台优选法",而是采取全谱系越野车平台产品设计方案评比、择优的办法。

四、做大做强自主品牌越野车产品策略的讨论

1. 军需越野车产品品牌统一意义的讨论

21世纪初,我国为了促进军需越野车产品技术性能的提升,决定在军需越野车产品研发方面借鉴美军的做法,即针对某一平台产品,逐一采用招标的办法来选拔承制厂商。

毫无疑问,我国军需越野车平台产品研制资格的这种招投标形式已经成为选拔确定新型军需越野车产品平台及其系列产品研制厂商的一种选拔机制。该机制的形成和应用对促进我国军需越野车产品研发产生了划时代的意义。

但是,我们应本着世上没有最好只有更好的精神,来对目前我国选拔军需越野车产品研制厂商的机制给予深入的探讨,或者说,面对我国军需越野车产品不断提高的要求,更快、更好地发展我汽车工业发展的要求,做如下对比分析讨论。

第一,就产品系列化来说,如果仍然按照目前的这种所谓的"平台优选

广义汽车设计

法"来优选下一代军需越野车新平台产品及其系列产品的话，则势必会造成按该法胜出的各家公司只注重自家平台产品的系列化，而关于系列平台产品的系列化则无从考核，厂商也无从考虑。总之，势必会造成我国军需地面机动车辆产品的系列化水平停留在目前的平台产品系列化水平上。

然而，平台产品系列化是产品系列化的初级形态，如北汽勇士平台系列化产品和东风猛士平台系列化产品，它们无不是基于勇士平台和猛士平台所推出的系列化产品。从产品系列化发展的角度来说，初级系列化亟待向产品中级系列化，即系列平台产品系列化做提升，并最终实现产品系列化的高级形态——品牌系列化。

例如，为了进一步提高军需越野车产品总成零部件的通用化程度、产品技术的通用化水平，军需地面车辆的系列化水平存在由平台产品系列化向系列平台产品系列化转变的客观要求。而代表军需越野车产品系列化最高水平的乌尼莫克（Unimog）系列车型，不仅实现了平台产品系列化，还很好地实现了系列平台产品的系列化。简单地说，乌尼莫克系列车型的系列化代表了我国军需越野车产品系列化发展的方向。总之，我国的军需越野车产品系列化水平亟待由平台产品系列化提升为系列平台产品的系列化，并进而实现品牌的系列化。

第二，越野汽车产品研发团队与其他类型汽车产品研发团队一样，能力与水平在很大的程度上取决于自己所完成的越野车产品研发项目的多寡，即经受产品研发锻炼的机会的多寡。而"平台优选法"实际上的机会均等化，不利于能者的脱颖而出。

第三，如果仍然按照目前的所谓"平台优选法"来优选我国下一代军需越野车产品承制厂商，也就等于说继续维系目前军需越野车产品多品牌的局面。这势必会导致我国军需越野车产品各家供应商极力维系或想方设法扩大各自的越野车产品研发队伍，这也就是说，多家军需越野车产品供应商的存在势必会造成越野车产品研发人才分散的局面继续存在下去。

然而，众所周知，除了前面所述的研发机会的多寡是决定研发团队能力与水平的第一关键因素外，人才也是决定研发能力与水平的关键因素，并且，研发团队能力的高低是直接决定所研发产品水平高低的关键因素。可以说，有什么样的产品研发团队，就会研发出什么样水平的产品来。影响或决定产品研发团队能力与水平的关键或重要因素除上述研发机会的多寡之外，还有三个方面：一是产品研发团队中佼佼者水平的高低，二是研发团队员工的规模，三是研发团队主观能动性的发挥。

一般来说，产品研发团队的规模比较大，则可细化专业分工并且还能保证一定数量的从事同一专业的专业队伍的规模。因此，鲜有小规模的产品研发队伍的水平比较大规模的产品研发队伍的水平还要高的现象。

由此可见，目前我国军需越野车产品多品牌现象，不仅直接制约了我国军需越野车产品系列化水平的进一步提高，还直接制约或影响了我国越野车产品研发人才得到更多的产品研发实践的机会。产品研发实践机会的多寡是决定产品研发团队水平的首要因素。并且，军需越野车产品研发人才的分散，进而导致研发人员的基数不够大，也是制约企业研发团队水平提升的重要因素。

另外，军需越野车产品多品牌现象也制约了我国越野车产品研发人员人尽所长。

第四，我国军需越野车产品最近几年的市场需求总量为5万辆左右，由多家制造商来供应，无疑每家的产销量都很低。并且，产销量低必定会影响到制造商对产品的成本控制。除此之外，也无法满足研发高水平军需越野车产品的需要。

第五，采用全谱系招标方式与目前采用的所谓"平台优选法"优选我国下一代军需越野车产品承制厂商，两种模式相比较，采用军需越野车产品全谱系招标方式可大幅度地降低中标的偶然性。

由于汽车产品的属性，特别是招投标时所试制的样车其技术性能的表现难免会有较大的离散性和偶然性，而用单一平台产品设计方案试制的一两辆样车来做性能测试，并以其技术性能测试的结果作为评标的判定依据，其偶然性势必会是很大的。

这就好比打一场乒乓球比赛一样，采用21分、五局三胜的赛制，虽然不能完全排除其比赛结果的偶然性，但是，毫无疑问，这会比采用11分、三局二胜赛制的结果的偶然性要小得多。

第六，由于军需越野车产品每年的市场需求，并非每种车型品种、在每年的需求量都是齐头并进的，而是会有个别品种的军需越野车产品平台系列产品的需求量很低或为零的时候。采用全谱系招标方式还可避免由于个别年份、个别车型品种的零需求而给供应商造成生存危机。

因为，全谱系军需越野车产品供应商可以采取东方不亮西方亮的方式来处理个别年份、个别车型的零需求。同时，需方也可以完全根据自己的需要来向供方订货，而不必担心供方的生存。若采用所谓的"平台优选法"来优选我国下一代军需越野车产品承制厂商就没有这种优势了，只能被动地等待。

第七，全谱系招标方式还是大幅度地提高军需越野车产品研发效率和研发质量的有效措施。对此，可详见本书后续关于产品系列化设计的有关内容。

综上所述，建议我国应择机或在下一轮军需越野车新产品研发时采取全谱系招标方式来选择研发承制厂商，从而摒弃目前所采用的"平台优选法"。两

广义汽车设计

种方式相比较，笔者所建议的全谱系招标方式势必会对我国军需越野车产品的市场集中度带来革命性的影响。

对此，可能会有人说，你说军需越野车搞全谱系招标有上述七大益处，那么，美国军需越野车产品为什么没有搞全谱系招标，而是单一平台系列车型招标？例如，美军的悍马 H1。

对该问题试做如下猜解。

首先，美军是"国际警察"，所要考虑的是域外、全球作战，对单一平台系列车型的需求量就足以达到企业生产所需要的经济规模。而其他国家不是"国际警察"，如中国、日本和德国等，对军车的需求量远远小于美国。中国等其他国家只有通过全谱系招投标方式才有可能使军车的生产达到企业生产所需要的经济规模或借以提高军需越野车产品的生产规模。

其次，美国军需越野车产品需求量巨大，如搞军需越野车产品全谱系招标势必会使中标制造商一家独大，从而打破现有的地面机动车辆制造商相互竞争的格局。但是，从产品系列化水平的角度来说，美国军车产品的系列化水平由于研发承制厂商采用所谓的"平台优选法"，结果其军需产品系列化水平照样是远远不及德国军车——乌尼莫克（Unimog）系列越野汽车的系列化水平。在此，我们也无法排除美国军需越野车产品在不久的将来亦有可能学习德国、意大利、日本等国的模式，即也走统一军需越野车产品品牌之路。

另外，也可能会有人担心，搞全谱系军需越野车招标后结果势必是中标的研发承制厂商一家独大，这样在供需双方的关系方面会不会出现所谓的"店大欺客"现象？对此想法，笔者想说的是，没必要有此担心。其理由是：任何独立自主的国家，其国防建设的主动权都是由国家所掌握的，我国也不例外。也就是说，不论是军需全谱系越野车产品，还是平台系列越野车产品，它们的供应商都必须是国有或国有控股企业，而国有或国有控股企业的董事长等一干企业领导人的人事任命权在国家。另外，我国军需产品生产供应商，在历史上就没有发生过所谓"店大欺客"的现象；我国各家军需产品生产供应商无不具有以能为国家国防建设做贡献为荣的优良传统。

总之，大可不必担心"店大欺客"的现象会发生。

反对搞军需越野车产品全谱系招标，实现军需越野车产品品牌统一可能会有另一种理由，即不能把鸡蛋都放在同一个篮子里面。对此，笔者的观点是：首先，军需越野车产品的研发与生产本身就不像鸡蛋那样易碎，更何况军需越野车产品的研发与生产的各环节都是有质量保证措施要求的。例如，有 GJB 1406A—2005 产品质量管理大纲标准要求和 GJB 9001C—2017 质量保证体系标准要求。并且，这些质量保证措施的科学性和有效性是不容置疑的。因此，将军需越野车产品品牌的统一比喻成不能把鸡蛋放在同一个篮子里是一种伪命题。在此，笔者也没有否定军需越野车产品生产亦会偶尔出现招回的局部产品质量问题或质量事故。

同样是出现局部质量问题，补救起来，对于全谱系产品供应商来说，就好比供应商的家里多口水井中的一口水井暂时不能出水，其生活和生产用水仍可以通过其他水井的出水量来调剂。然而，如果按目前军需越野车产品以平台产品为分工，一旦某一平台产品发生了一时难以补救的质量事故，即好比平台产品供应商的家中只有一口水井，而出了事故后暂时不能再继续供水，那补救起来势必不如有多口水井的人家那样方便、快捷。

综上所述，打破我国汽车行业越野车产品生产"散、小、差"局面是正当时，并且，牵牛要牵牛鼻子，即解决问题要抓主要矛盾。越野车产品生产"散、小、差"的主要矛盾是军需越野车的"散、小、差"，而打开解决越野车产品研发与生产"散、小、差"主要矛盾之门的钥匙，就是改变目前的所谓"平台优选法"而采用全谱系招标方式来选拔我国下一代军需越野车产品研发、生产的承制厂商。

并且，这也是我们做大做强自主品牌越野车的必经之路。

由此可见，做大做强越野车自主品牌客观上分成了两个阶段：一是统一军需越野车产品品牌；二是做强军需越野车自主品牌。

统一军需越野车产品品牌是做大做强越野车自主品牌的必要条件，并且统一军需越野车产品品牌也不是谁说统一就能统一的，而需要做大量工作。并且，笔者认为首先需要明确做大做强越野车产品自主品牌的路径策略。

2. 做大做强自主品牌越野车产品路径的讨论

- 战略觉醒——做大做强自主品牌越野车产品路径之一

我们在此讨论做大做强自主品牌越野车，不需多言的是，首先需要明确做大做强自主品牌越野车的标志是什么。

如果要用一句话来表达我国自主品牌越野车产品做大做强之标志，那就是，在国际市场上，我们的自主品牌越野车产品有强劲的市场竞争力；在国内汽车产品市场，越野车产品的强势品牌（效应）在与一般非强势品牌竞争过程中应具备"不战屈人之兵"之实力和实际。

与上述做大做强越野车自主品牌的标志比较，目前越野车自主品牌的发展状况还陷于"散、小、差"的泥潭之中，或者说，目前与做大做强自主品牌乘用车、自主品牌商用车相比较，做大做强自主品牌越野车的目标要求之差距则是最大的。做大做强自主品牌越野车产品绝不会是一蹴而就的，它需要我们时刻加强做大做强越野车自主品牌总目标路径的认知，并要为实现做大做强越

广义汽车设计

野车自主品牌努力奋斗。

另外，正如艾森豪威尔将军曾经感言的那样："吉普车、飞机和登陆艇是我们赢得战争胜利的三大武器。"而美军士兵对吉普车的评价是："我不能想象如果没有吉普车，我们还如何能继续打这场战争。它无所不能、无处不在，像狗一样忠实、骡子般一样强壮、山羊一样敏捷。"

可见，越野汽车是国防建设的重要方面之一，国家一定会占据对越野车产品的主导权。也就是说，我国会坚持使用自主品牌越野车产品。这正是我们自主品牌越野车发展最为有利的、最为重要的条件。

除此之外，我国发展自主品牌越野车还有另一个有利条件。由于坚持越野车产品的自主研发，我国有关厂商的自主品牌越野车产品研发队伍经历了锤炼，具备了较高的越野车产品研发能力。

做大做强自主品牌越野车产品的最大不利因素，笔者以为并非我国自主越野车产品市场集中度低、产品研发力量分散，而是基于我国越野车产品市场和产品研发力量长期分散形成的"存在即合理"的观念。

由于受到长期以来的客观现实，即我国越野车产品市场和产品研发力量长期分散的影响，产生了视"分散"为合理的观念或对"分散"之危害缺乏深刻认知。然而，思想是行动的指南。有了对"分散"之危害的深刻认知，才会有危机意识和克服"分散"做大做强自主品牌越野车产品的主观意识，才会有做大做强自主品牌越野车产品的行动。

因此，我国越野车行业发展，当务之急就是要唤醒企业做大做强自主品牌越野车产品的意识，争做我国军需全谱系越野车产品研发承制厂商或军需越野车产品品牌的统一者。通俗地说，就是争做我国军需越野车品牌统一的秦始皇，也就是实现做大做强越野车产品自主品牌的战略觉醒。

就目前我国自主品牌越野车产品研发战略来说，所处的发展阶段无疑是——变革之前夜的历史性阶段。也就是说，我国做大做强自主品牌越野车产品的意识正处在需要被唤醒或觉醒的历史阶段。这是做大做强自主品牌越野车产品所必然经历的战略觉醒阶段。而被唤醒或觉醒的标志就是，将越野车产品市场高度集中起来，以实现某一自主品牌越野车产品独领风骚。这其中的道理是不言自明的。自主品牌越野车产品制造商争先争先恐后地打出——统一军需越野车品牌、做大做强自主品牌越野车产品的旗帜。而谁率先打出这面旗帜，谁就会在接下来的竞争中抢得先手之利。

- 战略准备——做大做强自主品牌越野车产品路径之二

在战略觉醒之后，自然就应着手战略准备了。

在战略准备阶段，需要首先完成三方面的战略准备性工作：一是解决战略设计人才问题;二是开展战略宣传;三是开展全谱系越野车型谱设计。

战略准备的首要工作,即解决越野车产品品牌战略设计人才问题。

解决越野车产品品牌战略设计人才问题,即开展并完成越野车产品研发战略设计人才甄鉴,并从组织上给予充分保证,发挥好研发战略设计人才的作用,同时,亦给予研发战略人才应有的尊重。

关于人才对事业的重要性,大家都有足够的认识了。在此,不必再多言。

然而,人分三六九等,人才更是如此。就做大做强自主品牌越野车产品来说,首先需要掌握汽车产品研发战略设计人才并发挥其作用。

汽车产品研发战略设计人才与人们常说的汽车产品研发领军型人才,不属于同一类型的人才。越野车产品研发战略设计人才系指胸怀事业发展战略,即对越野车产品研发的战略有深入的、系统的研究,并能给出战略指导意见或建议之人士。汽车产品研发领军型人才则系指带领他的研发团队贯彻执行战略要求的人才。并且,战略设计人才自古就是鱼龙混杂的。错识鱼和龙,就会给事业带来不可估量的损失。因此,甄鉴战略设计人才就成了争夺战略设计制高点的要务之一。

关于甄鉴战略设计人才,我国历史上有数不胜数的成功经验。

例如,秦孝公招聘卫鞅公的典故。唯楚有才,故,秦孝公交给秦国派驻楚国使臣的主要任务之一,就是收罗楚国人才和相关活动信息。得知卫鞅公投秦前,曾在魏国相府任职,喜好刑学,堪称"法家巨子"。魏国宰相公叔痤深知其才,却没能及时推荐给魏惠王。得知秦国招贤,卫鞅才离开魏国。抵达秦国后,在宠臣景监的推荐下拜见了秦孝公,并向秦孝公提出了废井田、重农桑、奖军功、易风俗、统一度量衡、建立郡县制、增加连坐法等一系列强国措施。秦孝公深以为然,全部采纳。于是,秦国上下开始了一场轰轰烈烈的变法革新运动。10年间,秦国一跃成为强盛之国。这就是著名的"商鞅变法"。

上述故事告诉我们,争夺战略设计人才需要做好功课,即需要了解战略设计人才的特点并将符合战略设计人才特点的人推荐给战略决策人,并由战略决策人亲自面试。

汽车产品研发战略型设计人才的特点应该是:第一,善于或长于思考、勤于总结。第二,具有战略设计师潜质之士或其思考和总结的面不仅限于自己本职工作岗位的职责,还有本职工作的纵深战略思考。第三,战略设计人才之所以能成长为战略设计人才,必然是他的本职工作内容触及产品研发战略研究内容,或者说,已经到达战略研究的边缘。通俗地说,笔者从不相信没有做过产品研发工作,或从事过的产品研发工作内容均为产品研发分工体系末端的产品研发人员,能研究出可取的企业产品研发战略来。第四,战略型人才成型或成

广义汽车设计

才的标志就是不仅有多年关于战略方面的思考,更有关于战略的系列化措施的提出,例如卫鞅公的废井田、重农桑、奖军功、易风俗、统一度量衡、建立县制、增加连坐法等一系列强国措施。

对此,可能有人会说,这样的人才我们周边没有或难觅。笔者认为,只要我们的企业家不对战略型人才求全责备、坚持用人所长,摒弃"远来的和尚会念经"或"近处无风景"的人才观,在注重发掘公司内部人才的同时放眼全国,坚持放长线钓大鱼的原则,就一定能够发现战略型人才。另外,坚持多走访、多交一些非一流战略型人才的朋友,倾听他们的推荐,也不失为发现一流战略型人才的一种有效方法。例如,三国时的刘备因为有了与徐庶的交往才得到了徐庶"走马荐诸葛"。

值得一提的还有如下两点。

第一,当年卫鞅公废井田、重农桑、奖军功、易风俗、统一度量衡、建立县制、增加连坐法等一系列强国措施,在秦孝公面试他时,他已经全盘献出,那么,为什么秦孝公还要拜相封国于卫鞅公?这并不是秦孝公信守承诺,就可解释的。而是秦孝公懂得在实施卫鞅公所献的强国之策的过程中势必会遇到这样或那样的许多问题,而这些具体问题的解决同样需要卫鞅公这样的人才。而那些视人才的价值只在于他的点子,只想将人才的点子拿到手,而不重视人才的企业家是不能成事的。更何况,卫鞅公面试时所谈的一系列强国之策略还没与秦国的具体实际相结合,即此时卫鞅公所谈的强国之策略仅仅是定性的、有待量化的。例如,奖励军功,如何分等级等。

第二,就做大做强自主品牌越野汽产品事业来说,为什么要争夺战略型人才?企业家的重要职责之一,不就是做战略决策吗?

没错,企业家的重要职责之一就是做战略决策。可是,战略决策不等于战略设计。例如,战国时期各诸侯国的国君即是国家战略的决策人,而这段历史实际表明诸侯国的国君无不需要亦无不重视战略设计师所给予的战略辅助。对此,可能有人会说,毛主席领导中国革命则不同,这又是为什么呢?这是因为毛主席等老一辈革命家先是杰出的学者,后在战争中逐渐成为杰出的军事家和战略家。战国时的诸侯国国君无不是世袭的国君,所以,他们需要战略设计师给予战略辅助。然而,不应避讳的是,我们的国企和央企的企业家之所以走上了企业家岗位,凭的是党对企业家的全面考核,而非是企业发展战略设计之一技之长。所以,一般来说,国企和央企的企业家都会有产品研发战略设计师辅助的客观需求。

战略准备的另一方面工作,即战略宣传。

一般来说,战略宣传的作用在于,对内可鼓舞士气;对外,一是可争取一切可以团结的力量，二是可以震慑对手。

战略宣传的首要问题即为打什么旗帜的问题。所打出的旗帜要有感召力，只有具有感召力的旗帜才能起到对内鼓舞士气、对外震慑对手和凝聚天下英才的作用。例如，秦末农民起义领袖所打出的旗帜是反暴秦；而毛主席领导井冈山土地革命所打出的旗帜是打土豪、分田地、耕者有其田。类似的古今案例数不胜数。这些成功的案例有明显的共性，即所举的旗帜无不是义旗，另外的共性则是目的与手段都高度统一。

例如，反暴秦、打土豪，这些无不都是义举、义旗。反暴秦是秦末农民起义领袖号召天下农民起义的旗帜，目的就是号召广大农民跟随起义领袖反暴秦、取秦而代之以继续统治人民。并且，号召农民大众反暴秦亦是农民起义领袖实现取秦而代之的手段；而农民积极响应反暴秦亦是他们摆脱秦之暴政的目的与手段。所以，在当时的历史条件下，反暴秦体现了各方反暴秦之力量的目的与手段的高度统一。反暴秦的旗帜感召力注定十分强大。

另外，历史同样表明了"打土豪、分田地、耕者有其田"极大地调动了中国农民跟着毛主席闹革命的积极性。"打土豪、分田地、耕者有其田"是毛主席调动农民闹革命之积极性的手段，同时，亦是农民跟着毛主席闹革命的目的。并且，两者互为目的与手段。

那么，做大做强自主品牌越野车产品的战略需要一面什么旗帜呢？，或者说，应该打出一面什么旗帜来才会满足上述感召力的要求呢？

笔者认为，做大做强自主品牌越野车产品所打出的旗帜，首先要有亲和力，即须是一面道义之旗。这是因为，只有道义的旗帜才能得到多方面的支持。得道多助，失道寡助。其次要体现出目的与手段的高度统一。

为此，笔者为做大做强自主品牌越野车产品所设计的旗帜为：以人为本，聚天下英才；汇市场力量，做大做强我国自主品牌越野车产品。

该旗帜的道义就在于其目标——并非做大做强哪一家公司的自主品牌越野车产品，而是做大做强中国的自主品牌越野车产品；所拟定的手段和目的，也是以人为本、聚天下英才、汇市场力量。

以人为本系指发展我们的事业既要以人为手段，又要以人为目的。以人为本，是聚天下英才的措施，而聚天下英才又被视作汇集市场力量以改变越野车产品市场分散局面的措施。

该旗帜与"统一军需越野车产品品牌、做军需越野车产品的唯一供应商"的旗帜相比较："统一品牌、做唯一供应商"与"汇市场力量"，目的都是改变越野车产品市场分散、实现越野车产品市场高度集中。但是，两者表述的亲和力却有着天壤之别，笔者所倡导的选择是不言而喻的。

广义汽车设计

战略宣传的要旨是：做大做强自主品牌越野车产品，需要汇集全国越野车产品市场的力量，因此，要旗帜鲜明地反对一切不利于提高越野车产品市场集中度的言行，并将这个道理讲明讲透，直至深入人心。

战略准备最后的工作是开展并拿出全谱系越野车产品平台型谱设计。

所谓的全谱系越野车产品平台型谱设计，系指全面覆盖（或满足）各类用户对越野车产品平台之需求为目标的系列化平台整车主要技术参数的集合。

越野车产品用户的需求，可以划分为如下四大类。

第一类，对品牌系列化的需求，即对越野车产品品质和价格需求的多样性。详可参见本书后续关于品牌系列化设计的叙述。

第二类，对越野车产品类型的要求。

可能有人会说，有了高机动越野车，谁还会使用一般机动性越野车。因此，全谱系越野车产品平台型谱设计可不包含一般机动性越野车，或者说，可以从型谱中将一般机动性越野车产品去除。其实不然。

高机动越野车产品的技术性能并不一定比一般机动性越野汽车产品的技术性能就高，而系指高机动越野车产品所能适应的地面或道路条件更差、更苛刻一些，即高机动越野车能够最大限度地满足车辆地面机动的需要。例如，美国的 H1 和 H2 就是很好的例证。而且，高机动性也是需要有代价的。例如，高机动越野车产品的轴距与一般机动性越野车相比较，要短一些；另外，车体中部的离地间隙也会高出许多，这也势必会影响到整车高度，等等。

第三类，对越野车产品运载能力，即额定许可总质量或额定载质量多样化的要求。详可参见本书关于系列化平台产品型谱设计的阐述。

第四类，对运载方式或运载体验多样化的要求，即对平台系列化产品多样化的要求。

系列化平台产品与平台系列化产品是完全不同的概念。平台系列化产品，简言之，系指以汽车产品结构平台为基础，即可被多品种汽车产品所共享，或者说，多品种汽车产品所通用的那部分产品结构的总和，并以利用产品结构平台为措施来快速研发、推出零部件与总成的通用化程度高的系列整车产品。然而，系列化平台产品系指产品技术通用化程度高，可全面覆盖各类用户对于越野车产品平台额定许可总质量或额定载质量的多样化需求。

综上所述，全谱系越野车产品型谱设计任务内容即为系列平台整车产品中各个平台整车产品的整车（主要）技术参数设计。通过整车平台产品的整车（主要）技术参数能够表达或读懂系列平台整车产品所针对的用户需求和系列平台产品的整车设计目标要求（之框架）。

这也正说明了，推出全谱系越野车产品型谱设计的意义在于：一是论证产品市场需求和确定分工；二是面对市场需求，起到投石问路和吸引用户的作用；三是产品研发战略目标的具体化，同时，也是做大做强自主品牌越野车产品战略目标、路径目标的具体化。

- 战略实施——做大做强自主品牌越野车产品路径之三

在完成上述战略准备之后，接下来就应该组织战略实施了。

战略实施系指需要完成两方面的工作：一是战略试验，二是战略实施。

我们大家都知道一个常识，那就是，狭义汽车产品设计都需要试验验证。并且，经过试验验证的设计才能投入生产准备。这是由于狭义汽车设计需要考虑的因素众多，诸要素的重要性考虑也要得当。可是，设计时没人能告诉我们设计要素考虑得是否全面和对诸要素的重要性考虑得是否得当，而且，设计师亦难免会有考虑不周的地方或时候，因此，设计需要试验验证，这是铁律。而试验验证就是要看其是否存在问题，也就是试验验证设计要素是否考虑全面、设计要素的重要性考虑得是否得当，经过试验验证，没有什么问题后，才能组织实施。全谱系越野车产品型谱设计事关重大，必须要慎之又慎。

众所周知，具体车型设计，通常是通过试制样车并做试验来进行设计验证。可能有人会说，关于全谱系越野车产品型谱的设计怎么来验证？难道还要完成系列平台产品的试制与试验不成？那么，型谱设计不就转变成多个车型的同步设计与研发了吗！而这又与推出全谱系越野车产品型谱设计的初衷不相符。这样问题自然就提出来了，即全谱系越野车产品型谱设计该如何论证或验证？也就是如何分析与评价全谱系越野车产品型谱设计？对此，可详见本书后续有关内容的阐述。在此，不做赘述。

关于全谱系越野车产品型谱设计验证，即战略试验，我们应该注意到这样的一个现实：具备高机动越野车产品研发能力，并且，已经自主研发出高机动越野车产品的国家，屈指可数；绝大多数国家都还不具备研发高机动越野车产品的能力，甚至没有研发、生产一般机动性越野车产品的能力。然而，对高机动越野车产品和一般机动性越野车产品的需求却是普遍的。因此，笔者认为可针对上述现实，积极推动实施"借他人的地种我们自己的试验田"的战略，即针对这样的一些国家，它们没有自主研发高机动越野车产品和一般机动性越野车产品的能力，但是，它们对越野车产品特别是高机动越野车产品却有着迫切的需求，并且，这些国家的经济条件亦允许它们借助他国力量来研制高机动越野车产品，如伊朗或其他类似的国家。因此，我们的自主品牌越野车制造商，可积极地借"一带一路"的机会向有关国家推介我们的越野车产品和越野车产品研发设计能力，寻求国际合作，以达到演习、练兵和不断完善我国军需全谱系越野车产品型谱设计的目的。

广义汽车设计

　　上述建议并非不可行。例如，我国军工产品研发长期以来就很好地实施了"借他人的地种我们自己的试验田"的战略，即借外贸军工产品的研发与试制或试生产，不仅有助于解决有关军工产品研发费用的问题，更为重要的是通过外贸产品的试验，增加了我们研发军工产品的经验，以起到一石二鸟的作用。

　　据此，我们完全可以说，"借他人的地种我们自己的试验田"的战略，我国军工行业已有了成功的经验。为了早日做大做强自主品牌越野车产品，我们汽车人需要虚心向军工人学习。

　　除了借他人的地种我们自己的试验田之外，也应积极利用国内新型越野平台产品（单一平台）招标研发的机会来对全谱系越野车产品型谱的设计进行验证。

　　上述建议所依据的理由是，全谱系越野车产品型谱设计的关键设计内容为下述两项：第一项是产品技术平台，第二项是平台产品的总质量覆盖面（详可参见本书后续有关内容的阐述）。并且，产品技术平台是通用的，所以，验证产品技术平台只需要验证系列型谱中的任何一款平台产品技术即可。例如，本书后续所阐述的某高机动越野车产品平台的总质量合理的覆盖区间为66%，即所设计的全谱系越野车产品型谱中的系列平台的经济总质量与最大许可总质量的比值为66%。如果说，该总质量覆盖区间没有经过验证的话，那么，该总质量覆盖区间的设计就势必是该全谱系越野车产品型谱设计验证的重点。

　　除了平台产品技术和总质量覆盖区间，这两项全谱系越野车产品型谱设计内容需要给予验证之外，全谱系越野车产品型谱设计的其他内容，需要给予验证的必要性差了许多，即如果无条件验证也不会有大碍。

　　在完成关于全谱系越野车产品型谱设计和上述所谓的战略试验后，接下来就需要全力以赴推动我国做大做强自主品牌越野车产品了。

　　有句俗话说得好，一口吃不成胖子。实施做大做强自主品牌越野车产品的战略目标，除了要坚决贯彻落实全谱系越野车产品型谱设计之外，还要在具体过程中，量力而行、伺机而动。

　　不应避讳的是，即使我们手中掌握了先进的全谱系越野车产品型谱设计，将其转变成系列平台产品的研发还需要依靠强大的产品研发能力。

　　就目前我国研发越野车产品能力来说，我们已经普遍掌握的汽车产品系列化设计方法，只不过是平台产品系列化设计方法，即以通用的产品结构平台为基础快速研发推出平台系列车型的方法，而关于打造系列平台产品的技术平台；并利用所打造的产品技术平台快速高效地完成系列平台产品设计和产品研发的方法，还需要参阅本书后续有关内容的阐述。这也就是说，关于打造系列平台产品技术平台，并利用所打造的产品技术平台快速高效地完成系列平台产品研发的方法，还没有普及，同行们难免还需要有一个学习的过程。更不要说，全谱系越野车系列品牌产品（即两种或两种以上品牌产品）的系列化设计了，这方面的能力（即品牌系列化设计的能力）中国汽车行业需要学习的地方无疑会更多。并且，除了全谱系越野车产品型谱的设计能力之外，更为重要的是，就目前的越野车产品研发能力，无须多言，也需要大力提升。

由此可见，一方面是做大做强自主品牌越野车产品的战略目标要求我们坚决贯彻落实全谱系越野车产品型谱的设计；另一方面则是我们的产品研发就实力而言，还不可能支撑起全谱系越野车产品工程同步研发。

总而言之，笔者相信通过上述之努力，中国自主品牌越野车产品一定会离实现做大做强的战略目标越来越接近，做大做强中国自主品牌越野车产品的梦想也终将会实现。

第五节　做大做强自主品牌汽车零部件产业策略的讨论

一、中国汽车自主品牌零部件产业现状的特点

做大做强中国自主品牌汽车终究要靠做大做强中国自主品牌汽车零部件才能得以实现的道理，我们大家都是知道的，是不需再赘述的。然而，我们在此研究、讨论做大做强中国自主品牌汽车零部件产业，则需要认清中国目前自主品牌汽车零部件产业的特点，并对症下药才会有效地促进中国自主品牌汽车零部件产业做大做强。

概括中国自主品牌汽车零部件产业的现状或特点，有如下两点。

（1）与整车行业相比较，长期以来汽车零部件产业投资吸引力不强。

改革开放以来，中国汽车零部件产业除了要面对合资品牌和国外独资品牌的竞争之外，还需要承受零部件采购商，即整车厂商一定程度上存在的与合资或外资品牌零部件同质不同价的压力。

因此，中国汽车自主品牌难做，中国汽车自主品牌零部件更难做已经成为人们的共识。

并且，汽车零部件产业是技术密集、资金密集产业。资金不是万能的，但是，没有资金的投入是万万不能的。

（2）汽车零部件自主品牌仍然处于"小、散、差"的状态。

可以说，目前中国汽车零部件自主品牌只有中国潍柴动力和中国万向与做大做强目标的距离，相比较而言近一些，或者说，只有极少数汽车零部件自主品牌初步走上做大做强的道路。就汽车零部件整个行业来说，仍然处于"小、

散、差"的状态。并且，中国汽车自主零部件产业的"小、散、差"相互形成不良影响，构成了恶性循环。

对此，需要从中国汽车零部件产业形成与发展的历史谈起。

改革开放前，中国汽车产业有个很显著的特点，那就是，人们所说的汽车厂家是大而全或小而全，即汽车厂家整车生产所需要的零部件，特别是主要、重要的零部件几乎是汽车厂家自行组织生产。这就造成了中国汽车零部件产业主要企业注定是针对并依靠汽车产品用户对汽车维修所需要的零部件起家的。例如，"中国万向"就是在改革开放前夕或初期从事汽车传动系万向节生产以满足社会汽车维修用对万能向节的需求而起家的。说到这里，还得补充说一句，事物都是一分为二的。正是由于在那个特殊的历史时期中国物资是极其短缺的，整车厂商所生产的汽车零部件几乎都给整车生产用了，对社会维修所需要的零部件则无力顾及。这就给了类似于"中国万向"等汽车零部件企业长期生存的机会。但与此同时，汽车企业的"大而全或小而全"，也限制或制约了类似于"中国万向"等汽车零部件企业的转型发展，即限制或制约了零部件企业走社会协作、专业分工参与或为汽车整车生产做贡献的发展道路。这也是中国汽车零部件产业"散、小、差"的主要原因。在众多的汽车零部件企业中，只有中国潍柴动力和中国万向等极少数汽车零部件企业，经过艰苦的努力，才有了今天的发展。

如果放任中国汽车零部件产业沿着现状发展，即仅仅依靠市场自由竞争的力量来实现优胜劣汰，从而将中国汽车零部件产业做大做强，理论上来说，也不是不可能。但是，由于中国现有的汽车零部件供应商相互竞争、势均力敌，等待竞争强者脱颖而出势必会是很漫长的，并且这也是不能满足尽快做大做强中国汽车零部件产业自主品牌，进而推动中国汽车产业做大做强自主品牌需要的。

二、做大做强中国汽车零部件产业自主品牌策略的讨论

针对目前中国汽车零部件产业的现状，尽快做大做强中国汽车零部件产业自主品牌的策略，除了充分利用零部件行业内生的自由竞争的动力之外，还需要有行业外部"大金主"的出现，以解决资金问题。

中国改革开放40多年，让不少中国人具备了充当某行业"大金主"的（资金）实力。

有做大做强自主品牌汽车零部件产业的资金实力，还不能成为"金主"，只有让具有资金实力者看到做大做强自主品牌汽车零部件产业具有广阔的发展前景，才会争做"金主"。这也就是说，问题是如何才能够让具备资金实力者

争先恐后地争做大做强自主品牌汽车零部件产业的"金主"？

为此，特提出建议如下。

（1）中国汽车工业协会应大力呼唤做大做强自主品牌汽车零部件产业"金主"的出现，来加速推动做大做强自主品牌汽车零部件产业。

"金主"可通过手中掌握资金的力量来整合目前还处于"小、散、差"局面的汽车零部件生产企业，加速做大做强中国汽车零部件产业自主品牌。

（2）中国整车产品的产销规模从2009年起就是全球第一，因此中国汽车零部件产业对具备资金实力者是有吸引力的。只不过是具备资金实力者没有看到中国汽车零部件产业自主品牌做大做强的巨大市场潜力，或者说，没有掌握中国汽车零部件产业"小、散、差"的程度或缺乏路径研究。例如，当了解到目前中国转向器生产商共计有多少家，产销量前三或前五所占的市场份额又是多少之后，具备资金实力者就会对中国汽车转向器产业"小、散、差"的程度有一些了解了。

其实，关于中国汽车零部件产业"小、散、差"的问题，正如前面所述的那样，是有历史原因的，改革开放后，特别是1994年我国有关部门出台了针对中国汽车产业"小、散、差"问题的"汽车工业产业政策"。这一政策无疑对治理我国汽车产业存在的"小、散、差"起到了积极促进的作用，但是，遗憾的是政策所注重的只是整车生产的"小、散、差"问题的解决，对汽车零部件产业所存在的"小、散、差"问题没能专门出重拳给予治理，对汽车零部件产业"小、散、差"，可说是一种放任的态度或想走一条依靠市场竞争来治理之路。因此，中国汽车零部件产业的"小、散、差"，我们是可想而知的。

综上所述，一方面，中国汽车零部件产品市场巨大是确信无疑的；另一方面，中国汽车零部件产品市场的另一个显著特点则是，中国汽车零部件产品市场这一巨大的蛋糕是被众多的"小、散、差"所分享的。

因此，只需要让具备资金实力的人士认识到：整合各类汽车零部件生产供应商是有办法的，或者说，整合各类汽车零部件生产供应商应是有技术路径的，那么，就一定会有抱着做大做强中国自主品牌零部件产业志向的"金主"出现。

做大做强中国汽车零部件产业，或做大做强中国自主品牌汽车零部件产业，需要从以下两方面着手。

首先，需要分别了解：①适用于轿车、皮卡和各类商用车及越野车的各类汽车零部件产销前三或前五的厂商。例如，以手动变速器产品为例，需要分别了解适用于轿车的手动变速器产销前三或前五的厂商，同样还需要了解皮卡和

广义汽车设计

其他各类商用车与越野车手动变速器产销前三或前五的厂商。②需要了解上述产销前三或前五厂商的汽车零部件产品系列化的概况。而了解掌握目前我国汽车零部件产品系列化的概况，其目的无非是认知各类汽车零部件在满足各类整车需求方面是否存在不足或是短板，即是否需要增加零部件的系列品种，或是否可适当减少一些系列品种。或者说，在掌握了各类车型主流变速器的系列化概况后，就可委托有关专家、学者来分析所生产的各类车型主流变速器是否可科学、合理地满足需求，并给出整合的方案。

其次，需要了解各类整车厂商新产品研发计划和规划，或者说，当我们无法了解到具体的新产品研发计划和规划时，可以对新产品研发规划做出预测。例如，各类整车厂商都会接受国家政府层面所出台的有关做大做强自主品牌汽车的策略，而有关策略势必会提出各类新车型研发的技术性能指标要以相应的性能指标的度作为新产品研发的指标要求，这就为我们预测各类整车厂商的新产品研发计划和规划提供了可行性，在此基础上制订出各类汽车零部件新产品的研发计划或规划。

值得加以强调的是，无论是认知各类汽车零部件产品的系列构成，还是认知各类将要研发或规划的整车产品对其零部件的要求，尽管其认知的路径是明确的，但是，依靠少数人的力量来完成上述两方面的认知，那是绝对不可能成的。这是笔者呼吁有志发展中国自主品牌汽车零部件产业"金主"出现，以便将对发展中国汽车零部件产业有见解的专家、学者组织起来，共同探讨做大做强我国自主品牌汽车零部件产业的初衷。

作为有志于做大做强中国自主品牌汽车零部件产业的"金主"，其投资方向一定不只整合各类汽车零部件生产供应商，他们一定会并也应该向零部件技术发展进行投资。例如，自动变速器（AT）、机械变速器自动换挡（AMT）、限滑差速器和牵引力控制系统（ASR）、车身电子稳定系统（ESP）等方面的自主技术还亟待取得突破，新能源汽车零部件技术亦同样需要加大研究的力度。

整合汽车零部件生产供应商是做大做强自主品牌汽车零部件产业的必要措施之一，研究并掌握先进的汽车零部件的产品技术则是做大做强自主品牌汽车零部件产业的关键措施。

然而，取得这些汽车零部件新产品技术的突破亦并非易事，它需要整合目前散落在各有关厂商的汽车零部件新产品技术的研发能力，改变各自为战的局面。例如，针对目前我国还没有完全掌握的自动变速器（AT）产品技术，已有多家公司开展技术研究，并且，亦取得了不同程度的进展；可是，至今还没有取得自动变速器产品技术的突破。对此，是一如既往各自为战继续研究下去呢，还是采取所谓的集中力量办大事的方式——整合国内自动变速器研发的力量，两种方式相比较，笔者更倾向于后者。但是，采取后一种方式也需要解决好由谁负责组织和由谁出资的问题。

关于由谁出资金的问题，无须多言，应本着谁出资谁受益的原则，即应由研发成果的受益方出研发资金。关于研发受益方，无疑应该是研发力量整合后的变速器生产供应商。

关于由谁负责组织实施自动变速器技术研发等类似研发的问题，笔者建议由中国天津汽车技术中心负责组织。

中国天津汽车技术中心是我国汽车技术研发方面唯一的"国家队"，而其他的技术研发中心，如一汽和东风汽车等都是"企业队"。作为"国家队"，理应承担起组织汽车零部件关键技术攻关和关键技术研发的任务。

众多变速器生产供应商都有研发自动变速器的需求，并且，无论谁率先取得技术突破，则其他的生产供应商都会或多或少地跟着受益，因而，有谁愿意投入大量的人力与物力去奋力地拉车而不去选择坐着前行呢？中国天津汽车技术中心就是唯一的"和尚"，理应承担起挑水喝的重担，即担负起组织汽车零部件关键技术攻关和关键技术研发的任务。

我们试想一下，整车厂商对发展整车产品技术不遗余力，是因为谁的整车产品技术领先，谁的整车产品市场占有率就会领先。汽车行业实行专业分工使得整车厂商对汽车零部件产品技术的掌握通常都不及汽车零部件生产厂商来得深入细致，与此相反，关于整车产品技术的了解与掌握，汽车零部件生产供应商也不及整车厂商。

因此，推动整车产品技术发展的第一责任方理应是整车产品技术发展的第一受益人，也就是说，在整车产品技术方面，推动者与受益者二者是统一的。这样在利益的推动下推动者自然会尽全力来推动。这也正是整车厂商无一例外地只会对自制汽车零部件投入技术研发而没有哪一个整车厂商会对社会协作配套的汽车零部件投入技术研发的原因。

社会协作配套的汽车零部件亦可划分为两类：一类是零部件产品的结构型式及原理不变，即不需要投入技术研发就可研制生产的零部件产品；另一类是零部件产品的结构型式及原理都发生了变化，需要投入大量人力与物力才能完成或获得产品技术的产品。例如，上面所举例的自动变速器就是需要投入大量人力与物力才能完成或获得产品技术的产品。上述的第一类汽车零部件产品研发与整车产品技术研发一样，都需要投入大量人力与物力，尽管技术研发一旦获得成功其意义亦大，但是，投入大、风险高也是客观现实。

第八章

企业汽车产品研发组织使命与行动纲领的讨论

第一节 企业汽车产品研发组织使命目标与行动纲领的讨论

一、企业汽车产品研发组织使命目标与行动纲领的释义

关于企业行动纲领,可先对"纲领"一词百度一下。

纲领系指正式表述出来的、须严格信奉和坚持的原则、条例、意见和教训的条文的提纲挈领的要点,而并非细枝末节的要求。在了解了"纲领"一词释义的基础上,我们可知:企业组织行动纲领系指企业组织及该企业组织利益关联方为了保证实现企业家组织设计制订的企业使命目标,而规定的行动步骤和行动过程中不可违反的纪律之纲要,企业管理活动过程中必须给予坚持、不可违背的重要原则和理念,而非关于企业活动细枝末节性的要求。可见,企业组织行动纲领是关于能否更好地完成使命任务的纪律保障之纲要,并且纲举目张。

企业组织实际上是由多个或若干个不同职能部门通过组织联系而形成的企业组织。或者说,企业组织都有多个或若干个不同的企业组织的子系统。而且,企业组织子系统的职能任务各不相同,相应的子系统的使命目标就会有所

不同。企业组织各子系统的使命目标虽各有所不同，但终究指向是相同的，即各子系统的使命目标都要与企业使命目标的要求一致。企业使命目标与企业各子系统的使命目标是总与分的关系。

但是，企业各不相同，或者说，有所不同的诸子系统的使命目标与企业使命目标的关系，也不会是均等的，势必会有个别子系统的使命目标是处于主导地位的，而其他子系统的使命目标则处于从属、受支配的地位。

汽车行业企业诸子系统的使命目标与企业使命目标的关系，或者说，诸子系统的使命目标对企业使命目标的贡献度也不会是均等的。其中，企业产品研发系统的使命目标是企业使命目标的主要矛盾，汽车产品研发组织的使命目标在诸子系统中处于主导、支配的地位。

这就是我们所见到的关于汽车行业企业使命目标的表述与其产品研发组织的使命目标的表述，几乎是相同的，或是大同小异的根本原因。这也是在汽车行业企业我们只能看到其汽车产品研发组织的使命目标而找不到其他部门或子系统的使命目标表述的原因。

这也就对企业汽车产品研发组织使命目标的设计或表述提出了更高的要求，即要求企业汽车产品研发组织的使命目标与企业使命目标相互代表或相互包容。

二、设计制定企业汽车产品研发组织使命与行动纲领意义的讨论

企业组织使命是充分调动企业所有的利益关联方和全体员工为企业使命目标奉献的主观能动性的第一措施，即使得企业所有的利益关联方和全体员工自觉、自愿地去努力实现对企业来说具有重大意义的根本性总目标的第一措施。

综上所述，企业和企业管理最为重要的任务、企业产品研发组织最重要的任务，就是设计制订并宣贯企业组织的使命目标，设计制订并宣贯企业产品研发组织的使命目标。并且，企业组织使命目标与企业汽车产品研发组织的使命目标要相互代表或相互包容。这也是汽车产品研发的重要客观要求。

企业所制定出来的一系列活动纪律要求，既有行动纲领性的要求，也有一般性的纪律要求。而且，它们对企业完成使命任务的保证作用也不会是一刀切的，势必会有关键要求和一般要求之分。其关键要求系指：关键要求得以满足或做到后，其他一般要求自然而然地会得到满足或做到了。例如，当恪尽职守能做到，那么，遵守劳动纪律就不在话下了。

综上所述，明确企业组织使命目标与行动纲领的意义在于：首先，它可以很好地阐释企业组织存在的理由；其次，它能充分调动包括企业家在内的企业组织的利益关联方，并包括企业内部员工，发挥实现使命目标的主观能动性。

而在设计制订企业组织使命目标的同时亦设计制定行动纲领的目的或意义也无非能更好地为实现使命目标提供纪律保证。

第二节 企业组织设计制定使命目标与行动纲领要求的讨论

无论如何设计制定企业组织使命与行动纲领,或者说,如何表述企业组织使命与行动纲领,有一点是肯定的,那就是,企业组织必须以人为本。既要以人作为开展企业活动的目的,又要以人作为开展企业活动的手段。以人为本是我国各行各业发展的大政方针(之一),同时也是我国企业组织生存与发展的手段与目的。

这就是说,我国企业组织的使命与行动纲领,要充分体现以人为本的方针。既要体现出以人作为企业组织实现自身使命的手段,又要体现出以人作为实现自身使命的目的。并且,企业组织行动纲领也要体现出以人为本,既要体现出来行动纲领是对人的要求,同时又要体现出对遵守行动纲领的一种回报。

笔者认为只有类似这样的使命与行动纲领才能成为人们自愿履行的使命与行动纲领,才是真正意义上的使命与行动纲领。

第三节 企业组织使命与行动纲领设计例解的讨论

正如前面所述,汽车行业企业使命目标由于企业各部门的职能不同使命目标会有所不同,但是,企业各部门的使命目标对企业使命目标的影响或贡献度会是不同的,其中势必会有对其他各部门使命目标起支配作用的"主要矛盾",不需多言,这"主要矛盾"势必会是企业汽车产品研发组织的使命目标,或者说,企业汽车产品研发组织的使命目标势必可代表,也应该代表企业组织的使命目标。

笔者以东风汽车公司技术中心(注:央企和国企的汽车产品研发组织的代表)的使命目标与行动纲领设计为例,对企业汽车产品研发组织使命与行动纲领的设计,做如下分析讨论。

一、关于东风汽车公司技术中心使命与行动纲领栏目设置的讨论

东风汽车公司技术中心使命与行动纲领如图 8-1 所示。

第二篇　广义汽车设计

图 8-1　东风汽车公司技术中心使命与行动纲领

如图 8-1 所示，东风汽车公司技术中心使命与行动纲领共用了七个栏目来表述，这七个栏目分别是：企业使命、企业愿景、核心价值观、研发精神、研发理念、管理理念、人才理念。

企业愿景系指企业的长期发展目标或主观愿望。将企业愿景与此前所述的企业组织使命的定义比较一下，就不难发现，如果说企业组织使命被明确了，那么，再谈企业愿景，则会有重复之嫌。

研发精神应该系指员工核心价值观所体现出来的一种工作精神状态，因此，在核心价值观被明确下来后再来谈研发精神，同样会有重复之嫌。特别是关于人才观：人才观是核心价值观的重要组成部分，企业有什么样的核心价值观就会有什么样的人才观，因此，笔者同样认为在核心价值观被明确下来后再来谈人才观或人才理念，也会有重复之嫌。

另外，东风汽车公司技术中心在提出研发理念之后，还提出了管理理念。对此，笔者认为研发管理是产品研发工作一个重要的组成部分，或者说，研发工作包含研发管理。因此，在设计制定出研发理念之后，没必要再单独提出管理理念。既提研发理念又提管理理念，这同样也会有重复之嫌。

综上所述，东风汽车公司技术中心使命与行动纲领的设计应做些适当的简化，建议简化去掉企业愿景、研发精神、管理理念和人才理念这四个有重复之嫌的栏目内容。

二、关于东风汽车公司技术中心企业使命设计的讨论

如图8-1所示,东风汽车公司技术中心关于企业使命的表述为:成就东风发展伟业建功汽车强国梦想。

企业使命是东风汽车公司技术中心存在的重要前提或标志,其使命目标是技术中心一切活动之原动力并是一切活动的最终目的。

另外,文献还指出:企业组织使命必须转化成企业目标,并分解成为员工的工作目标。这也就是说,在设计企业组织使命与行动纲领时,企业组织使命与工作目标应是一对孪生姐妹。

由此可见,东风汽车公司技术中心的使命设计,在这方面明显有瑕疵,即东风汽车公司技术中心的使命目标没有同时提出研发工作的目标要求。

再将东风汽车公司技术中心使命目标的表述与笔者心中一直向往的汽车产品研发组织使命设计,即让汽车成为(我们)生活幸福的源泉,做一下比较。是不是笔者心中所向往的使命目标更符合我们在前面讨论过的使命设计要求,即更符合目的与手段的高度统一的要求?答案是不言自明的。

如果将东风汽车公司技术中心的使命设计变更为——让汽车成为(我们)生活幸福的源泉,再结合笔者所设计的研发(工作)目标——出产品、出人才、出思想。再对照企业管理大师彼得·德鲁克的管理理论,即企业组织使命必须转化成企业工作目标,堪称是完全符合管理大师要求的,亦会是完美的。

并且,出产品、出人才、出思想这一研发(工作)目标本身很好地体现了目的与手段统一的要求。即产品研发组织的员工以出产品为自己成长为人才的措施,而出人才又是多快好省地出产品和出思想的措施。另外,出思想又是出产品和出人才的需要,或者说,出思想是多出人才和多快好省出产品的重要措施。

三、关于东风汽车公司技术中心企业行动纲领设计的讨论

1. 核心价值观与研发理念的基本概念

在前面的讨论中,我们已经温习过了企业组织使命与行动纲领的定义,下面让我们再温习一下核心价值观与理念的定义。

百度百科指出:核心价值观是企业哲学的重要组成部分,它是企业在发展过程中处理内外矛盾的一系列准则,如企业对市场、对客户、对员工等的看法或态度,它是企业表明生存与发展的主张。企业核心价值观与企业价值观相比较,企业价值观是客观的,而企业核心价值观是企业主观方面对企业价值观的

要求和引导。

关于理念，我们经常谈论的有研发理念和管理理念等。我们也有必要温习一下关于理念的释义。

百度百科给出的"理念"一词的释义为：人类以自己的语言形式来诠释现象——事与物时，所归纳或总结的思想、观念、概念与法则。

据此，在"理念"一词释义的基础上，笔者给出研发理念的定义如下：研发理念系指人们在研发工作中的行为方面可坚持并应坚持的绝对正确的观点和看法。因此，研发理念应作为企业行动纲领的一项重要内容。其用意或目的就是防止个人利益至上、事不关己高高挂起、个人观点属墙头草随风倒等不良文化意识或其他腐朽文化对行动纲领的侵蚀。

由此可见，核心价值观和研发理念都是研发类企业行动纲领的一部分，都是企业活动中必须遵守的纪律或准则，属于狭义企业行动纲领的重要组成部分。或者说，研发（工作）理念和核心价值观是研发类企业行动纲领的两个重要组成部分。

2. 关于东风汽车公司技术中心研发理念的讨论

东风汽车公司技术中心关于研发理念的实际表述是：改进一代 开发一代 预研一代。

在此，将笔者心中向往的研发理念——"物尽其用 人尽所长 相互欣赏"与东风汽车公司技术中心的实际做比较，不难发现：首先，上述两种研发理念的表述，与行动纲领定义的符合度方面存在着明显的不同。改进一代、开发一代、预研一代，即东风人常说的"三个一代"，虽说可以将"三个一代"理解成东风汽车公司技术中心在产品研发工作中必须坚持现生产产品改进、新产品研发和新产品预研三重并举的纪律要求。将其作为研发理念来对待，也是符合此前所描述的研发理念定义的，或者说，"三个一代"与理念一词的释义并无矛盾之处。但是，作为研发理念，它既要有关于做事的理念，又要有关于做人的理念，这样的研发理念才是全面的理念。请看笔者心中向往的研发理念：

物尽其用——意指在产品研发活动中不得出现浪费钱与物的现象，并要与铺张浪费现象主动做斗争，主动与事不关己高高挂起的现象做斗争。

人尽所长——详可参见文献，在此不赘述。

相互欣赏——意指在产品研发活动中应向物尽其用、人尽所长之人去学习、致敬。相互欣赏，还系指一种全新的员工之间相互竞争的方式，或者说，还是一种——比、学、赶、帮、超的形式。相互欣赏意指不应该用自己之所长去评价他人能力之短；取短则会更短，取长补短才会更长。

为此，对员工工作岗位的分工安排也要以发挥员工所长为准则；员工也有

广义汽车设计

要求在工作中发挥自己之所长的权利。通俗地说，就是不要安排爆发力相对较好的运动员去跑长跑，而安排耐力相对较好的运动员去跑短跑。面对类似的工作安排，员工有权说不。这就对企业管理者提出了更高的要求。它要求企业管理者将发现、认知员工业务能力之长和促进员工能力所长作为日常性工作。

为此，要常态化地开展员工业务能力之长进的鉴赏活动，以便促进员工能力之所长的提高并及时发现人才、培养人才。既然人尽所长是用人的准则，那么，对准则落实的情况就要有考核。

关于员工之间应相互欣赏，值得指出的是，这不是笔者一个人心中所拥有的理念。记得在一次技术中心领导换届的干部会议上，时任东风汽车公司副总经理刘卫东就指出：我希望我们技术中心的全体员工要树立起相互欣赏的竞争观念，摒弃相互贬低的竞争手段。

总之，笔者心中的研发理念不仅有做事方面的纪律要求——物尽其用，人尽所长；还有关于做人方面的纪律要求——相互欣赏，而不应相互贬低。

所以说，这才是一个全面的研发理念。并且，与企业行动纲领相比较，上述研发理念具有对企业行动纲领高度概括的属性，研发理念应成为企业管理永无止境追求的目标之一。即上述研发理念应是企业行动纲领的一个很好的选择。

3. 关于东风汽车公司技术中心核心价值观的讨论

东风汽车公司技术中心核心价值观的表述是：创造快乐汽车生活 为创新创造而快乐 在快乐中创新创造。

在此，笔者将所建议的核心价值观——一分耕耘，一分收获，与东风汽车公司技术中心的实际做比较，不难发现：上述两种核心价值观的表述，与行动纲领定义的符合度方面存在着明显的不同。

东风汽车公司技术中心的核心价值观——"创造快乐汽车生活 为创新创造而快乐 在快乐中创新创造"，是关于员工价值取向的要求，而缺乏的是与价值取向相伴相行的价值评价量的概念。这就好比，我们日常购物时看见心动的东西，一定会去看一下价签或问询一下价格。这也就说明，价值取向与价值评价是不可分割的一个整体。与之相反，笔者所建议的核心价值观——"一分耕耘 一分收获"，其价值取向为"收获与耕耘"，价值评价为一分耕耘、一分收获。并且，收获与耕耘是互为目的与手段的。员工以收获为目的，那么，就必须耕耘；企业以员工耕耘为目的，那么，就必须保证员工的劳有收获。一分耕耘、一分收获所强调的是耕耘与收获的对应，提倡的是多劳多得，并且，"得与耕"两方面应相互对应，即应线性正相关，而不是指得与耕对等；反对的是耕耘与收获没有明显的线性正相关；应保证避免倾心奉献的耕耘者汗水与泪水同流的现象发生。

总之，笔者所建议的汽车产品研发类企业的核心价值观不仅包括价值取向，还包括价值评价，是全面的价值观；与企业行动纲领相比较，笔者所建议的核心价值观亦同样具有关于企业行动纲领高度概括的属性，并且，企业核心价值观也应成为企业管理永无止境的追求。即企业核心价值观应是企业行动纲领一个很好的选择。

综上所述，东风汽车公司技术中心可积极考虑采用笔者所提出的：

企业组织或汽车产品研发组织使命目标：让汽车成为（我们）生活幸福的源泉

企业工作目标：出产品 出人才 出思想

企业行动纲领（一）：企业核心价值观——一分耕耘 一分收获

企业行动纲领（二）：企业理念——物尽其用 人尽所长 相互欣赏

或表述为：

企业组织使命——让汽车成为（我们）生活幸福的源泉

企业工作目标——出产品 出人才 出思想

企业行动纲领——一分耕耘，一分收获；物尽其用，人尽所长，相互欣赏

第四节　相关问题的讨论

企业组织无不是由业务功能不同的多个部门所组成，而这多个部门各自所分担的企业组织使命任务也会是有所不同的，因此，难免会有各部门提出各自的使命与行动纲领。对此，必须指出：类似的想法是错误的。其中的道理亦是十分简明的，那就是：企业组织各部门提出各自的使命与行动纲领，势必会给社会造成"该企业内部组织各奔东西、不团结"的印象，这无疑是对企业形象的极大破坏；企业组织各部门提出各自的使命与行动纲领，势必会引起员工做比较，并且，比较之后的结论性意见，必定是仁智各见，这会严重影响到企业使命与行动纲领的贯彻落实。

因此，通常企业组织绝对不会允许企业内部部门各自设计制定部门的使命与行动纲领。但是，同时也要求企业使命目标与行动纲领的设计表述对企业各部门具有包容性或通用性。

我们从企业组织使命目标与行动纲领的定义，可知企业组织使命目标与行动纲领对企业生存与发展所起的作用是任何企业文化都不可相提并论的。打个比方，一个战士可以没有文化，但是，只要他一切行动听指挥，那么，他照样会完成他的使命任务。

广义汽车设计

企业组织使命目标与行动纲领对企业生存与发展的作用高于企业文化，两者分属于不同的精神层面。例如，笔者在文献中所做的题为——关于"三个一代"的讨论，就明显有将东风汽车公司技术中心的工作目标与企业文化拉扯在一起的嫌疑。这正说明笔者现在的文化水平与那时的相比，经过几年的学习是有提高的。

笔者在前面对东风汽车公司技术中心的企业使命与行动纲领已经做了较为深入的讨论，大家从中可以看出：东风汽车公司技术中心的企业使命与行动纲领的设计及表述或多或少是存在问题的，或者说，存在一些不足之处。但是，尽管如此，与某些国内著名企业的使命与行动纲领相比较，并不算是落后的。

值得加以说明的是，文献早就提出了汽车产品研发组织应以"出产品、出人才、出思想"为目标，而笔者于2015年夏天在包头旅游参观北方集团提出的"三出"则是"出产品、出人才、出经验"。二者多么接近，是不是让人们有所见略同的感觉！

由上述几家企业的有关表述，我们可以看出：东风汽车公司技术中心关于企业组织使命与行动纲领的现有表述在国内并不落后，甚至还可以说是相对先进的。

第九章

中资企业发展自主品牌汽车产品研发战略的讨论

第一节 企业产品研发战略与策略的一般性讨论

一、企业产品研发战略与策略的释义

依据本书前面介绍过的关于战略及策略的释义,企业产品研发战略应系指企业产品研发的总目标及分阶段目标的设定与总目标及分目标实现的路径与措施的谋划。企业产品研发策略系指针对不同类型产品的研发目标及其在不同历史时期的研发目标的设定与路径和措施的谋划。总之,战略是关于总体目标及分目标的谋划,而策略是关于局部的分目标的谋划。

因此,设计制定汽车产业发展战略与策略和设计制定企业产品研发战略与策略一样,都是广义汽车设计重要任务内容之一。只不过两者的作用或侧重有所不同而已。

就汽车产品研发战略与策略来说,它有两个层面:一是国家政府有关部委所设计制定的汽车产业发展战略与策略,即国家发展汽车产业的大计方针;二是企业所设计制定的产品研发战略与策略。

国家政府层面所设计制定的汽车产业发展战略与策略,和企业层面所设计

制定的产品研发战略与策略,两者的关系应为:企业层面设计制定的产品研发战略与策略是国家政府层面设计制定的汽车产业发展战略与策略的具体落实与补充,或者说,国家政府层面设计制定的汽车产业发展战略与策略是企业设计制定其产品研发战略与策略的指导。

二、企业产品研发战略与策略的客观性

无论是国家层面的产业政策,还是企业层面的产品研发战略与策略,也无论是否经过专门的研究制定的产业或产品的战略与策略,实际上都是客观存在的。

企业没有一个经过专门研究、明确制定的产品研发战略与策略,一切跟着感觉走,这实际上也是一种战略与策略;而经过专门研究并明确提出来的企业产品研发战略与策略,也是一种战略与策略。两者的区别在于:战略不明确,一切跟着感觉走,容易出现战略跑偏或战略摇摆;而战略明确,则可避免战略摇摆或战略跑偏。或者说,经过研究制定的战略会走得更长、更远,而没有经过研究制定的战略,即凭着感觉走,一般都不会走得远。

国家层面的产业发展政策亦是同样的。没有经过调查研究的产业政策,一切跟着感觉走,也是一种产业政策;而经过调查研究的产业政策,也是一种产业政策。并且同样地,经过研究的产业政策可避免战略跑偏或战略摇摆。

企业产品研发战略与策略和国家层面的产业政策,都是客观存在的。其客观性是不以人的意识为转移的。它们所作用的对象都是企业的产品研发。因此,我们需要给予企业产品研发战略与策略和国家产业政策同等的关注。并且,企业设计制定产品研发战略与策略的责任主体通常是:

(1) 企业主;
(2) 董事会;
(3) 企业产品总设计师。

三、企业产品研发战略与策略是企业发展战略与策略的重要组成部分

无须多言,企业的发展需要由企业发展战略与策略来指引。并且,企业发展战略与策略有两个重要组成部分:一是企业产品品牌战略与策略,即企业经营战略与策略;二是企业产品研发战略与策略。

关于企业产品品牌战略,笔者目前还知之甚少。因此,也就谈不出一些有新意、有价值的东西来。也就是说,关于企业产品品牌战略,笔者还有待学习、提高,或者说,企业产品品牌战略的研究已经超出了汽车设计学科的范

畴，它更多的是属于企业经营管理学科的范畴。

但是，企业产品品牌战略和产品研发战略与策略，它们又是紧密联系的两个方面。两者之间的关系应为：一般来说，企业产品研发战略与策略要服从于企业产品品牌战略与策略的要求。但是，两者也需要相互印证、相互支撑。也只有这样，两者才能实现相辅相成。这也就是说，企业产品品牌战略设计师（及其团队）和产品研发战略设计师（及其团队），双方在设计制定品牌战略和产品研发战略与策略时需要充分地进行沟通，本着发挥各自专业优势的态度，相互取长补短。也只有这样，企业的品牌战略与产品研发战略才能更好地支撑起做大做强企业自主品牌汽车的战略目标。而并非企业产品研发战略与策略只能一味地听从于企业产品品牌战略设计师的要求，或者说，企业产品研发战略设计师（及其团队）死板地执行产品品牌战略，这也是不可取的。作为企业产品研发战略与策略方面的设计师不能只埋头拉车不抬头看路，对所发现的企业产品品牌战略方向的不当之处也要指出来。这就造成了在讨论企业产品研发战略与策略时，会不可避免地涉及企业产品品牌战略方面的内容。

第二节　在新的历史发展阶段企业产品研发战略目标的讨论

一、关于在新的历史发展阶段企业产品研发战略要求的讨论

正如前所述，中国汽车产业现已经走过了初级和中级发展阶段，目前正处于高级发展阶段的前夕，即中国汽车产业历史性地迎来了以做大做强自主品牌为新的战略目标期。这就要求我们的企业以做大做强自己企业的自主品牌为战略目标，同时，还需要贯彻落实国家层面关于汽车产业做大做强自主品牌产品的战略与策略要求。这样"上下同心，其利断金"，我们的事业才能无往而不胜。

另外，企业产品研发战略与策略除了需要考虑与企业产品品牌战略相呼应（注：关于企业产品研发战略与策略和企业产品品牌之间的关系，笔者在上一节已经做了讨论，在此不再赘述。）之外，还需要考虑企业组织使命的要求。

经过前面的讨论，我们一起得出了中国汽车企业组织使命无论具体表述如何，其中心思想都是以"让汽车成为（我们）生活幸福的源泉"作为使命目标。对此，我们可想而知，如果说我们的汽车产品研发组织不能贯彻落实做大做强自主品牌产品研发战略与策略，那么，我们的自主品牌汽车产品市场竞争力就不会强大，则企业的效益就不可能好，而效益不好的企业是无法很好地贯

广义汽车设计

彻落实"让汽车成为（我们）生活幸福的源泉"的使命目标的！

也只有设计并贯彻好科学的企业组织使命目标与行动纲领，才能充分调动企业产品研发全体员工和利益相关方的主观能动性。

虽然，充分调动企业产品研发全体员工和利益相关方的主观能动性，不是万能的，但是，就汽车产品研发活动来说，不去主动地调动员工和相关方的主观能动性，则是万万不能的。

所以，中国汽车产业以争当产业报国、产业强国的"领头羊"为自己的使命，并以做大做强自主品牌作为自己的战略目标，和中国汽车企业产品研发组织以"让汽车成为（我们）生活幸福的源泉"为使命目标，同时以做大做强自主品牌汽车产品研发作为履行产品研发组织使命的战略性手段是一脉相承的，亦是不二之选。

二、关于在新的历史发展阶段企业产品研发战略目标的讨论

正如前所述，中国汽车产业已经经历了以满足国民经济发展对运输生产的需要为初级发展阶段的战略目标，和以满足国民经济发展对交通和运输的需要为中级发展阶段的战略目标。目前，我国汽车产业正处在做大做强自主品牌这一全新的发展阶段。

做大做强自主品牌是我国在新的发展阶段条件下，开展产品研发战略与策略研究的大势所趋。因此，各企业务必要认真研究做大做强自主品牌汽车产品的战略与策略。

针对目前我国自主品牌汽车产品研发的实际，笔者建议将"集中力量"作为企业做大做强自主品牌产品研发的战略指导方针之一。

（一）将"集中力量"作为公司做大做强自主品牌产品研发的战略指导方针之一

1. 我国自主品牌产品研发能力现状概述

研究、讨论自主品牌产品研发的战略指导方针时，无疑需要摸清自主品牌产品研发能力的现状，这样才能在此基础上，提出针对性的战略意见，即知彼知此，百战不殆。

纵观我国汽车行业各类自主品牌产品，首先就是自主品牌产品的类型不同，与做大做强的目标要求的差距就不同。并且，与做大做强的目标要求的差距势必是各类自主品牌产品研发能力之差距所使然。例如，商用车，特别是重型商用车，无论是从自主品牌的产销量还是从自主品牌的市场占有率来看，都是与做大做强目标要求的差距最小的。这势必是重型商用车产品研发能力相对

而言较强所使然。而狭义乘用车，特别是轿车自主品牌，可以说，目前与做大做强的目标要求的差距则是最大的，这背后的原因也是不言自明的，那就是，狭义乘用车，特别是轿车自主品牌的产品研发能力不高。不仅如此，各家自主品牌产品，从所完成研发的产品市场竞争力水平来看，研发能力也是参差不齐的。并且，各家自主品牌产品对我国汽车产业做大做强自主品牌的影响也是参差不齐的。因此，企业做大做强自主品牌产品研发的战略与策略是不可一概而论的。

然而，我国各类汽车自主品牌产品研发实际也存在明显的共性，那就是，无论是商用车、越野车，还是狭义乘用车产品研发都与国际先进水平存在不同的差距。这就势必会导致不同企业在做大做强自主品牌的战略与策略中也存在共性。

依据前面所述战略与策略的释义，不同类型汽车产品研发战略属于产品研发策略（即分战略）的范畴，但是，诸分战略，即策略，具有共性时，则具有共性之策略的研究亦应升格为战略来对待。

例如，东风汽车公司（以下简称"东风"）自主品牌分类产品研发策略与北汽自主品牌分类产品研发策略之间的共性，就应升格为东风或北汽自主品牌产品研发战略。并且，无论是我国汽车产品自主品牌研发所取得的成绩，还是所存在的问题，北汽和东风这两家企业的自主品牌狭义乘用车产品研发都具有一定的或较强的代表性。

可以说，当时间来到21世纪之后，我国汽车产业才树起自主品牌的概念，与此同时狭义乘用车自主品牌产品研发也普遍开展起来了。而此前的若干年，由于我们没有做过自主品牌狭义乘用车产品研发，特别是轿车产品的自主研发，被所谓的轿车产品技术要求高起点而恐吓住了大力研发自主品牌轿车产品的脚步，对自主品牌轿车产品的研发只是在"战略上重视"而实际上裹足不前。直到大约2005年才兴起了研发自主品牌狭义乘用车的高潮。

例如，东风于2009年3月将自主研发的第一款普通轿车产品风神A30正式投放市场；而北汽也于相差不多的时间，推出了第一款自主品牌狭义乘用车——北汽绅宝D70。从产品类型来看，东风和北汽两家首款自主品牌狭义乘用车产品同属于普通轿车，只不过北汽绅宝D70的市场定位，即产品价格档次要比东风A30高一些。想必A30所追求的产品市场目标为在我国中、低端普通乘用车市场上占有较大的份额，来为东风汽车自主品牌争光。北汽的目标自然也不用多说，那就是，挤占或抢占中高档轿车产品市场并获得足够高的市场份额。

两家企业的上述目标，本无可厚非。目标的共性是有目共睹或可想而知

广义汽车设计

的，那就是，将各自的第一款狭义乘用车产品做大做强。然而，什么才叫作将某一款（平台）产品做大做强呢？笔者认为：做大做强某款（平台）产品，是既有最低要求亦有最高要求的。

最低要求系指一般来说，任何一款平台产品势必都会经历年产销量的上升期、年产销量的维持期和年产销量的下滑期。并且，维持期的产销量也不会是一条直线的，而是上下会有一定波动的。维持期的最低目标要求为不得低于该平台产品的研发周期。例如，某一平台产品的研发周期是 42 个月，则相对应的产品销量的维持期要求应不低于 42 个月。并且，投入产出比，即生产经营该款平台系列产品的经济效益，按产销量维持期的年均产销量的目标销量乘以产销量维持期的单车产品的利润目标，与该款平台系列产品的研发费用和各项生产准备费用之总和之比值须大于 1。

总之，按平台系列产品核算总收入要大于总支出，通俗地说，就是企业不得赔钱。这正是办企业的目的之所在，亦是研发平台产品的基本要求。凡是没能满足该基本要求的平台产品及其系列产品的研发，就是失败的。

最高要求系指公司依靠该款平台系列产品不仅创造了连续多年的生产经营的高效益，还创造出了公司发展新局面或辉煌业绩。例如，本书前面所列举的东风汽车公司的前身二汽就是依靠 EQ140 这一款平台产品创造了曾经的辉煌；再就是当今的长城汽车依靠哈弗 H6，也创造了令国内自主品牌乘用车羡慕的成就。

然而，上述最高要求的达成，是可遇而不可求的。一般来说，新产品研发都以成为公司经营的支柱产品为目标。而所谓的支柱产品系指公司仅靠某一款支柱产品的生产经营就可不亏损，进而有可观的盈利。

对照上述做大做强自主品牌平台产品的最低要求，可以说，东风和北汽各自的第一款狭义乘用车平台产品的研发，很快就让人们看到它们没能满足上述的最低要求或勉强达到最低要求。类似现象在我国当前自主品牌汽车产品发展中具有一定程度的普遍性。

值得一提的是，将所研发完成的第一款狭义乘用车产品未能达到目标的原因简单地归结为市场竞争过于激烈，是不恰当的。

在我国自主品牌汽车产品研发中，特别是在我国自主品牌狭义乘用车产品研发中，存在着一种普遍现象，那就是，产品研发能力表现出来的两面性。

不论公司所研发推出的第一款狭义乘用车平台产品及其平台系列产品成功与否，公司仍会按部就班地执行原先的产品研发规划。例如，东风乘用车公司在推出东风风神 A30 轿车产品之后，在这 10 余年间先后完成研发并推出的普通轿车车型还有 A60 系列和 A9 系列，除此之外，还完成研发并推出了东风风神 AX7、AX5、AX4、AX3 系列 SUV 产品。也就是说，其在 10 余年间完成研发并推出 7 款平台系列产品，大有在短时期内完成全谱系狭义乘用车产品研发之势。可遗憾的是研发并推出了 7 款平台系列产品之后，至今还没有出现过能当得起公司经营支柱的平台产品，公司仍然需要依靠继续追加投资来维持运营。

如果只从最近 10 余年来完成并投放市场的平台产品数量来看，可以说东风的产品研发能力或水平与国外先进水平相比较是难分伯仲的。并且，北汽等其他自主品牌企业产品研发也与东风大同小异。

对上述自主品牌狭义乘用车产品研发所取得的与国外先进难分伯仲的成绩，有人会说我国自主品牌乘用车产品研发能够取得如此成就，令人鼓舞。也有人会说产品研发不能以产品研发所完成的新产品数量来论英雄，更为重要的应该是看公司的投入产出比，或公司是否盈利，或者说，是否研发完成出能当得起公司经营支柱的平台产品。也就是说，要看所研发完成的产品的市场竞争力能否满足需要。

然而，就我国目前各家自主品牌乘用车公司所取得的经济效益来说，势必会参差不齐。有的自主品牌乘用车公司是连年亏损，有的是在盈亏边缘上下波动。也有极个别的企业单一平台产品及平台系列产品的经营效益比较好。如长城汽车的哈弗 H6。

关于多数自主品牌乘用车公司生产经营效益不够理想的原因，也势必会是多方面的。但是，可以肯定的是：在众多影响企业经营效益的因素当中，所研发完成的产品市场竞争力不强，无疑是最主要的因素，并不是之一，而是唯一。而导致所研发完成的产品市场竞争力不强的原因无非就是产品研发能力不强、水平不高。

这就是我国自主品牌狭义乘用车产品研发能力或水平的两面性，即从新产品研发周期与一定时期内所完成研发与推出的新平台产品的数量来看，我们的产品研发能力与国外先进水平相比较亦毫不逊色，是难分伯仲的；而从所研发完成的产品市场竞争力来看，我们的产品研发能力与国外先进水平相比较，还存在着巨大的差距。也就是说，从不同的角度去看我国自主品牌汽车产品的研发能力，特别是从不同的角度去看狭义乘用车产品研发能力，会得到截然相反的结论。

2. 现实需要将"集中力量"作为公司做大做强自主品牌研发的战略指导方针

上述汽车产品研发能力两面性的现实，呼唤我们采取"集中力量打歼灭战"的战略措施，对此给出如下解释。

广义汽车设计

正如前所述，我国自主品牌乘用车产品研发能力或水平与国外先进产品研发能力或水平相比较，如果仅做在相同时间段内所完成的平台产品研发数量的比较，则结论的确是难分伯仲。这就好比一位是被公认的学习成绩优异的学生，而另一位是学习成绩比较差的学生，他们俩一同参加限时60分钟的考试，并且，两位同学都在要求的时间完成了答卷。然而，一位同学的答卷正确率是100%，而另一位同学的答卷正确率仅为40%~50%。谁的成绩好、水平高这该是不言自明的。这两位同学就好比两家汽车公司的产品研发部门，其中一家公司所研发的产品市场竞争力近乎百分百地达到市场竞争的预期，而另一家公司所研发的产品市场竞争力只能40%~50%地达到市场竞争的预期。谁的产品研发能力强，谁的产品研发能力弱，同样也是不言自明的。

下面再让我们分析一下，短时期内如何提高"成绩比较差的学生"答题的正确率？也就是说，如何才能短时期内将我们的产品市场竞争力大幅度提高上去？

对此，首先要明确的就是，试卷的难度不得降低，即对所研发产品的市场竞争力的要求不得降低。

那么，提高差生答卷的正确率的措施，或者说，提高我们所研发产品的市场竞争力的措施如下。

一是适当延时。所对应的保证研发产品市场竞争力的措施是延长产品研发周期。

二是分卷考试，即将一张试卷划分成为两个（或若干）部分来作答。每次考试的时长不变，即在同样长的时间内，所要求回答完成的问题的量只是原来的1/2或1/3。不需多言，这无疑是短时期内提高考试成绩的有效办法。

这就好比我们面对产品研发能力或水平远远不及国外先进水平的现实，面对满足狭义乘用车自主品牌产品研发质量的要求，即研发产品的市场竞争力要求，而采取将狭义乘用车产品研发任务划分为普通轿车产品研发与SUV产品研发两部分，先集中力量做普通轿车产品研发或SUV产品研发。毫无疑问，这必将有利于提高甚至大幅度地提高我们所研发的自主品牌产品的市场竞争力。

关于我国自主品牌狭义乘用车产品研发现状的特征，除了研发能力所表现出来的"两面性"之外，对于已经在做大做强自主品牌狭义乘用车的道路上奋斗了10多年的汽车公司来说屡战不胜，即至今公司所完成研发的多款平台产品及平台系列产品还没有出现过一款平台产品及平台系列产品能够成为公司经营的支柱产品。目前，类似公司自主品牌产品研发的另一大特征就是，亟须来一场产品研发的胜利。

之所以说目前亟须来一场产品研发的胜利,是为了提振产品研发组织全体员工的士气,扫除因产品研发屡次不成功所造成的心理上的阴霾。

为此,建议类似企业集中产品研发队伍中的精兵强将,针对现生产产品中销售最好的一款平台产品开展升级换代研发工作。

上述建议还需要从两个方面给予补充说明。

一是为什么要选择销售最好的一款现生产平台产品来开展升级换代,而不是针对销售比较差的平台产品来开展升级换代之研发。

这其中的道理是不言自明的,那就是,选择现生产平台产品中销售量最好的一款来做升级换代,难度相对会低一些,或者说,相对来说产品的基础会好一些。

二是如何组织实施所选定的平台产品升级换代和设计目标要求。

众所周知,人是生产力的第一要素。不同的人或不同的团队,所研发完成的产品市场竞争力是不同的,并且,一个汽车产品研发组织的不同产品研发团队或不同的人,所研发完成的产品市场竞争力的差别,往往也会是比较大的。

因此,对一个汽车产品研发组织来说,短时期内大幅度或明显提高产品研发能力的抓手,或者说,追求新研发产品的市场竞争力大幅度提高的抓手,那就是,重组产品研发团队,并集中精兵强将来完成所选定的平台产品升级换代的产品研发工作。

"集中力量打歼灭战",这是我党战胜强敌、取得胜利的法宝之一。另外,做事一心不可二用、专心致志等,这些我们耳熟能详的话语,也系指当一个人或一个组织的能力不足以同时做好或开展两件事情的时候,就需要集中力量于一件事情上。这是解决能力不足的有效措施。关于同时做好两件事对能力的要求,还想补充一句,即一个人或一个组织同时做好两件事情的能力,远远大于做 A 事情所需要的能力与做 B 事情所需要的能力之和,即(做 A 事情所需要的能力 + 做 B 事情所需要的能力)× 大于 1 的系数。

总之,对于汽车产品研发能力暂时不够强大的汽车产品研发组织来说,不仅需要将"集中力量打歼灭战"作为产品研发的战略指导方针,而且,运用"集中力量打歼灭战"的战略指导方针也是完全可以创造出产品研发佳绩的。例如,东风 EQ140 车型与长城哈弗 H6 等。

我国大多数自主品牌乘用车企业在自主品牌汽车产品研发中近年来所贯彻的品牌产品系列化或多品牌战略,可谓是多点开花。然而,凡是在企业产品研发中没有很好贯彻落实"集中力量打歼灭战"的企业,这多点开花的花期无不是短暂的,用昙花一现来形容一点也不过分。从新产品完成研发并投放市场到被市场所抛弃(即销量降至盈亏点之下)的周期,或称为新产品市场寿命周期，普遍不及研发周期长，或者说，市场寿命周期只是产品研发周期的一半，更有甚者仅仅是研发周期的1/4。对此，当笔者和同学谈起我国自主品牌乘用车类似问题的时候，有同学调侃说，这叫"打一枪换一个地方""东方不亮西方亮"。可是每当调侃过后，大家的心情却无不是沉重的。

值得说明的是，在自主品牌产品研发工作中，贯彻落实"集中力量打歼灭战"的指导思想势必会遇到权衡问题，即会涉及下马或不上马的项目和集中产品研发力量主攻某一款平台产品研发的抉择，也就是说"集中力量打歼灭战"的抉择至少会涉及两款以上平台产品研发的局部战略的调整或整合。因此，企业产品研发采取"集中力量打歼灭战"的方针应作为战略来对待。

3. 关于自主品牌汽车产品贯彻落实"集中力量"指导方针的讨论

曾几何时，我们的自主品牌产品研发组织，随着研发车型种类的逐渐增多、研发队伍规模的不断扩大、研发管理难度的增加，纷纷出现了所谓的合久必分现象，即出现了依据产品研发任务的类型（如大中型商用车产品研发、轻型商用车产品研发、越野车产品研发和狭义乘用车产品研发等）来划分或定义产品研发板块，对于不同类型产品研发（板块）纷纷（或先后）成立相互独立的产品研发组织。通俗地说，就是产品研发各板块纷纷闹起了独立。例如，北汽越野车研究院和北汽乘用车研究院分别承担越野车自主品牌产品的研发与狭义乘用车自主品牌产品的研发任务；东风汽车公司亦一样设立了越野车产品研究院和乘用车产品研发院，分别承担自主品牌越野车产品和狭义乘用车自主品牌产品的研发。

类似于北汽和东风所谓合久必分，即将企业自主品牌汽车产品研发按所研汽车产品的类型划分业务板块且板块之间各自独立运营的做法，显然是与笔者所倡导的贯彻落实"集中力量"的战略指导方针相违背的，并且也是不符合汽车产品研发客观要求的。

类似的化整为零或一分为二的组织方法，只能起到减轻汽车产品研发管理难度的作用。对此，我们可假想一下，如果一个汽车产品研发组织的规模最终减小到几个人，那么，势必就不再需要设置专门的管理机构了，他们会自发地采取自行协商式的管理模式，其管理难度自然降至零。但是，我们的目的不应是降低汽车产品研发组织管理的难度，而应是迎难而上提高我们自主品牌产品研发能力或水平。

提高自主品牌产品研发能力或水平需要我们尊重汽车产品研发的客观要求。然而，一分为二、各自独立的做法，是不符合汽车产品研发客观要求的。为此，需要认知汽车产品研发客观要求，并加以对照。

关于汽车产品研发的客观要求，正如文献指出的那样：

"众所周知,一般来说,大单位、大公司的人才水平通常要比小单位、小公司人才的专业水平高,这说明一个组织内部的人才的学术高度,在很大程度上取决于这个组织人才的数量。究其原因可解释为:只有人才基数足够大,同专业、同层次的人才才能具有一定的数量,而这一定数量的同专业、同层次的人才则是形成人才自发竞争的必要条件,而自发竞争则又是人才成长必不可缺的助长剂;再者,只有人才的基数足够大,才能够实现细化专业分工,并且细化专业分工的层次,即纵向细化专业分工、横向细化专业人才的层次,而这两项措施是保证高端人才的精力不被分散、将精力集中到高端人才才能完成的事业上所必要的组织措施。而'精力集中'是一切科研活动的、普遍的基本要求,否则,我们的事业发展就会受到影响。"

"简言之就是说,一个人的高度是有限的,然而,如果人数足够多,可使人站在他人的'肩膀上',以通过'叠罗汉'的方式来提升人才的学术水平所达顶点的高度。相反,产品研发人才分散,势必缩小各专业人才的基数,这将不利于或者说它会制约通过'叠罗汉'的方式来提升人才的高度。可以说,任何一个群体都会客观上存在拔尖人才,然而,拔尖是个相对的概念,拔尖人才总是不缺的,而缺少的正是拔尖人才的高度。而通过'叠罗汉'的方式来提升人才的高度则是不可或缺的、提高拔尖人才高度的组织措施。"

上述是关于将产品研发队伍一分为二,首先会带来不利于产品研发顶尖人才高度的成长的分析。下面让我们再来分析一下,将产品研发队伍一分为二,并相互独立运行会带来人才高度的降低。

对此,可能有人会说,产品研发人才还是原来的那些人才,并且,各类产品研发人才本来就是有分工的,只不过是分家了、各为其主而已,这怎么会造成人才高度的降低呢?

汽车产品研发组织一分为二后,各专业顶尖的学科带头人是不可能随之一分为二而分身的,这就势必会造成各专业顶尖学科带头人数量的缺口,面对这样的缺口,只能让原属于学科第二梯队的学科带头人来充当各专业顶尖学科带头人。这就是将产品研发队伍一分为二,并相互独立运行带来人才高度降低的解释。

可能有人会说:你这是不当家不知柴米贵呀!或者说,你这是站着说话腰不疼。我给你说一说,将一个规模较大的汽车产品研发组织一分为二或一分为三的好处……

首先,持此种观点的人,无不是认为汽车产品研发组织的管理主要是依靠人治的方式方法,而不是主要依靠管理制度和管理制度的创新,更不是依靠企业文化和企业创新。

广义汽车设计

然而，关于企业管理，正如本书前面所述：一流企业管理靠文化或靠文化创新与进步，二流企业管理靠制度或靠管理制度创新，三流企业管理靠人。并且，我国的自主品牌产品研发管理，如果仍然以人治为主，而不是向一流或二流企业管理迈进的话，则一定是无法满足自主品牌研发需要的。

其次，提高汽车产品研发组织管理和产品研发效率与质量，需要汽车产品研发组织的领导团队和汽车产品研发管理专家，深入认知汽车产品研发客观要求，并给予尊重。这也就是说，需要从改革目前的、严重影响产品研发效率与质量的因素入手，向改革产品研发分工模式要效率、要质量，而不应该采取"一分为二或一分为三"的分家之措施。

改革也不应否定一切，而应有选择地抓主要矛盾。那么，什么是影响我们产品研发效率和研发质量的主要因素呢？对此，不必多言，产品研发分工模式即是最佳抓手。

目前，我国汽车产品研发主流分工模式，无疑是所谓的项目负责制。项目负责制在我国汽车行业骨干企业大力开展自主品牌狭义乘用车研究之始，就已经得到了普遍应用。

总的来说，汽车产品研发项目负责制系指经过汽车产品研发组织研究选定一位项目（技术）负责人（或称项目总师）带领项目团队按项目组设定并经过研发批准的预算和进展时间节点等要求，来完成产品研发项目工作任务的一种模式。值得指出的是，汽车产品研发项目负责制与项目承包制是有所区别的，项目承包制是项目承包商与汽车产品研发组织，即需方开展合作的商业方式，而项目负责制则是汽车产品研发组织所采取的内部员工分工的一种形式。

不容否定的是，对汽车产品研发中的一些零星小项目或分项目，即涉及的学科专业单一的、非综合性项目，实施项目负责制是非常适当的。笔者认为这正是汽车产品研发项目负责制在我国汽车行业很快就得以普及的原因。

然而，如果项目负责制被"一刀切"地应用在无论是综合性的大项目，还是零星的涉及学科单一的小项目，实施的效果则会是完全不同的。在涉及学科专业较多的综合性战略性项目上，情况会与涉及学科单一的小项目上截然不同。这是由于项目负责制势必会造成项目总师在发挥个人作用时有人尽其才的倾向，或者说，实施项目负责制在组织上就无从保证项目总师在发挥个人作用时避免有人尽其才的倾向，而实际上鲜有项目总师在面对研发项目既需要发挥项目总师所带领的研发团队的业务能力又需要发挥项目团队之外的、但仍同属于一个汽车产品研发组织的专业顶尖人才的技术专长才能很好地完成项目时，去向顶尖人才讨教或直接托付项目任务的情形出现。

因此，这就造成了所完成的项目水平，在很大的程度上所代表的是项目总师或项目技术负责人的水平,而不是代表汽车产品研发组织的水平,这就是实行产品研发项目负责制的局限性。

综上所述,笔者认为:汽车产品研发中的一些零星小项目或分项目,也就是那些涉及的专业比较单一的产品研发项目,适合采用项目负责制,并且,项目负责人应选择项目所涉及的专业学科带头人或该专业部门的科长来担当,同时要求在部门内部不得实行按项目分工,而应按人尽所长原则来组织项目内部分工。

然而,公司自主品牌汽车产品研发中的战略性项目,也就是涉及的学科、专业比较多,不是单一的某一个学科的专业力量能够完成的项目,在项目组织管理方法方面则应与零星小项目或分项目的组织管理方法有所不同,也就是说,这时不应"一刀切"地采取项目总师负责制,而应针对战略项目的特点和现实,贯彻落实"集中力量打歼灭战"的产品研发战略指导方针。

4. 关于企业面对"两手抓、两手都要硬"如何贯彻落实"集中力量"的产品研发战略指导方针的讨论

可能有人会说,类似于北汽和东风将越野车自主品牌产品研发与狭义乘用车产品研发分别由相应的越野车产品研究院和乘用车产品研究院独立完成的初衷正是:东风和北汽等企业既有军需越野车产品研发的任务,又有狭义乘用车自主品牌产品研发的任务,两方面的产品研发都需要抓好,即需要"军品和民品,两手抓、两手都要硬"。无论是哪一家企业,它们都会坚持"两手抓、两手都要硬"而不会有哪一家企业主动放弃自主品牌越野车产品研发或狭义乘用车自主品牌产品研发,也就是说类似的企业无法集中力量专攻某一类型汽车产品研发,而是要"两手抓、两手都要硬"。这是企业发展战略现实的要求,或者说,类似东风和北汽等"两手抓、两手都要硬"的企业在贯彻落实产品研发"集中力量打歼灭战"战略指导方针时需要做更深入的研究。

例如,企业在"两手抓、两手都要硬"的前提背景下,采取"缩小两手抓的手间距"战略,同样亦是在产品研发实践中贯彻落实"集中力量打歼灭战"战略指导方针。

笔者所说的"缩小两手抓的手间距"产品研发战略系指企业针对"两手抓",即一方面要抓好越野车产品研发,另一方面则要抓好狭义乘用车产品研发。并且,狭义乘用车亦有两种类型:一是普通轿车产品,二是 SUV 和产品属性为乘用车的皮卡产品。显然,就普通轿车产品与越野车产品来说,产品的性能特点和产品结构之间的差别明显要比越野车产品与 SUV 和皮卡产品大得多,这也就是说一手抓越野车产品研发,而另一只手抓 SUV 或皮卡乘用车产品研发,则两手抓的手间距会比一手抓普通轿车产品研发而另一只手抓越野车

广义汽车设计

产品研发的两手抓的手间距要小，这虽不能说是狭义意义上的集中力量，但是，力量的分散度，即两手抓的手间距，要小得多，这也就等于说是在特定条件下的广义集中力量了。

更为重要的还有两点：一是 SUV 和皮卡乘用车产品的发展空间，即其产品市场份额与普通轿车相比较，是旗鼓相当的；二是我国自主品牌轿车的市场份额勉强达到 19% 左右，近期是很难有起色的。

所以，针对东风和北汽等类似企业产品研发能力的实际，特提出集中力量来"一手抓越野车产品的研发，一手抓 SUV 和皮卡乘用车产品的研发，并且，两手抓、两手都要硬"的战略建议。

（二）将加强认知汽车产品研发的客观要求并对所认知的客观要求给予尊重上升为公司做大做强自主品牌产品研发战略的指导方针之一

一个汽车产品研发组织从来都没有认真地学习认知过汽车产品研发的客观要求，而是想当然地以为自己的汽车产品研发组织对汽车产品研发的客观要求都是知晓的，并也都给予了尊重。我们不敢想象这样的汽车产品研发组织，产品研发效率会高，产品研发质量亦会高。

对此，就我们的汽车产品设计来说，还有着许多的客观要求没能普遍地给予认知，更谈不上在实际的工作中给予尊重。例如，广义汽车设计（即重要的汽车设计之客观要求）是笔者新近才提出来的一个重要概念，还有待于推广应用。具体地说来，我们的汽车设计目前还普遍存在与汽车产品工程分工不清，即我们的产品工程师或产品设计师普遍存在产品设计任务与产品工程任务由产品工程师或产品设计师一肩挑的现象等。类似对汽车设计客观要求尊重不够的现象比比皆是。

值得一提的是，在自主品牌产品研发实际工作中，我们在尊重汽车设计客观要求方面，也并非一无是处，如在汽车造型设计方面就做得比较好一些，尊重造型设计师和造型设计的流程等。因此，汽车造型设计近些年来进步要快一些。这也正说明了尊重汽车设计客观要求的重要性。

（三）将贯彻落实国家政府层面制定的发展自主品牌汽车的战略与策略作为公司做大做强自主品牌产品研发战略指导方针之一

企业自主品牌产品研发，需要结合企业具体产品研发实际贯彻落实好国家政府层面制定的自主品牌发展战略与策略，也包括本书关于中国汽车产业发展战略与策略的有关建议。例如，本书指出汽车产品市场竞争共有初级形态、中级形态和高级形态三种，并且，初级形态竞争阶段是通过产品技术性能指标达到技术性能指标度的数目数来提高用户的购买偏好。当汽车产品市场竞争步入中级形态后,决定竞争成败的主要因素就会转变成整车产品可靠性和耐久性与需要较少维护的比拼。当汽车产品市场竞争步入高级形态后,决定竞争成败的主要因素就会转变成对用户或消费者购买偏好的养护。

(四)将重视学习外资或合资品牌产品的技术标准作为公司做大做强自主品牌产品研发战略指导方针之一

目前,我国汽车行业各大骨干企业几乎都与外资品牌建有合资汽车公司。这就为我们的企业直接向所成立的合资公司学习品牌的产品技术标准提供了可能或方便。因此,建议自主品牌企业要重视学习外资或合资品牌产品的技术标准,将其视作做大做强自主品牌的必经之路径,并且是一条捷径。

我们的自主品牌产品市场竞争力与合资或外资品牌的竞争力相比较,目前还存在很大的差距。而造成产品竞争力之差距的重要原因之一,就是自主品牌产品技术标准落后。因此,做大做强企业自主品牌汽车,特别是做大做强企业自主品牌轿车,务必要将企业自主品牌汽车产品技术标准和产品技术服务标准做强。

然而,做强产品技术标准不是一蹴而就的,它需要我们付出长期的不懈之努力。

对此,可以试想一下(或反思一下),我们为什么在改革开放之初或在发展狭义乘用车的初级阶段做出了那么大的利益让步,才换来外资的投资建立合资公司?就是因为外资企业手中掌握着我们所没有的产品技术。而产品技术有两个方面:一是产品形的要求,如果就只有这一点的话,那么,我们可以通过测绘来学习;二是产品品质的要求,即产品技术标准,这是不可能通过测绘就能学到手的。对此,只有两条出路,一是从国外引进,二是自己摸索。而出于自己摸索的时间成本等因素考虑,我们选择了建立合资公司。这应该正是我国和外资品牌汽车公司建立合资公司,并严格限制股比的初衷,以保证我们在合资公司中有足够的话语权。那么,目前,作为我国发展汽车产业的国策为什么对合资公司取消了股比的限制要求呢?对此,笔者的解读是:通过改革开放40多年的发展,可以说,我国汽车产业与外资所建立的合资公司在乘用车方面已经汇集了当今世界的著名汽车产品品牌和品牌技术。并且,各家汽车制造商都有一家到多家合资子公司。通过对所引进品牌产品进行国产化,势必会锻炼许许多多接触与掌握所引进品牌产品的技术标准的汽车技术人员。因此,自主品牌各乘用车企业现在不能说对先进的汽车产品品牌技术,即先进品牌的产品技术标准一无所知。但是,也不能说已经完全掌握了先进品牌的汽车产品技术标准。

广义汽车设计

我们都知道，学生掌握没掌握所学的新知识，关键要看该学生对所学的知识能不能举一反三。能够举一反三，就说明已经掌握了所学的知识。这也就是说，我们的自主品牌乘用车企业就学习掌握先进的品牌产品技术标准，目前所欠缺的正是举一反三、为己所用的能力。

综上所述，关于企业产品研发战略，建议在全面贯彻落实国家政府层面关于发展中国汽车产业的战略与策略的基础上，再行落实下述关于做大做强自主品牌的战略方针，一是将"集中力量打歼灭战"作为公司自主品牌产品研发战略指导方针之一；二是将加强认知汽车产品研发的客观要求并对所认知的客观要求给予尊重上升为公司自主品牌产品研发战略的指导方针之一；三是将重视学习外资或合资品牌产品的技术标准作为公司自主品牌产品研发的战略指导方针之一。

第十章

中资企业发展自主品牌汽车产品研发策略的讨论

第一节 企业产品研发策略的释义暨企业产品研发策略研究的主要任务

企业产品研发策略应系指与具体品牌、具体车型在具体历史时期相对应的产品研发目标要求与路径、措施的谋划。

例如，前面所讨论的将"集中力量打歼灭战"作为企业自主品牌产品研发战略指导方针之一，并且，企业在越野车产品，特别是军需越野车产品的研发和狭义乘用车产品研发"两手抓、两手都要硬"的前提背景下，建议采取"缩小两手抓的手间距"的战略，即在狭义乘用车产品研发中重点发展SUV和乘用车类皮卡产品。

在战略明确之后，接下来需重点研究的是贯彻上述之战略的策略。需要研究在做大做强狭义乘用车自主品牌的初期，我们发展SUV产品的策略，是采取多品牌、系列化车型同步研发策略还是先集中力量将某一自主品牌的单一品种产品做大做强，发展乘用车类的皮卡产品时应采取何种策略。这应属于策略抉择的典型问题。

下面就东风汽车和北汽集团贯彻"集中力量打歼灭战"做大做强自主品

牌 SUV 和乘用车类皮卡产品战略的产品研发策略做一讨论。

第二节 自主品牌非普通乘用车产品研发贯彻落实"集中力量打歼灭战"的战略指导方针之策略的讨论

在前面关于中国汽车产业应大力倡导的产品研发战略中，笔者指出：做大做强中国自主品牌乘用车是做大做强中国自主品牌汽车产品的重要标志，并且，做大做强自主品牌乘用车需要以做大做强非普通乘用车为突破口，即需要率先集中力量做大做强 SUV 和乘用车类皮卡产品。

一、关于贯彻率先做大做强 SUV 自主品牌产品战略之策略的讨论

在现阶段，或在相当长的时期内，我国自主品牌狭义乘用车产品研发，都不宜采用多品牌、系列车型同步研发策略，而宜先将某一个自主品牌的单一品种做大做强之后，再图推出双品牌的系列产品。

目前，世界上成功实施多品牌或双品牌战略的公司，都有着明显的共性，那就是不同品牌产品之间的价格定位纵横的空间比较大。例如，这些成功实施双品牌（或多品牌）产品的价格定位通常采取的策略是"首尾相连"，即相对高档品牌的系列产品中产品定价最低的品种也与相对低档品牌的系列产品中的最高配置产品品种的价格不相上下。也就是说，双品牌的系列产品的价格覆盖区间要足够大，相应的产品品质也要能够满足价格覆盖区间内各类用户购买的偏好，其目的就是实现公司产品市场占有率的最大化，避免公司双品牌系列产品之间存在相互竞争的可能性。

另外，实施双品牌战略成功的公司，即使是低档品牌产品的价格与品质也会比一般杂牌的同类产品的价格略高出一些，以示自己的品牌产品和杂牌产品之差别。

可见，如果我们的狭义乘用车自主品牌也实施双品牌产品研发战略，那么，改变单一品牌、研发推出双品牌产品，就需要研发出技术含量明显高于另一品牌的产品来。这样问题就来了，我们能研发出技术含量明显高于另一品牌的产品吗？或者说，我们有符合类似需要的品牌产品技术吗？没有！因此，实施双品牌战略、追求高档化产品品牌，我们目前的产品研发能力是不足以提供支承的。这也就是说追求高档品牌的路我们走不通，实力不及。而如果去研发低档次的品牌产品，来实现双品牌战略，虽然能解决我们没有相对高档品牌技术的难题，但是，这样也带来了无法解决的问题。

一是产品价格定位问题。

技术落后导致我们的自主品牌狭义乘用车产品的价位，已经使生产经营效益处于盈亏边缘，也就是说，我们的自主品牌狭义乘用车产品的价位，是低得不能再低了。而在此基础上再推出低一档的品牌产品，不必多言，这会是产品成本承受不起的。

二是汽车产品与其他的一般机电产品相比较，有一个特点，那就是，不仅汽车产品的购置费用不低，而且，汽车产品一生的使用费用更不低。并且，所谓高档品牌与低档品牌汽车产品相比较，不仅仅是使用性能的差距，同样重要的一点就是高档品牌产品的使用费用要比低档品牌产品的使用费用明显低一些，甚至低档品牌产品终其一生的费用之和（即购置费用＋使用过程中所产生的维修、保养费用和油料费用）相对高档品牌产品还会略高或持平。这也正是汽车消费者不喜欢相对低档品牌产品，而尽量选择相对高档一些的品牌产品的原因。或者说，这也正是汽车公司追求汽车产品技术先进的原因。

除上述直观原因之外，还有着深层次的原因：双品牌汽车产品，不仅是整车的配置不同，重要的是双品牌产品的品质是有明显差别的。例如，通用的别克品牌和雪佛兰品牌，在广大消费者的心中别克品牌产品的品质要比雪佛兰品牌产品高出一个档次，或者说，两个品牌所满足的消费者购买偏好是不同的，相应的产品价格也有所差别。并且，在品质满足不同消费者购买偏好的背后，是通用公司这两个品牌产品所贯彻的产品技术标准的不同。

然而，就做好某一单一产品品牌的产品标准的制修订来说，在很大程度上对产品标准的掌握要求知其然即可；而同时把握好两个品牌产品的标准，不仅要知其然，还要知其所以然，或者说，需要把握好双品牌产品技术标准所体现的产品质量的差别。类似的定性掌握与定量掌握，是两种不可比拟的产品技术境界。并且，我们的自主品牌狭义乘用车产品市场竞争力之所以落后于合资或外资品牌产品，究其根本原因，就是我们还没有掌握先进的产品技术标准。

综上所述，建议自主品牌狭义乘用车在现阶段，或在相当长的时期内，不要去追求多品牌或双品牌产品的研发和生产经营，而应先将一个自主品牌汽车产品的市场竞争力做强。再图研发双品牌产品。从世界各国发展汽车产品多品牌或双品牌战略的实际来看，多品牌或双品牌战略是少数公司的"专利"，而对绝大多数汽车企业来说，却是陷阱。例如，我国的一些狭义乘用车自主品牌企业在最近10年的发展中，在一定程度上就落入多品牌或双品牌的陷阱，即本想随着产品品牌数的增加，大幅度地提升企业的生产经营效益，但是，适得其反，反而落了个经营效益大幅滑坡的结局。

例如，东风乘用车公司应集中力量打造或提升东风风神AX7，以使得其产品竞争力得以加强或提升。而不是推出系列产品中的"带头大哥"产品销价为 12 万元左右的东风风神 AX7，还一并推出 AX3、AX4、AX5 系列产品，或者说，应对东风风神 AX7 的关键总成的品质做适当的提高，整车销价达到 15.3 万元以上后再图研发并推出 AX3、AX4、AX5 系列产品。如果说现阶段暂时还不能将东风风神 AX7 的技术含量提升至产品销售价格为 15.3 万元所对应的技术含量，那么，最好暂时放弃研发推出 AX3、AX4、AX5 系列产品。

提出上述建议的考虑是：如果一并研发并推出 AX3、AX4、AX5 和 AX7 系列产品，在保证 AX3 产品也有生产经营效益的前提下，（假设）AX3 的价格定位为 7.5 万元，则参照国外系列产品的价格规律，即系列产品的价格级差为 80%，AX4、AX5 和 AX7 的合理价格区间应分别为 9.75 万元、12.2 万元和 15.3 万元，这也就是说，推出系列产品需要将"带头大哥"的价格由目前的 12 万元左右大幅度地提高到 15.3 万元。如果产品研发能力或水平做不到将系列产品"带头大哥"的价格提升到 15.3 万元，即 AX7 产品仍然继续走低端价格路线，定价为 12 万元左右或 11 万元多的话，势必会使得 AX3、AX4、AX5 系列产品价格定位出现尴尬的局面，即如果价格与 AX7 相近，AX3、AX4、AX5 系列产品就不会有理想的销量，如果系列产品的价格级差符合系列产品的一般规律的话，则 AX3、AX4、AX5 系列产品难免出现亏损的局面。这也就是说，AX3、AX4、AX5 系列产品不仅不能为提高东风 AX 系列产品的销售量做出应有的贡献，反而会拖累东风 AX 系列产品的生产经营效益。

二、关于贯彻率先做大做强乘用车类皮卡自主品牌产品战略之策略的讨论

皮卡类汽车产品与其他类型汽车产品相比较，它的显著特点是：不仅具有小型货车的载货能力，并且，还具有可与乘用车媲美的驾乘舒适性。在我国，它具有率先助推做大做强自主品牌乘用车产品的潜质，而且，将潜质转化为优势，要求的条件就是国家路政管理部门依据皮卡类汽车产品的主要功能给予区别对待。

本篇小结

本篇的主要内容，无不是关于汽车产品研发战略与策略的研究与讨论，有国家层面发展自主品牌汽车产品战略与策略的研究、讨论，也有企业层面发展自主品牌汽车产品研发战略与策略的研究与讨论。

做大做强自主品牌汽车产品的最好机会就在眼前，即做大做强非普通乘用车自主品牌产品，是做大做强自主品牌乘用车产品的大好时机，而做大做强非普通乘用车自主品牌的机会更在于：将皮卡产品分类成载货型皮卡与乘用型皮

卡,并大力宣传、推动皮卡车型的上牌管理应按皮卡产品自身的类型来实施分类管理,与此同时,大力研发乘用车类皮卡产品。

做大做强自主品牌汽车产品的机会,除了有非普通乘用车自主品牌产品这一难得的时机之外,其他各种、类型的自主品牌也都存在较好的做大做强的机会。例如说做大做强自主品牌越野车产品,越野车产品存在的所谓"散、小、差"现象就是做大做强越野车自主品牌产品的极好机会。

本书对汽车产品研发战略与策略研究的阐释的目的不仅在于尽快做大做强中国自主品牌汽车产业和产品,同时,开展汽车产品研发战略与策略讨论是企业汽车产品总设计的重要职责之一,笔者也明知"授人以鱼"和"授人以渔"的境界是本书难以企及的,但也愿意在尝试完车产品研发战略与策略研究的阐释之后,再将对汽车产品总设计师职责任务的理解和大家分享如下。

研究汽车产品研发战略与策略的目的要求无非应用科学的方法来认知或发现潜在的,或者说,有待汽车制造商去满足的汽车产品市场的需求,和满足新认知的产品市场实现的路径与措施的谋划。而之所以将其称为汽车产品研发战略与策略的研究,原因或目的就在于获得对开展研究所认知的或发现的潜在的汽车产品市场需求的高度认同,总之,以满足新认知的产品市场目标所开展产品研发活动需要的感召力。

谈论至此,我们大家会联想到亨利·福特亲自担任福特 T 型车总设计师,创造了人类现代汽车工业发展的历史和辉煌,即福特 T 型车的设计助推他成为现代汽车工业之父;20 世纪 60 年代李·艾柯卡作为福特野马研发项目负责人完成野马汽车产品研发,进而成功拯救了福特汽车公司;苹果的乔布斯研发智能手机⋯⋯这些例子都是汽车行业内外的天才设计师之典型事例,他们这些天才的设计师是可遇而不可求的。

这些天才设计师的案例有如下的共同点。

(1)他们都不是自己公司的产品工程技术专家。亨利·福特研发福特 T 型车时,可以说是当时一流的汽车产品工程专家,但是,他在研发福特 T 型车时所起的并不是产品工程专家的作用,而是产品总设计师、设计制定福特 T 型车研发目标要求的作用。而李·艾柯卡则是产品推销员出身,并不是汽车产品工程专家;苹果创始人乔布斯,在苹果公司研发人类第一代智能手机的过程中,他的技术贡献是提出手机智能化的目标要求,而关于所提出的智能化目标要求的贯彻落实则是由各级产品工程师来负责。

由此可见,他们无不是深谙产品研发需要分工合作的道理,特别是设计制定产品研发目标要求与负责贯彻落实产品研发目标要求(即产品工程)之间分工合作的意义,并很好地利用了自己在公司的影响力将自己所认知的或发现的潜在的产品市场需求作为公司产品研发的目标要求,并组织实施,而获得了巨大成功,并因此被尊称为公司产品总设计师。

(2)天才的设计师和上述杰出产品总设计师与一般的、非杰出的产品总设计师一样,都会遇到产品工程师对其设计目标要求提出异议,甚至于一般的、非杰出的产品总设计师遇到的异议会更多。不同的是,消除产品工程师对设计目标要求异议的措施资源是不同。一般的、非杰出的产品总设计师在面对产品工程师或产品设计目标有关人员提出异议时,只能通过基于产品工程技术的讨论或辩论的方式来消除异议。因此,这也正是产品总设计师的专业出身通常为产品工程师的原因。

并且,产品设计师与产品工程师,就专业要求来说,创造力与执行力都是很重要的素质要求,但是,相比较而言,产品设计专业对创造性素质的要求会略高一些;而产品工程专业对执行力素质的要求会略高一些。

上述的案例说明了,天才的产品总设计师是可遇而不可求的。汽车公司应立足于公司产品研发人才竞争机制,力求发现和培养一代又一代的杰出产品总设计师,最终,成就的是公司的业绩。

为此,笔者建议我国自主品牌汽车公司,应谋求建立追求卓越的企业文化氛围,进而要求开展类似于对产品总设计师等杰出人才要求的讨论,让争当杰出汽车产品总设计师或其他专业杰出人才,成为令人羡慕的理想。

笔者通过对公司汽车产品研发战略与策略的研究、讨论,对公司产品总设计岗位的主要职责与重要性等的讨论,想说明的是汽车公司对产品总设计师汽车设计素质之要求,以利于具有产品总设计师潜质的人才辈出,并一代胜过一代。

第三篇
高机动越野汽车系列车型型谱设计暨汽车平台产品系列化设计例解

广义汽车设计

引　言

就广义汽车设计任务来说，主要有四方面。
(1) 汽车产品研发组织的使命目标与行动纲领的设计。
(2) 汽车产品研发战略与策略设计。
(3) 研究设计汽车产品研发组织汽车设计流程与汽车设计分工体系。
(4) 给具体的狭义汽车设计任务明确满足市场需求分工的目标。

这是因为，在汽车产品市场竞争日益白热化的今天，如果产品没有满足市场需求的针对性或针对性不强就会没有市场。然而，正如前所述，汽车产品研发战略与策略还没有触及对所研发产品市场需求的针对性，因此，产品研发战略与策略需要有所研发产品的市场需求针对性来助其落地。

由此可见，广义汽车设计上述第四个主要任务内容，即明确所研发的汽车产品满足市场需求分工的目标，是不可或缺的。

依据本篇后续将要讨论的汽车产品系列化的定义，可知明确所研发的汽车产品满足市场需求分工的目标即是产品系列化设计的首要内容。

众所周知，汽车产品系列化越来越受到人们的重视。例如，北汽勇士和东风猛士平台产品招标时，无不是将系列化要求作为评价设计方案的首要指标之一；但是，与汽车产品系列化越来越受到人们的重视相比较，我国对汽车产品系列化设计理论方法却少有深入的研究，时至今日，我国产品系列化设计还停留在平台系列化产品的水平上。

平台系列化产品系指利用或打造可被多品种系列化产品通用的产品实体结构平台，快速研发、推出产品平台系列化产品。被平台系列化产品所通用的产品实体结构，人们通常称之为产品结构平台，简称为产品平台。产品平台可以是汽车的二类、三类底盘，也可以是车身结构等。

例如，利用东风猛士二类底盘作为产品平台和多品种车身型式相配，如厢式硬顶、硬顶溜背、单排座和双排座皮卡、软顶和软高顶等，就构成了东风猛士平台系列产品。其目的或意义是给用户提供多种不同的装载方式，以供用户选择。再如，奥迪A6系列即是在A6车身平台与A6行走系统平台的基础上换装不同排量的发动机而形成的，其目的或意义是满足用户不同驾乘体验的需求。

第三篇　高机动越野汽车系列车型型谱设计暨汽车平台产品系列化设计例解

然而，汽车产品系列化水平停留在平台系列化产品的水平上，是不能满足自主品牌汽车产品市场竞争需求的。因此，我们亟待开展系列化平台产品系列化设计方法的学习、研究，以提高汽车产品系列化水平，并为开展系列品牌汽车产品研发做好准备。

为此，本篇在学习文献所给出的关于汽车系列化定义的基础上，给出了关于汽车产品系列化定义的最新理解，并指出了汽车产品系列化设计的发展阶段。

一是利用或打造产品实体结构平台，设计研发并快速推出平台系列产品。

二是利用或打造产品技术平台，高效、高质量地完成系列平台产品的设计与研发。

三是利用或打造产品技术标准平台，高效、高质量地完成系列品牌产品的设计与研发。

可以说，上述汽车产品系列化的第一发展阶段，发展汽车产品系列化的思路与方法，对于我们来说都无不熟悉，没必要在此赘述。

关于汽车产品系列化，值得我们深入探讨的有两个重点：一是如何利用或打造产品技术平台，高效、高质量地完成系列平台产品的设计与研发；二是如何利用或打造产品技术标准平台，进而高效、高质量地实现品牌系列化。

并且，整车系列平台产品设计任务，不仅仅是整车的系列化设计任务，还包括组成系列整车的总成零部件的系列化设计任务。可见，整车系列平台产品设计不仅任务内容十分繁重，而且，系列化设计任务贯穿始终。由于本书篇幅有限，更主要的是笔者的水平也有限，因此，本书不可能对汽车产品系列化设计给出包罗万象的、全面的阐释，而只能是抓主要的、关键的整车系列平台产品设计任务内容给予阐述，以求得抛砖引玉的成效。

那么，什么任务内容是整车系列平台产品系列化设计主要的、关键性的设计任务呢？

对此，我们可参照单一车型设计的关键任务是整车主要技术参数设计。如果没有整车主要技术参数设计的完成，则整车其他设计任务就没有设计依据和设计目标要求，整车设计就会寸步难行、无法展开，而当完成了整车主要技术参数设计后，各系统设计就可全面展开。因此，整车主要技术参数设计是单一车型设计的第一关键任务。以此类推，对整车系列平台产品设计来说，我们可想而知，同样只有完成了整车系列平台产品的型谱设计（注：整车系列平台产品型谱系指系列车型的诸车型的整车主要技术参数的集合），才能全面开展整车系列平台产品的后续设计工作。因此，笔者认为整车系列平台产品型谱设计就是整车系列平台产品设计的第一关键性任务。

就完成整车系列平台产品型谱设计任务来说，其第一关键性任务是完成所谓

广义汽车设计

的打造整车主要技术参数设计技术平台。打造整车主要技术参数设计技术平台就是要通过对整车主要技术参数之间的联系性开展深入研究，进而认清整车主要技术参数体中的"主要矛盾"，并着力解决主要矛盾，而在主要矛盾解决之后，次要矛盾才会迎刃而解。或者说，打造整车主要技术参数设计技术平台的过程就是针对整车诸项主要技术参数明确其设计依据与设计要求的过程，对诸项主要技术参数不仅要知其然，还要知其所以然。最终做到整车主要技术参数的设计都有明确的、直接的设计依据与目标要求，即实现汽车设计依据的系统化。

至此，不得不说的是，以往我们的自主品牌都是单一或逐一地开展完成整车平台产品设计，而没有同步开展完成整车系列平台产品设计的先例。并且，就所完成的单一整车平台产品整车主要技术参数来说，其设计依据也是经不起追问的。例如，整车最大爬坡度是汽车动力传动系统设计需要满足的重要指标，然而，整车最大爬坡度指标却缺乏应有的设计依据，等等。也就是说，作为整车设计依据与目标要求的整车主要技术参数的设计，有一些参数的设计属于拍脑袋的结果，而不是环环相扣的、直接的设计依据与目标要求。特别是没能对整车主要技术参数采用联系的观点而是采取了孤立、片面的观点来对待，如最小离地间隙的设计就没有与汽车纵向通过角和横向通过角参数联系起来，而是孤立地与最小离地间隙的统计数据做片面的比较，等等。

然而，打造整车主要技术参数设计技术平台的目的就是使整车诸项主要技术参数都有明确的、直接的设计依据与目标要求，进而使整车主要技术参数设计系统化，并且，整车诸项主要技术参数的设计不仅能做到知其然亦知其所以然，还能够举一反三，经得起推敲。

总之，打造整车主要技术参数设计技术平台是提高整车系列平台产品型谱的设计质量与设计效率不可或缺的重要措施。

为此，本篇重点以打造高机动越野汽车整车主要技术参数设计技术平台为例，详细地阐释了整车主要技术参数的设计分析（方法）与设计流程，并在此基础上，给出了高机动越野汽车系列平台产品型谱的设计分析（方法）与设计流程，可作为整车系列平台产品型谱设计的例解。并且，整车系列平台产品型谱设计即是汽车系列车型总体设计的第一关键性任务，或者说，是汽车系列车型总体设计的核心任务内容。

除此之外，本篇还对汽车产品品牌系列化设计进行了讨论。

综上所述，作者写作本篇的目的就是促进我国自主品牌汽车产品向系列平台产品系列化和品牌系列化方向提升，为赶超国外汽车产品系列化先进水平，尽个人之劳力。

第十一章

打造高机动越野汽车整车主要技术参数系列平台产品设计技术平台的设计分析（方法）与设计流程

第一节 汽车产品系列化设计的基本概念

众所周知，汽车产品系列化已经是评价或衡量汽车设计极其重要的指标之一，并且，正如文献所指出的那样：关于汽车产品系列化和通用化，虽然早已不是个新概念，但还需要对其定义做一下探讨。文献指出：整车产品系列化给零部件通用化创造了条件；另外，零部件的系列化为提高组成整车的零部件通用化创造了条件。

该汽车产品系列化的定义明显是将系列化视作提高零部件通用化程度的一种手段。这样来解释或定义汽车产品系列化是不全面的。

当今汽车产品市场竞争激烈，产品在满足市场需求方面若没有较强的针对性，市场竞争力就会不强，而针对性强的产品在满足市场需求方面又势必存在着较大的局限性。市场竞争需要有满足市场需求针对性强、局限性互补的多品种产品。另外，多品种的整车产品又要求零部件的通用化程度高，否则，零部件生产的批量小、成本高，反而影响产品的市场竞争能力。

由此可见，汽车产品系列化应是解决市场需求多样化与汽车零部件生产要求大批量、低成本矛盾的有效措施，是强化产品满足市场需求的针对性，使其局限性互补的有效措施，也只有这样才能够满足企业做大做强的需要。

广义汽车设计

系列化的多品种整车产品同非系列化的多品种整车产品相比较，突出的特点是系列化的多品种整车产品的零部件通用化程度高，也就是说，多品种整车产品的零部件通用化程度的高低是衡量多品种整车产品系列化程度的标尺之一。另外，多品种产品的差异化程度，即满足多样化市场需求的针对性，也是产品系列化程度高低的重要标志。

本书关于汽车产品系列化，在文献所提出的概念的基础上，进一步总结、归纳了满足市场多样化需求并控制多样化产品研发、生产成本的措施，可归纳为三类。

措施（一）：利用或打造可被多品种系列化产品通用的产品实体结构平台，快速研发、推出产品实体结构平台的系列化产品。

目前，我国自主品牌汽车产品研发都已经熟练掌握并普遍运用了以通用的汽车产品结构平台为基础快速完成系列变型车产品研发，并快速地推向产品市场。不需多言的是，平台系列化产品研发的主要工作量，或者说，平台系列化产品研发的关键是平台产品的研发。

措施（二）：利用或打造产品技术平台，快速完成并推出产品技术通用化程度高的系列平台产品。

与采用措施（一）的产品系列化相比较，采取措施（二）的产品系列化实现的关键不再是实体结构平台产品的研发，而是是否掌握产品技术平台的诸项产品技术，或者说，能否成功地打造出产品技术平台，是成功研发系列平台产品之关键。

产品技术平台与前面提到的产品实体结构平台是完全不同的概念。产品技术平台系指可被多品种汽车平台产品，即系列平台产品，所通用的那部分产品技术的集合或集成。并且，系列平台产品有两层意思：一是系列平台产品具有产品技术通用性高的特点，具体表现就是其系列产品的技术性能的特点相同或相近；二是系列平台产品可全面覆盖社会对同类汽车平台产品运载能力多样化的需求。

例如，东风猛士平台产品可满足额定许可总质量为 5 000 kg 左右、对地面机动性要求较高的越野车平台产品的要求，而不能满足额定总质量为 7 500 kg 左右或更高的额定许可总质量平台产品的要求。然而，笔者建议研发的系列平台产品（详见本篇后续内容——高机动越野汽车系列平台产品型谱设计），能够满足额定许可总质量为 7 500 kg 左右或更高以及更低的额定许可总质量平台系列产品的要求，并且，这些额定许可总质量不同的平台产品，同样具有可与东风猛士平台产品地面机动性指标相媲美的地面机动性指标。

如果这些不同额定许可总质量的平台产品的地面机动性与东风猛士平台产

品的地面机动性相同或相近，并完全可以被社会接受或被人们所喜爱的话，就对利用东风猛士平台产品的技术研发东风猛士系列平台产品提出了要求。如果说人们对东风猛士平台产品的技术感觉到还需要提高的话，就需要对东风猛士产品的技术给予再提高，即打造出高于东风猛士平台产品技术的产品技术平台，并利用所打造的产品技术平台，快速研发出新的系列平台产品。

由此可见，开展系列平台产品设计不仅可满足社会对系列平台产品的需求，还是利用产品技术平台提高系列平台产品研发效率的强有力的方法或思想武器。对此，详可见本书后续有关内容。

措施（三）：利用或打造产品技术标准平台，快速完成并推出产品标准通用性高的系列品牌产品。

具体地说，措施（三）系指汽车公司面对功能需求相同而功能品质要求却存在不同，或者说，汽车公司针对不同类型用户的购买支付能力或购买偏好，研究推出一部分产品标准通用，而对另一部分产品标准进行了适应性的修改，并且，产品标准修改的目的要求为适应用户的购买支付能力或购买偏好对产品的价格与成本多样化的要求，这样就形成了两套或多套的产品标准的集合。而这两套或多套的不同产品标准所代表或体现的正是两个或多个不同的产品品牌。并且，之所以推出两个或多个不同的产品品牌就是为了满足不同类型用户的购买支付能力或购买偏好，以求得产品市场份额的提高。例如，美国通用汽车公司的别克品牌和雪佛兰品牌。

上述措施（一）虽然简单，但它是提高平台产品市场份额不可或缺的基础性措施。也就是说，措施（一）可与也应该与措施（二）和措施（三）并用。而措施（二）和措施（三）的关系则不尽然。措施（二）在产品技术标准方面属于部分原始创新，也要求有部分的原始创新。而措施（三）在产品技术标准方面属于集成创新，同时也要求是集成创新。

并且，产品技术标准原始创新是难能可贵的，而产品技术标准的集成创新则是难上加难的事情。因此，特建议对产品技术标准并不擅长的我国自主品牌产品研发组织不宜同步开展产品技术标准原始创新与集成创新工作，而是拆分成两步走来完成。另外，世界汽车工业发展至今，也鲜有产品技术标准原始创新与集成创新同步开展成功的案例。

还需指出的是，关于上述三种不同层次的产品系列化措施，在采取措施（二）来开展第二层次产品系列化设计后，即系列平台产品设计、研发后，正如前所述，单一平台系列化产品设计与单一平台产品本身的设计，就被整合到了系列平台产品设计，这也就是说，有待开展的平台系列化产品的研发工作，就只剩下了平台系列产品工程方面。这点在组织汽车产品研发与确定研发分工量时需要特别注意。

综上所述，本篇深入探讨了系列平台产品设计，并对系列品牌产品设计做了梗概性的叙述。

第二节　打造高机动越野汽车整车主要技术参数设计技术平台之例解

一、打造整车系列平台产品型谱设计技术平台的释义及其意义

1. 打造整车系列平台产品型谱设计技术平台的释义

随着时代的发展，代表汽车产品系列化先进水平的国家或公司，其产品设计研发已经由一次设计研发单一平台整车产品被一次投入或同步开展整车系列平台产品设计研发所取代。

众所周知，就单一平台产品来说，如果没有给出整车主要技术参数设计，则该单一整车平台产品后续设计任务就无法展开。例如，如果没有给出整车主要技术参数，则汽车动力与传动系统设计等汽车诸子系统的设计就无从着手。因此，20 世纪 80 年代，二汽产品处将负责设计制定单一整车平台产品的有关整车主要技术参数的车型设计室形象地称为产品研发的"龙头"，并且，只有"龙头""舞动"起来了，产品研发的一系列工作才能跟着"舞动"起来，这也就是说，只有车型设计师给出了整车（主要）技术参数设计后，各子系统设计才能跟着"舞动"起来，即才能开展动力与传动系统、行走系统等诸子系统的设计。

总之，整车主要技术参数设计是单一整车平台产品设计的第一关键任务。

那么，整车系列平台产品设计的第一关键任务是什么？

在此，先引入整车系列平台产品型谱之概念。整车系列平台产品型谱系指整车系列平台产品中的诸平台产品的整车主要技术参数的（有序）集合。在引入整车系列平台产品型谱的概念后，再考虑到整车主要技术参数设计是单一整车平台产品设计的第一关键任务，我们即可得知：整车系列平台产品型谱设计即是整车系列平台产品设计的第一关键任务。

一般来说，全新类型汽车产品整车型谱设计都需要经历打造系列平台产品型谱设计技术平台的过程，才能满足高质量、高效率地完成全新类型汽车产品整车型谱设计的目标要求。而且，不仅全新类型整车产品型谱设计需要打造系列平台产品型谱设计技术平台，其换代产品的研发也是需要针对换代的那部分产品技术打造其产品技术平台。

2. 打造整车系列平台产品型谱设计技术平台的意义

意义（一）：通过打造系列平台产品型谱设计技术平台，对属于同系列中的诸平台产品的整车主要技术参数的设计即可做到知其然亦知其所以然，并能举一反三。

这也就是说，在开展整车系列平台产品型谱设计时就没有必要再对系列平台产品中的诸平台的整车主要技术参数设计逐一开展研究，类似于我们中学时做数学或物理题一样在弄懂了计算公式的意义之后，只需要认真地去做其中的一道题目，对于其他类似的题目则可省略分析题目的过程，将题目相关的数据代入计算公式中做数学运算而已。这势必会提高学生做题的效率。

可见，采取打造系列平台产品型谱设计技术平台对完成系列平台产品型谱设计的效率的提高具有不言而喻的意义。

意义（二）：打造整车系列平台产品型谱设计技术平台对保证系列平台产品型谱设计的质量具有不可替代的作用。

二、打造整车系列平台产品整车主要技术参数设计技术平台需完成的设计分析任务项之总汇

如前所述，打造整车系列平台产品型谱设计技术平台，是完成整车系列平台产品系列化设计任务的第一关键。例如，打造高机动越野汽车产品型谱是开展、完成高机动越野汽车系列平台产品系列化设计的第一关键任务。

那么，自然会有人问，高机动越野汽车产品整车主要参数设计任务都包含了哪些参数设计任务？其中的关键任务项又是哪些设计任务呢？笔者对此回答如下。

高机动越野汽车整车平台产品，其整车主要技术参数设计任务的第一组关键项有：

（1）整车驱动型式的确定。
（2）整车额定许可总质量和整车最大许可总质量参数设计。
（3）轮胎规格的选择及不计备胎的车胎数量的确定。
（4）轮胎额定承载能力及相应的充气压力参数的明确。
（5）前/后轴的轴荷分配比例的确定。
（6）轮胎额定承载能力利用系数，前/后轴的额定承载能力及其利用系数的明确。

之所以说，高机动越野汽车平台产品整车主要技术参数设计任务的第一项关键任务是一组，而不是一个单项，原因在于上述所列出的第一组关键项的诸项参数设计是紧密联系、相互影响或相互制约的。例如，同一额定许可总质

量，整车驱动型式可以是不同的，轮胎参数亦可以是不同的等。

完成上述第一组整车参数设计关键任务项后，需要（或可以）同步完成的设计任务有以下几个。

(1) 整备质量设计控制目标的设计。

(2) 整备质量质心高度参数的设计。

(3) 车厢地板上平面高度参数的设计。

(4) 轮距参数的设计。

接下来又会遇到新的关键设计任务：轴距参数的设计，而当完成了轴距参数这一新的关键参数设计后，即打开了汽车通过性参数设计的大门：地形通过性参数设计。最后，则为整车外形尺寸参数设计。

当对上述诸项整车主要技术参数设计的技术内涵，即对上述诸项整车主要技术参数设计的联系性，给予深入探讨之后，我们就说打造高机动越野汽车整车系列平台产品整车主要技术参数设计技术平台的任务完成了。而且，高机动越野汽车整车系列平台产品整车主要技术参数设计技术平台的打造技术与流程和其他类型汽车系列平台产品整车主要技术参数设计技术平台的打造技术与流程都是大同小异的。

因此，本篇所阐释的打造高机动越野汽车整车系列平台产品整车主要技术参数设计技术平台的设计分析（方法）及设计流程，对打造其他类型汽车系列平台产品整车主要技术参数设计技术平台，具有直接示范及指导的意义。同样，本篇所阐释的打造高机动越野汽车系列平台产品整车主要技术参数设计技术平台的流程，也对打造其他类型汽车系列平台产品整车主要技术参数设计技术平台的流程，具有直接示范及指导的意义。

三、打造整车系列平台产品整车主要技术参数设计技术平台的一般性设计分析方法

1. 打造整车系列平台产品整车主要技术参数设计技术平台的一般性设计分析方法概述

本章讨论至此，可能有人会说：高机动越野汽车产品的定义亦已经明确了，加之高机动越野汽车平台产品整车主要技术参数设计任务内容也都明确了，那么，我们就可按照整车主要技术参数设计流程，按部就班地进行高机动越野汽车整车系列平台产品整车主要技术参数设计，即可按部就班地开展打造高机动越野汽车系列平台产品整车主要技术参数设计技术平台了。

对此说法，笔者提出如下几点问题。

问题1：整车，不仅是高机动越野汽车整车，还包括其他各种类型的汽车

第三篇 高机动越野汽车系列车型型谱设计暨汽车平台产品系列化设计例解

产品整车。例如，普通载货汽车、普通乘用车等类型整车产品，其整车主要技术参数设计流程哪里能找得到？

问题2：找到的整车主要技术参数设计流程价值又有几何？

问题3：为什么所找到的整车主要技术参数设计流程的应用价值不高？

问题4：如果目前的整车主要技术参数设计流程的应用价值不高，我们又该怎么办？

对上述四个问题，一并回答如下。

笔者记得自己第一次接触汽车产品设计流程的概念，是在1998年的上海泛亚汽车技术中心。20多年的时间过去了，想必整车主要技术参数设计流程早已经不难找到，各大汽车公司也都早已经有整车主要技术参数设计流程了。可以说，笔者一直在关注整车主要技术参数设计流程的进步。

虽然，对整车主要技术参数设计流程很关注，但是，笔者也从未主动地去找过哪一家的整车主要技术参数设计流程来看一看、学习学习。这又是为什么呢？因为，在笔者看来目前国内的整车主要技术参数设计流程应用价值普遍不高，即对设计质量和设计效率提升的作用不大。笔者这样以为是有如下依据的：

正如此前所述，事物都是相互联系的，凡事都是由多个矛盾组成的矛盾体，并且，在矛盾体中也必然存在着主要矛盾或关键任务和次要矛盾，凡事我们都应从解决主要矛盾或关键任务入手。

因此，设计制定，或编写整车主要技术参数设计流程，需要我们深入研究整车主要技术参数之间的联系性，也就是，需要对整车主要技术参数体系做出梳理，以求得通过梳理来认知什么是整车主要技术参数设计的主要矛盾或关键任务，并优先着力解决。

然而，我们现在所能找到、看到的整车主要技术参数设计流程，其编写过程和内容均没有涉及认知什么是整车主要技术参数设计的主要矛盾或关键任务。而仅仅是将编写整车主要技术参数设计流程的任务视作一种文字方面的工作而已。这也就是说，我国汽车行业骨干企业现阶段都普遍认为自家公司的整车主要技术参数设计流程不仅是有的，还是科学的，或者说，虽没有，也只是有待形成文字而已，并且，实际的产品设计工作也都是按流程要求完成的。

因此，汽车系列平台产品整车主要技术参数设计技术平台的打造，不仅包括整车诸项主要技术参数的设计分析，还需要包括整车主要技术参数设计流程的打造，或者说，包括其设计流程的分析。并且，汽车系列平台产品整车型谱设计的关键任务是打造汽车系列平台产品整车主要技术参数设计技术平台与整车主要技术参数设计流程，而完成任务的关键则是学习和运用毛主席"矛盾的学说"。

那么，我们怎样认知整车主要技术参数设计的主要矛盾或关键任务呢？

根据此前所介绍的"矛盾的学说"，判断某一项整车主要技术参数设计是不是整车主要技术参数设计的主要矛盾或关键任务，就是要看该项参数设计问题的解决或完成是否会给出与之相关的其他整车主要技术参数的设计依据，并且，与该项参数设计问题相关的整车主要技术参数的设计问题在得到其所提供的设计依据后就迎刃而解了。那么，该项整车主要技术参数设计就一定是整车主要技术参数设计的主要矛盾或关键任务。

2. 认知整车主要技术参数设计的关键任务项的意义

只有认知了整车主要技术参数设计的关键任务项，即认知了主要矛盾并着力解决，所编写完成的整车主要技术参数设计流程才会具有实用的价值，才可实现我们按流程执行即可很好地完成整车主要技术参数设计之愿望。同时，也会对提高我们的汽车设计质量和设计效率起到应有的作用。相反，如果对整车主要技术参数设计的关键任务没有加以深入的认知，编写出来的整车主要技术参数设计流程在整车主要技术参数设计的关键任务项与非关键任务项的对待方面势必没有了差别，即不分青红皂白或眉毛胡子一把抓，这就从根本上失去了编写整车主要技术参数设计流程和按流程做设计的意义。

3. 研究并建立整车主要技术参数体系化的必要性

在此，有必要认识"系统（化）或体系（化）"等名词。

第一，"系统或体系"系指有序、相互联系的多个元素或分系统（或子系统）的整体。例如，诸项整车主要技术参数设计所组成的整车主要技术参数设计任务体，或者说，即是整车主要技术参数设计任务体系。

第二，"系统化或体系化"系指以系统或体系的整体目标完整、平衡和最优化为准绳，协调系统中各子系统或元素之间的相互关系。

整车主要技术参数设计体系化系指以参数设计任务整体完整、平衡和最优化为准绳，协调整车主要技术参数设计体系中各项参数设计之间的相互关系。整车主要技术参数整体完整即不要出现缺漏项，平衡则系指整车主要技术参数设计的主要矛盾或关键任务需要和非主要矛盾或非关键任务区别对待并要相互对应，而最优化则系指体系化的整车主要技术参数的设计效率和设计质量能得到优化。

或者说，整车主要技术参数设计体系化系指通过阐明或规定诸项整车主要技术参数在整车主要技术参数设计体系中的位置和作用，并以整车主要技术参数设计效率和设计质量最优化为目标来协调诸项整车主要技术参数在整车主要技术参数体系中的位置和作用。

笔者认为，长期以来我们的整车主要技术参数设计流程落后，汽车产品设计质量和设计工作效率不甚理想的重要原因之一，就是在整车参数设计方面缺乏深入开展诸项设计内容（即设计对象）之间联系性的研究，即存在着孤立地研究、看待诸项整车主要技术参数设计倾向的问题。然而，改变这种现状需要我们去研究建立汽车整车参数设计体系并给予体系化。

四、高机动越野汽车整车主要技术参数设计分析与体系化之研究

（一）高机动越野汽车整车主要技术参数第一组关键参数设计分析与设计流程的讨论

正如前面所述，在面对高机动越野汽车平台产品整车主要技术参数设计的一系列任务内容时，我们首先应抓主要矛盾或关键任务（此后均简称关键任务项）的完成。

并且，关键任务项的出现或存在方式，不是固定的。有时关键任务项是单一的、逐个出现的，而有时关键任务项则是以团队的方式出现的。这应是关键任务项出现或存在方式的一般规律或特点。并且，整车主要技术参数设计的第一个关键任务项就是以团队的方式出现的。

众所周知，一般来说，乘用车整车平台产品设计流程的第一项设计任务内容为座位数和乘坐空间尺寸的目标要求。而高机动越野汽车、一般机动性越野汽车、普通商用车及载货类的皮卡产品，其整车产品平台设计流程的第一项设计任务内容却是额定许可总质量参数的设计。因此，通常认为整车产品平台设计流程可分为：乘用车整车平台产品整车参数设计流程和非乘用车整车平台产品整车参数设计流程两大类。

并且，这两大类整车平台产品整车参数设计流程是大同小异的，即乘用车类整车平台产品整车参数设计流程在确定完成额定许可总质量之前需要事先确定乘员人数、乘员总质量及乘员的分布、乘员乘坐空间尺寸的要求，而后续设计流程则与非乘用车无异。

众所周知，汽车额定许可总质量参数是汽车行走系统与动力传动系统的设计依据，如果汽车总体设计师还没有完成整车额定许可总质量参数的设计，则后续的动力与传动系统设计、行走系统设计就会找不到设计依据，也就无从着手。因此，人们通常将额定许可总质量参数设计确定为非乘用车系列平台产品整车设计流程的第一项设计任务。

汽车总质量参数有额定许可总质量、整备质量、载质量。并且，三个总质量的数学关系十分简单，即：额定许可总质量（G_a）= 载质量（G_e）+ 整备

广义汽车设计

质量（G_o）。

这似乎等于告诉我们，在实际汽车设计工作中，先确定载质量和整备质量与先确定额定许可总重没有什么区别。《汽车设计》教科书也是这样指出的："在设计工作中，一般先确定载重量 G_e 和自重 G_o，然后确定总重 G_a。但也有先确定总重，然后再确定汽车的自重和载重的。例如国外不少厂家的重型车系列就是按总重来划分的。即将同一总重，并且，将通用许多零部件的车型（包括基本型和不同轴距的变型）列为同一个型号系列。此时汽车总重是预先确定的，而系列中各车型的载重则是由总重 G_a 减去各车型的自重 G_o 后得出（在吨位上不一定是整数）。这种设计方法可保证同一系列中各车型的总重一致，因而能充分利用通用部件的承载能力，同时也有利于总成的系列化。"

但是，在实际设计工作中，先确定额定许可总质量、控制整备质量，与先确定载质量、控制整备质量，却有着天壤之别！

当汽车平台产品的额定许可总质量确定之后，汽车的行走、承载系统，动力传动系统的负荷就得以（基本）确定，这是控制整备质量所需要的。而先确定载质量再控制整备质量，额定许可总质量就变成了整备质量的函数，即额定许可总质量不再是一个常数。汽车的行走、承载系统，动力传动系统的负荷就会随着整备质量的变化而变化。这就无形中加大了控制整备质量之工作的难度。我们有太多的经验教训表明，凡是在实际设计中先明确载质量，其整备质量的控制结果都不会理想；凡是整备质量控制较好的，无不是先确定额定许可总质量。特别典型的成功设计案例在东风汽车公司就可以找到，东风汽车公司技术中心在研发东风猛士平台产品初样车时，就是先明确其额定许可总质量为 5 t，控制整备质量不大于 3.25 t，最终成功实现了目标。同样在我国，这方面的反面案例比正面案例可多得多。

就平台产品整车主要技术参数设计流程来说，正如前所述，我们大家所习惯的是整车主要技术参数设计的第一步就是将整车额定许可总质量的具体设计取值明确下来。之后，再按所确定的整车额定许可总质量开展后续设计。例如，在研制某型号"原理样车"或"概念样车"时，其额定许可总质量先确定为 4 600 kg，之后再行后续设计。按这样的流程完成的设计，经验告诉我们常常会出现轮胎承载能力利用系数不理想，即满足不了尽可能提高汽车整备质量利用系数的要求。

针对上述问题，笔者在研制某型号初样车时所采取的措施是：将非乘用车暨高机动越野汽车整车平台产品的整车主要技术参数——额定许可总质量参数设计分成若干个步骤来完成。

额定许可总质量参数设计流程（一）：

设计确定整车额定许可总质量参数设计取值的大概范围，即不是直接先明确整车额定许可总质量的具体数值，而是先明确整车额定许可总质量的取值范围。

在整车主要技术参数设计流程方面，增加一项任务内容或增加了一步：明确设计对象的额定许可总质量设计取值范围。例如，笔者在设计某型初样车的额定许可总质量具体设计取值之前，就先明确设计对象的额定许可总质量的取值范围为 4 300～5 500 kg，并且，整车机动性设计目标为高机动性，整车结构简单、重量利用系数高一并作为设计额定许可总质量的目标要求。

关于额定许可总质量设计取值的范围，也可称之为"设计取值的搜索条件"。它并不要求额定许可总质量的设计取值的范围尽可能地小，它只要求搜索的维度全面。并且，如果在落实这些"设计取值的搜索条件"时发现其中有矛盾的地方或方向不一致，有关设计人员应及时向"设计取值的搜索条件"的设计者——系列平台产品总设计师提出来，以便能及时地给予协调解决。类似"设计取值的搜索条件"的设计应是由系列平台总设计师完成或有关人员参与、集体讨论决定。"设计取值的搜索条件"的范围宽泛，并不能说明设计师的水平低。相反，狭窄也不能说明设计师的水平就一定很高。

按照上述额定许可总质量"设计取值的搜索条件"，可先得到有关设计结果为：高机动越野汽车整车驱动型式为 4×4，可保证结构最为简单，重量利用系数也会最高；并且，满足"设计取值的搜索条件"的唯有采用前/后车轮轮胎均为单胎，并采用美国标准制作的高机动越野车用轮胎，轮胎规格为37×12.5 R16.5LT。

目前我国高机动越野汽车轮胎标准还没有出台，有关高机动越野汽车轮胎的技术标准还需要借鉴美国的。查阅美国有关高机动越野汽车轮胎标准，适合于整车驱动型式为 4×4 并前、后车轮均为单胎、整车额定许可总质量在 4 300～5 500 kg 范围内的高机动越野汽车，适用的轮胎规格为 37×12.5 R16.5LT，除此之外，别无更好的选择。

系列平台产品型谱设计与打造系列平台产品整车主要技术参数设计技术平台的第一责任人，毫无疑问，应为系列平台产品总设计师。因此，上述的"设计取值的搜索条件"的设计制定者，应为系列平台产品总设计师；而其助手——系列平台产品总体设计师则是按其设计制定的"设计取值的搜索条件"完成"搜索"设计任务的第一责任人。

流程这样设计的用意在于：系列平台产品总体设计师按"设计取值的搜索条件"完成"搜索"设计任务的过程即是对系列平台总设计师设计输出的"设计取值的搜索条件"开展校对的过程，而系列平台产品总设计师设计制定

广义汽车设计

"设计取值的搜索条件"亦是对系列平台产品总体设计师完成"搜索"的一种校对。笔者认为类似的这种"双向设计校对"是保证汽车产品设计质量的客观需要或要求。

关于设计校对,在此还想补充几句。

众所周知,开展设计校对是提高或保障设计质量的有效措施之一。可以说,我们也有过重视设计校对的过去。然而,不知从何时开始,或者说,在我们的汽车设计分工体系开始实行项目负责制时,我们在实际的设计工作中对校对就不如从前那么重视了。

上述现象所反映出的问题是:我们的设计、校对、审核和批准的责任分工体系没能适应汽车设计分工体系实行项目分工制。在实行按项目分工的今天,如果仍按照以前的习惯,即完成设计后,交由设计组组长来校对,校对通过后再交由科长审核……那么,难免会出现校对、审核者对设计任务、设计任务的要求都不甚了解的情况。

为此,笔者建议:重校对,轻审核。

重校对,即实施双向校对。对于设计内容属于提出设计任务的则由设计任务关联的完成方来做校对,对于设计内容属于完成设计任务的设计内容则由下达设计任务方来负责校对。例如,上述的"搜索"任务的提出者为系列平台产品总设计师,任务的完成者是系列平台产品总体设计师;任务提出者对任务完成者所完成的任务,负责校对,任务完成者则对搜索条件要求负责校对。并且,校对人应各自输出"校对分析报告",并存档,备查。

我们的汽车设计效率不高和设计质量不尽如人意,谁该负主要责任?毫无疑问,在设计分工体系中,谁的职级最高,谁的责任就越大。职级高的各级总设计师不仅应负责将分管的设计任务完成好,还应对设计质量保证体系的设计负责。具体来说,他们还应对制定设计、校对、审核的分工体系的规范负责,并使其能与设计分工模式同步发展、进步。

额定许可总质量参数设计流程(二):

为了能更好地完成高机动越野汽车整车平台产品的整车主要技术参数设计技术平台的打造任务,即为了能够更好地完成高机动越野汽车整车平台产品额定许可总质量设计任务,我们有必要对汽车许可总质量的概念做一下温习,并要借鉴商用车额定许可总质量设计的经验。

值得指出的是,由于该流程的任务属性对于高机动越野汽车系列平台产品整车主要技术参数设计技术平台的打造来说,属于学习、借鉴性任务,因此,建议系列平台产品总设计师与系列平台产品总体设计师并列为责任主体。

1. 汽车额定许可总质量的概念

关于汽车总质量,被大家所熟悉的概念有汽车整备质量和汽车额定许可总质量。

汽车整备质量系指汽车产品经制造商检验确认设计配置齐备、合格,并油水加满、随车工具齐备(包括随车工具箱或包)后的汽车总质量。我国自主品牌汽车产品制造商所标出的汽车整备质量值,通常是汽车产品整备质量的公称值,而普遍没有给出整备质量的偏差值。汽车产品整备质量偏差值的大小,能很好地反映出汽车产品质量的总体控制水平。在此,祝愿我们的自主品牌汽车产品的质量控制也能早日给出整备质量的偏差,并力争整备质量的公差世界领先。

另一被大家所熟悉的汽车总质量的概念是汽车额定许可总质量。

关于汽车额定许可总质量,有两层意思:一是额定许可总质量是汽车产品制造商对汽车使用时总质量上限的一种规定,二是对汽车产品总质量上限的规定需要符合国家有关标准和企业标准的要求。企业标准可能会高于国家标准对产品的要求。简言之,汽车额定总质量系指在该总质量条件下使用该车型,从充分发挥该车型的载运能力并保障行驶安全两方面综合来看,应属于最佳状态。另外,额定总质量系指汽车制造商在满足国家有关的汽车标准和法规等要求的前提下自主标明的汽车整备质量与额定载质量之和,或者说,额定许可总质量系指在汽车制造商指定的汽车设计使用(或适用)道路条件范围内,整车诸项技术性能指标可达标称的整车总质量的最大值。

并且,就最常见的 4×2 或 4×4 的二轴汽车来说,汽车额定许可总质量的数值,等于汽车前轴和后轴的额定轴荷之总和,即额定许可总质量=前轴额定轴荷+后轴额定轴荷。并且,额定许可总质量小于下面即将要讨论的汽车最大许可总质量。

值得强调的是,汽车额定许可总质量是不随汽车具体使用道路或地面条件的类型而改变的。例如,高机动越野汽车设计适用的道路(或地面)类型最为广泛,它既能适用于普通乘用车或普通载货汽车所能适用的各级公路和非等级公路,以及乡村道路,也能适用于一般机动性越野汽车能适用的道路或地面,甚至于更加苛刻的道路或地面条件,但是,其额定许可总质量的数值却是固定不变的。不能说在一般路上是一种额定许可总质量,在公路上行驶又是另一种额定许可总质量。例如,本篇所列举的某轻型高机动越野汽车产品平台的额定许可总质量就固定为 5 000 kg。而不是道路条件好时,额定许可总质量就大一些,反之则小一些。

广义汽车设计

2. 汽车最大许可总质量与汽车经济总质量的概念

汽车最大许可总质量系指在该总质量条件下使用该车型仍能保障行车安全。但是，如果长期这样使用，势必会影响到汽车有关零部件的耐久性和可靠性，进而使得用车的效益有得也有失、得失相抵，甚至于得不偿失。或者说，在最大许可总质量条件下使用该车型，一旦发生了安全事故，也不会是因为汽车实际总质量达到了最大许可总质量。

例如，前面所举的高机动越野汽车平台产品，对使用道路条件没有限定条件，则整车技术性能可达到标称的技术性能指标的汽车额定许可总质量为5 000 kg。但是，如果对使用的道路条件加以限定，如使用道路条件限定为公路工况，那么，其整车最大许可总质量势必会高于其额定许可总质量许多，最大许可总质量可达5 820 kg。这时整车的爬坡与加速能力等就会相应地低于整车技术性能的标称值，但是，与整车行驶安全有关的性能指标必须满足国家有关法规的要求，如制动性能等指标。

总之，关于汽车最大许可总质量，笔者建议只有当汽车运载的货物之整体性制约了无法按额定许可总质量来完成运载任务，并且，所行驶的道路或地面条件也允许时，才能按汽车最大许可总质量来装运。

就二轴式汽车来说，最大许可总质量＝前轴额定承载能力＋后轴额定承载能力。并且，汽车最大许可总质量＞汽车额定许可总质量。关于车轴的额定承载能力，请见后续有关内容的阐述。

汽车经济总质量系指在实际总质量大于经济总质量的条件下使用时，就不会被人们认为是不经济的，也就是说，按经济总质量来使用该车型就不被认为是对汽车运载能力的一种浪费。汽车总质量的覆盖区间或覆盖面是系列整车平台产品设计一个十分重要的概念，其具体数值等于系列车型中的额定许可总质量相邻两款车型的最大许可总质量之差值，也就是说，某车型的经济总质量等于该车型的最大许可总质量减去该车型的总质量的覆盖区间。例如，下面将要介绍的某轻型载货汽车的总质量覆盖区间为：最大许可总质量7 540 kg – 经济总质量5 660 kg＝总质量覆盖区间1 880 kg。

关于本篇所列举的某高机动越野汽车平台产品的额定许可总质量设计可借鉴的普通商用车设计的有关经验：对于4×2、双后胎普通商用车来说，后轴额定承载能力＝整车设计所选定的后轮轮胎的额定承载能力×4；而对于后轴单胎商用车来说，后轴额定承载能力＝整车设计所选定后轮轮胎的额定承载能力×2。例如，某轻型载货汽车设计所选用的轮胎规格为7.50～16LT、层级为12层级、充气压力为630 kPa，则按当时的国家标准GB/T 2977—2008，可查得该规格轮胎额定承载能力为：双胎为1 250 kg、单胎为1 400 kg。该车型后轴额定承载能力定义为 1 250 kg × 4 = 5 000 kg。

后轴额定轴荷与后轴额定承载能力的比值，称为后轴额定承载能力利用系数。

关于普通 4 × 2 商用车后轴额定承载能力利用系数，考虑到其使用工况均为公路和一般乡村公路，相应的后轴额定承载能力利用系数通常在 95% ~ 100% 范围内。

如果普通 4 × 2 商用车的设计风格或称设计特点趋向于"吃苦耐劳型"，则其后轴额定承载能力利用系数就应取比较低的数值，即接近于 95%；相反，如果整车设计风格或特点趋向于"轻快型"，其后轴额定承载能力利用系数则应取比较高的数值，通常为 98% ~ 100%。

普通 4 × 2 商用车前轴额定轴荷的确定方法为：根据后轴的额定承载能力乘以后轴额定承载能力利用系数，即先确定出后轴的额定轴荷之后，再根据前/后轴额定轴荷的理想分配比例来计算确定前轴的额定轴荷。

例如，对于前轮单胎、后轮双胎，并且，前/后轮轮胎通用的普通 4 × 2 商用车来说，其理想的前/后轴额定轴荷的分配比例是前轴额定轴荷占比为 33%，后轴额定轴荷占比为 67%。说其比较理想，是因为这样的轴荷分配比例前轴和后轴轮胎的磨损会比较均匀。对于前/后均为单胎并规格亦相同的普通 4 × 2 商用车来说，其前/后轴额定轴荷的分配比例是前轴荷占比为 45%，后轴荷占比为 55%，是比较理想的。说其理想，同样是因为这样的轴荷分配比例前轴和后轴轮胎的磨损会比较均匀。对于前/后轮轮胎不通用，则理想的前/后轴的轴荷分配比例，就不能一概而论了。但是，其原则同样也以求得前、后轴轮胎磨损均匀为目标。

如前面所述，普通 4 × 2 商用车后轴额定承载能力等于后轮轮胎额定承载能力之总和。而前轴额定承载能力通常是根据前轴额定轴荷除以前轴额定承载能力利用系数来确定。而前轴额定承载能力利用系数，即前轴额定轴荷与前轴额定承载能力的比值，通常取值为 92% ~ 95%。

例如，前面举例的某商用车考虑到整车设计风格为所谓的"吃苦耐劳型"，因此，后轴额定承载能力利用系数取值为 0.95，后轴额定轴荷设计取值为 4 750 kg；再考虑到双后胎车型的前轴较为理想的前轴荷的占比为 33%，可得该型商用车的额定许可总质量为：4 750/0.67 = 7 090 kg。

前轴和后轴的额定轴荷分别为：前轴额定轴荷为 7 090 × 0.33 = 2 340 kg，后轴额定轴荷为 4 750 kg。

如果前轴额定承载能力利用系数设计取值为 0.92，则所要求前轴的额定承载能力为 2 540 kg。由此可见，其前轴的额定承载能力不是按前轮单胎额定

广义汽车设计

承载能力 1 400 kg×2 = 2 800 kg 来考虑的,而是按所设定的前轴额定轴荷和前轴的额定承载能力利用系数来确定的。

综上所述,前面举例的商用车有关参数设计取值如下:

前轴额定承载能力设计取值为:2 540 kg;后轴额定承载能力设计取值为:5 000 kg;最大许可总质量就为:2 540 kg + 5 000 kg = 7 540 kg。

前轴额定轴荷为:2 340 kg;后轴额定轴荷为:4 750 kg;额定许可总质量为:7 090 kg。

可能有人会说,普通商用车最大许可总质量的概念没有多少实际意义。因为,商用车用户都知道商用车具有一定的超载能力,也就是说,商用车在实际使用中的最大许可总质量可以适当地超过其额定许可总质量。

然而,关于普通商用车的设计与使用,整车最大许可总质量的意义不仅仅是满足用户适当超载的需要。

笔者认为,上述有关汽车最大许可总质量的概念对商用车制造商实现产品系列化设计和商用车用户选购与使用其产品,都具有实际指导意义。

首先,商用车的最大许可总质量与经济总质量的差值即汽车总质量覆盖面或区间。例如,上面举例车型的最大许可总质量为 7 540 kg,如果该车型的经济总质量定义为最大许可总质量的 75%,即可将系列商用车的经济总质量的数值与最大许可总质量的数值之比,定义为商用车总质量覆盖(区间)系数,如上述最大许可总质量为 7 540 kg 的轻型商用车的总质量覆盖(区间)系数就为 0.75。并且,值得指出的是,依据笔者对最近的和大约 20 年前的国外先进系列商用车整车主要技术参数的研读,随着商用车产品市场竞争的日益加剧,商用车总质量覆盖区间系数的取值已经由约 20 年前的 0.75 左右增大到了目前的 0.83 左右。

如果总质量覆盖系数取 0.75 的话,则该举例车型的经济总质量即为 5 660 kg,该车型的总质量覆盖区间即为 5 660 ~ 7 540 kg,而且,系列商用车的总质量覆盖区间应首尾相接,即系列车型、相邻车型的总质量覆盖区间应尽量不要有重叠也应尽可能地不要有间隔;上面举例的车型及与其构成姐妹系列的车型的总质量覆盖区间则应分别为:5 660 ~ 7 540 kg 和 4 250 ~ 5 660 kg。

这样就可依靠上述两款总质量的产品平台来全覆盖(或者说全面满足)商用车用户对总质量为 4 250 ~ 7 540 kg 的各种需求。

上述最大许可总质量和车轴的额定承载能力等概念,除了可指导系列平台产品系列化设计之外,还对用户正确使用和选购商用车同样具有指导意义。

采用额定总质量较大的平台产品,从产品使用安全的角度来看,是没有任何问题的;可是,会出现购置成本较高,并且使用过程也不够经济等有关问题。例如，装载货物或改装车改装后的总质量大于额定许可总质量 7 090 kg，但是，其总质量并没有大于其所选定的车型的最大许可总质量 7 540 kg，并且，前、后轴的轴荷也均不大于其额定承载能力。这时根据最大许可总质量的定义，使用该平台产品是能够满足安全要求的。

那么，剩下来的问题就转化成了：当整车实际总质量大于平台产品的额定许可总质量而为整车的最大许可总质量后，其坡道行驶和越台阶的能力，无疑均会有所下降，这时关于能不能使用和如何使用额定许可总质量为 7 090 kg 的平台产品，现给出如下之分析。

整车实际总质量由 7 090 kg 增至 7 540 kg，7 090/7 540 = 0.94。而整车的爬坡能力、坡道起步能力、驻坡能力与整车总质量成反比，即上述这些方面的能力或性能均相应地下降到额定许可总质量条件下的 94%。例如，作为 N2 类的普通商用车来说，标准法规要求在额定总质量条件下能够长时间地、稳定地在 20% 的坡道上驻车，而驻车之后就会有起步，这也就是说其坡道起步能力指标与坡道驻车能力指标同为 20%（不必多言，标准法规的要求当属于最低要求，实际的商用车起步和驻车能力应会比 20% 略高或高一些）。可用此方法来判断整车总质量为最大许可总质量时实际的最大起步坡度和驻车坡度。即在最大许可总质量条件下，相应的整车爬坡能力、坡道起步能力与坡道驻车能力均下降了 6%，并以此来选择最大许可总质量工况下的行车路线或道路条件。

除了汽车的坡道行驶能力，如坡道起步能力、坡道驻车能力和爬坡能力，这些性能指标会随着汽车总质量的增加反比例地下降之外，汽车越台阶的能力也势必会下降。下面就让我们来重点考查一下前面举例的商用车之最大许可总质量条件下的越台阶的能力与额定许可总质量条件下的越台阶能力的变化。

可用 $G_a \times 9.8 \times \delta$ 来表示汽车在额定许可总质量条件下越上台阶后的整车势能的变化量。式中，G_a 为汽车的额定许可总质量，kg；δ 为汽车额定许可总质量条件下能克服的台阶高度，m。

另外，可用 $G_{a1} \times 9.8 \times \delta_1$ 来表示汽车在最大许可总质量条件下越上台阶后的整车势能的变化量。式中，G_{a1} 为汽车的额定许可总质量，kg；δ_1 为汽车额定许可总质量条件下能克服的台阶高度，m。

汽车越上台阶后的势能增量，无非是来自发动机动力所输出的能量和由汽车动量（或动能）转变成的汽车势能。上述两种工况，在越台阶的过程中由发动机发出的能量输入对汽车势能增加的贡献（量或贡献度），可近似地认为是相同的；另外，总质量的增加对于汽车能克服的台阶高度有不利的一面，但也有有利的一面。首先，可利用的整车动量由最大许可总质量 7 540 kg 要比额定总质量 7 090 kg 增加 6.3%，相应的可利用的整车动量也增加了 6.3%。

广义汽车设计

这样就可粗略地认为利害相互平衡了。但是,随着所克服的台阶高度的降低,越台阶时的阻力系数势必会大为或有所降低。

因此,我们有理由认为:汽车在最大许可总质量工况下克服台阶的能力并非与汽车最大许可总质量呈线性反比下降,而是:

$\delta_1 > \delta \times (G_a/G_{a1})$,即

$\delta_1 > \delta \times$(额定许可总质量 7 090 kg/最大许可总质量 7 540 kg),

$\delta_1 > 0.94\delta$

式中 δ_1 和 δ 的含义同上,G_a 和 G_{a1} 的含义也同上。

可见,汽车在其最大许可总质量工况下,其前/后轴的轴荷也不超过其额定的承载能力的条件下使用,与其额定许可总质量工况下相比较,就坡道行驶能力来说,无疑会有所下降,下降的幅度与两种工况的总质量之比相同,即如果额定总质量为 7 090 kg、最大许可总质量为 7 540 kg,则总质量之比为 7 090/7 540 = 94%,则该车的最大许可总质量工况下的坡道行驶能力也随着其质量比下降至额定许可总质量工况下的坡道行驶能力的 94%。但是,越台阶能力的下降幅度会小于总质量的增大幅度。

另外,了解一下我国道路的最大纵向坡度情况也是必要的。我国等级公路的最大纵向坡度为 9%,城市道路的最大纵向坡度为 12%,少数地下停车场的最大纵向坡度达 15%。对于大量的非等级公路,如海防公路等,无疑会有纵向坡度远大于 15% 的路段,即需要使用变速器 I 挡才能爬的坡。也就是说,如遇此类路段,可发挥汽车 I 挡较大的爬坡能力并应避免在该种路段停车、起步。

综上所述,N2 类普通商用车(实际)总质量为其最大许可总质量时的设计使用条件与额定许可总质量时的设计使用条件相比较,最大许可总质量所能适用的道路最大坡度也包括所能克服的台阶高度降低了 6%~7%,即所能适用的道路最大坡度和克服的台阶高度与额定总质量与最大许可总质量的比值同幅度下降。这就要求在最大许可总质量工况使用时除了注意避免在个别陡坡上驻车和起步之外,还需要注意一点,那就是,应避开需要克服较高台阶的路段行驶。

额定许可总质量参数设计流程(三):

本流程的任务内容:

(1) 确定前/后轴轴荷分配比例;

(2) 确定前/后轴额定轴荷;

(3) 确定整车额定许可总质量;

(4) 确定轮胎规格与胎压;

(5) 确定前/后轴额定承载能力;

(6) 确定整车最大许可总质量。

本流程任务责任的主体：系列平台产品总设计师是该流程任务内容的第一责任人。

关于本流程设计任务内容的设计分析之例解。

本篇所列举的某高机动越野车平台产品额定许可总质量参数与相关参数的设计取值为：

前/后轴轴荷分配为：前轴40%/后轴60%。

前/后轴额定轴荷为：前轴额定轴荷为2 000 kg/后轴额定轴荷为3 000 kg。

整车额定许可总质量为：5 000 kg。

轮胎规格为：37×12.5 R16.5LT、D级、负荷指数为123、轮胎断面宽为318 mm、自由直径为927 mm。

越野行驶时前/后轮胎压取值为：前轮胎压为190 kPa/后轮胎压为250 kPa。

公路行驶时前/后轮胎压取值为：前轮胎压为250 kPa/后轮胎压为350 kPa。

经查美国TRA（轮胎轮辋协会）工程设计手册，该规格的轮胎胎压为350 kPa时所对应的轮胎额定承载能力为1 746 kg，胎压为250 kPa时所对应的额定承载能力为1 360 kg。可得，有关设计结果如下：

公路工况暨充气压力为350 kPa时，该车型后轮胎额定承载能力为1 746 kg。

依据前面所介绍过的后轴额定承载能力设计指标确定的经验，即后轴额定承载能力设计指标应按后轴轮胎的额定承载能力来确定，后轴轮胎额定承载能力为2×1 746 = 3 492 kg，后轴额定承载能力设计取值为3 490 kg，即后轴的额定承载能力设计取值与后轴的轮胎额定承载能力相同，为3 490 kg，或者说，当后轴轮胎的充气压力为350 kPa时，后轴轮胎额定承载能力利用率为

后轴额定轴荷3 000 kg/后轴额定承载能力3 490 kg = 85.96%

关于前轴的额定承载能力设计取值与上述的商用车前轴额定承载能力设计取值同理，即应按前/后轴的轴荷分配比例与最大许可总质量的设计要求来计算取值。具体计算分析如下：

在公路工况下，前轴轮胎的充气压力设计为250 kPa，与之相对应的前轴轮胎额定承载能力为

$$2 \times 1\ 360 = 2\ 720\ \text{kg}$$

但是，上述关于车辆前轴的额定承载能力设计不应按前轮的额定承载能力

来取值，而应按最大许可总质量，即额定后轴承载能力 3 490 kg/后轴额定轴荷占比 60% = 5 820 kg。

前轴（不计前轮）额定承载能力为：最大许可总质量 5 820 kg – 后轴额定承载能力 3 490 kg = 2 330 kg。

前轴额定承载能力利用系数则为：2 000/2 330 = 85.8%。

越野工况：

后轴轮胎充气压力为：250 kPa；

后轴轮胎的额定承载能力为：1 360 × 2 = 2 720 kg；

后轮的额定承载能力利用系数为：3 000/2 720 = 110%。

而前轴轮胎充气压力设计取值为 190 kPa，由于所选规格的轮胎在 190 kPa 胎压下额定承载能力在美国 TRA 工程设计手册上也查找不到，为此，笔者当时所采取的方法是：先利用《欧洲轮胎轮辋技术组织标准手册（ETRTO）2006》中所给出的、当实际充气压力 P_r 比推荐的充气压力 P_{ref} 低时的计算轮胎承载能力的公式：

$$Q_r = Q_{max} \times (P_r/P_{ref})^{0.8}$$

式中，Q_r 为当充气压力 P_r 比推荐的气压 P_{ref} 低时的负荷能力；Q_{max} 为与推荐气压 P_{ref} 相对应的最大负荷能力。

经计算得充气压力为 190 kPa 时轮胎的承载能力为

$$1\ 746 \times (190/350)^{0.8} = 1\ 071$$

该计算值与笔者的经验相接近。

为什么用欧洲轮胎标准中所给出的公式来计算美国轮胎的承载能力？对此，笔者解释如下：美国轮胎标准没有类似的轮胎承载能力计算公式。并且，笔者将采用欧洲轮胎标准中的公式来计算美国轮胎承载能力的结果只作为一种参考。除此计算外，还需要通过观测后轮荷为 1 500 kg（即后轴荷为 3 000 kg）、充气压力为 250 kPa 时的轮胎下沉量，并以观测到的后轮胎的下沉量作为确定前轮胎充气压力设计的依据，即前轮胎的充气压力以前轮荷为 1 000 kg 时的下沉量与后轮胎轮荷为 1 500 kg 时的下沉量相同作为设计目标，并据此确定在越野工况下前轮胎压取值为 190 kPa。

也就是说，在越野工况下，前轴轮胎的额定承载能力利用系数与后轴轮胎的额定承载能力利用系数相近，即亦约为 110%，或者说，越野工况下的前轴轮胎的额定承载能力为 1 820 kg。

值得指出的是，采用欧洲轮胎标准中的公式来计算美国轮胎承载能力势必会存在误差，但是，无论是采用欧洲轮胎标准中的公式来计算还是采用笔者所采取的观测轮胎下沉量的方法，得出的结论是相同的，即所列举的平台产品在越野工况下行驶时，其前轴轮胎的充气压力为 190 kPa，承担额定前轴荷 2 000 kg 是合适的。

按此设计投入道路试验，起初笔者很担心越野工况和公路工况会出现轮胎不正常损坏的现象。例如，越野工况会不会出现脱胎或扒胎现象，即在较大的侧向力作用下，轮胎与轮辋出现一定量的、短暂的分离，使得较小的石子或粗砂粒有可能进入轮辋之间，而造成破坏轮胎的现象，公路工况会不会出现胎冠中部磨损过快的问题。幸运的是，大量路试表明上述设计是没有任何问题的。并且，专项试验也表明了该设计能很好地满足高机动越野汽车越野行驶时的平均接地比压 $\geqslant 260$ kPa 的要求。总之，上述车型有关的总体设计实现了额定许可总质量为 5 000 kg，即比美国军车悍马 H1 参考样车额定许可总质量 4 520 kg 增大了接近 10%，这样就为所设计车型满足整备质量利用系数的设计目标要求提供了保障，或者说，打下了十分理想的基础。

上面所举案例平台产品采用的轮胎规格与美国军车悍马车型的轮胎是完全相同的，只不过是，美国军车悍马车型轮胎的胎压，前/后均为 250 kPa，并且，没有对越野工况与公路工况做出区分。这样可得悍马 H1 车型单侧车轮的额定承载能力为 1 360 kg，相应车轴的额定承载能力为 1 360×2 = 2 720 kg。如果后轴的额定承载能力利用率取值为 100%，后轴额定轴荷就为 2 720 kg；如果前、后轴的额定轴荷分配比例为前轴占比 40%，则整车的额定许可总质量就为 4 520 kg。这正是美国军车悍马 H1 的部分整车设计。

然而，相比之下，美国军车悍马 H1 的部分整车设计是落后的，它明显不及本篇所列举的设计案例。

关于所列举案例平台产品前/后轴轴荷分配比例为：前轴 40%、后轴 60%。之所以这样取值，有两方面的考虑：一是这是轻型越野车前/后轴轴荷常见的分配比例，也就是说，按此取值是可行的；二是它不仅满足了所举案例平台产品整车对轴荷分配的需要，同时也为系列平台产品的系列化设计打下了很好的基础，或者说，也为探讨系列平台产品如何提高前/后轴总成的系列化、通用化，并用较少数量的平台产品去最大限度地覆盖社会对同类平台产品的多样化需求，做了有益的探讨。详见本篇后续的阐述，在此，不再赘述。

至此，我们已经讨论完成了高机动越野汽车系列平台产品整车主要技术参数设计任务的第一组关键参数的设计分析，即完成了额定许可总质量、轮胎规格与充气压力等设计分析。

(二) 高机动越野汽车整车主要技术参数第二组参数设计分析与设计流程的讨论

1. 高机动越野汽车平台产品整备质量控制目标的设计

整备质量控制经验(一):

在整车设计初始阶段,关于控制整备质量的措施,除了此前所阐述的整车设计应控制整车额定许可总质量,并不应以额定载质量作为设计目标之外,还应该考虑到汽车产品的整备质量是由各零部件的质量所组成的,而零部件又可分成专用件、通用件和标准件三大类。整车设计控制整备质量的措施,建议对上述三种不同类型的零部件进行"因材施教"。

(1) 关于专用件。可以整车许可总质量低8%~10%的、同类车型、结构与功能相同或相接近的零部件的质量作为参考,设计制定专用件的质量设计目标要求。

(2) 关于通用件。可初步提出应在保证结构功能与结构尺寸或装配尺寸通用的前提下,对其提出减重8%~10%的设计目标(或将通用件的工作负荷提高8%~10%),而此时,则以减重件作为通用目标的对象,且减重前的通用件应被取消。

(3) 关于标准件。应尽可能地充分发挥标准件的额定承载能力。

在整车设计的初始阶段所涉及的、自身质量占整车整备质量比例很高或最高的零部件正是标准件——轮胎与车轮。研究充分发挥轮胎的额定承载能力,合理设计整车额定总质量,是提高整车整备质量利用系数的有效措施之一。

整备质量控制经验(二):

关于设定高机动越野汽车整备质量的经验方法是:在完成上述第一组关键设计任务内容后,即可完成关于4×4高机动越野汽车整备质量设计控制目标的设计制订。为此,需要先将整备质量分成上装和下装两部分:

$$整备总质量(G_0) = 下装整备总质量(G_下) + 上装整备总质量(G_上)$$

其中,上装部分的总质量设计目标可参考同类车型的上装部分的总质量来确定。难点会是高机动越野汽车下装部分的总质量设计目标的确定,即高机动越野汽车平台产品三类底盘的整备质量设计控制目标的确定。

笔者在此给出高机动越野汽车4×4系列平台产品下装部分整备总质量控制目标设计的经验方法:

$$G_下 \not> 额定总质量 \times 0.55$$

式中的0.55系数称为高机动越野汽车三类底盘的整备质量系数。该系数的取值亦应不是常数,而是随着汽车轻量化技术的不断提高逐渐下降的。并且,取值越低说明汽车产品工程技术水平越高。这里所给出的高机动越野汽车平台产品三类底盘的整备质量系数为 0.55 是本篇所列举的高机动越野汽车平台产品三类底盘整备质量系数的实际。

例如，本篇所举例的高机动越野汽车平台产品，其额定许可总质量为 5 000 kg，则：$G_下$ = 5 000 × 0.55 = 2 750 kg，其中 0.55 为三类底盘质量系数；而所列举的高机动越野汽车平台产品的上装部分总质量设计控制目标为不大于 500 kg。则所列举的高机动越野汽车平台产品整备质量设计目标确定为不大于 3 250 kg。

关于高机动越野汽车系列平台产品，如额定许可总质量为 10 000 kg 的车型，其下装部分的总质量设计控制目标则为 10 000 × 0.55 = 5 500 kg。而其上装部分的质量，不必多言，也会比上述额定许可总质量为 5 000 kg 的上装部分的质量大出许多。如果其上装部分的总质量为上述额定许可总质量为 5 000 kg 的平台产品上装部分质量的两倍的话，即 500 × 2 = 1 000 kg，则整备质量利用系数与前面所举例车型的相同，即同为 0.538（1 750/3 250）。然而，额定总质量增加了 1 倍，其上装部分的质量不应该也随着增加 1 倍。假设额定许可总质量为 10 000 kg 车型的上装部分的质量为 850 kg，这也就是说，尽管上装部分的质量增加了 70%，但是，整车整备质量利用系数与前面所举例车型的相比较，还是有不小的提高。

可见，高机动越野汽车系列平台产品，随着额定许可总质量的增加，其下装部分的质量利用系数是不变的。但是，由于单位额定许可总质量所分担的上装部分的质量明显降低了，所以，额定许可总质量比较大的车型，其质量利用系数会随着额定总质量的增加而提高。

2. 高机动越野平台产品整备质量质心高度控制目标的设计

各类汽车整备质量的质心高度，会由于车型不同而有所不同。就高机动越野汽车平台产品来说，整备质量的质心高度设计控制目标的设计可应用如下的经验方法。

在整车额定许可总质量条件下，并且，车厢为非平板式车厢，则高机动越野汽车的整备质量的质心高度的设计目标应控制为不大于车轮自由直径的 90%。

例如，本篇所列举的高机动越野汽车平台产品车轮自由直径为 927 mm，满载时，整备质量的质心距地面高度控制设计目标可为不大于 927 × 0.9 = 834 mm；而采用 19.5R19.5 规格轮胎的重型高机动越野汽车的整备质量的质心高度应控制为不大于 1 035 mm（注：轮胎自由直径 1 150 × 0.9 = 1 035 mm）。

3. 高机动越野汽车平台产品车厢地板上平面离地高度控制目标的设计

在完成了上述整备质量质心高度设计控制目标设计之后，接下来就应确定车厢地板上平面的离地高度，其经验方法是：在额定许可总质量的条件下，高机动越野汽车非平板式车厢地板上平面离地面高度可以控制为不大于车轮自由直径的数值。

例如，本篇所列举的高机动越野汽车平台产品，其车轮自由直径为 927 mm，该车厢地板上平面离地高度设计目标则可为 930 mm。而采用 19.5R19.5 规格轮胎的重型高机动越野车轮直径为 1 150 mm，则其非平板式车厢地板上平面离地高度亦应控制在 1 150 mm 以内。

关于平板式车厢的离地高度，则应满足轮胎最小尺寸的要求。例如，本篇所列举的某高机动越野汽车系列产品平台的平板式车厢地板下平面离地高度应保证车轮上跳的空间满足以下条件：如果车轮向上跳动限值 100 mm，则平板式车厢地板下平面离地高度的设计目标应为 100 mm + 148 mm = 248 mm ［注：148 =（举例车型车轮最小尺寸 1 222 – 该车轮自由直径 927）/2］。这也就是说，所设计车型如果采用平板式车厢的话，车厢地板平面离地高度要在非平板式货厢的基础上增加 250 mm。而采用 19.5R19.5 规格轮胎的重型高机动越野汽车如果车厢地板亦为平板式的话，则其离地高度增量应保证为车轮上跳的动行程 + 228 mm ［注：228 =（车轮最小尺寸 1 606 – 车轮自由直径 1 150）/2］。这也就是说，采用 19.5R19.5 规格轮胎的重型高机动越野汽车亦采用平板式车厢，并且，如果车轮上跳动的限值亦为 100 mm 的话，则车厢地板平面离地高度要在非平板式货厢的基础上增加 330 mm。或者说，平板式车厢地板平面离地高度的增量为：车轮上跳动的限值 S +（车轮最小尺寸 – 车轮自由直径）/2。

4. 高机动越野汽车平台产品整车轮距和整车所允许的质心高度的设计取值的设计分析

（1）高机动越野汽车平台产品整车轮距参数设计的要求。

要求 1："车同轨"的要求

众所周知，高机动越野汽车的重要使用条件之一，就是在无路的越野条件下行驶。并且，越野汽车行驶时，如果有前车车辙可利用，会对提高己车越野行驶时的平均技术速度有利。如果己车与前车"不同轨"，则前车的车辙反而成了妨碍己车提高行驶速度的不利因素。

因此，高机动越野汽车平台产品的轮距设计取值需要考虑与高机动越野汽车系列平台产品一同满足"车同轨"之要求。

法规标准对汽车外宽的要求为不大于 2 500 mm；对轮荷的要求为不大于

3 500 kg，即对于车轮为单胎的高机动越野汽车来说，轴荷则应不大于 7 000 kg。

不需多言，高机动越野汽车系列平台产品中需要有能充分利用上述法规条款限制的车型。而轴荷接近 7 000 kg 的高机动越野汽车的轮胎规格考虑为 19.5R19.5 会是比较合适的，相应的该规格轮胎的最小双胎距为 559 mm、轮胎的断面宽为 495 mm。

考虑到系列高机动越野汽车平台产品整车外宽的限值为 2 500 mm，则：
左右轮胎的外侧面间距设计取值为：2 500 −（559 − 495）= 2 436 mm
该平台产品的轮距设计取值应为：2 436 − 495 = 1 941 mm
该平台产品的左右轮胎的内侧间距则为：1 941 − 495 = 1 446 mm

由此可见，高机动越野汽车系列平台产品的左右车轮轮胎外侧间距应不大于 2 436 mm、内侧间距应不小于 1 446 mm，即可满足高机动越野汽车系列平台产品"车同轨"的要求。也就是说，高机动越野汽车系列平台产品轮距的设计需满足上述左右轮胎外侧间距和内侧间距的要求。

要求 2：侧向或横向稳定性的要求

对于读过《汽车理论》教科书的我们来说，汽车转向操纵稳定性一词都耳熟能详，并知道它所研究的内容是关于汽车转向性能要求的。

汽车方向操纵性与汽车行驶方向稳定性，实际上却是两个完全不同的概念。或者说，汽车转向操纵稳定性包含的概念有两个：一是汽车方向的操纵性，二是汽车方向的稳定性。汽车方向操纵性应系指汽车转向轮被输入转向指令的操作性和汽车关于所输入的转向指令之反应的准确性和及时性。然而，汽车方向稳定性则系指汽车维系行驶方向的能力，或者说，汽车维持行驶方向、抵抗地面或侧向风的干扰能力。《汽车理论》没有直接给出汽车转向操纵稳定性的定义，我们可从《汽车理论》"汽车的操纵稳定性"一章的主要内容来判断其谓之的汽车操纵稳定性，应系指汽车维系曲线行驶之曲率半径的稳定性之能力。可见，其关于汽车操纵稳定性的概念是一种特定工况下的汽车方向稳定的概念，而不是关于全面工况下的汽车行驶方向稳定性的概念。并且，其所给出的评价方法为：当汽车按某一给定的转向轮转角曲线行驶时，随着车速的增高其回转半径逐渐增大，称具有该转向特性的车辆具有不足转向特性。适量的不足转向特性是受用户欢迎的。如果随着曲线行驶车速的增高其回转半径维持不变，称之为中性转向。中性转向特性是最理想的转向特性。如果随着曲线行驶车速的增高其回转半径急速地变小，则称之为过多转向。过多转向是危险的。

汽车转向特性亦是随着其曲线行驶车速而变化的，即转向特性是随着其曲线行驶时的侧向加速度而变化的。人们对汽车转向特性的普遍要求，也就是最低要求为：在汽车侧向加速度不大于 $0.42g$ 时，汽车的转向特性需保证为不足转向特性，且转向特性曲线不出现拐点，或者说，其转向特性曲线的拐点应出现在侧向加速度大于 $0.42g$ 以后；汽车操纵稳定性较高要求为：在汽车侧向加速度不大于 $0.50g$ 时，汽车的转向特性需保证为不足转向特性，且其转向特性曲线的拐点需出现在侧向加速度大于 $0.50g$ 以后；汽车操纵稳定性的最高要求为：在汽车侧向加速度不大于 $0.60g$ 时，汽车的转向特性仍需保证为不足转向特性，且其转向特性曲线的拐点需出现在侧向加速度大于 $0.60g$ 以后。

汽车侧向或横向稳定性，通常要求"宁滑勿翻"，即汽车在侧向力的作用下，会发生左右车轮之间的轮荷转移。并且，随着侧向力的增大，左右车轮的轮荷转移亦增大。如果侧向力增大至车辆地面侧向附着的极限，车辆就会发生侧滑；如果侧向力增大至使得一侧车轮的地面支反力接近于零，车辆就有可能发生侧翻。侧翻比侧滑更危险，所以，有"宁滑勿翻"之说。

并且，随着汽车侧向加速度的不断提高，汽车的转向特性终将会由不足转向特性变成过多转向特性。比较一下随着侧向加速度的不断增高，司机宁愿发生侧滑还是宁愿发生转向特性变为过多转向特性呢？毫无疑问，司机的态度必定是两害相权取其轻。

人们关于汽车转向特性的愿望归愿望，现实则是当路面的附着系数比较大或足够大时，随着汽车行驶的侧向加速度不断增高，汽车转向特性曲线就会出现拐点，即转向特性曲线的拐点会先于侧滑出现；而当路面附着系数比较小或不足够大时，汽车则有可能先于转向特性曲线出现拐点而发生侧滑。由此可见，若想行车安全，最为稳妥的方法还当属控制好行车速度，避免车速过高。

综上所述，汽车侧向稳定性的设计要求为：①汽车转向特性曲线拐点所对应的侧向加速度应尽可能地提高；②汽车的侧向或横向稳定性，须满足汽车"宁滑勿翻"之原则的要求。

然而，上述两个方面对汽车轮距的要求是截然相反的。

汽车转向特性曲线拐点所对应的侧向加速度应尽可能地提高，这一点要求汽车轮距尽可能小一些。对此，我们有太多的经验表明：轮距较大的车型，将汽车转向特性曲线拐点所对应的侧向加速度值与轮距较小车型的汽车转向特性曲线拐点所对应的侧向加速度数值做到相同，几乎是不可能的，或者说，减小轮距是提高汽车转向特性曲线拐点所对应的侧向加速度值的有效方法。另外，汽车轮距的取值要足够大，才能满足"宁滑勿翻"原则的需要。

（2）高机动越野汽车平台产品整车轮距参数的设计取值和整车质心高度的设计分析。

作为高机动越野汽车平台产品，其轮距的设计取值应满足：在附着系数不

第三篇 高机动越野汽车系列车型型谱设计暨汽车平台产品系列化设计例解

大于 0.75 的路面上，仍可保证汽车"宁滑勿翻"。可按此侧向稳定性的设计要求来验算轮距与整车所允许的质心高度。

例如，本篇所列举的高机动越野汽车平台产品的轮距设计分析如下。

车同轨所要求的最小轮距为 1 763 mm（1 763 = 左右车轮内侧最小间距 1 445 + 轮胎断面宽度 318），按此轮距并满足侧向力系数为 0.75 时，不发生侧翻，则整车满载时的质心高度为

$$H_g = 1\ 175\ \text{mm}(注: H_g \times 0.75 \times G_a = G_a \times 1\ 763/2)$$

并且，依据整备质量重心高度 834 × 整备质量 3 250 + 额定载质量 1 750 × 载质量重心高度 h_g = 1 175 × 5 000，则可得 h_g = 1 808，1 808 - 930 = 878，878 < 1 000，即不满足在净高 2 m 的车厢内均匀分布载质量后所形成的质心高度的要求，也就是说，1 763 mm 的轮距小了一些，需要考虑适当将轮距再加大一些。

关于本篇所列举的高机动越野汽车平台产品，需要装载质量净高满足 2 m 要求解释如下。

本篇所列举的高机动越野汽车系列平台产品中的战地救护车，下铺铺面离车箱地板高度需要 400 mm 左右、上下铺之间的净空高需要 800 mm 左右，而上铺上方也需要 800 mm 左右的空间。这样车厢内部净高要求为 2 m，并且，整车外高尺寸则为不大于 2 980 mm ［2 980 = 930（车厢地板高地高度）+ 2 000（车厢内高）+ 车厢顶部厚度及弧形高 50］。而且，高机动越野汽车系列平台产品车顶外高尺寸应满足道路车辆限高 4 m 的要求。可见，本篇所列举高机动越野汽车平台产品的整车外高不大于 2 980 mm，这无疑是满足道路车辆限高 4 m 要求的。

本篇所列举的高机动越野汽车平台产品的轮距实际设计取值为 1 820 mm。经校核可知：该轮距在满足侧向加速度 0.75 时，允许的整车质心高度为 1 213 mm。834 × 3 250 + 1 750 × h_g = 1 213 × 5 000，则可得 h_g = 1 917 mm，1 917 - 930 = 987，而 987 ≈ 1 000。并且，1 820 + 319 = 2 139，即满足车同轨所要求的车轮外侧间距不大于 2 436 mm 的要求。

另外，该轮距取该值既可满足在净高 2 m 的车厢内均匀分布载质量质心高度的要求，又可满足侧向稳定性的要求和车同轨的要求。

总之，本篇前面所举例的高机动越野汽车平台产品的轮距设计取值为 1 820 mm，是一个很理想的选择。

综上所述，本篇关于高机动越野汽车平台产品整车有关技术参数设计的经验方法——整备质量控制目标、整备质量质心高度控制目标、车厢地板上平面离地高度控制目标设计的经验方法，以及所介绍的高机动越野汽车平台产品轮

距设计分析方法，都是笔者多年不断总结、摸索的结果，对提高平台产品设计效率和保证平台产品设计质量都具有非常实用的意义。

（三）高机动越野汽车整车主要技术参数第三组关键参数设计分析与设计流程的讨论

至此，我们已经讨论完成了高机动越野汽车平台产品整车主要技术参数第一组关键参数设计分析与设计流程，并紧接着讨论完成了整车主要技术参数第二组参数设计分析与设计流程。值得说明的是，第一组参数之所以被认为是关键参数设计，是因为，如果没有第一组关键参数设计的完成，则后续的整车参数设计就无从着手，也就是说，会缺乏其设计依据；而第二组参数设计在完成第一组关键参数设计后即可展开，并且，第二组参数设计的完成可不分先后，也就是说，可同步完成。而且，第二组参数设计不会是完成后续整车参数设计所必需的设计依据，它只不过是当第一组关键参数设计完成后即有条件开展完成的一组整车参数而已。

总之，在完成了上述整车主要技术参数设计任务后，接下来需要完成的整车主要技术参数设计任务为本流程的任务内容，即整车轴距参数设计。

本流程任务责任的主体为系列平台产品总体设计师。

如果没有完成整车轴距参数设计，则后续的整车参数设计同样也会缺乏其设计依据。例如，如果轴距参数不确定的话，高机动越野汽车和其他类型汽车的地形通过性参数设计一样会无法展开，或者说，整车通过性参数设计就会没有或缺乏设计依据了。

因此，整车参数设计的第二项关键参数设计任务就是整车轴距参数设计了。

可能有人会认为，高机动越野汽车的轴距设计和其他类型载货汽车轴距设计一样，需要由系列平台产品总体设计师和造型设计师一道相互配合来完成，如果所设计车型属于乘用车的话，则只需要造型设计师独立来完成。上述关于汽车轴距设计的观点或看法，笔者是完全赞同的。

虽然，如果等待总体设计师与造型设计师相互配合提出轴距参数设计取值的建议，再去完成汽车设计的后续内容，无疑是可行，并且是稳妥的。但是，这势必会影响到汽车设计效率，会导致汽车产品研发周期被拖长。从这点来看，它又是不可取的。

然而，关于车型车轴距的设计，笔者根据相关车型轴距参数的统计数据和整车对轴距设计要求的理解，总结出了高机动越野汽车平台产品轴距参数设计的经验方法，在此与大家分享如下：

第三篇 高机动越野汽车系列车型型谱设计暨汽车平台产品系列化设计例解

高机动越野汽车平台产品所采用的轮胎静力半径 R_0 的 7 倍再加上轮胎的最小尺寸与轮胎自由直径之差,即可作为高机动越野汽车轴距的最小值:

$$L_{\min} = (轮胎最小尺寸 - 轮胎自由直径) + 7 \times R_0$$

例如,本篇所列举的高机动越野汽车平台产品的轮胎规格为 37×12.50R16.5LT,该规格轮胎的最小尺寸为 1 222 mm、自由直径为 927 mm、静力半径为 R_0 = 425.4 mm,利用上面的计算公式,可得该高机动越野汽车平台产品的轴距最小值为 3 273 mm。美军悍马 H1 平台产品的轴距实际取值为 3 300 mm,与采用该公式计算所得到的最小轴距的计算值 3 273 mm 是十分接近的。可以说,它们之间有相互印证的作用。

值得说明的是,上面的计算公式不仅可应用于高机动越野汽车平台产品轴距设计。将其应用到其他类型的汽车产品时,如当应用于普通商用车或普通乘用车时,只需将该公式中的车轮半径不按车轮静力半径来取值,而是取车轮自由半径的数值即可。

完成了轴距参数这一关键参数设计,即打开了汽车地形通过性参数设计的大门,详见下文的论述。

(四) 高机动越野汽车整车主要技术参数第四组参数设计分析与设计流程的讨论

在我们走进汽车地形通过性参数设计的大门之前,先让我们温习一下汽车地形通过性的基本概念。

汽车地形通过性,也有人称之为汽车地面几何通过性。顾名思义,它是研究汽车与所行驶的地面或路面的几何参数之间相互关系的一门学科。并且,汽车地形通过性学科是汽车通过性学科的重要分支之一。汽车地形通过性学科与汽车地面通过性学科一起组成了汽车通过性学科。

并且,正如本书前面所指出的那样,汽车地面通过性的概念不适合在汽车产品的分类或在各类汽车产品定义中应用,这也就是说,汽车地形通过性的概念与设计理论在实际汽车设计中或许会比汽车地面通过性的概念与设计理论要重要一些。至少,汽车地形通过性的概念与设计理论和汽车地面通过性的概念与设计理论是同等重要或同样有意义。然而,在我国或在世界范围内,汽车地形通过性学科与汽车地面通过性学科之间的发展却存在着严重的不平衡现象。例如,汽车地面通过性学科,在 20 世纪七八十年代就已经建立起了相对完整、系统的理论,并且,到目前为止还都在发展进步中,同时,以研究汽车通过性为目标的汽车地面力学也被人们认为是汽车技术的一门新兴边缘学科,或是汽车技术学科众多分支中的又一个新的学科分支。

可是，与汽车地面力学研究相对火热的情形相反，关于汽车地形通过性参数设计理论，多年来却少有人进行研究。使得汽车地形通过性参数设计还停留在所谓的经验设计阶段，或者说，停留在所谓的对标设计方法阶段，而所取得的代表性成绩仅仅是关于汽车地形通过性试验方法的研究。

并且，所谓的汽车地形通过性参数设计的对标方法指如下两种。

方法（一）：

依据同类车型地形通过性参数的统计数据，以力求不落后于所掌握的同类车型地形通过性各项参数的统计平均值作为研发车型地形通过性诸项参数的设计目标。也就是说，该方法是一种与同类车型地形通过性参数的统计平均值来进行对标，确定所研发车型的地形通过性参数的方法。而不同的统计样本之间其统计平均值是不同的。因此，采用方法（一）的地形通过性参数设计结果，会受到主观对统计样本取舍的影响。

方法（二）：

为了消除采用方法（一）地形通过性参数设计结果会受到统计样本取舍的影响之缺陷，目前人们普遍采用或喜欢采用方法（二）。方法（二）要求全面掌握竞争对象车型的地形通过性参数。即不仅仅是了解竞争对象车型诸项地形通过性参数设计取值的结果，还要求掌握用户对竞争对象车型诸项地形通过性参数的偏爱与抱怨情况。这样要求的目的是避免追求过高的地形通过性参数设计取值，而有可能会造成不必要的整车其他方面技术指标的牺牲。该方法的具体步骤或要求为：

（1）针对用户对竞争对象的地形通过性参数的抱怨项，将抱怨项的设计取值做适当的提高。

（2）维持用户对竞争对象地形通过性参数偏爱项的设计取值不变。

（3）将竞争对象地形通过性参数的一般项（注：一般项系指既没有引起用户的偏爱也没有引起用户的抱怨）做全面、系统的分析之后，在确保用户对该项地形通过性参数不会出现抱怨的前提下，来做适当的调整。这样调整的目的在于更好地满足整车产品市场竞争力对整车地形通过性参数的各项技术指标的要求。

首先，无论是上述的方法（一）还是方法（二），都存在着不可避免的局限性，即只适用于产品研发的目的或与竞争对手产品相比较用户购买的偏好更强的汽车产品（如普通载货汽车、普通乘用车、SUV、皮卡、一般机动性越野汽车产品）地形通过性参数的设计，而不适用于高机动越野汽车产品的地形通过性参数设计。

其次，确定汽车地形通过性参数设计取值的所谓对标方法，不仅存在上述的局限性，还存在着如下之不足：方法（一）会受到主观对统计样本取舍的影响，而方法（二）所依据的用户对竞争对象车型地形通过性参数的评价之普遍性，即评价的全面性与准确性，亦是无法保证的。

总而言之，即使在所适用的类型产品上，上述所谓的对标方法亦带有主观片面性，或者说，没有排除片面性对汽车地形通过性参数设计方法的影响。更何况上述所谓的对标方法，根本就不适用于高机动越野汽车地形通过性参数设计。

因此，我们迫切需要研究、探讨能够针对或依据不同汽车产品类型，即汽车不同设计使用条件的汽车地形通过性参数设计的理论方法，以克服经验设计和所谓的对标设计方法存在的不足，特别是需要我们研究提出适合高机动越野汽车地形通过性参数的设计理论方法。

为此，需要我们通过对汽车地形通过性的诸项参数之间，汽车地形通过性参数与整车设计使用条件之间，汽车地形通过性参数与其他有关的整车技术参数之间的联系性进行全面研究，揭示出诸项地形通过性参数之间的联系性，以及汽车地形通过性参数与整车设计使用条件、其他有关的整车参数之间的联系性，建立起一套能够彻底克服主观片面性对汽车地形通过性参数设计取值的影响，或者说，能够完全依据汽车地形通过性参数和整车设计使用条件与其他整车参数（如轮胎参数和轴距参数等）紧密联系的汽车地形通过性参数设计的理论方法。也只有这样才能保证汽车地形通过性参数设计的高质量与高效率。同时，这也是推动汽车地形通过性学科推陈出新、向前发展的需要。

由于研究汽车地形通过性参数设计理论方法所需要讨论的问题点比较多，或者说，鉴于汽车地形通过性参数设计分析暨高机动越野汽车平台产品整车主要技术参数第四组参数设计分析与设计流程所要研究、讨论的内容比较丰富，并结合汽车地形通过性学科推陈出新、向前发展的需要，特将本内容单列第十二章来讨论。所谓的系统性研究，即它不再是对汽车地形通过性参数孤立地进行研究，而是将汽车地形通过性参数与汽车的设计使用条件、其他有关的整车技术参数联系起来进行研究。并且，也只有这样才能克服所谓的经验设计方法和所谓的对标设计方法所存在的缺陷，即缺乏系统性。

由此可见，高机动越野汽车平台产品整车主要技术参数第四组参数设计分析暨汽车地形通过性参数系统性研究，内容是丰富的，同时也是很重要的。与前所述的流程任务的第一责任人为系列平台产品总设计师相比较，本流程任务的第一责任人亦理应为系列平台产品总设计师。

（五）高机动越野汽车整车主要技术参数第五组参数设计分析与设计流程的讨论

在完成了高机动越野汽车平台产品整车主要技术参数第四组参数设计分析与设计流程的讨论之后，接下来就应讨论整车外形尺寸参数的设计分析与设计流程了。

笔者在"高机动越野汽车平台产品整车轮距和整车所允许的质心高度的设计取值的设计分析"中已给出高机动越野汽车平台产品整车高度尺寸的设计分析方法和高度尺寸的设计要求。在此，不再赘述。

下面要讨论的是整车长度和外宽尺寸的设计分析。

1. 整车长度尺寸设计

当汽车轴距确定后，其整车长度就由前悬和后悬尺寸的大小所决定。

（1）关于前悬长度设计取值。前悬长度设计取值的原则为：在满足整车接近角设计要求的前提下，前悬要尽量短。同时，前悬长度的设计取值也要满足发动机舱内布置发动机的需要。并且，发动机舱内的空间不仅需要考虑一种发动机布置的需要，还要考虑有可能的系列发动机的布置需要。因此，通常情况下需要在总布置完成了某一型号发动机舱内的布置之后，才能最后确定。好在，前悬长度尺寸通常不影响整车其他设计内容的展开。例如，东风猛士平台产品的前悬长度的设计取值就是在确定接近角的设计取值要求为 68.44°、实际接近角的设计取值为 70°后，整车总布置完成了发动机舱内的布置后，才最终确定为 567 mm。

（2）关于后悬长度设计取值。后悬长度设计取值的原则为：在满足整车离去角的设计要求的前提下，尽量取较大的后悬长度。后悬长度的取值需要以后悬车体强度所要求的后悬车体截面的高度与汽车的离去角的要求为准，也就是说，通常情况下，后悬长度要在总布置或车身产品工程确定后悬车体强度所要求的后悬车体截面高度之后，才能最后确定。同样，亦好在后悬长度通常不影响整车其他设计内容的展开。例如，东风猛士平台产品的后悬长度最终取值为 850 mm，这样东风猛士平台产品的整车长度即为 4 717 mm。

本篇所列举的高机动越野汽车平台产品的前悬为 567 mm，由于既要使车体中部离地高度满足 34.22°的汽车纵向通过角要求，又要避免整车底盘被抬起得过高，所列举的高机动越野汽车平台产品的轴距参数取值为 3 273 mm，较之东风猛士平台产品的轴距 3 300 mm 减少了 27 mm，但是，后悬长度在东风猛士平台产品的基础上增加了 27 mm，仍满足离去角 45°的要求。

综上所述，本篇所列举的高机动越野汽车平台产品的前悬长为 567 mm、轴距为 3 273 mm、后悬长为 877 mm，整车设计长度尺寸为 4 717 mm。

另外，笔者依据高机动越野汽车后悬长度的统计数据认为，整车方案设计阶段时可先把车轮自由直径的大小作为高机动越野汽车平台产品的后悬长度的设计目标，然而，最终后悬长度的取值应听取总布置工程师的意见。而关于前悬长度，在整车方案设计阶段亦可先把车轮自由直径的 1/2 作为前悬长度的设计目标，同样，前悬长度的最终取值应听取总布置工程师的意见。

或者说，高机动越野汽车在整车方案设计阶段，关于整车长度的初步设计目标，可取值为轴距 + 1.5 × 车轮自由直径；后悬长度的初步设计目标，可取值为车轮的自由直径。

2. 整车外宽尺寸设计

汽车设计概念的整车外宽通常系指汽车本体外宽，即不包含可调节位置的后视镜，并且，整车外宽应取前/后车轮的轮罩处（左右）的外宽、车轮轮毂或轮胎的外宽、驾驶室本体外宽及货厢本体外宽的最大值来计算。

值得指出的是，整车的外宽不应是车轮轮毂或轮胎的外宽（注：老型北京吉普的前轮轮毂的外宽即是整车的外宽，这是不安全的）。通常整车外宽取值为：前、后车轮的轮罩的外宽，或货厢本体的外宽。并且，对于前/后轮轮胎规格相同且均为单胎的高机动越野汽车来说，整车外宽需满足与前轮轮距的关系：高机动越野汽车整车外宽 = 前轮的轮距 + 整车设计所选规格轮胎的双胎最小中心距。对此，可查阅美国 TRA 工程设计手册给出的高机动越野汽车轮胎最小双胎距数值作为参考。而且，高机动越野汽车的后轮轮距不得小于前轮轮距，即应前/后轮的轮距等宽。

综上所述，本篇所列举的高机动越野汽车平台产品的整车长、宽、高尺寸分别为：

长 4 717 mm × 宽 2 250 mm × 最大外高限值 2 980 mm。

第十二章

汽车地形通过性参数系统性研究

第一节 汽车地形通过性参数系统性研究的内容与研究的意义

汽车地形通过性参数系指表征或评价汽车通过复杂或苛刻地形条件能力的一组汽车整车技术参数。人们通常用以下参数来表征或评价汽车地形通过性。

(1) 汽车纵向通过角或纵向通过半径。
(2) 汽车横向通过角或横向通过半径。
(3) 汽车接近角和离去角。
(4) 汽车最小离地间隙。
(5) 汽车可通过的台阶高或壕沟的宽度。

汽车产品的类型不同，即汽车产品定义的不同，则汽车地形通过性参数的要求会是不同的。例如，普通轿车产品的诸项地形通过性参数指标会低于SUV型的地形通过性参数指标。这是众所周知的常识。但是，有如此常识，对普通社会大众来说，足矣。然而，对于从事汽车产品设计、研发的专业人员来说，则是远远不够的。还需要对汽车地形通过性参数进行系统性研究。而所谓的系统性研究，系指不应只对汽车地形通过性参数孤立地进行研究，而是要学习、研究掌握诸项地形通过性参数之间的内在联系性、不同类型汽车产品的设计使用条件及其他整车技术参数与汽车地形通过性参数之间的内在联系性。

并通过学习、研究上述诸内在联系性，掌握汽车地形通过性诸项参数的度。

汽车产品诸项技术性能指标的度是不同的。它们分别规定了汽车产品市场竞争力或用户购买之偏好对汽车产品诸项技术性能指标的要求。如果汽车产品技术性能没有达到技术性能指标度的要求，汽车产品市场竞争力或用户购买之偏好就会不够强；相反，如果汽车产品技术性能指标已经达到了度的要求，则汽车技术性能指标就没有必要再提高了，或者说，超过性能指标度的要求的性能指标对于提高产品市场竞争力或用户购买之偏好的帮助就会不再那么明显了。

综上所述，汽车地形通过性参数系统性研究的任务就是要认知：

(1) 汽车地形通过性诸项参数之间的联系性，如最小离地间隙的设计取值与汽车纵向/横向通过角的关系，等等。

(2) 汽车地形通过性与汽车设计使用条件之间的联系性。

(3) 汽车地形通过性指标与汽车其他整车技术指标之间的联系性。

(4) 汽车地形通过性指标与汽车产品类型之间的联系性。

(5) 通过研究认知汽车地形通过性诸项参数的度。

并且，开展汽车地形通过性参数系统性研究对汽车地形通过性参数设计方法早日形成汽车地形参数设计学科、丰富汽车通过性设计理论，也是很有意义的。它可使我们彻底地摆脱依靠现有的经验设计或采用对标方法进行汽车地形通过性参数设计的缺陷，也只有这样认知汽车地形通过性诸项参数的度，并按相应的度来设计取值才能设计出先进、科学、合理的汽车地形通过性参数。

总之，开展汽车地形通过性参数系统性研究是保证汽车地形通过性参数设计科学性的需要，也是保证汽车地形通过性参数设计质量与设计效率的需要，或者说，开展汽车地形通过性参数系统性研究可满足汽车地形通过性参数设计方法升华为汽车地形通过性学科的要求。

第二节　汽车地形通过性参数设计系统性研究方法概述

汽车地形通过性参数设计取值，首先取决于汽车设计使用条件范围内道路或地面条件。汽车设计使用条件范围内道路或地面条件比较差，则汽车地形通过性参数设计取值的要求就会高一些；反之，则会低一些。何谓汽车设计使用条件范围内道路或地面条件比较差或比较好？这势必涉及汽车设计使用条件范围内道路或地面条件的评价指标和汽车通过性评价指标。例如，可想而知，汽车设计使用条件范围内道路或地面的评价指标有道路或地面的凸凹不平度、坡度等；而常见的汽车地形通过性的评价指标亦有汽车最小离地间隙、接近角和离去角、纵向通过角和横向通过角等。并且，无论是道路或地面的评价指标还是汽车通过性评价指标，无疑都是相互关联的。

综上所述，汽车地形通过性参数设计系统性研究方法，就是认知汽车设计使用条件范围内道路或地面条件的关键评价指标（注：所谓的关键评价指标即是主要评价指标，也就是"矛盾之学说"中所指的主要矛盾。）和认知汽车地形通过性评价指标中的关键评价指标；并在认知关键评价指标的基础上，结合各类汽车产品的定义，对汽车地形通过性诸项参数的度逐一认知，即给出各类汽车产品地形通过性诸项参数的设计取值方法或指导。

第三节　汽车设计使用条件范围内道路或地面条件的关键性评价指标的分析认知

我们开展汽车地形通过性参数设计研究的目的无非就是通过对汽车地形通过性参数的研究，来实现汽车地面通过性参数设计取值科学、合理，以保证汽车在设计使用条件范围内道路或地面上能够顺利通过。因此，与汽车地形通过性参数相比较，汽车设计使用条件范围内道路或地面条件是处于支配地位的，而汽车地形通过性参数则是处于第二位的。也就是说，研究汽车地形通过性参数设计，首先需要研究的是汽车设计使用条件范围内道路或地面参数的指标；之后才是研究处于第二位的汽车地形通过性参数指标的设计取值。

理论上路面宽度也是影响汽车地形通过性的重要因素。这是因为路面宽度不够时，汽车就无法掉头。但是，汽车在实际行驶中如遇到路面宽度不足以一次操作就可完成掉头时，可以采用多打几把方向的方法来掉头，或者说继续行驶一段路程，以找到可以掉头的路段来完成掉头。因此，路面宽度只是理论上影响汽车地形通过性因素，而实际上路面宽度不会构成汽车通过性的硬性限制性条件。另外，路面或地面附着系数仅仅对汽车地面通过性有直接影响，也就是说，地面附着系数与汽车地形通过性参数也并无直接关系。

由此可见，值得我们进一步探讨的影响汽车通过性的道路或地面的参数无非就是道路或地面的凸凹不平度及道路或地面的坡度。或者说，道路或地面的凸凹不平度与坡度指标即是汽车设计使用条件范围内道路或地面的关键评价指标。

并且，由于汽车所能通过的道路或地面的凸凹不平度的最大值即为汽车地形通过性的越台阶的能力指标，这就将汽车所能通过的道路或地面的凸凹不平度的评价指标与汽车地形通过性的越台阶能力指标建立起了直接的联系。

汽车越台阶的能力,应系指汽车满足在附着驱动力足够,车体的任何部位都不得与地面发生接触或干涉的前提下,汽车所能通过的最大台阶(高度)。或者说,面对台阶时汽车不仅要能爬得上去,还要能下得下来,并且车体任何部位不得与地面发生干涉,即汽车能通过的台阶高度的最大值即是汽车越台阶的能力。

然而,美国军车悍马 H1 所宣称的通过台阶能力为 450 mm,应属于概念不清而犯下的"口误"。科学准确的说法应该是:悍马 H1 车型的驱动与附着能力可供悍马 H1 车型跃上 450 mm 高度的台阶,但是,实际车体中部的离地高度,也就是汽车纵向通过角限制了它通过台阶的能力,它所能够通过的台阶高度应为 410 mm,而不是美方所标称的 450 mm,如图 12-1 所示。

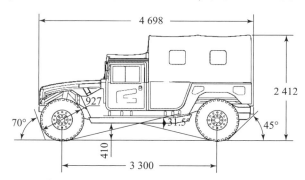

图 12-1　美国军车悍马 H1 前/后轮中间部位的离地高度与纵向通过角示意图

综上所述,汽车可通过的道路或地面的凸凹不平度与汽车越台阶的能力是紧密联系的。如图 12-1 所示,汽车越台阶的能力又是与汽车纵向通过角参数紧密联系的。而且,由于汽车可通过的坡道角的限值就是汽车的纵向通过角,因此,地面或路面的纵向坡度也与汽车纵向通过角参数存在直接的联系,或者说是相互关联的。

另外,道路或地面的坡道角与汽车纵向通过角不仅有对应关系,还与汽车横向通过角、接近角/离去角、最小离地间隙要求等地形通过性参数都有对应关系。对此,详见下节的阐释。

所以,对汽车地形通过性参数设计起关键作用的道路或地面特征的有关参数无疑就是道路或地面的坡度,或者说,在对汽车地形通过性有重大影响的道路或地面特征评价参数体中,道路或地面的坡度是主要矛盾,它对汽车地形通过性参数设计取值起着支配的作用。而与道路或地面坡度直接相对应的就是汽车地形通过性的纵向通过角。可见,汽车纵向通过角就是汽车地形通过性参数体中的关键参数或主要矛盾。

认为汽车纵向通过角是汽车地形通过性参数体中的关键参数，还有重要的佐证，那就是，对于普通乘用车与普通载货汽车法规所要求的驻车坡度即为20%。然而，有驻车就会有起步，也就是说，这两种类型汽车的坡道起步能力亦同样是不得低于20%。并且，有坡道行驶就会有坡道驶入与驶出，这也就是说普通乘用车与普通载货汽车的纵向通过角同样不得低于20%的坡度。如果某车型的驻坡能力和坡道起步能力均达到了20%的坡度，纵向通过角也达到了20%的坡度，那么，我们才可以说，该车型的设计使用或适用的道路或地面的最大坡度为20%。

值得加以强调的是，汽车的最大爬坡能力无不是远远大于汽车坡道起步能力的，而汽车的驻坡能力和坡道起步能力不得小于汽车设计使用条件道路或地面的坡度。对此，可参见文献有关章节的阐述。

第四节　汽车设计使用条件范围内道路或地面最大坡度与汽车坡道起步能力的概念

在讨论汽车地形通过性参数设计之前，笔者认为还需要对下述概念加以强调。

汽车最大爬坡度对汽车通过性来说并没有任何直接的意义，理由如下。

汽车最大爬坡度无不远远大于汽车设计使用范围内道路或地面的最大坡度。正如文献所指出的那样：汽车最大爬坡度是保证汽车在设计使用范围内最大坡度的道路或地面上能够平稳、顺利起步而需要采用较大的变速器一挡速比所带来的一种结果。

汽车的最大起步坡度之所以远小于汽车的最大爬坡度，原因无非就是汽车在起步过程中，先是静止的，而汽车发动机是有一定转速的，这就对离合器提出了要求；然而，离合器在满足汽车平稳起步的过程中势必会产生热量，而且所产生的热量会导致离合器温度的上升与离合器的磨损，当温度上升到一定程度后离合器就会被烧蚀，即离合器会发生损坏失去应有的功能。

控制离合器在汽车起步过程中不被损坏的措施有：一是采用变速器一挡速比足够大的变速器总成；二是在汽车起步过程中要合理地控制离合器接合的速度与发动机的转速或油门，以求得在发动机转速较低的条件下完成离合器的接合过程；三是离合器的结构设计要尽量保证其具有良好的通风散热条件。前两项措施势必会带来的结果，就是汽车的最大爬坡度远大于汽车的最大起步坡度。汽车的最大爬坡度与最大起步坡度之比通常为变速器一挡速比与二挡速比之比。这也就是说，汽车总体设计应该要求汽车发动机使用外特性最大扭矩与发动机在最低稳定转速下的扭矩外特性的扭矩值之比等于变速器一挡速比与二挡速比之比。

但是，笔者遗憾地看到我国许多（或普遍）自主品牌汽车产品研发的过程中，只做1 000转/分及以上的中、高速段的发动机扭矩外特性的测试，而普遍缺乏对发动机在最低稳定转速下的扭矩外特性的测试，更不要说，开展发动机在最低稳定转速下的扭矩外特性研究了。

值得说明的一点是，发动机在最低稳定转速下的扭矩外特性扭矩值的提高会对保证汽车最大起步坡度满足要求有利，但是，这也会给发动机满足排放法规的要求带来不利的影响。因此，汽车总体设计要在满足汽车起步能力要求的前提下，不要对发动机最低稳定转速下的扭矩外特性的扭矩值提出过高的要求。

更深入地研究汽车起步能力，需要发动机动态使用外特性的数据。并且，开展汽车起步能力的研究也是研发AMT和AT变速器的需要。这也正是我国研发AMT已经很多年了，可是，至今还有这样或那样的技术问题的主要原因。并且，目前关于发动机动态使用外特性的测试方法还是一项空白。

综上所述，笔者再次呼吁：第一，我国从事汽车产品试验的有关专业应重视对汽车起步能力评价方法的研究，并使汽车起步能力的评价方法标准化；第二，我国从事汽车发动机产品试验的有关专业应重视对发动机动态使用外特性测试的研究，并向建立发动机动态使用外特性测试方法标准化方向迈进。

第五节 汽车地形通过性参数设计分析与设计流程的讨论

一、汽车地形通过性参数设计第一组参数设计分析

汽车地形通过性参数设计流程的第一项关键设计任务是：所设计的系列平台产品总体设计师及所带领的设计师团队需要认知所设计产品的产品类型及相应产品类型的汽车设计使用范围内道路或地面的最大坡度，即汽车纵向通过角参数指标的设计要求。

对此，值得明确指出的是，有些同行会认为，或者说，他们习惯于首先分析、确定的是汽车最小离地间隙指标。笔者从前也一样，如东风猛士平台产品参评国家科技进步奖时所准备的报奖材料中首先提到的地形通过性参数就是最小离地间隙。但是，在今天看来是一个失误，对此，笔者深感遗憾和内疚。

广义汽车设计

　　值得再次加以强调的是，汽车设计使用条件范围内道路或地面的最大坡度，并非指汽车的最大爬坡度，更不是指猛抬离合器、依靠离合器的转动惯量方式得到的非正常的起步能力。在20世纪80年代，云南一带的司机称采取上述非正常操作方式来弥补因汽车（严重）超载而导致的汽车爬坡能力不足为"打眼或打冲"。采取"打眼或打冲"方式只能让汽车前蹿而不能实现平稳起步，并且，"打眼或打冲"实现汽车前移会极大地损伤汽车的动力传动系统，是不可取的。

　　关于普通载货汽车或普通商用车与普通乘用车的设计使用条件范围内的道路或地面的最大坡度，正如笔者在前面所指出的那样，普通载货汽车或普通商用车与普通乘用车的研发目的是满足产品市场竞争需要。对此，可能有人会说，适当加大普通载货汽车或普通商用车和普通乘用车产品所能适用的道路或地面的最大坡度，可提高这两类汽车产品的市场竞争力，为什么实际上这两类汽车产品的设计适用道路或地面的最大坡度普遍为20%？而不是将它们所能适用的道路或地面的最大坡度做适当的提高呢？笔者对此所给出的解释是：

　　普通载货汽车或普通商用车和普通乘用车产品所能适用的道路或地面的最大坡度为20%，第一，它能够满足这些类型汽车的正常使用的要求；第二，它早已得到了人们的普遍认同，或者说，没有提高普通载货汽车或普通商用车和普通乘用车产品所能适用的道路或地面最大坡度的必要性；第三，如果在最大坡度20%的基础上提高得不多，则用户有可能感觉不到，而当所能适用的道路或地面最大坡度提高多了的话，会使这些普通产品的类型发生转变，即按照马克思主义哲学的学说，会由于量变引起质变。例如，如果将普通乘用车产品所能适用的道路或地面最大坡度提高到25%则会转变成SUV产品，同样将普通载货汽车的设计适用道路或地面的最大坡度提高到25%，则会转变成类似于皮卡汽车产品。

　　所以，提高普通载货汽车或普通商用车和普通乘用车产品的市场竞争力的措施不应该是提高这两类汽车产品所能适用道路或地面的最大坡度，即应该维持这两类汽车产品所能适用道路或地面的最大坡度为20%，也就是维持汽车设计使用条件不变，而去着力提高这两类汽车产品的使用性能或品质。

　　对于多功能运动汽车，即SUV或皮卡类汽车产品，笔者在关于汽车产品分类的阐述中给出的这两类汽车产品所能适用的道路或地面最大坡度是一个范围，即在25%~30%范围内取值，所出于的考虑是：从产品定义的角度来说，它们同属于"竞争类"产品，并且，竞争的焦点之一则是汽车的乘坐空间或装载空间尺寸，而制约乘坐空间或装载空间的重要因素为汽车的轴距，也就是

第三篇　高机动越野汽车系列车型型谱设计暨汽车平台产品系列化设计例解

这两类汽车产品所能适用的道路或地面最大坡度或纵向通过角参数是制约乘坐空间或装载空间的重要因素。并且，将汽车所能适用的道路或地面最大坡度由30%降至25%，既可保证汽车类型的属性不发生变化，还可大大增加轴距尺寸参数以增加乘坐或装载空间。这类汽车产品的设计适用道路或地面的最大坡度的具体取值则取决于系列产品所追求的市场目标。

关于这两类汽车产品所能适用的道路或地面最大坡度设计具体取值，毫无疑问，用户的偏好一定会是多样性的。有用户偏好增加乘坐空间或装载空间，即产品所能适用的道路或地面最大坡度取下限25%；而有的用户则偏好汽车通过性，即产品所能适用的道路或地面最大坡度取上限30%。然而，面对用户多样性的购买偏好，解决问题的出路在于推出系列化的平台产品，既有产品所能适用的道路或地面最大坡度取下限25%、相对地增加了乘坐空间或装载空间，又有产品所能适用的道路或地面最大坡度取上限30%、相对地增加了汽车地形通过性指标。

一般机动性越野汽车与上述 SUV 和皮卡产品同理，其所能适用的道路或地面最大坡度也是一个范围，即在35%~40%范围内取值。在此，不再赘述。

高机动越野汽车产品与一般机动性越野汽车产品相比较，整车设计不仅仅是轮胎型式的不同，高机动越野汽车产品须采用所谓的高机动越野汽车轮胎，具体的胎压也不同。例如，轻型高机动越野汽车在越野行驶时的胎压要求为不高于 2.8 kPa，而一般机动性轻型越野汽车所要求的胎压则为 3.5 kPa。除此之外，高机动越野汽车产品设计的另一个重要特点则是轴距参数要明显小于一般机动性越野汽车产品的轴距参数，以适应高机动越野汽车产品较高的设计使用条件范围内道路或地面的最大坡值等于非铺装道路或自然地面附着系数的最大值——0.68 的要求，即适应高机动越野汽车产品的纵向通过角 34.2°所对应的坡度68%的要求。也就是说，高机动越野汽车产品设计与一般机动性越野汽车设计相比较的根本特点是：高机动越野汽车产品是以最大限度地满足汽车地面机动性要求作为设计目标，而一般机动性越野汽车产品则是以部分地满足汽车地面机动性要求作为设计目标，即一般机动性越野汽车产品是以产品市场占有率最大化为设计目标。

值得再次说明的是，为什么高机动越野汽车设计使用条件范围内道路或地面的最大坡值为68%？这是根据高机动越野汽车产品的定义之要求确定的，即高机动越野汽车产品系指能够最大限度地满足地面机动需要的越野车产品，所以，既然非铺装道路或地面附着系数的最大值为 0.68，则高机动越野汽车产品所适用的道路或地面的坡度就应不得低于68%，否则就称不上真正意义上的高机动越野汽车，至多只能称为准高机动越野汽车产品。为了保证高机动越野汽车产品所适用的道路或地面的最大坡度为68%，一般来说，整车方案设计所考虑的最大爬坡度指标需达到100%。而对于一般机动性越野汽车来说，为了能够保证所适用的道路或地面的最大坡度为40%，整车方案设计所考虑的最大爬坡度则需要不低于57%。

并且，我们根据汽车纵向通过角和纵向通过半径的定义可知：决定汽车纵向通过角数值的因素为"三点连线"，即前/后轮接地印迹长度方向上的内间距点（注：其两点距离为轴距减去车轮接地印迹的长度）、限制汽车纵向通过角增大的前/后轮间的汽车底盘构件离地高度点，此"三点"的位置即决定了汽车纵向通过角的取值；而且，纵向通过半径的具体取值亦是以此"三点"来确定的，所不同的是，不是做点的连线，而是依据"三点"做圆弧，该圆弧之半径即是汽车的纵向通过半径。由此可见，即使满足了以此"三点"所确定的纵向通过角不发生触地失效，但是，它不一定也能满足以同样的"三点"所确定的纵向通过半径不发生触地失效。也就是说，纵向通过半径所代表的汽车地形通过性的要求略高于纵向通过角所代表的汽车地形通过性的要求。

由上述汽车地形通过性参数设计的第一项关键设计任务内容与设计分析的阐述可知，该子项任务事关汽车地形通过性参数设计的成败，因此，建议汽车地形通过性参数设计的第一项关键设计任务的第一责任人仍是系列平台产品总设计师。

二、汽车地形通过性参数设计第二组参数设计分析

在完成了上述汽车地形通过性参数设计的第一项关键设计任务内容之后，接下来就可完成第二组参数设计分析，也就是其他全部的非关键汽车地形通过性参数设计任务了。

（一）汽车接近角和离去角的设计分析

各类汽车（包括普通载货汽车、普通乘用汽车、多功能运动汽车、皮卡汽车、一般机动性越野汽车和高机动越野汽车）的接近角和离去角都与汽车纵向通过角有着内在的联系性。而这种联系性实质上是接近角和离去角与汽车设计使用条件范围内道路或地面的最大（纵向）坡度之间的联系，也就是说，汽车的接近角和离去角设计目标要求所取决的第一要素即是汽车设计使用条件范围内道路或地面的最大（纵向）坡度值。

然而，除了汽车纵向通过角或汽车设计使用条件范围内道路或地面的最大（纵向）坡度值这一首要因素外，影响汽车接近角和离去角设计目标取值的因

素还有汽车前悬或后悬的长度，对接近角和离去角要求最为苛刻时相应的前后悬架挠度的变化等。因此，在整车方案设计阶段想通过计算的方法确定出汽车接近角和离去角的设计目标要求，基本上是无法做到的。

为此，笔者给出了确定汽车接近角和离去角设计目标要求的一种经验方法，见表12-1。

表12-1 整车方案设计阶段各类汽车接近角和离去角的设计目标取值

汽车类型	汽车设计使用条件范围内道路或地面的最大坡度	汽车接近角设计取值	汽车离去角设计取值
普通商用车	20%（对应的纵向通过角为11.31°）	22.7°	14.7°
普通乘用车	20%（对应的纵向通过角为11.31°）	22.7°	14.7°
多功能运动汽车	25%~30%（对应的纵向通过角为14.04°~16.7°）	28.1°~34.4°	18.3°~27.71°
一般机动性越野汽车	35%~40%（对应的纵向通过角为19.29°~21.8°）	38.6°~43.6°	25.1°~28.4°
高机动越野汽车	68%（对应的纵向通过角为34.22°）	68.44°	44.5°

应用该经验方法，可在整车方案设计阶段初步确定汽车接近角和离去角的设计目标要求，并可在完成整车设计后再进行接近角和离去角设计目标要求的校核。

在整车方案设计过程中，可以用汽车纵向通过角设计目标的取值乘以2，作为初步确定的汽车接近角设计目标要求；并且，可以用汽车纵向通过角设计目标的取值乘以1.3，作为初步确定的汽车离去角的设计目标要求。整车方案设计阶段各类汽车接近角和离去角的设计目标取值，见表12-1。

按上述经验方法确定的汽车接近角和离去角的设计目标的取值，是对汽车接近角和离去角设计目标要求做初选的结果，并不是关于汽车接近角和离去角设计目标取值的最终确定。理论上，对上述所给出的、用经验方法初选出来的汽车接近角和离去角的设计目标的取值，还需要在完成整车设计后，即与接近角和离去角有关参数，如前/后悬的长度、汽车接近角和离去角的要求最为苛刻时的工况，前后悬挂架的刚度等有关参数都已经选定之后，对汽车接近角和离去角的设计目标的结果再给予校核。但是，这最为苛刻时的工况如何确定，还是需要由经验来确定。这也就是说，汽车接近角和离去角设计目标要求的初选与对初选做校核都是离不开相关经验的。

(二) 汽车横向通过性参数设计分析

在实际使用中,无论是公路用车还是非公路用车的越野汽车,不仅会遇到考验其纵向通过角极限的工况,也同样会遇到考验其横向通过角极限的工况。例如,在坝子顶上骑行(或斜骑在坝子上)时就会对汽车横向通过角形成考验。也就是说,汽车横向通过角的设计要求和纵向通过角的设计要求一样,都必须满足其通过设计使用条件范围内道路或地面的最大坡度的要求。并且,汽车设计使用范围内道路或地面的最大横向坡道角与最大纵向坡道角是相等的。因为,汽车难免会遇到出入坝子,即由在坝子上骑行(或斜骑)转入沿着坝坡行驶或相反的工况。

所以,汽车横向通过角的设计取值应与汽车纵向通过角的设计取值相等,见表 12 – 2。

表 12 – 2 各类汽车横向通过角参数设计取值

汽车类型	汽车设计使用条件范围内道路或地面的最大坡度	汽车横向通过角设计取值
普通商用车	20% (所对应的坡道角为 11.31°)	11.31°
普通乘用车	20% (所对应的坡道角为 11.31°)	11.31°
多功能运动汽车和皮卡汽车	25% ~30% (所对应的坡道角为 14.04° ~16.7°)	14.04° ~ 16.7°
一般机动性越野汽车	35% ~40% (所对应的坡道角为 19.29° ~21.8°)	19.29° ~ 21.8°
高机动越野汽车	68% (所对应的坡道角为 34.22°)	34.22°

与上述汽车纵向通过角与纵向通过半径一样,我们也可根据汽车横向通过角和横向通过半径的定义,得知:决定汽车横向通过角数值的因素同为"三点连线",即左右车轮接地印迹的内侧间距点(注:其两点距离为轮距减去车轮接地印迹的宽度)和限制汽车横向通过角增大的左右车轮间的汽车底盘构件离地高度点,此"三点"的位置即决定了汽车横向通过角的取值;而且,横向通过半径的具体取值亦是以此"三点"来确定的,所不同的是,不是作点的连线,而是依据"三点"作圆弧,该圆弧之半径即是汽车的横向通过半径。由此可见,即使满足了以此"三点"所确定的横向通过角不发生触地失效,但是,它不一定亦能满足以同样的"三点"所确定的横向通过半径不发

生触地失效。也就是说，横向通过半径所代表的汽车地形通过性的要求略高于横向通过角所代表的汽车地形通过性的要求。

（三）汽车最小离地间隙参数设计分析

关于汽车最小离地间隙，众所周知，汽车的最小离地间隙值越大，则汽车不发生触地失效的保险系数就越高。但是，相应的代价与难度也会随之加大。所以，最小离地间隙设计取值的原则是：只需最小离地间隙能够满足其整车设计使用条件要求即可，而不必刻意地去追求过高的最小离地间隙参数值。

下面就让我们来认知汽车整车的设计使用条件和汽车最小离地间隙参数的内在联系。

我们先将汽车沿整车坐标系 X 轴方向做分段：第一段是汽车前悬部分，第二段是汽车前/后车轮之间的车体部分，第三段是汽车后悬部分，这三个部分都属于悬上质量部分，而第四段和第五段则是汽车左右悬架之间的连接部分。如果汽车采用的是独立悬架，左右悬架连接部分则属于簧上质量；如果采用的是非独立悬架，左右悬架连接部分则属于簧下质量。

针对两种型式的悬架，即独立悬架和非独立悬架，笔者特提出汽车名义最小离地间隙值和最小离地间隙有效值的概念如下。

名义最小离地间隙值系指汽车各轴的轴荷均为额定轴荷，并且，整车水平静止停放在硬实的地面上，这时上述第四段和第五段车体与水平地面之间距的最小值，即为名义最小离地间隙值。并且，汽车前/后悬部分、前/后车轮之间的车体部分的离地高度需要满足汽车通过台阶高度的要求，也就是说，这三部分的离地高度要比汽车左右悬架连接部分的离地高度高出许多。这也就是说，汽车的最小离地间隙通常都发生在汽车前/后轴左右车轮之间的车体上或附近。

对于采用非独立悬架的汽车而言，最小离地间隙有效值与名义最小离地间隙值完全相同。对于采用独立悬架的汽车而言，名义最小离地间隙值减去其悬架的动行程才是真正意义上的最小离地间隙，即最小离地间隙的有效值。

对此，笔者给予举例说明如下。

当汽车遇到一块条石并以某速度通过时，左右车轮就会向上跳动，其跳动量的最大值为悬架的动行程。这时采用独立悬架的汽车，由于随着车轮的上跳其簧上质量的最小离地间隙就会等于或接近最小离地间隙的有效值，即等于或接近名义最小离地间隙值减去悬架的动行程。

而悬架结构型式为非独立悬架时，影响汽车最小离地间隙的簧下质量也随着车轮一起上跳,这就使得上述名义最小离地间隙值与最小离地间隙有效值是完全相等的。

在掌握了上述名义最小离地间隙和有效最小离地间隙的概念后,接下来就让我们对汽车最小离地间隙的设计取值进行分析。

首先,汽车整车设计使用条件直接影响的是汽车最小离地间隙有效值的设计取值,而对于汽车名义最小离地间隙值没有直接影响。并且,在汽车设计使用条件体中,对于汽车最小离地间隙有效值的设计有直接影响的整车参数是汽车设计使用条件范围内道路或地面的最大坡度的数值,而汽车设计使用条件范围内道路或地面最大坡度直接关联的是汽车通过性参数体中的汽车横向通过角,也就是说,最小离地间隙有效值的设计取值须满足汽车横向通过角的要求。

例如,本篇所列举的某车型的轮距为1 820 mm、轮胎断面宽为318 mm,左、右车轮的轮间距 = 轮距1 820 − 轮胎断面宽度318 = 1 502 mm。再根据横向通过角的设计要求为34.22°(横向通过角的设计要求为等于汽车纵向通过角,而汽车纵向通过角的设计取值的要求为汽车设计使用条件范围内道路或地面的最大坡度的数值),则可得该车型的最小离地间隙有效值为

$$(1\ 502/2) \times \tan(34.22°/2) = 231\ mm$$

这也就是说,如果该车型采用的是非独立悬架的话,其最小离地间隙取值为231 mm即可满足该车型的设计使用条件对该车型最小离地间隙的要求。

但是,实际上该车型的悬架结构型式为独立式悬架,因此,其最小离地间隙的设计取值还需要在上述最小离地间隙有效值的基础上考虑车轮上跳的最大动行程:该车型悬架设计所考虑的车轮上跳的最大动行程为100 mm。即该车型的名义最小离地间隙设计取值为331 mm(231 + 100)才可满足该车型设计使用条件的要求。而该名义最小离地间隙331 mm就是人们所常说的最小离地间隙。

如果说将该车型按一般机动性越野汽车产品设计,即横向通过角设计要求由34.22°降至21.8°,而其他有关参数维持不变,则最小离地间隙有效值即为

$$(1\ 502/2) \times \tan(21.8°/2) = 145\ mm$$

如果该一般机动性越野汽车与上述举例车型一样,采用的是独立式悬架,并且车轮跳动的额定最大动行程亦为100 mm,这样名义最小离地间隙值即人们常说的最小离地间隙值,就为145 + 100 = 245 mm。

值得加以说明的是,按上述笔者所提出的设计分析方法确定的汽车最小离地间隙值是汽车最小离地间隙值的最低要求,不满足最低要求就不能满足汽车

设计使用条件的要求。而实际汽车最小离地间隙值有可能、也允许略大于上述所要求的数值。

按照上述概念所设计的汽车最小离地间隙值（无论是名义最小离地间隙值还是最小离地间隙有效值）会比按传统观念所做出的设计取值要小很多。笔者在和周围的同事交流时，同事无不担心按满足汽车横向通过角的设计要求来设计最小离地间隙会导致离地间隙过小，不能满足汽车设计使用条件范围内使用要求。笔者对此再给出进一步解释如下。

首先，我们要明确一下，汽车在什么工况下，即在什么道路（或地面）条件下，才会需要较大的最小离地间隙。对此，无非是类似于汽车行驶前方有落石出现，而当落石突出道路或地面的高度小于汽车的最小离地间隙时，汽车不受任何影响，即可正常通过；而当落石的高度大于汽车最小离地间隙并小于汽车能够通过的台阶高度时，汽车通过落石地段的措施是驾驶员驾驶汽车跃上落石而通过；当落石的高度大于汽车能够通过的台阶高度时，只有将汽车先停下来想办法了。例如，本篇所列举的高机动越野汽车平台产品，其有效最小离地间隙值为231 mm，名义最小离地间隙值为331 mm，可克服的台阶高度为447 mm，这样如遇到高度小于331 mm 的落石可直接通过，如遇到高度大于331 mm、小于447 mm 的落石时也能顺利通过。

综上所述，最小离地间隙并不是决定汽车地形通过性的关键参数或因素，而决定汽车地形通过性的关键参数则是汽车的纵向通过角或汽车通过台阶的能力。以往（或过去）我们重视的却是汽车最小离地间隙的设计取值之高低，并且，关于汽车最小离地间隙的设计取值片面地以为取值越高越先进，而不是按本篇所阐述的上述方法来做设计分析和取值，造成了以往我国自主品牌汽车产品，特别是采用非独立悬架车型的最小离地间隙的设计取值过大，对汽车设计的其他方面造成了不必要的难度或整车成本不必要的增加。这正说明了本篇开展汽车地形通过性参数系统性研究的意义。

接下来再让我们分析需要汽车具有较大离地间隙的另一种工况，即所要通过的路段（或地面）有前车压出的车辙，并且车辙较深。不需多言，当车辙的深度不大于汽车的最小离地间隙时，汽车通过这样的车辙路段是不会出现任何问题的。这也正是，经常出入类似建筑工地拉土方的车辆希望尽量加大汽车最小离地间隙的原因。但是，面对经常出入建筑工地拉土方车辆希望尽量加大汽车最小离地间隙的要求，我们也应该看到此类要求在整个汽车产品市场的要求中属于"小众性"要求，因此，应优先考虑保持汽车底盘平台通用性不变，而通过选装件的变化来实现汽车最小离地间隙的适当提高。例如，选装大规格的轮胎。另外，在面对多样化的"小众性"要求时，更需要设计的规范化和标准化，即上述笔者所阐述的汽车最小离地间隙的设计取值取决于汽车横向通过角的设计要求（也就是汽车纵向通过角的设计要求或汽车通过台阶能力的要求）的概念即是汽车最小离地间隙设计取值的系统设计分析方法，理应将该方法上升为汽车最小离地间隙设计方法的规范或标准化方法。

（四）汽车通过台阶能力指标要求的设计分析

关于汽车通过台阶的能力指标的设计分析，首先，需要认知的一点就是：需根据汽车设计使用条件的要求，来研究确定汽车的各项性能指标要求，包括本节所讨论的汽车通过台阶的能力，即能通过的台阶最大高度。这是汽车设计定义所规定的任务，至于如何达到设计指标要求，则属于汽车产品工程任务的范畴。其次，设计汽车通过台阶的能力指标，最好的方法是从研究汽车下台阶能力来入手。

众所周知，假如说汽车下台阶时受触地失效的制约，而使得所能下得去的台阶高度小于汽车驱动附着能力所决定的汽车能上台阶的高度，则该较高的上台阶能力指标也得不到发挥。因此，笔者依据汽车上、下台阶之能力必须协调一致的原则提出：在设计使用条件范围内，以保证汽车下台阶时不发生触地失效为原则来确定汽车所能通过的台阶高度指标。

下面就让我们以某车型越台阶工况发生触地失效的临界条件和其设计使用条件范围内的最大台阶高度做分析，以确定汽车的越台阶（或称之为爬墙）高度指标。

图 12-2 所示为美国军车悍马 H1 车型，其前/后轴轴距为 3 300 mm，轮胎接地印迹长度为 370 mm，纵向通过角为 31.5°，驱动附着能力所支持的越台阶高度能力指标为 450 mm。该车型纵向通过角所对应的汽车中部的离地高度设计值为 410 mm。当汽车前轮越过 450 mm 的台阶后，距前轮中心小于 1 160 mm 的前轮后部车体就会发生触地失效。这也就是说，该车型存在越台阶高度与整车中部离地间隙不系统、不协调的问题。

而本篇所列举的高机动越野汽车平台产品，轴距为 3 273 mm，轮胎接地印迹长度为 370 mm，纵向通过角设计要求为 34.22°，整车中部离地间隙为 447 mm。

对此，先让我们分析上述所举车型的中部离地间隙是否满足其纵向通过角 34.22° 的要求：

$$(3\,273 - 370)/2 \times \tan(34.22°/2) = 447 \text{ mm}$$

第三篇 高机动越野汽车系列车型型谱设计暨汽车平台产品系列化设计例解

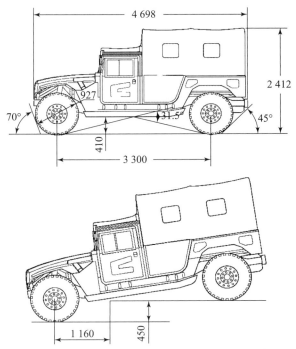

图 12-2 美国军车悍马 H1 车型纵向通过角与越台阶高度示意图

可见,本篇所举车型整车中部离地间隙 447 mm 与高机动越野汽车纵向通过角设计要求 34.22°,相互印证。

并且,本篇所举车型将 34.22°纵向通过角所对应的整车中部离地间隙 447 mm 定义为该车型通过台阶能力的设计指标要求,即上台阶和下台阶时都能保证不发生触地失效。

采用上述确定汽车越台阶能力要求的理论方法所确定的举例车型的轴距为 3 273 mm,并通过台阶能力指标要求为 447 mm;而美国军车悍马 H1 车型的轴距为 3 300 mm,其整车驱动附着能力所支持的可越上的台阶高度为 450 mm,然而,实际的与整车纵向通过角 31.5°所对应的通过台阶高度指标仅为 410 mm。这只能说明美军悍马 H1 车型的设计还没有应用或没掌握本章所阐述的汽车地形通过性参数系统分析方法。但是,通过美军悍马 H1 车型轴距与越台阶能力这两项参数的设计取值来看美国人设计汽车的经验可说是十分难能可贵的。

值得加以强调的是,上述确定汽车越台阶能力要求的理论方法,不仅适用于确定高机动越野汽车的越台阶能力指标要求,对确定其他各类汽车越台阶能力指标也都是适用的。只要给出汽车的轴距、轮胎接地印迹长度和纵向通过角的设计要求即可确定出汽车越台阶能力指标要求。例如，整车轴距和轮胎接地印迹长度参数均相同，只是纵向通过角参数降至 21.8°，即纵向通过角指标与一般机动性越野汽车相同，那么，越台阶能力指标要求则为

$$(3\ 273 - 370)/2 \times \tan(21.8°/2) = 280 \text{ mm}$$

（五）汽车在最大许可总质量时坡道行驶能力与越台阶能力的设计分析

1. 汽车在最大许可总质量时坡道行驶能力的设计分析

正如此前所讨论过的，不仅额定许可总质量参数对整车设计有重大影响，最大许可总质量也同样对汽车整车设计有着重大影响。

例如，本篇所举的某高机动越野汽车平台设计，额定许可总质量为 5 000 kg，设计适用道路或地面的最大坡度指标为 68%，相对应的汽车通过台阶能力指标为 447 mm；而该车型的最大许可总质量为 5 820 kg。关于该车型最大许可总质量条件下的驻坡能力指标，是会随着总质量的增加成比例降低的，即额定总质量/最大许可总质量 = 5 000/5 820 = 0.86，因此，驻车能力指标也会降低至 0.86 × 0.68 = 58%。

对于最大许可总质量工况下的坡道起步能力，我们亦可做如下的类似分析。

首先，汽车只是总质量由额定许可总质量增大至最大许可总质量，而发动机的使用外特性并没有任何变化。我们依据文献关于汽车坡道起步能力的分析，可知：汽车坡道起步能力取决于汽车在起步过程中离合器所产生出来的滑摩功的多少和离合器的热容量的高低，而汽车起步过程中，无论是离合器接合过程的第一阶段还是第二阶段所产生出来的离合器滑摩功，都与汽车整车总质量换算到离合器从动轴上的转动惯量成正比，并且，汽车起步过程中离合器所产生出的离合器滑摩功可被划分成两部分。

离合器接合过程第一阶段的滑摩功 L_1 与第二阶段的滑摩功 L_2 之和，为汽车起步过程中离合器所产生的总的滑摩功，即 $L = L_1 + L_2$。

两个阶段的滑摩功对于汽车起步能力的影响，第二阶段的滑摩功是处于主导地位的，即第二阶段的滑摩功是关键的，是主要矛盾。并且，第二阶段所产生的滑摩功的高低、多少，取决于整车坡道行驶阻力换算到施加于离合器从动轴上的当量阻力矩 M_ψ，可表示为

$$M_\psi = G_a \times (f + \sin\theta) \times r_r/(i_{max} \times \eta_t)$$

式中，f 为滚动阻力系数；θ 为道路坡度角；η_t 为传动系的传动效率。

第二阶段所产生的滑摩功为

$$L_2 = \int_{t_1}^{t_2} M_c(\omega_e - \omega_n)\,\mathrm{d}t$$

第三篇 高机动越野汽车系列车型型谱设计暨汽车平台产品系列化设计例解

将时间 t_1 至 t_2 分成 n 个时间间隔，若 n 足够多、时间间隔 Δt 足够短，根据动量矩定理，有

$$\Delta \omega_n / \Delta_t = (M_c - M_\psi)/J_n$$

进而可得

$$\Delta L_i = \frac{M_c}{M_c - M_\psi}(\omega_e - \omega_n) J_n \cdot \Delta \omega_n$$

$$L_2 = \sum_{i=1}^{i=n} (\Delta L_i)$$

式中，M_c 为汽车在起步时离合器所传递的扭矩。

综上所述，关于汽车起步过程离合器所产生的滑摩功，首先是与汽车整车总质量换算到离合器从动轴上的转动惯量成正比，而影响汽车起步过程离合器所产生的滑摩功的第二个因素即是 $M_c/(M_c - M_\psi)$ 的比值，并且，当汽车总质量增加 16.4%，同时汽车起步坡道的坡度与之相反地降低 16.4% 时，则 M_ψ 的数值变化不大或基本不变。因此，笔者认为当本篇所举的高机动越野汽车平台产品实际总质量增加到最大许可总质量，即总质量由 5 000 kg 增加到 5 820 kg 时，则该平台产品在坡度为 58% 的坡道上完成起步时产生的离合器滑摩功的增量会与汽车总质量的增量的比例大约相等。

值得强调的应有两点：一是汽车起步时所产生的离合器滑摩功的增量是否会被离合器的热容量所允许，目前，人们还不能通过计算来做出判断，还需要通过试验的方法来测试，才能得出本篇所举的高机动越野汽车平台产品的总质量由 5 000 kg 增加到 5 820 kg 时，该平台产品在坡度为 58% 的坡道上是否能够满足顺利起步的要求。二是即使所列举的平台产品一时还不能满足总质量由 5 000 kg 增加到 5 820 kg 之后在坡度为 58% 的坡道上顺利起步的要求，通过改进离合器从动盘（或从动轴）摩擦材料和增加离合器的通风散热也是不难达到的。

综上所述，本篇所举的平台产品汽车的总质量由额定许可总质量增大到最大许可总质量，其驻车能力和坡道起步能力，即坡道行驶能力指标，在其额定许可总质量条件下的坡道行驶能力指标为 68%，而当总质量增至其最大许可总质量后，则其驻坡能力满足 58% 的要求应该是没有问题的，但是，其坡道起步能力能否满足在 58% 的坡道上顺利起步的要求，还需要通过试验验证。一旦经试验验证其坡道起步能力不能满足要求，也需要开展工作给予解决。

2. 汽车在最大许可总质量时越台阶能力的设计分析

下面让我们考查一下高机动越野汽车在最大总质量工况下越台阶的能力。

正如前面分析所指出的，高机动越野汽车的最大总质量工况所设计使用范围内道路（或地面）的最大（纵向）坡度定义为58%，即此时的纵向通过角的指标要求为30.1°，那么，此时的越台阶能力指标要求应为

越台阶能力指标要求 = (3 273 - 370)/2 × tan(30.1°/2) = 390 mm

对于额定总质量 5 000 kg 越台阶的指标为 447 mm，最大许可总质量 5 820 kg 越台阶指标要求的 390 mm 能不能达到？让我们对此做如下分析。

可先比较在额定许可总质量和最大许可总质量两种工况分别完成了越台阶高度指标要求后，整车势能的变化：

5 000 × 9.8 × 0.447 = 21 903 Nm，5 820 × 9.8 × 0.391 = 22 301 Nm

也就是说，两种工况分别完成了各自的越台阶指标后，整车势能的变化相差仅为 1.65%。另外，在越台阶的过程中发动机的能量输出可认为是近乎相同的。可是，对于整车总质量为最大许可总质量、完成越 391 mm 台阶任务有两个有利的方面：一是可利用的整车动量会由于最大许可总质量增大至 5 820 kg 而比额定总质量 5 000 kg 时增加了 16.4%，相应的可利用整车动量也增加了 16.4%。二是由于台阶高度指标降低了 12.5%，越台阶时的阻力系数势必会大为降低。因此，我们有理由认为采用上述方法所确定的最大许可总质量工况可克服的台阶高度是完全能够达到的。

本篇所列举平台产品的最大许可总质量为 5 820 kg，其设计使用范围内道路或地面的最大（纵向）坡度定义为58%，即与爬坡能力较强的一般机动性越野汽车所能够爬上的最大爬坡度相同，由此可见，本篇所列举的高机动越野汽车平台产品的坡道行驶能力之强。

第六节　高机动越野汽车整车主要技术参数设计技术平台打造结果汇总

现将本篇所列举的高机动越野汽车整车主要参数的设计分析，即高机动越野汽车整车主要技术参数设计技术平台打造，采用高机动越野汽车平台产品整车主要技术参数设计汇总表的形式（表12-3），做一小结。

表 12-3　高机动越野汽车平台产品整车主要技术参数设计汇总表

须组同步完成的参数首组	整车驱动型式	4×4	
	整车额定许可总质量	5 000 kg（无限定条件）	
	整车最大许可总质量	5 820 kg（有限定条件，即公路和一般机动越野行驶）	
	轮胎规格/数量	轮胎规格 37×12.5 R16.5LT /数量 4+1	
	前/后轴额定轴荷的分配	2 000 kg/3 000 kg，前 40%/后 60%	
	轮胎充气压力/额定承载能力	前轮	越野行驶充气压力/额定承载能力	190 kPa/906 kg
			公路行驶充气压力/额定承载能力	250 kPa/1 360 kg
			一般机动越野行驶充气压力/额定承载能力	210 kPa/1 165 kg
		后轮	越野行驶充气压力/额定承载能力	250 kPa/1 360 kg
			公路行驶充气压力/额定承载能力	350 kPa/1 746 kg
			一般机动越野行驶充气压力/额定承载能力	310 kPa/1 590 kg
在后完成须同步完成首组关键的设计	整备质量控制目标	3 250 kg	
	整备质量质心高度控制目标	835 mm	
	载质量的最大许可质心高度	930+1 000=1 930 mm	
	车厢地板上平面离地高度控制目标	930 mm	
	整车轮距设计	1 820 mm	
	整车高度控制目标	内高 2 930+车顶结构厚度及弧形高 50=2 980 mm	
	又一关键参数——轴距尺寸参数设计	3 273 mm	

续表

地形通过性参数设计	地形通过性关键参数		设计使用条件范围内道路或地面的最大坡度设计取值	68%
	地形通过性非关键参数		纵向通过角的设计取值	34.22°
			横向通过角的设计取值	34.22°
			接近角的设计取值	70°
			离去角的设计取值	45°
		最小离地间隙	最小离地间隙有效值的设计取值	232 mm
			名义最小离地间隙值的设计取值	332 mm
			前、后轮之间的车体中部的离地间隙设计取值	445 mm
			通过台阶能力指标的设计取值	445 mm
		特定一般越野路设计使用条件下的适用道路或地面的最大坡度值		58%
		特定一般越野路设计使用条件下的通过台阶能力指标的设计取值		391 mm
整车的长/宽/高尺寸			整车长度设计取值为 4 717 mm、宽度为 2 250 mm、高度为≥2 980 mm	

至此，关于所列举的高机动越野汽车平台产品整车主要技术参数的设计分析已经完成，或者说，可利用上述高机动越野汽车整车参数设计技术平台来开展高机动越野汽车系列平台产品型谱设计了。

关于高机动越野汽车系列平台产品型谱设计，请见本篇后续有关的内容。

第十三章

高机动越野汽车系列平台产品型谱设计暨整车平台产品系列化设计例解

第一节　我国开展汽车产品型谱设计之历史概况

首先，值得说明的是，汽车整车产品型谱设计对于我们来说，并不是一个新概念。

笔者清楚地记得，在笔者刚参加工作的第二年——1983年，就听过时任二汽具体负责做产品发展规划设计的李良伯（注：20世纪80年代后期，李总任东风神龙汽车公司总工程师，现已退休多年。他被认为是神龙公司的创始人之一，而在我等晚辈的心目中，李总是汽车产品型谱设计的首倡者之一）关于二汽汽车产品型谱规划设计的"讲座"，该"讲座"实际上亦是二汽汽车产品型谱规划设计研讨会。在此，笔者之所以将此研讨会称为"讲座"，是因为，当时笔者根本没资格参加该研讨会，只是出于对这方面有兴趣旁听学习而已。但是，不知从何时起，"汽车产品型谱设计"一词在我国汽车界出现的频率越来越低了，直到现在都难以听到有人谈论汽车产品型谱规划设计了。

这其中的原因或许是当时的国有企业没有自主发展产品的权力，汽车行业所实行的是计划经济，致使汽车产品型谱规划设计的意义受制于计划经济体制。对此，有人会问，汽车行业早已经打破了（或基本打破了）计划经济的束缚，为什么汽车产品型谱规划设计未能死灰复燃呢？

对这个问题的解答又需要回到技术层面上。对此，笔者所给出的解释是：由于汽车产品型谱规划设计的执行力是需要型谱规划设计的技术含量来支承的，也就是对汽车产品型谱规划设计不仅要知其然，还需要知其所以然。这是汽车型谱设计获得支持与认可的起码要求。以往我国各企业的汽车产品型谱规划设计所缺乏的正是关于"所以然"的阐释。例如，当时二汽产品型谱中的主力车型 EQ140 载货汽车，其额定许可总质量为 9 320 kg，其合理的技术内涵是什么？通俗地说，就是为什么 EQ140 载货汽车的额定总质量是 9 320 kg 而不是其他，如 8 920 kg 或 1 020 kg？等，有关整车主要技术参数的设计普遍缺乏的是不可反驳、令人信服的分析、解释。按笔者的话来说，就是缺乏将型谱中某一平台产品的整车主要技术参数打造成系列平台产品整车主要技术参数设计技术平台的过程。总之，过去的型谱规划设计的科学性不够，导致了执行力的缺失，进而导致了产品型谱规划设计对产品研发的影响力越来越低，产品型谱规划设计队伍也就逐渐消失了。

然而，充分发挥产品型谱规划设计队伍的作用，即设计并推出系列平台产品型谱，是系列平台产品设计第一关键任务内容。系列平台产品的系列化设计只有将系列平台产品型谱设计率先完成了，才能开展其后的系列平台产品的系列化设计任务。否则，系列平台产品的系列化设计就无从谈起。

因此，为了更好地开展系列平台产品设计，需要我们重新重视系列平台产品型谱设计，并且，型谱设计需要打造型谱设计技术平台，以克服以往认识上的缺陷。

本章在前两章的基础上，即在对高机动越野汽车整车主要技术参数设计知其然亦知其所以然的基础上，开展高机动越野汽车整车主要技术参数设计的举一反三，也就是完成高机动越野汽车系列平台产品型谱的设计暨给出了汽车系列平台产品型谱设计和开展汽车产品系列化设计的例解。并通过这一例解展示了开展系列平台产品型谱设计对提高汽车设计之效率的意义。

第二节　高机动越野汽车系列平台产品型谱设计之概说

一、系列平台产品型谱释义

系列平台产品型谱系指产品技术通用性高的、主要总成零部件通用性也高的系列平台产品的诸平台产品整车主要技术参数的集合。

例如，高机动越野汽车系列平台产品型谱即是产品技术通用性高并主要总成零部件的通用化程度也高的高机动越野汽车系列平台产品整车主要技术参数的集合。

对于全谱系汽车产品研发与生产的大型汽车公司来说，系列平台产品型谱设计亦是分工完成的。通常是按所研发、生产的汽车产品类型来设置系列平台产品总设计师岗位，对于全谱系汽车产品研发与生产的大型汽车公司来说，至少需要设置商用车系列平台产品总设计师、越野车系列平台产品总设计师、普通乘用车（轿车）系列平台产品总设计师和非普通乘用车系列平台产品总设计师。并且，所设置的系列平台产品总设计师需要在公司产品总设计师的指导要求下，担当起相应的系列平台产品型谱设计第一责任人的职责和其他系列平台产品的设计任务。

就越野汽车系列平台产品型谱来说，可以是高机动越野汽车系列平台产品型谱，也可以是一般机动性越野汽车系列平台产品型谱，或者说，也可以是全类型、全品牌越野汽车系列平台产品型谱。例如，可以是高机动越野汽车系列平台产品型谱与一般机动性越野汽车系列平台产品组合而成的全类型越野汽车系列平台产品型谱，也可以是不同品牌系列产品所组成的越野车系列平台产品全谱系之型谱。

公司所开展的系列平台产品型谱设计，首先取决于公司产品研发战略的要求。例如，有的企业虽然是将越野汽车作为公司产品战略发展方向，但是，目前还不打算涉足高机动越野汽车产品领域，类似的公司越野汽车型谱设计就只有一般机动性越野汽车系列平台产品型谱设计，或者相反。例如，北汽集团仅研发了一般机动性轻型越野汽车产品，而没有研发轻型高机动越野汽车产品；而东风汽车集团公司在轻型越野汽车产品方面还没有推出一般机动性轻型越野汽车产品。并且，值得指出的是，一家研发生产越野汽车产品的公司应开展高机动和一般机动性越野汽车产品，这是因为社会对高机动越野汽车产品有需求，对一般机动性越野汽车产品也有需求。另外，高机动越野汽车产品技术与一般机动性越野汽车产品技术具有相辅相成的效应，可提高两类越野汽车产品的研发效率，进而降低成本，提高产品的市场竞争力。

二、高机动越野汽车系列平台产品型谱作为汽车整车平台产品系列化设计之例解的解释

本章只讨论高机动越野汽车系列平台产品型谱设计，而没有包括一般机动性系列平台产品型谱，主要原因是篇幅有限，其他原因则是就越野汽车平台产品型谱设计来说，高机动越野汽车系列平台产品型谱设计与一般机动性越野汽车系列平台产品型谱设计大同小异。

例如，高机动越野汽车系列平台产品型谱设计需要打造主要技术参数设计技术平台，而一般机动性越野汽车系列平台产品型谱设计同样需要打造主要技术参数设计技术平台。并且，两种类型的越野汽车产品整车主要技术参数设计的流程和设计分析方法都是相同的，只不过是两种类型的越野车产品的定义不同，具体的整车主要技术参数的设计取值不同而已。

另外，在一定程度上还应说高机动越野汽车产品是目前我国生产研发的全新类型的汽车产品，通过学习、研究高机动越野汽车系列平台产品型谱设计，对其他类型汽车产品的系列平台产品型谱设计会有触类旁通之效果。

三、汽车系列平台产品型谱设计的一般性要求

汽车系列平台产品型谱设计，不仅仅是要求简单地将若干个平台产品的整车主要技术参数放到一起，形成一张多平台产品的整车主要技术参数的汇总表，而是需要重点研究系列平台产品之间的联系性，使其符合系列平台产品定义的要求，即具有高的产品技术通用性与产品结构通用性，能够全面覆盖社会关于同类平台产品的多样化需求。例如，假设我们要针对额定许可总质量为 5 000 kg 的高机动越野汽车平台产品开展姐妹平台产品设计，其姐妹平台产品的额定许可总质量分别是多少才符合系列化的要求？并还要回答在打造型谱设计技术平台的过程中，即在本篇前面的有关论述中，还没有回答的一个问题，那就是：从平台产品系列化的角度来分析或认知高机动越野汽车系列平台产品的基础平台产品的额定许可总质量设计取值为 5 000 kg 的科学性、合理性。

第三节 开展完成高机动越野汽车系列平台产品型谱设计的意义

众所周知，(单一) 平台产品整车主要技术参数是开展（单一）平台产品设计的第一关键任务。同样，系列平台产品型谱设计也必定是开展系列化平台产品设计的第一关键任务。如果说系列平台产品型谱设计还没有完成，那么，系列平台产品的设计就无从展开。这也就是说，开展完成高机动越野汽车系列平台产品型谱设计的第一意义为：它是开展高机动越野汽车产品系列化设计的第一关键任务，没有高机动越野汽车系列平台产品型谱设计的完成，高机动越野汽车产品系列化设计就无从展开。

除了上述的一般意义之外，开展、完成高机动越野汽车系列平台产品型谱设计，还具有如下几方面的重要意义。

一、它是将我国高机动越野汽车产品做大做强的需要

不必多言,开展高机动越野汽车系列平台产品型谱设计是完成研发、生产高机动越野汽车系列平台产品的前提性、必要措施。

然而,没有设计,就不会有研发,亦不会有生产。而研发并生产系列平台产品正如笔者在本书中所阐述的那样:研发、生产系列高机动越野汽车产品平台是将我国高机动越野汽车产品做大做强的战略需要,同时,亦是国防建设的需要,也是企业将高机动越野汽车产品做成企业经营支柱的需要,也是高机动越野汽车产品自身发展的需要和中国汽车工业发展的需要。

二、它是提升我国越野汽车产品系列化水平,赶超国际汽车产品系列化先进水平的需要

开展高机动越野汽车系列平台产品型谱设计,是提升中国越野汽车产品系列化水平所必须跨越的第一道门槛。否则,我们中国的越野汽车产品系列化水平就不可能继续得以提高、发展。也就是说,如果不开展完成高机动越野汽车系列平台产品型谱设计的话,则我国越野汽车产品的系列化水平就只能停留在平台产品系列化的水平上,而这一产品系列化水平则属于初级水平,是落后的。而且,开展高机动越野汽车系列平台产品型谱设计,也是促进高机动越野汽车产品系列化水平升级的必要措施。

三、它是我们深入学习掌握先进汽车系列化设计理念和产品研发方法的需要

正如文献所指出的那样:汽车系列平台产品在很大程度上是将产品技术基因向系列平台产品落实、应用的产物。而产品技术基因无疑客观地存在于系列平台产品中,但是,存在不等于就可应用。首先,平台的产品技术基因需要人们去提炼,提炼到手上并装入设计师的头脑中,方可应用。例如,本篇所例解的某型越野汽车平台产品打造高机动越野汽车整车主要技术参数设计技术平台,和本章将要阐述的高机动越野汽车系列平台产品型谱设计分析,则属于对所打造的设计技术平台的应用。

四、它是提高我们产品设计研发效率与质量的需要

本章关于高机动越野汽车系列平台产品型谱设计的分析,表明打造高机动越野汽车平台产品整车主要技术参数设计技术平台,并在此基础上推出高机动越野汽车系列平台产品型谱将会极大地提高高机动越野汽车系列平台产品型谱

设计的效率。并且，高机动越野汽车系列平台产品型谱设计的系列化设计思想势必会对完成高机动越野汽车系列平台产品的其他设计任务有所启发。因此，高机动越野汽车系列平台产品型谱高效率地完成，会对高效率地完成其他的高机动越野汽车系列平台设计任务有很强的促进作用或示范作用。

例如，本篇所列举的、可全面覆盖社会对高机动越野汽车系列平台产品需要的、高机动越野汽车系列平台产品型谱（共含八种高机动越野汽车平台产品的整车主要技术参数，可详见本篇后续之阐述）的设计，如果不是采用先打造整车主要技术参数设计技术平台的方法，那么，想依靠一个人的力量完成型谱设计，那是绝对不可想象的。

本篇所列举的高机动越野汽车系列平台产品型谱的设计，是在所打造的高机动越野汽车整车主要技术参数设计技术平台的基础上完成的，也就是说，本篇所阐释的高机动越野汽车系列平台产品型谱设计是有技术依据的，其设计质量是能保证的。与不经打造整车主要技术参数设计技术平台而直接完成的高机动越野汽车系列平台产品型谱相比较，无疑是大大增加了设计质量的可信度。

第四节　高机动越野汽车系列平台产品型谱设计分析

一、高机动越野汽车系列平台产品型谱设计方法概述

总的来说，高机动越野汽车系列平台产品型谱设计分析方法与流程，与本篇此前所阐释的打造高机动越野汽车平台产品整车主要技术参数设计技术平台的设计分析方法和流程是大同小异的。

具体地说，就是两者的设计分析方法与流程大体相同，而两者的差别仅仅在于需要增加下述内容。

第一，型谱设计需要考查、分析相邻车型的整车主要技术参数之间的联系性。例如，额定许可总质量型谱设计就需要考查、分析相邻的姐妹车型的额定许可总质量，而平台产品的整车许可总质量的设计取值只需要分析或保证单一平台产品额定许可总质量设计的科学性与合理性即可。

第二，型谱设计与打造高机动越野汽车平台产品整车主要技术参数设计技术平台之间的差别，除了需要考查、分析相邻车型的整车参数之间的联系性之外，还需要考查、分析不同的整车驱动型式和不同的驾驶室型式对型谱设计的影响。例如，额定许可总质量同样是 9 000 kg，一个车型的驱动型式是 6×6，驾驶室型式为长头式，前/中/后轴的额定轴荷同为 3 000 kg；而另一个车型的驱动型式为 4×4，驾驶室型式为平头式，前/后轴的额定轴荷同为 4 500 kg。

这时型谱设计应该如何做取舍？是取额定总质量同为 9 000 kg 的两个车型？还是取或舍其中之一？型谱设计要对这些问题给予回答。

第三，面对社会对平台产品的多样化需求，符合系列平台产品型谱要求的系列化平台产品不仅要求能够全面覆盖社会的多样化需求，还需要系列平台产品技术的通用化程度高，并且，系列化平台产品的品种数量也要最小化，系列平台产品的零部件总成的通用化程度亦要最高。

上述是关于系列平台产品型谱设计分析与打造高机动越野汽车平台产品整车主要技术参数设计技术平台的设计分析方法之间的"小异"的概述。那么，两者在设计分析方法方面的"大同"，又是什么呢？笔者认为两者之间的"大同"，就是都需要应用毛主席关于矛盾的学说，即认知主要矛盾（也就是关键任务），并给予优先解决。这就决定了系列平台产品型谱设计流程与本篇此前所阐释的打造整车主要技术参数设计技术平台的技术分析（方法）大体相同。

二、高机动越野汽车系列平台产品型谱设计第一组关键参数的设计分析

正如本篇此前所述，高机动越野汽车平台产品整车主要技术参数设计任务的第一组关键参数有整车驱动型式等共计六项。然而，高机动越野汽车系列平台产品型谱设计是在所打造的高机动越野汽车平台产品整车主要技术参数设计技术平台的基础上进行的。有基础和没有基础，设计流程和设计分析方法方面会有所不同。

高机动越野汽车系列平台产品型谱设计的第一组关键参数是：高机动越野汽车系列平台产品额定许可总质量型谱与轮胎规格的型谱。

完成上述高机动越野汽车系列平台产品型谱设计的第一组关键参数设计，首先需要了解、掌握系列平台产品的总质量覆盖面的概念，并完成高机动越野汽车系列平台产品额定轴荷分配比例之泛谱与相应产生的额定许可总质量之泛谱，再依据高机动越野汽车系列平台产品驾驶室型式和整车驱动型式的设计分析，来最终确定高机动越野汽车系列平台产品额定许可总质量之型谱。在确定了额定许可总质量型谱后，高机动越野汽车系列平台产品的轮胎规格之型谱也就相应地确定了。

值得给予解释的是"泛谱"，如轴荷分配比例之泛谱、额定许可总质量之泛谱等，"泛谱"系指没有经过简化、甄选的有关型谱，它是各种符合原则性要求的、有可能之型谱的集合。

（一）高机动越野汽车系列平台产品型谱设计总质量覆盖系数

在此前的讨论中，我们已经阐释了汽车额定许可总质量、最大许可总质量

和经济总质量的概念,商用车总质量的覆盖区间的概念及商用车总质量覆盖系数的取值概况。值得加以强调的是,这些概念同样适用于高机动越野汽车产品,只不过是高机动越野汽车的额定许可总质量、最大许可总质量等具体取值有所不同,特别是由于商用车产品市场竞争的激烈程度是最激烈的,或者说,用户对商用车产品的经济性的要求会比乘用车和越野汽车产品的经济性要求都要高,因此,商用车的总质量覆盖系数会随着市场竞争的加剧而逐渐提高,目前商用车总质量覆盖系数的统计数据已经达到了 0.83。

然而,设计汽车系列平台产品额定许可总质量型谱或高机动越野汽车系列平台产品额定许可总质量型谱,只有额定许可总质量与最大许可总质量的概念还不够,还需要引入高机动越野汽车系列平台产品总质量覆盖系数的概念。并且,对于高机动越野汽车产品和一般机动性越野汽车产品的总质量覆盖系数,由于用户对经济性方面的要求不像对商用车那样高,越野汽车型谱中的经济总质量与最大许可总质量比值的范围,即总质量覆盖系数长期以来还维持在 65%~69%,其统计均值为 66%。

(二) 高机动越野汽车系列平台产品额定轴荷分配比例之泛谱

不必多言,高机动越野汽车无论其驱动型式如何,无不是采用单胎结构,即每一车轴左右轮胎都是一个单胎,并且,系列高机动越野汽车平台产品是以 4×4 车型为基本型;而关于 4×4 高机动越野汽车系列平台产品的前/后轴额定轴荷的典型分配比例为前轴 40%/后轴 60%、前轴 45%/后轴 55% 和前轴 50%/后轴 50% 三种分配比例。

6×6 系列高机动越野汽车典型轴荷分配比例为:汽车额定前轴轴荷分配占比为 33%,额定中轴轴荷占比为 $67\%/2 = 33.5\%$,额定后轴的轴荷占比与中轴的轴荷占比相同;对于 8×8 系列高机动越野汽车典型轴荷分配比例为各占 25%。

综上所述,高机动越野汽车系列平台产品额定轴荷分配比例的泛谱见表 13-1。

表 13-1 高机动越野汽车系列平台产品额定轴荷分配比例的泛谱

4×4 系列	前轴 40%/后轴 60%	前轴 45%/后轴 55%	前轴 50%/后轴 50%
6×6 系列	前轴 33%/中轴 33.5%/后轴 33.5%		
8×8 系列	各轴占比均为 25%		

6×6 和 8×8 系列高机动越野汽车额定轴荷分配比例之所以取表 13-1 中

的数值,理由很简单,就是因为这样它们既可以满足整车设计的需要又能满足各车轮轮胎负荷的平均,从而既对提高整车整备质量利用系数有利,也对轮胎的使用寿命有利。所以,表 13 – 1 中关于多轴驱动车型的轴荷分配比例会是唯一合理的选择。

然而,4×4 系列高机动越野汽车常见的、典型额定轴荷分配比例都是有针对性的。

例如,前/后轴额定轴荷占比各为 50%,它所针对的是中、重型高机动越野汽车平台产品。该类车型整车长度利用系数要求高,使得平头式驾驶室与短头或长头式驾驶室在中、重型高机动越野汽车平台产品上具有较强的竞争力,而且,不需多言,对于 4×4 系列平头式驾驶室的高机动越野汽车系列平台产品来说,前/后轴额定轴荷占比各 50% 同样也是唯一合理的选择。

但是,与中、重型高机动越野汽车不同的是,额定许可总质量小于或等于 7 500 kg 的 4×4 系列轻型高机动越野汽车平台产品,由于需要考虑系列平台产品的前/后轴总成的通用和用较少的平台产品数量来满足许可总质量覆盖面的要求,前轴额定轴荷占比 40%/后轴额定轴荷占比 60%,也会是唯一正确的选择。

为了能够更好地说明 4×4 系列平台产品前、后轴的轴荷分配对额定许可总质量型谱的影响,让我们考查一下两种不同轴荷分配比例的额定许可总质量型谱设计的结果,见表 13 – 2 和表 13 – 3。

表 13 – 2　前轴轴荷占比为 40% 的 4×4 轻型高机动越野汽车系列平台额定许可总质量型谱

平台序号	额定轴荷/额定承载能力		车轴的通用性	最大许可总质量/额定许可总质量/经济总质量/总质量覆盖区间/总质量覆盖系数
1	前轴	前轴额定轴荷 1 330 kg	后轴与平台 2 的前轴通用,即后悬架及后传动零部件通用	最大许可总质量 3 880 kg/额定许可总质量 3 330 kg/经济总质量 2 520 kg/总质量覆盖区间 2 520 ~ 3 880 kg/总质量覆盖系数 65%
1	前轴	前轴额定承载能力 1 550 kg	后轴与平台 2 的前轴通用,即后悬架及后传动零部件通用	最大许可总质量 3 880 kg/额定许可总质量 3 330 kg/经济总质量 2 520 kg/总质量覆盖区间 2 520 ~ 3 880 kg/总质量覆盖系数 65%
1	后轴	后轴额定轴荷 2 000 kg	后轴与平台 2 的前轴通用,即后悬架及后传动零部件通用	最大许可总质量 3 880 kg/额定许可总质量 3 330 kg/经济总质量 2 520 kg/总质量覆盖区间 2 520 ~ 3 880 kg/总质量覆盖系数 65%
1	后轴	后轴额定承载能力 2 330 kg	后轴与平台 2 的前轴通用,即后悬架及后传动零部件通用	最大许可总质量 3 880 kg/额定许可总质量 3 330 kg/经济总质量 2 520 kg/总质量覆盖区间 2 520 ~ 3 880 kg/总质量覆盖系数 65%
2	前轴	前轴额定轴荷 2 000 kg	平台 2 为基础平台产品	最大许可总质量 5 820 kg/额定许可总质量 5 000 kg/经济总质量 3 880 kg/总质量覆盖区间 3 880 ~ 5 820 kg/总质量覆盖系数 66.7%
2	前轴	前轴额定承载能力 2 330 kg	平台 2 为基础平台产品	最大许可总质量 5 820 kg/额定许可总质量 5 000 kg/经济总质量 3 880 kg/总质量覆盖区间 3 880 ~ 5 820 kg/总质量覆盖系数 66.7%
2	后轴	后轴额定轴荷 3 000 kg	平台 2 为基础平台产品	最大许可总质量 5 820 kg/额定许可总质量 5 000 kg/经济总质量 3 880 kg/总质量覆盖区间 3 880 ~ 5 820 kg/总质量覆盖系数 66.7%
2	后轴	后轴额定承载能力 3 490 kg	平台 2 为基础平台产品	最大许可总质量 5 820 kg/额定许可总质量 5 000 kg/经济总质量 3 880 kg/总质量覆盖区间 3 880 ~ 5 820 kg/总质量覆盖系数 66.7%

续表

平台序号	额定轴荷/额定承载能力		车轴的通用性	最大许可总质量/额定许可总质量/经济总质量/总质量覆盖区间/总质量覆盖系数
3	前轴	前轴额定轴荷 3 000 kg	前轴与平台2 的后轴通用,即前悬架及前传动零部件通用	最大许可总质量 8 720 kg/额定许可总质量 7 500 kg/经济总质量 5 820 kg/总质量覆盖区间 5 820 ~ 8 720 kg/总质量覆盖系数 66.7%
		前轴额定承载能力 3 490 kg		
	后轴	后轴额定轴荷 4 500 kg		
		后轴额定承载能力 5 230 kg		

表 13 - 3 前轴轴荷占比为 45% 的 4×4 轻型高机动越野汽车系列平台额定许可总质量型谱

平台序号	额定轴荷/额定承载能力		车轴的通用性	额定许可总质量/最大许可总质量
1	前轴	前轴额定轴荷 1 640 kg	后轴与平台2 的前轴通用,即后悬架及其传动部分通用	3 640 kg (1 640/0.45)/4 240 kg (1 910 + 2 330)
		前轴额定承载能力 1 910 kg		
	后轴	后轴额定轴荷 2 000 kg		
		后轴额定承载能力 2 330 kg		
2	前轴	前轴额定轴荷 2 000 kg	后轴与平台3 的前轴通用,即后悬架及其传动部分与平台3 的前轴通用	4 440 kg (2 000/0.45)/5 180 kg (2 850 + 2 330)
		前轴额定承载能力 2 330 kg		
	后轴	后轴额定轴荷 2 440 kg		
		后轴额定承载能力 2 850 kg		
3	前轴	前轴额定轴荷 2 440 kg	基础平台,即前/后轴都与其他平台通用	5 440 kg (2 440/0.45)/6 340 kg (2 850 + 3 490)
		前轴额定承载能力 2 850 kg		
	后轴	后轴额定轴荷 3 000 kg		
		后轴额定承载能力 3 490 kg		

第三篇　高机动越野汽车系列车型型谱设计暨汽车平台产品系列化设计例解

续表

平台序号	额定轴荷/额定承载能力		车轴的通用性	额定许可总质量/最大许可总质量
4	前轴	前轴额定轴荷 3 000 kg	前轴与平台3的后轴通用，即前悬架及其传动部分与平台3的后轴通用	6 670 kg（3 000/0.45）/7 760 kg = 3 490 + 4 270
		前轴额定承载能力 3 490 kg		
	后轴	后轴额定轴荷 3 670 kg		
		后轴额定承载能力 4 270 kg		

表 13 - 2 和表 13 - 3 表明，三款平台产品前轴的轴荷分配比例由 40% 变为 45%，则三款平台额定许可总质量区间由 3 330 ~ 7 500 kg 减小为 4 440 ~ 6 670 kg，即额定总质量的区间缩减了近 50%。并且，若要求前轴的轴荷占比为 45% 的系列平台产品所覆盖的额定许可总质量区间与前轴荷占比为 40% 的三款系列平台产品所覆盖的额定许可总质量区间大体相同，则至少还需要再增加一款平台产品，即要增加表 13 - 3 中的序号 1 之平台。并且，即便由三款平台产品增加至四款平台产品，该四款平台产品的额定许可总质量的覆盖区间亦为 3 640 ~ 6 660 kg，这样的额定许可总质量覆盖区间与上述前轴的轴荷占比为 40% 的三款系列平台的额定许可总质量的覆盖区间 3 330 ~ 7 500 kg 相比较还是小了许多。

由此可见，高机动越野汽车系列平台产品在满足社会对平台产品需求方面，前轴额定轴荷分配比例为 45% 的系列平台产品满足社会需求的效率明显低于前轴额定轴荷分配比例为 40% 的系列平台产品。或者说，4 × 4 轻型高机动系列平台产品的前轴的轴荷占比为 40% 与其他典型前轴轴荷占比相比较是最具竞争力的。

(三) 高机动越野汽车系列平台产品额定许可总质量泛谱的设计要求

1. 高机动越野汽车系列平台产品额定许可总质量泛谱设计需要满足质量覆盖区间的要求

高机动越野汽车系列平台产品的额定许可总质量最小的一款平台产品的额定许可总质量应该如何设计？

为此，先让我们了解一下北京勇士车型。

北京勇士车型额定许可总质量为 2 620 kg，整备质量为 2 120 kg，额定载质量为 500 kg。如果座位数按 5 人座计、每位乘员质量按乘用车标准计为 75 kg，则 5 名乘员合计质量为 375 kg，还可装载的载质量仅为 125 kg。如果座

广义汽车设计

位数按 4 人座计、每位乘员质量按乘用车标准计为 75 kg，则 4 名乘员合计质量为 300 kg，可装载的载质量也仅为 200 kg。可见，北京勇士车型的乘员区额定载荷远大于非乘员区的额定载荷，按本书前面所讨论的乘用车或载货车的划分依据，则北京勇士车型无疑应属于典型的越野乘用汽车，或者说，北京勇士车型作为一款军用越野汽车产品的话，则只适合作为指挥人员指挥用车。这也就是说，就北京勇士车型的额定许可总质量和额定载质量来说，与战术车辆还有不小的差距。笔者认为战术车辆或高机动越野汽车额定载质量的最低要求如下。

首先，乘员人数和乘员质量。乘员人数通常要考虑 4～5 名，每位乘员的质量需要考虑乘员自身质量为 75 kg，再加上随行装备和弹药的质量 25 kg，即乘员的总质量为 400～500 kg。也就是说，战术车辆的最小额定载质量至少需要在北京勇士额定载质量 500 kg 的基础上再增加 300～500 kg，达到额定载质量 800～1 000 kg。这样才能实现由单纯的乘用越野车和军用越野指挥用车向战术越野车的转变。

其次，额定许可总质量的最小设计取值为 3 330 kg 的合理性。如果高机动越野汽车系列平台产品中车辆最小额定许可总质量取值为 3 330 kg，额定载质量为 1 000 kg，其对整备质量的要求则为不大于 2 330 kg。整备质量的分控设计指标为：下装部分暨三类底盘的整备质量设计控制目标为 1 830 kg，而上装部分的整备质量设计控制目标为 500 kg。

现对上述整备质量分控目标做如下分析。

其下装部分暨三类底盘的整备质量设计控制目标为 1 830 kg，满足笔者所提出的高机动越野汽车平台产品下装部分（即三类底盘）质量控制目标：$G_下$ 不大于额定总质量 3 330 kg×0.55，即不大于 1 830 kg。

而其上装部分的整备质量控制目标与笔者前面所举例的车型相同，即两者的上装部分的整备质量同为 500 kg，这应是相当宽松的设计指标，应不会有任何问题的。也就是说，额定许可总质量为 3 330 kg 的高机动越野汽车平台产品，整备质量设计指标为 2 330 kg，对于这样的整备质量设计指标达成应该说很容易做到。

上述额定许可总质量为 3 330 kg 的高机动越野汽车平台产品，正如表 13-2 所示，其最大许可总质量为最大许可总质量 3 880 kg，而经济总质量为 2 520 kg，即

经济总质量 = 整备总质量 2 330 kg + 2 名乘员质量 75 kg×2 + 乘员随身用品质量 20 kg×2 = 2 520 kg

并且，总质量覆盖系数为 65%，可见，将驱动型式为 4×4 并前轴额定轴

荷占比为40%的额定许可总质量为3 330 kg的平台作为高机动越野汽车系列平台产品中额定许可总质量最小的一款平台是非常合适的,是近乎理想的选择。

由此可见,高机动越野汽车系列平台产品中"小姐妹"子系列(额定许可总质量为3 330 kg和额定许可总质量为5 000 kg共同组成的"小姐妹"系列平台产品)的额定许可总质量子型谱设计的科学、合理性。首先,由基础平台跨越到额定许可总质量最小平台产品,只需要增加一款平台产品即可。其次,这两款额定许可总质量平台产品的总质量覆盖系数无不与高机动越野汽车系列平台产品的总质量覆盖系数统计均值0.66十分接近。这说明,这两款高机动越野汽车平台产品满足社会需求的针对性强并且可全面覆盖社会关于额定许可总质量5 000 kg及以下平台产品的需求。通俗地说,从高机动越野汽车系列平台额定许可总质量型谱设计的角度来看,本篇此前所列举的平台产品额定许可总质量设计取值为5 000 kg是最佳的选择,并没有之一。

2. 高机动越野汽车系列平台产品额定许可总质量泛谱设计需要满足零部件总成通用化程度高的要求

高机动越野汽车系列平台额定许可总质量型谱设计,除了需满足此前的上述要求之外,还需要满足系列平台产品主要零部件总成的通用化要求。

例如,高机动越野汽车6×6和8×8的驱动型式车型,与4×4驱动型式车型相比较,4×4驱动型式车型具有结构简单、整车振动噪声相对较小,特别是整车的平顺性也会明显高于多轴驱动型式的车型。因此,高机动越野汽车的主流驱动型式为4×4而非多轴驱动车型,即在采用4×4驱动型式能够满足整车要求的前提下,尽可能地不去考虑采用多轴驱动型式。也就是说,6×6、8×8等系列平台车型的车轴应通用4×4主流驱动型式的系列平台之车轴。并且,4×4高机动越野汽车系列平台产品的前后轴也应尽量符合或体现下述规律。

额定许可总质量较小的车型之后轴的额定轴荷应尽可能地取值为额定许可总质量较大车型的前轴之额定轴荷,或者说,额定许可总质量较大的车型之前轴的额定轴荷应尽可能地取值为额定许可总质量较小车型的后轴之额定轴荷,目的就是提高系列平台产品车轴的通用性。例如,表13-2中,平台1的后轴额定轴荷为2 000 kg,与平台2的前轴额定轴荷相同,所以,可考虑或要求平台1的后悬架、后传动零部件与平台2的前悬架和前传动零部件通用,并以此类推。

在系列平台产品额定许可总质量型谱设计过程中,除了需要考虑车轴的通用性之外,还需要重点考虑汽车驾驶室总成的通用性。由于驾驶室零部件或重

广义汽车设计

要零部件的钣金冲压生产、焊装与油漆生产,通常都是主机厂自主负责,因此,可以说驾驶室通用性的重要性与上述车轴通用的重要性相比,有过之而无不及。所以,在高机动越野汽车系列平台额定许可总质量型谱设计过程中除了需要考虑车轴的通用性之外,还需要重点考虑驾驶室的通用性。

3. 高机动越野汽车系列平台产品额定许可总质量泛谱

综上所述,可得高机动越野汽车系列平台产品额定许可总质量之泛谱,见表13-4。

表13-4 高机动越野汽车系列平台产品额定许可总质量之泛谱

驱动型式与轴荷分配	驾驶室型式	额定许可总质量的泛谱								
		序号1	序号2	序号3	序号4	序号5	序号6	序号7	序号8	序号9
前轴轴荷比例 40%/ 4×4 驱动	长头	3 330 kg (1 330 + 2 000)	5 000 kg (2 000 + 3 000)	7 500 kg (3 000 + 4 500)	11 250 kg (4 500 + 6 750)			13 070 kg (5 230 + 7 840)		
前轴轴荷比例 45%/ 4×4 驱动	短头	3 640 kg (1 640 + 2 000)	4 450 kg (2 000 + 2 450)	5 450 kg (2 450 + 3 000)	6 670 kg (3 000 + 3 670)	8 170 kg (3 670 + 4 500)	10 000 kg (4 500 + 5 500)	12 250 kg (5 500 + 6 750)	14 250 6 410 + 7 840	
各轴轴荷均匀分布	4×4 驱动 平头	3 280 kg (1 640 + 1 640)	4 000 kg (2 000 + 2 000)	4 900 kg (2 450 + 2 450)	6 000 kg (3 000 + 3 000)	7 340 kg (3 670 + 3 670)	9 000 kg (4 500 + 4 500)	11 000 kg (5 500 + 5 500)	1 3500 kg (6 750 + 6 750)	
	6×6 驱动 平头	3 990 kg (1 300×3 =3 990)	4 920 kg (1 640×3 =4 920)	6 000 kg (2 000×3 =6 000)	7 350 kg (2 450×3 =7 350)	9 000 kg (3 000×3 =9 000)	11 010 kg (3 670×3 =11 010)	13 500 kg (4 500×3 =13 500)	16 500 kg (5 500×3 =16 500)	20 250 kg (6 750×3 =20 250)
	8×8 驱动 平头	5 320 kg (1 330×4 =5 320)	6 560 kg (1 640×4 =6 560)	8 000 kg (2 000×4 =8 000)	9 800 kg (2 450×4 =9 800)	12 000 kg (3 000×4 =12 000)	14 680 kg (3 670×4 =14 680)	18 000 kg (4 500×4 =18 000)	22 000 kg (5 500×4 =22 000)	27 000 kg (6 750×4 =27 000)

第三篇 高机动越野汽车系列车型型谱设计暨汽车平台产品系列化设计例解

关于上述高机动越野汽车系列平台的额定许可总质量之泛谱，需要给予解释的是：对于前轴额定轴荷分配占比为40%、驱动型式4×4车型的驾驶室结构型式，常见的是长头式驾驶室，但是，对于4×4、前轴轴荷占比为40%的轻型高机动越野汽车来说，也可采用短头式驾驶室；而对于前轴额定轴荷分配占比为45%、4×4车型的驾驶室结构型式，我们所常见的是短头式驾驶室，但是，对于高机动越野载货汽车来说，也可采用长头式驾驶室。

值得给予指出的是，长头式驾驶室和平头式驾驶室的概念，我们都很熟悉，即长头式驾驶室系指其发动机（包括纵置和横置两种布置方式）整体或缸体都在驾驶室前围前方或发动机整体或缸体都在汽车前风窗下沿的前方，从汽车的外部来看，长头式驾驶室的轮罩在车门线（门缝）之前；而平头式驾驶室系指发动机整体都在前轮中心线的后方或发动缸体的一部分在前轮中心线的后方。短头式驾驶室则系指从汽车侧视方向看去，发动机缸体有一部分处在汽车前风窗下沿的下方，并且，从汽车的外部侧面来看，短头式驾驶室轮罩的一部分在前车门铰链连线之后。如图13-1所示，南京依维柯越野车NJ2046的前轮轮罩就有很大一部分是在前车门铰链连线之后。

图13-1 南京依维柯越野车 NJ2046

仅就单一平台产品而言，上述三种类型驾驶室在不同的平台产品上的竞争力是不同的。例如，长头式驾驶室在表13-4中的前轴轴荷分配比例为40%，且额定许可总质量亦较小的两款子系列平台产品上的竞争力相对于短头式和平头式驾驶室就会强一些。这是由于额定许可总质量较小，所需要的载货区的装载空间就容易得到满足，而且采用长头式驾驶室正副司机的头部和H点的位置会更靠近汽车的中部，这对于提高正副驾驶座位的平顺性会很有利。而短头式驾驶室在表13-4中前轴的轴荷占比为45%，且额定许可总质量大于5 000 kg的子系列平台产品上的竞争力会比长头式和平头式驾驶室强一些。这是由于额定许可总质量大于5 000 kg之后，所需要的载货区的装载空间就会大一些，而此时如果继续采用长头式驾驶室则势必会导致载货区的装载空间难以满足要求，而短头式驾驶室与平头式相比较，虽然，短头式驾驶室平台产品的整车长度利用系数不如平头式驾驶室平台产品高，但是，亦能满足要求。在额定许可总质量大于 7 500 kg 的平台产品上，平头驾驶室的竞争力则是比较强的。

综上所述，关于表 13-4 中的前轴额定轴荷占比为 40% 的子系列车型的驾驶室结构型式，统一考虑为长头式驾驶室是可采取的方案之一；而前轴额定轴荷占比为 45% 的子系列车型的驾驶室统一考虑为短头式驾驶室，同样也是可采取的方案之一。并且，关于表 13-4 中的轴荷分配为在各轴之间平均分配的 4×4、6×6 和 8×8 驱动的高机动越野汽车产品子系列车型的驾驶室，特别是额定许可总质量在 9 000 kg 及以上的车型则应考虑采用平头式驾驶室。

表 13-4 中泛谱的最大额定轴荷为 6 750 kg，而不是我国公路法规标准单胎轮荷限值 3 500 kg 所对应的轴荷限值 7 000 kg，可能会有人担心这能不能充分利用公路法规对单胎轮荷的限值。对此，该担心是没有任何必要的，笔者给出如下解释。

正如前所述，高机动越野汽车额定轴荷是不分行驶工况的。在一般越野路、重越野路和公路行驶工况下，额定轴荷的设计取值都是相同的，这是由高机动越野汽车额定轴荷的定义所决定的。但是，按高机动越野汽车车轴额定承载能力的定义，其车轴额定承载能力远大于其额定轴荷。例如，其额定轴荷为 6 750 kg 所对应的车轴额定承载能力为 7 840 kg（详见本篇的后续分析）。如果实际轴荷为 7 000 kg 的话，其额定承载能力利用率也仅为 89.3%。所以，高机动越野汽车额定轴荷为 6 750 kg 所对应的车轴额定承载能力高达 7 840 kg，即使实际轴荷达到了 7 000 kg，其额定承载能力利用系数也在合适范围之内，因此，上述之担心是没有任何必要的。

（四）高机动越野汽车系列平台产品额定许可总质量之简谱

表 13-4 所示的高机动越野汽车系列平台产品额定许可总质量之泛谱的平台产品数量，共计有 39 款之多。用 39 款平台产品来覆盖从最小额定许可总质量为 3 330 kg 到最大额定许可总质量为 27 000 kg 的社会需求，效率太低。需要大幅度地削减在满足社会需求方面重复性较大的平台产品。为此，笔者给出了高机动越野汽车系列平台额定许可总质量之简谱。而所谓的高机动越野汽车系列平台产品额定许可总质量简谱即是能够全面覆盖社会对高机动越野汽车系列平台产品的额定许可总质量的需求的最少之平台产品的额定许可总质量的序列数，或者说，高机动越野汽车额定许可总质量简谱所列出的平台产品是应优先给予研发完成的。高机动越野汽车系列平台产品额定许可总质量之简谱，详

见表13-5。

将表13-4和对表13-5做一对照，首先，看到的就是轴荷分配比例为40%的子系列平台产品的驾驶室型式有了变化，由表13-4中的长头式驾驶室变成了表13-5中的长头式或短头式驾驶室。当高机动越野汽车额定许可总质量达到9吨后，平头式驾驶室就是最具竞争力的。对于表13-5中的额定许可总质量为7 500 kg的平台产品来说，短头式驾驶则是最具竞争力的。但是，考虑到在高机动越野汽车系列平台产品中，只有一款比较适合采用短头式驾驶室，而在表13-5中的其他平台产品中短头式驾驶室的竞争力不及长头式或平头式驾驶室。因此，从驾驶室通用性的角度考虑，也就是说，只为了一款额定许可总质量为7 500 kg的平台产品去研发生产短头式驾驶室，则是不值得的，表13-5中的额定许可总质量为7 500 kg的平台产品亦可以采用长头式驾驶室。但是，如果认为额定许可总质量7 500 kg的平台产品不能舍弃短头式驾驶室的话，则建议取消轻型高机动越野汽车系列平台产品长头式驾驶室，而代之的则是考虑统一成短头式驾驶室。所以，关于轻型子系列高机动越野汽车平台产品的驾驶室型式就有了表13-5中所表达的倾向，即轻型高机动越野汽车系列平台产品的驾驶室在短头式或长头式之间，二选一。总之，轻型子系列平台产品采用短头式驾驶室对提高整车长度利用率有利，即可增大装载空间尺寸；而采用长头式驾驶室会对提高驾乘人员的舒适性有利。如果说个人喜爱的话，笔者个人略倾向短头式驾驶室。

表13-5 高机动越野汽车系列平台产品额定许可总质量之简谱

驱动型式与轴荷分配	驾驶室型式	额定许可总质量之简谱							
		序号1	序号2	序号3	序号4	序号5	序号6	序号7	序号8
前轴轴荷比例 40%／4×4驱动	长头或短头	3 300 kg	5 000 kg	7 500 kg					
各轴轴荷均布 4×4驱动	平头				11 000 kg	13 500 kg			
各轴轴荷均布 6×6驱动	平头						16 500 kg	20 250 kg	
各轴轴荷均布 8×8驱动	平头								27 000 kg

再依据本篇此前所述的确定汽车平台产品最大许可总质量和经济总质量的概念，可得到与表13-5所示的额定许可总质量之简谱所对应的高机动越野汽车系列平台产品之车轴简谱（表13-6）、最大许可总质量／经济总质量之型谱

(表13-7)。

表13-6 高机动越野汽车系列平台产品之车轴型谱

车轴序号	额定承载能力/额定轴荷	应用			
		驾驶室型式	驱动型式	轴荷分配	应用平台的额定许可总质量	应用的位置
1	1 550 kg/1 330 kg	长头或短头	4×4	前40%/后60%	平台1产品额定许可总质量3 330 kg	平台1产品的前轴
2	2 330 kg/2 000 kg	长头或短头	4×4	前40%/后60%	平台2产品额定许可总质量5 000 kg	平台1产品的后轴 平台2产品的前轴
3	3 490 kg/3 000 kg	长头或短头	4×4	前40%/后60%	平台3产品额定许可总质量7 500 kg	平台3产品的后轴 平台4产品的前轴
4	5 230 kg/4 500 kg	长头或短头	4×4	前40%/后60%		
5	6 410 kg/5 500 kg	平头	4×4	前50%/后50%	平台4产品许可总质量11 000 kg	平台4产品的前/后轴
			6×6	均布	平台5产品许可总质量16 500 kg	平台5产品的前/中/后轴
6	7 840 kg/6 750 kg	平头	6×6	均布	平台6产品许可总质量20 250 kg	平台6产品的前/中/后轴
			8×8	均布	平台7产品许可总质量27 000 kg	平台7产品前轴/中1轴/中2轴/后轴

表13-7 高机动越野汽车系列平台产品最大许可总质量/经济总质量之型谱

平台序号	1	2	3	4	5	6	7	8
驱动型式	4×4	4×4	4×4	4×4	4×4	6×6	6×6	8×8
最大许可总质量/kg	3 880	5 820	8 720	12 820	15 680	19 230	23 520	31 360
额定许可总质量/kg	3 330	5 000	7 500	11 000	13 500	16 500	20 250	27 000

第三篇　高机动越野汽车系列车型型谱设计暨汽车平台产品系列化设计例解

续表

平台序号	1	2	3	4	5	6	7	8
经济总质量/kg	2 520	3 880	5 820	8 720	12 800	15 680	19 230	23 520
经济质量与最大许可总质量的比值/%	65	66.7	66.7	68	81.6	81.6	81.8	75
高机动系列平台研发排序	并列第一	并列第一	并列第一	并列第一	研发顺序第二位	并列第一	研发顺序第二位	并列第一

　　由表 13 – 7，可知，如果排除掉平台 7 产品的话，表中的平台 8 产品的经济总质量与最大许可总质量之比则为 19 230/31 360 = 61.3%。笔者认为，如此之大的最大许可总质量之平台产品的质量覆盖系数 61.3%，对于大吨位的平台产品来说，亦是可以接受的。但是，考虑到平台 7 产品的驾驶室是与平台 4、5 产品的驾驶室是通用的，并且，其车轴也是与平台 6 平台产品的车轴通用，所以，将表 13 – 7 所列出的平台 7 产品亦列入了高机动越野汽车系列平台产品的简谱中，但是，研发顺序与其他处于第一位的 5 款平台相比较，平台 7 产品的研发顺序则应处于第二位。与此同理，表 13 – 7 中所列的平台 5 产品的研发顺序也同样应列为并列第二位。

（五）高机动越野汽车系列平台产品轮胎规格的型谱

　　根据本篇所列举的高机动越野汽车平台产品轮胎选择的方法，可得到高机动越野汽车系列平台产品简谱所对应的轮胎规格型谱，见表 13 – 8。

表 13 – 8　高机动越野汽车系列平台产品简谱所对应的轮胎规格型谱

平台序号	驱动型式	额定许可总质量/kg	轮胎规格/自由直径	额定轴荷/kg		轮胎充气压力/kPa		承载能力利用率/%		越野工况车轮接地比压/kPa
						越野	公路	越野	公路	
1	4×4	3 330	32×11.50R15LT /807 mm	前	1 330	190	250	≥110	73.8	≥260
				后	2 000	250	350	110	86.9	≥260

续表

平台序号	驱动型式	额定许可总质量/kg	轮胎规格/自由直径	额定轴荷/kg		轮胎充气压力/kPa		承载能力利用率/%		越野工况车轮接地比压/kPa
						越野	公路	越野	公路	
2	4×4	5 000	37×12.50R16.5LT/927 mm	前	2 000	190	250	≥110	73.5	≥260
				后	3 000	250	350	110	85.9	≥260
3	4×4	7 500	16.5R19.5/1 063 mm	前	3 000	190	280	101	74.3	≥290
				后	4 500	280	370	111	88.9	≥290
4	4×4	11 000	18R19.5/1 091 mm	前	5 500	320	410	101	90.4	≥330
				后	5 500	320	410	101	90.4	≥330
5	4×4	13 500	19.5R19.5	前	6 750	330	410	110	94	≥340
				后	6 750	330	410	110	94	≥340
6	6×6	16 500	18R19.5/1 091 mm	前/中/后	5 500	320	410	101	90.4	≥330
7	6×6	20 250	19.5R19.5	前/中/后	6 750	330	410	110	94	≥340
8	8×8	27 000		前/中1/中2/后						

对于后轴额定轴荷为4.5 t、额定总质量7.5 t车型的轮胎规格,参照《欧洲轮胎轮辋技术组织标准手册(ETRTO)2006》适用于公路、越野和农业条件的多用途宽基轮胎,因此,可考虑的轮胎规格有335/80R20MPT和365/80R20MPT,让我们分别考查如下。

335/80R20MPT规格的轮胎,在充气压力为500 kPa时,单胎每轴负荷能力为5 150 kg,作为后轮(额定轴荷4.5 t)在公路行驶时,承载能力利用率为87.3%。仅就承载能力来说,根据本篇此前所列举的高机动越野汽车平台产品轮胎选择的经验,无疑是很合适的。作为前轮(额定轴荷3.0 t)、公路行驶时,充气压力为350 kPa时,查表得此时每轴的承载能力为4 240 kg,可考虑适当降低充气压力。充气压力为330 kPa时,可计算得出此时每轴的承载能力为4 045 kg,承载能力利用率同为74.2%。同样,如仅就承载能力来说,根据本篇此前所列举的高机动越野汽车平台产品轮胎选择的经验,无疑是很合适的。

但是，越野汽车行驶时，根据本篇此前所列举的高机动越野汽车平台产品轮胎选择的经验，后轮的气压需要 330 kPa，后轴的承载能力为 4 045 kg，才能满足承载能力利用率不大于110%的要求，可这样高的轮胎充气压力势必会导致平均接地比压过高，即与额定许可总质量相同或相接近的一般机动性越野汽车充气胎压一样。这也就是说，335/80R20MPT 规格的轮胎对于额定总重 7.5 t、后轴轴荷达 4.5 t 的高机动越野汽车来说小了一些，需要考虑选择更宽断面的轮胎。

365/80R20MPT 规格的轮胎，在充气压力为 450 kPa 时、单胎每轴负荷能力为 5 450 kg，当充气压力为 420 kPa 时，同样应用标准中给出的公式计算可得出此时的负荷能力为 5 157 kg，作为后轮（额定轴荷 4.5 t）在公路行驶时，承载能力利用率同为 87.3%，根据本篇此前所列举的某高机动越野汽车平台产品轮胎选择的经验，无疑是很合适的。而在越野行驶工况，其充气压力为 300 kPa，后轮轮胎的承载能力为 4 000 kg，满足承载能力利用率不大于110%的要求。这就是说，365/80R20MPT 规格的轮胎对于额定总重 7.5 t、后轴轴荷达 4.5 t 的高机动越野汽车来说是完全可以接受的。说其是可接受的依据是：奔驰公司的高机动中型越野汽车——乌尼莫克 U4000，额定总重 8.5 t、载重量 3.0 t，就是选用该规格的轮胎。但是，毕竟存在越野工况充气压力偏高、平均接地比压偏高的问题，需要再做考虑。

下面再让我们回到美国轮胎标准体系为额定总重 7.5 t、前轴额定轴荷为 3 t/后轴额定轴荷为 4.5 t 的车型轮胎做一选择。参照《美国轮胎轮辋协会标准年鉴（TRA）2006》，可考虑的轮胎规格为 16.5R19.5。其具体考查如下。

16.5R19.5 规格轮胎，充气压力为 410 kPa，承载能力为 2 740 kg，低充气压力时的承载能力则需要通过计算得出。

低充气压力的承载能力的计算，美国轮胎标准中没有给出。为此，我们可参照上述欧洲标准所给出的计算公式来计算。值得说明的是，采用计算公式所得到的计算结果的精度还是足够的。例如，16.5R19.5 规格轮胎，充气压力为 450 kPa，承载能力为 2 910 kg，充气压力为 410 kPa，承载能力为 2 740 kg，按公式计算得充气压力为 410 kPa 时的承载能力为 2 700 kg，可见其计算精度是足够的。

16.5R19.5 规格轮胎，按公式计算，充气压力为 370 kPa，计算承载能力为 2 530 kg，承载能力利用率为 88.9%，这可很好地满足公路行驶要求；充气压力为 280 kPa 时，计算承载能力 2 020 kg，承载能力利用率为 111%，这可很好地满足越野行驶的高机动性的要求。

作为前轮（额定轴荷 3.0 t）在公路行驶，充气压力为 280 kPa 时，同样经计算得出承载能力利用率为 74.26%，也是合适的；而当越野行驶工况、充气压力为 190 kPa 时，同样应用上述公式计算可得出此时的负荷能力为 1 480 kg，承载能力利用率为 101%，也是合适的。

综上所述，后轴额定负荷 4.5 t、额定总重 7.5 t 的高机动越野汽车选用 16.5R19.5 规格的轮胎与选用 365/80R20MPT 规格的轮胎相比较，断面宽度增加了 65 mm，外直径却减小了 40 mm，除此之外，还克服了选用 365/80R20MPT 规格的轮胎所存在的越野路行驶时轮胎充气压力偏高而有些勉强的缺点，因此，笔者倾向于采用 16.5R19.5 规格的轮胎。

对于额定总重 7.5 t、前轴额定轴荷为 3 t/后轴额定轴荷为 4.5 t 车型所选择的轮胎规格为 16.5R19.5，其越野行驶工况前轮轮胎充气压力为 190 kPa、后轮轮胎充气压力为 280 kPa。这与额定许可总质量为 5 t 的平台产品在越野行驶工况下后轮轮胎的充气压力为 250 kPa 相比较，充气压力高出了 30 kPa。对此，不必忌讳的是，充气压力高出了 30 kPa 势必会对地面通过性产生影响。另外，高机动越野汽车平台产品轮胎的充气压力是会随着平台产品额定许可总质量的增长而逐渐升高的，而不能像本书所列举的额定许可总质量为 5 000 kg 的平台产品那样在越野工况下后轮轮胎的充气压力值同为 250 kPa。究其原因，有如下两种。

一是降低充气压力和接地平均比压，需要加大轮胎规格，而加大轮胎规格势必会带来一系列的弊端，如汽车制动与传动系统负荷的加大等。所以说，出于汽车性能指标的全面考虑而不仅仅追求平均接地比压 260 kPa 的要求，将此平台产品在越野工况下的后轮轮胎充气压力设计取值为 280 kPa，而并非 250 kPa。

二是随着额定许可总质量的增加，即额定轴荷的增大，汽车所受到的最大侧向力随之增大，为了避免越野工况时出现脱胎或扒胎现象，即在较大的侧向力作用下，轮胎与轮辋出现一定量的、短暂的分离，这时较小的石子或粗砂砾就有可能进入轮辋与轮胎之间，从而造成破坏轮胎的现象，要求轮胎充气压力有一定的数值。也就是说，由于受到现有轮胎技术的限制而不能够将额定许可总质量较大（即额定许可总质量大于 5 000 kg）平台产品的轮胎在越野工况下的充气压力降至 250 kPa。

对于前/后轴额定轴荷同为 5.5 t、额定总重 11.0 t 的平台产品的轮胎规格，参照《美国轮胎轮辋协会标准年鉴（TRA）2006》选取，可考虑作为该车型的轮胎规格有 18R19.5，让我们考查如下。

18R19.5 规格轮胎，在公路工况下充气压力为 410 kPa，轮胎额定承载能力为 3 040 kg，则轮胎额定承载能力利用率为 90%，但是，在越野行驶时，该规格轮胎要满足承载能力利用率为不大于 110% 的要求，则要求轮胎承载能力为 2 500 kg，同样按公式计算可得出，充气压力为 320 kPa。关于越野工况下的充气压力，首先，将 320 kPa 的充气压力与中型高机动越野汽车——乌尼莫克 U4000（额定总重 8.5 t、额定载重量 3.0 t）做比较，其后轮越野行驶时的充气压力高达 370 kPa，相比之下，320 kPa 的充气压力所对应的地面通过性会优越得多。并且，出于与上述额定许可总质量为 7 500 kg 的平台产品同样的原因，额定总重 11.0 t 的平台产品轮胎的充气压力亦需要高于 250 kPa。

对于后轴额定轴荷为 6 750 t、额定总重 13.50 t 的车型的轮胎规格，参照《美国轮胎轮辋协会标准年鉴（TRA）2006》选取，可考虑作为该车型的轮胎规格有 19.5R19.5，让我们考查如下。

19.5R19.5 规格轮胎，充气压力为 410 kPa，承载能力为 3 590 kg，作为该车型后轮轮胎，承载能力利用率为 94%，是很合适的；在越野行驶时，该规格轮胎要满足承载能力利用率不大于 110% 的要求，同样按公式计算可得出其充气压力为 330 kPa。这也是非常理想的选择。

表 13-8 所列出的高机动越野汽车系列平台轮胎规格型谱中的各规格轮胎的尺寸参数，见表 13-9。

表 13-9　高机动越野汽车系列平台轮胎尺寸参数

轮胎规格	自由直径	滚动半径	静力半径	下沉量	最小双胎距	最小尺寸系数	断面宽度
32×11.50R15LT	807	385.5	371.5	32		1 073	290
37×12.50R16.5LT	927	442.5	425.4	38.1		1 222	318
16.5R19.5	1 063	507.5	489	42.5	480	1 453	425
18R19.5	1 091	521	501	44.5	516	1 511	457
19.5R19.5	1 150	549	526	49	559	1 606	495
32×11.50R15LT	807	385.5	371.5	32		1 073	290
37×12.50R16.5LT	927	442.5	425.4	38.1		1 222	318
16.5R19.5	1 063	507.5	489	42.5	480	1 453	425
18R19.5	1 091	521	501	44.5	516	1 511	457
19.5R19.5	1 150	549	526	49	559	1 606	495

三、高机动越野汽车系列平台产品型谱第一组关键参数设计完成后即可同步完成的型谱参数设计

1. 高机动越野汽车系列平台产品整车整备质量与载质量的设计控制目标

高机动越野汽车系列平台产品整备质量设计控制目标也应分为系列平台产品三类底盘的整备质量设计控制目标和系列平台产品上装部分质量设计控制目标。表13-10为高机动越野汽车系列平台产品整车整备质量与载质量的设计控制目标。

表13-10 高机动越野汽车系列平台产品整车整备质量与载质量的设计控制目标

平台序号	驱动型式	额定许可总质量/kg	系列平台产品三类底盘整备质量控制目标/kg	整车整备质量控制目标/kg	载质量控制设计目标/kg	整备质量利用系数
1	4×4	3 330	3 330×0.55≥1 830	2 330	1 100	0.472
2	4×4	5 000	5 000×0.55≥2 750	3 250	1 750	0.538
3	4×4	7 500	7 500×0.55≥4 120	4 800	2 700	0.563
4	4×4	11 000	11 000×0.55≥6 050	6 970	4 030	0.578
5	4×4	13 500	13 500×0.55≥7 425	8 525	4 975	0.583
6	6×6	16 500	16 500×0.55≥9 070	10 265	6 235	0.610
7	6×6	20 250	20 250×0.55≥11 130	12 560	7 690	0.613
8	8×8	27 000	27 000×0.55≥14 850	16 610	10 390	0.626

关于高机动越野汽车6×6和8×8系列平台产品三类底盘的整备质量设计控制目标，由于可统计的样本数量过少，加之笔者对此经验也不足，所以提不出与4×4平台产品相类似的关于6×6和8×8的系列平台产品三类底盘整备质量系数，只是知道6×6和8×8系列平台产品三类底盘的整备质量系数会与4×4系列平台产品三类底盘的整备质量系数0.538相接近。但是，接近到什么程度，笔者也不得而知。对此，有朋友建议笔者对多轴三类底盘和4×4三类底盘不要加以区分，而笼统地建议三类底盘整备质量系数都是0.538。就目前笔者所积累的知识来说，也只能如此了。

而且，关于高机动越野汽车系列平台产品上装部分质量的设计控制目标，笔者也同样缺乏足够的经验，只能采用类比方法来加以确定。

第三篇　高机动越野汽车系列车型型谱设计暨汽车平台产品系列化设计例解

本书所举例的高机动越野汽车平台产品：额定许可总质量为 5 000 kg、上装结构型式为"单排座、软高顶"，其上装部分的质量为 500 kg，即上装部分的质量为额定许可总质量的 10%。据此，可以判断：表 13 - 10 中序号为 1 的平台产品，如果其车身仍采用软顶，即采用篷布做顶，其上装部分的质量设计控制指标应为远小于 400 kg。这样其额定载质量的设计目标为：3 330 - (3 330×0.538 + 400) = 1 100 kg，应该是能达到的。同样可对表 13 - 10 中所列出的序号为 3、4、5、6、7、8 的平台产品的上装部分质量做猜想，见表 13 - 11。

表 13 - 11　高机动越野汽车系列平台产品上装部分的质量控制目标

平台序号	额定许可总质量/kg	上装部分质量控制目标/kg	整车整备质量控制目标	额定载质量目标/kg	三类底盘整备质量利用系数
1	3 330	≥450	≥2 240 kg（1 790 + 450）	1 090	0.538
2	5 000	≥500	≥3 250 kg（2 750 + 500）	1 750	0.538
3	7 500	≥750	≥4 875 kg（4 125 + 750）	2 625	0.538 5
4	11 000	≥1 100	≥7 150 kg（6 050 + 1 100）	3 850	0.538 5
5	13 500	≥1 100	≥8 525 kg（7 425 + 1 100）	4 975	0.583
6	16 500	≥1 100 + 165	≥10 340 kg（9 075 + 1 265）	6 160	0.596
7	20 250	≥1 100 + 200	≥12 440 kg（11 137 + 1 300）	7 810	0.628
8	27 000	≥1 100 + 270	≥16 220 kg（14 850 + 1 370）	10 780	0.665

2. 高机动越野汽车系列平台产品整车车厢地板离地高度的型谱

高机动越野汽车系列平台产品的整车车厢地板离地高度设计指标确定的方法完全与单一平台产品车厢地板离地高度确定的方法一样。即在额定许可总质量的条件下，高机动越野汽车非平板式车厢地板上平面离地面高度可以取不大于车轮自由直径的数值作为设计目标要求。见表 13 - 12。

表 13 - 12　高机动越野汽车系列平台产品整车车厢地板离地高度的型谱

车型序号	驱动型式	额定许可总质量/kg	轮胎规格/轮胎自由直径/mm	车厢后部地板上平面离地高度设计目标/mm
1	4×4	3 330	32×11.50R15LT/807	≥810

续表

车型序号	驱动型式	额定许可总质量/kg	轮胎规格/轮胎自由直径/mm	车厢后部地板上平面离地高度设计目标/mm
2	4×4	5 000	37×12.50R16.5LT/927	≥930
3	4×4	7 500	16.5R19.5/1 063	≥1 070
4	4×4	11 000	18R19.5/1 091	≥1 095
5	4×4	13 500	19.5R19.5/1 150	≥1 155
6	6×6	16 500	18R19.5/1 091	≥1 095
7	6×6	20 250	19.5R19.5/1 150	≥1 160
8	8×8	27 000	19.5R19.5/1 150	≥1 160

3. 高机动越野汽车系列平台产品整备质量质心高度的设计目标

高机动越野汽车系列平台产品整备质量质心高度设计指标确定的方法完全与单一平台产品整备质量质心高度确定的方法一样。即在额定许可总质量的条件下，高机动越野汽车非平板式平台产品整备质量质心离地高度可采用车轮自由直径的90%作为其设计目标。高机动越野汽车系列平台产品整备质量质心高度的设计目标见表13-13。

表13-13 高机动越野汽车系列平台产品整备质量质心高度的设计目标

车型序号	驱动型式	额定许可总质量/kg	轮胎规格/轮胎自由直径/mm	整备质量质心离地高度设计目标/mm
1	4×4	3 330	32×11.50R15LT/807	≥730
2	4×4	5 000	37×12.50R16.5LT/927	≥835
3	4×4	7 500	16.5R19.5/1 063	≥960
4	4×4	11 000	18R19.5/1 091	≥985
5	4×4	13 500	19.5R19.5/1 150	≥1 035
6	6×6	16 500	18R19.5/1 091	≥985
7	6×6	20 250	19.5R19.5/1 150	≥1 035
8	8×8	27 000	19.5R19.5/1 150	≥1 035

4. 高机动越野汽车系列平台产品轮距与整车许可质心高度之型谱

表 13-8 中序号为 5、7 和 8 的三款高机动越野汽车系列平台产品设计所采用的轮胎规格为最大,即:轮胎规格为 19.5R19.5,并且,系列高机动越野汽车平台产品的整车外宽的限值为 2 500 mm,采用 19.5R19.5 规格轮胎的左右轮胎的外侧面间距设计取值为

$$2\ 500 - (559 - 495) = 2\ 436\ \text{mm}$$

采用 19.5R19.5 规格轮胎的平台产品的轮距设计取值应为

$$2\ 435 - 495 = 1\ 940\ \text{mm}$$

相应的左右轮胎的内侧间距则为

$$1\ 940 - 495 = 1\ 445\ \text{mm}$$

也就是说,"车同轨"之要求,首先要求表 13-5 中所列的序号 1 平台产品轮距的最小值取值为

$$1\ 445 + 290 = 1\ 735\ \text{mm}$$

作为高机动越野汽车平台产品,其轮距的设计取值,除了要满足"车同轨"之要求外,还要满足在附着系数不大于 0.75 的路面上,仍可保证汽车"宁滑勿翻"。按此侧向稳定性的设计要求来验算该轮距所允许的整车质心高度。

车同轨所要求的轮距最小取值为 1 735 mm,按此轮距并满足侧向力系数为 0.75 时不发生侧翻,则整车满载时的质心高度为

$$H_g = 1\ 157\ \text{mm}(注:H_g \times 0.75 \times G_a = G_a \times 1\ 735/2)$$

再依据 $730 \times 2\ 330 + 1\ 100 \times h_g = 1\ 157 \times 3\ 330$,可得许可载质量的重心高度为: $h_g = 1\ 956\ \text{mm}$,$1\ 956 - 810 = 1\ 146$,$1\ 146 > 1\ 000$。这也就是说,1 735 mm 的轮距不仅可满足"车同轨"之要求,并且,车厢内部高度要求为 2 000 mm 时,其整车的外高为:2 860 mm(注:2 860 mm = 车厢内高要求 2 000 + 车厢底板离地高度 810 + 车厢顶部的厚度与弧度高 50),还可很好地满足"宁滑勿翻"的要求。

关于表 13-5 中所列的序号 3 平台产品,可先按"车同轨"所允许的最小轮距取值为

$$1\ 445 + 425(设计所采用轮胎的截面宽度) = 1\ 870\ \text{mm}$$

考查一下轮距取值为 1 870 mm 平台产品的横向稳定性,也就是,在满足横向稳定性要求的前提下考查该平台产品整车满载时的质心高度:

$$H_g = 1\ 247\ \text{mm}(注:H_g \times 0.75 \times G_a = G_a \times 1\ 870/2)$$

再依据 $960 \times 4\ 875 + 2\ 625 \times h_g = 1\ 247 \times 7\ 500$,则可得许可载质量的重心高度为:$h_g = 1\ 780\ \text{mm}$,$1\ 780 - 1\ 070 = 710$,$710 < 1\ 000$。这也就是说,1 780 mm 的轮距虽可满足"车同轨"之要求,但是,在满足"宁滑勿翻"要

求的前提下，不能很好地满足满载后许可质心高度的要求，即不满足在净高为 2 m 的车厢内均匀分布载质量后所形成的质心高度的要求。因此，还需要考虑增大该平台产品之轮距。

为此，让我们再按"车同轨"之要求考查一下该平台产品的最大许可轮距。

如前所述，左右轮胎的外侧面间距设计取值为

$$2\,500 - (559 - 495) = 2\,436 \text{ mm}$$

据此，该平台产品的最大轮距为

$$2\,435 - 425 = 2\,010 \text{ mm}$$

在满足横向稳定性要求的前提下考查该平台产品整车满载时的质心高度：

$$H_g = 1\,340 \text{ mm}（注：H_g \times 0.75 \times G_a = G_a \times 2\,010/2）$$

并且，依据 $960 \times 4\,875 + 2\,625 \times h_g = 1\,340 \times 7\,500$，则可得许可载质量的重心高度为：$h_g = 2\,046$ mm，$2\,046 - 1\,070 = 976$，$976 \approx 1\,000$。这也就是说，2 010 mm 的轮距不仅可满足"车同轨"之要求，并且，车厢内部高度要求为 2 000 mm 时，其整车的外高为：3 120 mm（注：3 120 mm = 车厢内高要求 2 000 + 车厢底板离地高度 1 070 + 车厢顶部的厚度与弧度高 50），还可很好地满足"宁滑勿翻"的要求。

下面考查一下，表 13 - 5 中序号 4 平台产品的轮距设计取值。

如前所述，左右轮胎的外侧面间距设计取值为

$$2\,500 - (516 - 457) = 2\,441 \text{ mm}$$

据此，该平台产品的最大轮距为

$$2\,441 - 457 = 1\,984 \text{ mm}$$

在满足横向稳定性要求的前提下，让我们再考查一下该平台产品整车满载时的质心高度：

$$H_g = 1\,323 \text{ mm}（注：H_g \times 0.75 \times G_a = G_a \times 1\,984/2）$$

并且，依据 $985 \times 7\,150 + 3\,850 \times h_g = 1\,323 \times 11\,000$，则可得许可载质量的重心高度为：$h_g = 2\,000.8$ mm，$2\,000.8 - 1\,095 = 9\,058$，$9\,058 < 1\,000$。这也就是说，在满足"车同轨"之要求的前提下，该平台产品可有条件地满足"宁滑勿翻"的要求，即要求满载物的质心高度不得大于（2 000.8 - 1 095）= 9 058 mm。

而且，当车厢内部高度要求为 2 000 mm 时，其整车的外高为：3 145 mm（注：3 145 mm = 车厢内高要求 2 000 + 车厢底板离地高度 1 095 + 车厢顶部的厚度与弧度高 50）。

综上所述，表 13 - 5 中序号 4 平台产品轮距为 1 984 mm 不仅可满足"车同轨"的要求，还可以近乎于满足车厢内高为 2 000 mm、载质量均匀分布时，

整车"宁滑勿翻"的要求。

关于表 13 – 5 中序号为 5 的平台产品,如前所述,左右轮胎的外侧面间距设计取值为

$$2\,500 - (559 - 495) = 2\,436 \text{ mm}$$

据此,该平台产品的最大轮距为

$$2\,435 - 495 = 1\,940 \text{ mm}$$

在满足横向稳定性要求的前提下,该平台产品许可满载时的质心高度为

$$H_g = 1\,293 \text{ mm}（注:H_g \times 0.75 \times G_a = G_a \times 1\,940/2）$$

并且,依据 $10\,35 \times 8\,525 + 4\,975 \times h_g = 1\,293 \times 13\,500$,则可得许可载质量的重心高度为:$h_g = 1\,735$ mm,$1\,735 - 1\,155 = 598$,$598 < 1\,000$。这也就是说,在满足"车同轨"之要求的前提下,该平台产品也是有条件地满足"宁滑勿翻"的要求,即只要满足满载后质心高度不得大于 1 735 mm,即可。

而且,当车厢内部高度要求为 2 000 mm 时,其整车的外高为:3 205 mm（注:3 205 mm = 车厢内高要求 2 000 + 车厢底板离地高度 1 155 + 车厢顶部的厚度与弧度高 50）。

综上所述,表 13 – 5 中序号 5 平台产品轮距为 1 984 mm 不仅可满足"车同轨"的要求,除此之外,只要车厢载质量均匀分布,并且,载质量的高度为不大于 1 200 mm 时,整车也可满足"宁滑勿翻"的要求。

关于表 13 – 5 中序号为 6 的 6×6 平台产品,轮距与序号 4 平台产品的轮距相同,因此,在满足横向稳定性要求的前提下,其满载时的质心高度与上述 4 号平台产品相同,即同为 1 323 mm。但是,依据 $985 \times 10\,340 + 6\,160 \times h_g = 1\,323 \times 16\,500$,则可得许可载质量的重心高度为:$h_g = 1\,890$ mm,$1\,890 - 1\,095 = 795$,$795 < 1\,000$。因此,要求 5 号平台设计载质量的比重略高一些。而整车的外部高度尺寸可与 4 号平台的外部高度尺寸保持一致,同为 3 145 mm。

下面考查一下,表 13 – 5 中序号为 7 和 8 的两款平台产品的轮距。

如前所述,左右轮胎的外侧面间距设计取值为

$$2\,500 - (559 - 495) = 2\,436 \text{ mm}$$

据此,这两款平台产品的最大轮距为

$$2\,435 - 495 = 1\,940 \text{ mm}$$

这两款平台产品在满足横向稳定性要求的前提下,许可满载时的质心高度同为

$$H_g = 1\,293 \text{ mm}（注:H_g \times 0.75 \times G_a = G_a \times 1\,940/2）$$

并且,与上同理,可得

7 号平台产品的载质量许可的质心高度（即满足"宁滑勿翻"要求）为

$$1\,035 \times 12\,440 + 7\,810 \times h_g = 1\,293 \times 20\,250$$

则可得许可载质量的重心高度为：$h_g = 1\,704$ mm，这也就是说，在载质量等于额定载质量时，均质载质量的货物许可高度为

$$1\,088 \text{ mm} = 2 \times (1\,704 - 1\,160)$$

货厢内部净高为 2 000 mm，则车外高度为

$$3\,210 \text{ mm} = 2\,000（车厢内净高）+ 1\,160（货厢底板高）+ 50（车顶结构与弧度的高度）$$

8 号平台产品的载质量许可的质心高度（即满足"宁滑勿翻"要求）为

$$1\,035 \times 16\,220 + 10\,780 \times h_g = 1\,293 \times 27\,000$$

则可得许可载质量的重心高度为：$h_g = 1\,681$ mm，这也就是说，在载质量等于额定载质量时，均质载质量的货物许可高度为

$$1\,042 \text{ mm} = 2 \times (1\,681 - 1\,160)$$

货厢内部净高与整车外部高度均与 7 号平台产品相同。

综上所述，高机动越野汽车系列平台产品轮距与整车许可质心高度之型谱见表 13 - 14。

表 13 - 14 高机动越野汽车系列平台产品轮距与整车许可质心高度之型谱

平台序号	驱动型式	额定许可总质量/kg	系列平台轮距参数/mm	轮胎断面宽度/mm	整车许可质心高度/mm	整车外高限值/mm	货厢地板的离地高度/mm	整车外宽/mm
1	4×4	3 330	1 735	290	1 157	2 850	≥810	2 090
2	4×4	5 000	1 820	318	1 213	2 980	≥930	2 250
3	4×4	7 500	2 010	425	1 340	3 100	≥1 070	2 500
4	4×4	11 000	1 984	457	1 323	3 130	≥1 095	2 500
5	4×4	13 500	1 940	495	1 293	3 180	≥1 160	2 500
6	6×6	16 500	1 984	457	1 323	3 130	≥1 095	2 500
7	6×6	20 250	1 940	495	1 293	3 180	≥1160	2 500
8	8×8	27 000	1 940	495	1 293	3 180	≥1 160	2 500

四、高机动越野汽车系列平台产品轴距参数之型谱

在完成了上述设计任务内容后，高机动越野汽车系列平台产品整车主要技

术参数设计又迎来了第二项关键设计任务,即系列平台产品轴距参数的设计。之所以说,轴距参数是高机动越野汽车系列平台产品的关键设计任务内容,就是因为,和本书此前所列举的高机动越野汽车平台产品的整车主要技术参数设计一样,只有在完成了轴距设计这一关键设计内容后,才能开启地形通过性参数设计的大门,否则,就会被拦在地形通过性参数设计的大门之外。

正如此前所述,高机动越野汽车平台产品所采用的轮胎静力半径 R_0 的 7 倍再加上轮胎的最小尺寸与轮胎自由直径之差,即可作为高机动越野汽车轴距的最小值:

$$L_{\min} = (轮胎最小尺寸 - 轮胎自由直径) + 7 \times R_0$$

利用此经验表达式,则可快速地完成高机动越野汽车系列平台产品轴距参数的设计,见表 13-15。

表 13-15 高机动越野汽车系列平台产品轴距参数之型谱

车型序号	驱动型式	额定许可总质量/kg	轮胎规格	轴距参数
1	4×4	3 330	32×11.50R15LT,自由直径 807 mm,最小尺寸系数 1 073 mm,静力半径 371.5 mm	2 867 mm
2	4×4	5 000	37×12.50R16.5LT,自由直径 927 mm,最小尺寸系数 1 222 mm,静力半径 425.4 mm	3 273 mm
3	4×4	7 500	16.5R19.5,自由直径 1 063 mm,最小尺寸系数 1 453 mm,静力半径 489 mm	3 813 mm
4	4×4	11 000	18R19.5,自由直径 1 091 mm,最小尺寸系数 1 511 mm,静力半径 501 mm	3 927 mm
5	4×4	13 500	19.5R19.5,自由直径 1 150 mm,最小尺寸系数 1 606 mm,静力半径 526 mm	4 138 mm

续表

车型序号	驱动型式	额定许可总质量/kg	轮胎规格	轴距参数
6	6×6	16 500	18R19.5，自由直径1 091 mm，最小尺寸系数1 511 mm，静力半径501 mm	前轴与中轴距离3 927 mm 中轴与后轴距离1 511 mm
7	6×6	20 250	19.5R19.5，自由直径1 150 mm，最小尺寸系数1 606 mm，静力半径526 mm	前轴与中轴距离4 138 mm 中轴与后轴距离1 606 mm
8	8×8	27 000	19.5R19.5，自由直径1 150 mm，最小尺寸系数1 606 mm，静力半径526 mm	二轴与三轴距离4 138 mm 一轴与二轴距离1 606 mm 三轴与四轴距离1 606 mm

五、高机动越野汽车系列平台产品地形通过性参数型谱

按照本书中所阐述的地形通过性参数设计方法，可得到的表13－16所示的高机动越野汽车系列平台产品地形通过性参数型谱。

表13－16 高机动越野汽车系列平台产品地形通过性参数型谱

项目 平台与轮胎规格	产品平台							
	平台1/轮胎规格	平台2/轮胎规格	平台3/轮胎规格	平台4/轮胎规格	平台5/轮胎规格	平台6/轮胎规格	平台7/轮胎规格	平台8/轮胎规格
	32×11.50R15LT	37×12.50R16.5LT	16.5R19.5	18R19.5	19.5R19.5	18R19.5	19.5R19.5	19.5R19.5
设计使用条件范围内道路或地面的最大坡度设计取值/%	68	68	68	68	68	68	68	68
纵向通过角的设计取值/(°)	34.2	34.2	34.2	34.2	34.2	34.2	34.2	34.2
横向通过角的设计取值/(°)	34.2	34.2	34.2	34.2	34.2	34.2	34.2	34.2

续表

项目 平台与轮胎规格	产品平台							
	平台1/轮胎规格	平台2/轮胎规格	平台3/轮胎规格	平台4/轮胎规格	平台5/轮胎规格	平台6/轮胎规格	平台7/轮胎规格	平台8/轮胎规格
	32×11.50R15LT	37×12.50R16.5LT	16.5R19.5	18R19.5	19.5R19.5	18R19.5	19.5R19.5	19.5R19.5
接近角的设计取值/(°)	70	70	70	70	70	70	70	70
离去角的设计取值/(°)	45	45	45	45	45	45	45	45
最小离地间隙设计取值	有效最小离地间隙/mm	222.4	232	244	235	222.4	222.4	222.4	222.4
	名义最小离地间隙/mm	322.4	332	344	335	322.4	322.4	322.4	322.4
前、后轮之间的车体中部的离地间隙的设计取值/mm	393	447	523	538	565	565	565	565
通过台阶能力指标的设计取值/mm	393	447	523	538	565	565	565	565
最大许可总质量使用条件下道路或地面的最大坡度/%	58	58	58	58	58	58	58	58
最大许可总质量使用条件下通过台阶能力指标的设计要求/mm	343	391	457	470	495	495	495	495

六、高机动越野汽车系列平台产品整车外形尺寸型谱

在表 13-14 已经介绍了高机动越野汽车系列平台产品的整车外高与外宽尺寸，下面就依据本书前面所阐述的经验方法来确定高机动越野汽车系列平台产品整车长度的设计目标之限值，见表 13-17。

表 13-17　高机动越野汽车系列平台产品整车外形尺寸型谱　单位：mm

参数	平台1	平台2	平台3	平台4	平台5	平台6	平台7	平台8
整车长度的最小限值	4 080	4 670	5 410	5 600	5 870	7 080	7 470	9 080
整车外高的最大限值	2 850	2 980	3 100	3 130	3 180	3 130	3 180	3 180
整车外宽	2 090	2 250	2 500	2 500	2 500	2 500	2 500	2 500

第五节　高机动越野汽车系列平台产品型谱设计小结

一、小结1

正如笔者在本书前面所指出的，如果不开展完成系列平台产品的系列化设计，产品系列化就只能局限在初级系列化，即平台产品系列化。通俗地说，就是只能局限于力求变型车品种的齐全来提高平台产品系列化的水平；而开展完成系列平台产品型谱是开展系列平台产品设计的首要任务内容，它是开展系列平台产品设计所需要的设计依据与设计目标的要求，也就是说，如果没有完成系列平台产品型谱设计，则系列平台产品设计就会无从着手，产品系列化水平就无从提高。

这也正是我国自主品牌汽车系列化长期以来仍然停留在平台产品系列化发展阶段，而没能开启系列平台系列化发展阶段的原因之一。

正是出于上述的认知，笔者在 2006 年 12 月完成东风猛士平台产品设计定型之后，就开始着手表 13-18 所示的高机动越野汽车系列平台产品型谱设计研究。

表 13-18　高机动越野汽车系列平台产品型谱设计研究

项目	产品平台							
	序号1	序号2	序号3	序号4	序号5	序号6	序号7	序号8
驱动型式	4×4	4×4	4×4	4×4	4×4	6×6	6×6	8×8
驾驶室型式	长头或短头	长头或短头	长头或短头	平头	平头	平头	平头	平头

第三篇　高机动越野汽车系列车型型谱设计暨汽车平台产品系列化设计例解

续表

项目		产品平台							
		序号1	序号2	序号3	序号4	序号5	序号6	序号7	序号8
质量参数	额定许可总质量/kg	3 330	5 000	7 500	11 000	13 500	16 500	20 250	27 000
	最大许可总质量/kg	3 830	5 820	8 430	12 220	14 420	18 330	21 530	28 840
	经济总质量/kg	2 530	3 830	5 560	8 060	9 520	12 090	14 200	19 030
	整备质量/kg	2 330	3 250	4 800	6 970	8 460	10 265	12 560	16 610
	额定载质量/kg	1 000	1 750	2 700	4 030	5 040	6 235	7 690	10 390
	整备质量质心高度目标/mm	730	835	960	980	1 035	980	1 035	1 035
车轴参数	额定轴荷 前轴轴荷/kg	1 330	2 000	3 000	5 500	6 750	5 500	6 750	2×6 750
	额定轴荷 后轴轴荷/kg	2 000	3 000	4 500	5 500	6 750	2×5 500	2×6 750	2×6 750
	额定轴荷 前轴荷占比/%	40	40	40	50	50	33.3	33.3	50
	车轴额定承载能力/kg 前	1 530	2 320	3 370	6 110	7 210	6 110	7 210	2×7 210
	车轴额定承载能力/kg 后	2 300	3 490	5 060	6 110	7 210	2×6 110	2×6 110	2×7 210
轮胎参数	轮胎规格	32×11.50 R15LT	37×12.50 R16.5LT	16.5 R19.5	18 R19.5	19.5 R19.5	18 R19.5	19.5 R19.5	19.5 R19.5
	自由直径/mm	807	927	1 063	1 091	1 150	1 091	1 150	1 150
	最小尺寸系数/mm	1 073	1 222	1 453	1 511	1 606	1 511	1 606	1 606
	断面宽度/mm	290	318	425	457	495	457	495	495
	静力半径/mm	371.5	425.4	489	501	526	501	526	526
	接地印迹长度/mm	315	368	416.5	431.6	464.5	431.6	464.5	464.5
尺寸参数	轮距参数/mm	1 735	1 820	2 010	1 984	1 940	1 984	1 940	1 940
	整车最大外高尺寸/mm	2 850	2 980	3 100	3 130	3 180	3 130	3 180	3 180
	轴距参数/mm	2 867	3 273	3 813	3 927	4 138	3 927/ 1 151	4 138/ 1 606	1 606/ 4 138/ 1 606

续表

项目		产品平台							
		序号1	序号2	序号3	序号4	序号5	序号6	序号7	序号8
地形通过性参数	设计使用条件范围内道路或地面的最大坡度设计取值/%	68	68	68	68	68	68	68	68
	纵向通过角设计取值/(°)	34.2	34.2	34.2	34.2	34.2	34.2	34.2	34.2
	横向通过角设计取值/(°)	34.2	34.2	34.2	34.2	34.2	34.2	34.2	34.2
	接近角设计取值/(°)	70	70	70	70	70	70	70	70
	离去角设计取值/(°)	45	45	45	45	45	45	45	45
	最小离地间隙 — 有效的最小离地间隙设计取值/mm	222.4	232	244	235	222.4	235	222.4	222.4
	最小离地间隙 — 额定最小离地间隙设计取值/mm	322.4	332	344	335	322.4	335	322.4	322.4
	前、后轮之间的车体中部的离地间隙/mm	393	447	523	538	565	538	565	565
	通过台阶能力指标的设计取值/mm	393	447	523	538	565	538	565	565
	最大许可总质量条件下适用道路或地面的最大坡度/%	58	58	58	58	58	58	58	58
	最大许可总质量条件下通过台阶能力指标的设计取值/mm	343	391	457	470	495	470	495	495

但是，由于高机动越野汽车系列平台产品型谱涉及若干个有待研究的设计概念。例如，汽车产品系列化的概念、高机动越野汽车产品之定义、高机动越野汽车系列化平台产品总质量覆盖区间的概念、最大总质量的概念，甚至于有效离地间隙和名义离地间隙的概念等。这些都曾经是笔者完成表 13 – 18 所示的高机动越野汽车系列平台产品型谱的拦路虎。只有逐一清除这些拦路虎才能完成表 13 – 18 所示的型谱规划研究。好在经过十年"坐冷板凳"的努力，终于得以完成。

二、小结 2

表 13 – 18 中共计用了 8 款系列平台产品就实现了社会对高机动越野汽车平台产品需求的全面覆盖。可见，系列平台产品在满足社会针对性需求方面的高效率。更为重要的是，正如本书前面所指出的那样，这也是做大做强中国越野汽车自主品牌产品的需要。

三、小结 3

笔者以一己之力提出完成了表 13 – 18 所示的高机动越野汽车系列平台产品型谱之设计，充分证实了本书所倡导的打造完成产品型谱设计技术平台对于开展、完成系列平台系列化设计的效率，是采用传统方法（即逐一设计单一平台产品整车主要技术参数）所不可比拟的。

在接下来本书最后一章中，笔者将和大家共同探讨汽车产品品牌系列化设计。

第十四章

汽车产品品牌系列化设计初探

第一节 汽车产品品牌系列化设计概说

正如本书此前所指出的那样,产品系列化设计包括如下三种类型。
(1) 平台产品的系列化设计。
(2) 系列平台产品的系列化设计。
(3) 产品品牌的系列化设计。

平台产品系列化,即利用通用的产品结构平台,设计、研发并快速地推出平台系列化产品。可以说,关于平台产品系列化设计,我们早已经熟练地掌握了。设计、研发平台系列化产品的难点和重点是平台产品本身的设计、研发,并且,单一平台产品设计由于被汽车公司追求平台产品的系列化而开展的系列平台产品的系列化设计所整合,即单一平台产品的设计被系列平台产品设计所替代。例如,单一的整车平台产品的整车参数设计就被系列整车平台产品型谱设计所替代了。

但是,系列平台产品在满足社会多样化需求方面还是存在局限性的。
例如,表13-5中所列的序号1至序号8共计8款平台产品,从用途来看可以划分成两大类:一是越野乘用车或一线作战指挥乘用车用战术车辆,并且,适合这类用途的平台产品为序号1和序号2平台产品;二是越野运送物资的车辆或各类大、中型运载平台,适合这类用途的平台产品为序号3至序号8

平台产品。虽然，总的来说这两类车辆的地面机动性要求是相同的，即都应属于高机动越野汽车，但是，对高机动越野汽车平台产品的性能之要求也是有所区别的，或者说，是截然不同的。例如，越野运送物资的车辆或各大、中型运载平台，对汽车的平顺性、振动与噪声指标等也有一定的要求，但是，这些方面的要求会明显低于作为乘用车的序号1和序号2平台产品，而序号3至序号8平台产品在汽车燃油经济性方面的要求反而会是比较高的，并随着系列平台产品额定许可总质量的增大，各平台产品所需要的发动机动力，或者说，发动机的排量也会明显增大。

为此，可借鉴国外先进汽车产品品牌系列化的经验或做法，即对表13-5所列出的序号1和序号2两款平台产品实施双品牌战略。而对于表13-5所列出的序号3至序号8的平台产品，则没有必要也实施双品牌。

总之，品牌系列化一般性的概念为：它是用以全面满足社会对系列平台产品的品质与价格多样性要求的措施。本章力争与大家分享笔者关于汽车产品品牌系列化设计的感悟或认知。

第二节 汽车产品品牌概述

一、汽车产品品牌的基本概念

关于产品品牌的概念，正如本书指出的那样，目前，理论界对于产品品牌的定义有多种；而关于汽车产品品牌，笔者个人的理解是：汽车产品品牌应系指汽车公司的产品或部分产品，在消费者中形成的购买偏好。例如，从20世纪80年代起至今，每当人们想购买一辆中型或重型商用车时，就会想到东风中型或重型商用车产品。也就是说，汽车产品由商标发展形成品牌是有条件的，那就是，该品牌汽车产品品质符合用户群体的购买偏好，并且长期以来这种购买偏好是稳中有进。也只有这样，才能不断维系或加强消费者的购买偏好，即才能使得该品牌牢固地植根于消费者心中，从而成为著名品牌。

为了保证用户购买偏好稳中有进，就要求品牌产品的品质稳中有进，同时品牌产品的产品技术标准也要稳中有进。

品牌产品的技术标准工作不仅仅是被动地反映品牌产品的品质或品质特点，还要求通过产品技术标准的修订来维护和主动地提高用户购买的偏好，即使得用户购买偏好稳中有进。

正如本书此前所述，汽车公司产品品牌设计的第一责任人是汽车产品品牌总设计师，也就是公司汽车产品总设计师；汽车品牌设计的任务即是制修订品牌产品的产品技术标准。

二、汽车产品品牌系列化设计任务内容与责任主体

汽车产品系列化可被划分为初、中、高三个发展阶段。初级阶段为平台产品系列化，中级阶段为系列化平台发展，而高级阶段即为品牌系列化发展阶段。

系列化平台产品并非将多个平台产品简单地堆砌在一起，而是要求多款平台产品满足系列化之要求（关于系列化平台产品的要求，此前已有阐述，不再赘述）；与之相对应的是，汽车产品品牌系列化也应满足品牌系列化之要求，而不仅仅是将所拥有的两个及两个以上品牌产品简单地堆砌，就可称之为实现了品牌系列化。或者说，产品品牌系列化并非系指给能够满足市场需求的产品分别冠以各自的品牌名，而系指汽车公司为了能够高效率地满足社会对同类系列平台产品的品质与价格的多样化之要求，利用相关产品技术标准的通用性快速研发并推出的、可区间性地覆盖社会对同类型汽车产品品质与价格的多样化需求的多品牌（即两种品牌及两种以上品牌）的系列产品。

为了更好地学习、认知品牌系列化的要求，让我们考查一下在品牌系列化方面获得成功的汽车产品品牌的系列化。

汽车公司开展系列品牌产品设计的前提，无非社会对系列化品牌产品有需求。没有需求就不会有多样化品牌产品及系列品牌产品的研发和生产的必要性。然而，社会不同群体对汽车产品的价值评价、支付能力和产品品质的要求是不同的，是多样化的。这也是不以人们的主观意志为转移的。这正是企业开展多品牌产品并将多品牌产品系列化的意义之所在。

与系列化品牌产品相比较，单一品牌汽车产品无法满足社会客观存在的对汽车产品品质和价格方面的多样性需求。例如，通用汽车公司针对雪佛兰品牌产品在振动、噪声、维护保养等方面不能很好地满足市场相对高端用户的需求，研发、提高别克品牌产品。或者说，通用汽车公司针对别克品牌产品在价格方面所存在的局限性而不断打造、提高雪佛兰品牌产品，满足用户的购买偏好。该双品牌策略，极大地形成了满足社会需求的互补，消除了单一品牌满足市场需求的局限性。

总之，汽车公司开展多品牌或系列品牌产品的设计、研发生产的意义就在于：它是针对社会客观存在的对同类产品品质和价格方面的多样性需求的满足措施。例如，德国大众汽车公司，旗下有奥迪、高尔夫等品牌。奥迪品牌有奥迪 A 系和 Q 系系列产品。A 系产品属普通乘用车，而 Q 系产品则属 SUV 产品，是两个系列，不是同类型产品。因此，奥迪 A 系和 Q 系系列产品不符合品牌

系列化的定义。奥迪 A 系和 Q 系系列产品属同一品牌下的不同类型之系列产品。多品牌或系列化品牌产品系指可满足产品品质和价格方面的多样性需求的同类型的系列产品。并且，多品牌战略与品牌系列化战略是不同的。

1. 多品牌战略

目前，我国自主品牌汽车企业都普遍或者说有很多企业，实行了产品多品牌战略。多品牌的构成是不同品牌产品的零部件总成的配置不同，目的是通过构成整车的零部件总成的配置上的不同，来满足用户对汽车产品的购买偏好，如对产品价格的多样性的需求。

多品牌战略的实施，是依据多品牌战略的倡议人对公司产品品牌的设想，来完成多品牌产品研发。但是，多品牌战略完全不同于品牌系列化战略。

2. 品牌系列化战略

品牌系列化战略，首先是由两个或两个以上品牌所组成的系列化品牌。并且，品牌系列化产品在满足用户需求方面既有分工又有协同，或者说，在满足用户需求方面各尽所长、取长补短。例如，通用汽车公司的雪佛兰品牌与别克品牌，各尽所长、取长补短，在产品品质和产品价格方面能够满足用户购买偏好的范围之广，是其他任何单一品牌汽车产品不可比拟的。品牌系列化的战略目标是在用户购买偏好的范围内，无论是产品品质方面还是产品价格方面，总是能让用户的购买偏好得到满足。

与上述多品牌战略实施的方式不同，品牌系列化战略的实施则需要掌握运用用户购买产品的偏好实际上取决于产品技术标准所代表的产品品质（或品质的特点）是否与用户的购买偏好相符，并需要依据对品牌产品研发能力（关于品牌产品研发能力的阐释，请参见本章的后续有关内容），即以运用产品技术标准的能力为基础，制定出针对系列品牌中不同品牌产品的技术标准。其要求是：在企业系列化品牌产品中，不同品牌产品的技术标准要有所通用，也要有所不同。并且，所通用的那部分属于对产品生产或采购成本影响不大的产品技术标准。

综上所述，①品牌系列化战略实施的重要支承或重要任务内容之一，就是以运用产品技术标准的能力为基础，制定出针对系列品牌中不同品牌产品的技术标准。因此，公司产品总设计师无疑应是公司汽车产品品牌系列化设计任务的第一责任人。②多品牌战略与品牌系列化战略，两种战略的内在差别还是很大的。而且，两种战略的内在差别势必会体现在战略实施之后的产品市场占有率的提升上。多品牌战略的实施对提升公司生产经营效益的作用不明显，或者说，通常会不及预期，甚至于还会给公司生产经营效益带来一定程度的负作用。这点已经被许多实施多品牌战略的汽车公司验证过。究其原因，多品牌战略实施的措施无非就是通过对构成整车零部件的"减配"或"增配",而"增配"措施直接导致产品成本的增加,与之相反的"减配"措施,名义上减去的是整车产品的多余或富余功能,本质上降低的却是产品品质。而多品牌战略产品的另一特征则是多品牌战略产品的整车造型无不是不同的,可是,在公司造型设计水平一定的前提下,改变造型的结果势必会是萝卜白菜各有所爱,而不是从整体上提升用户对产品造型的价值期待。总之,上述多品牌战略实施的结果不如预期,是一种必然。

第三节　汽车产品品牌研发能力评价的客观方法与汽车公司品牌研发能力跨越式提高路径问题的讨论

一、汽车产品品牌研发能力评价的客观方法

关于自主品牌汽车产品的研发能力,不需多言,我们不应满足于企业对自家品牌产品研发能力的主观评价,谈论自主品牌汽车产品研发能力需要建立一个客观标准。也就是说,主观评价再加以客观评价,才会是比较准确的、全面的评价。

我们国家的自主品牌汽车产品,多年来无时不得到国人的关注,无不希望我们的自主品牌汽车产品引领市场。但是,引领市场所需要的产品研发能力还有待提高。

有些人会认为,企业产品研发能力需要从多个维度来给予评价,是很复杂的一件事情。通常可以从某一时间段内两家或多家企业所完成的战略性自主品牌产品的品种数与技术先进性来对自主品牌产品研发能力做出比较性的客观评价,或者说,从某一时间段内企业所完成的战略性产品品种的数量与行业所完成的战略性产品品种数量的均值来评价企业自主品牌产品研发能力,企业在该时间段内所完成的战略性产品品种数量高于行业的均值,则该企业产品研发能力就高于行业的平均水平,否则,就低于行业的平均水平。

但是,采用上述类似的评价方法,最后的评价结果会是一种"公说公有理,婆说婆有理",即都认为自家企业的产品研发能力强。并且,上述类似的评价方法,之所以会出现"公说公有理,婆说婆有理"的现象,无非是由于评价方法没有将所完成产品研发的年新增产值考虑进来。

实际上谁家的产品研发能力强,谁家的弱,是客观的,是不以人们的主观意志为转移的。

为此,我们需要研究出一个简单、实用,并具有说服力的自主品牌企业产

品研发能力的客观评价方法。笔者所建议的评价方法是：通过对企业的某一类型产品，如普通乘用车、SUV 等，分别计算并比较新近所完成的某一类型产品的积分，积分高者说明企业的该类产品研发能力强，反之，就弱。

积分计算的方法是：企业某一类型自主品牌产品投放市场后的年销售收入计作企业该类型产品研发能力的积分。并且，可将按上述方法所计算的积分作为判断该企业某一类型产品研发能力的重要指标。

例如，同样都是研发生产 SUV 产品的两家汽车公司，其中的一家品牌产品 H6 一年的销售量为 53 万辆，每辆均价为 13.6 万元，则该企业 SUV 类型产品的研发能力积分就为：53 万 × 13.6 万 = 720.8 亿分。而另一家企业 SUV 产品年销售量为 12 万，其平均销售价为 11.8 万元，则该企业 SUV 类型产品的研发能力积分就为 141.6 亿分。这样就可认为这两家企业 SUV 产品研发能力的差距甚大。

上述"计算积分"的方法，不仅可以用来比较在同类型产品中，谁家的产品研发能力强、谁家的产品研发能力弱，还可以用来判断公司是否可考虑实施品牌系列化战略。例如，对于目前还只有单一品牌的自主品牌汽车制造商来说，当该单一品牌产品研发能力的积分在同类型品牌产品中遥遥领先时，笔者认为才有资格考虑组织实施自主研发系列品牌产品。

二、汽车公司品牌研发能力跨越式提高路径问题的讨论

企业实施品牌系列化战略的手段，或者说，实施品牌系列化的路径，不外乎如下三种。

一是通过资本运作的手段将原本不属于自己公司的某品牌，划归为自己企业另一新的品牌产品。例如，吉利沃尔沃。

二是通过与国外品牌建立合资公司、技术引进，先获得目标品牌的使用权。而在合资初期过后，即逐渐掌握了目标品牌的产品技术标准，并形成属于自己的自主品牌。例如，上汽自主品牌的建设所走的正是这样一条道路。

三是企业经过认真地与那些拥有系列品牌的公司比对产品研发能力，得出自家公司已经具备了研发系列品牌的能力，因此决定自主研发品牌系列化产品。

可以说，理论上实现跨越式提升品牌产品研发能力暨实现品牌产品的系列化之路径，存在着上述三种方式。但是，在国外比较多见的却是上述方法一。而在国内，比较常见的却是建立合资公司的方式，即上述的方法二。而且，除非是极少数的老牌汽车工业强国或老牌的汽车公司，通过自主研发实现品牌系列化的在世界范围内也是鲜有成功的，在我国目前还没有看到成功的案例。

实现品牌系列化，即是在单一品牌产品的基础上，增添新的品牌产品。并且，增添新的品牌并不是在现有品牌的基础上做些与时俱进式的改进，包括换代产品的研发。在现有品牌的基础上做些与时俱进式的改进，也包括换代产品的研发，均属于品牌维护的需要，不属于新增品牌。

这也就是说，全新品牌产品的研发需要跨越二道门槛。

（1）制定或获得适用于全新品牌产品的专用的，而不是与系列品牌产品通用的那部分产品技术标准。

（2）新品牌产品研发人员需要摒弃原有品牌性价比的惯性思维或观念，而按新品牌产品的品质目标来控制产品成本。这对于从事原有品牌产品研发多年的研发人员来说，是非常难以做到的事情。一般来说，他们会在实际工作中不自觉地按自己所习惯的产品品质目标来完成新品牌产品的设计。因此，从目前品牌系列化开展比较成功的企业来看，它们普遍采取的措施是为新品牌产品研发组建新的产品研发队伍，而不用或尽量不用原有品牌产品的研发人员，特别是品牌产品研发骨干要尽量从企业外部招聘那些有从事过同类产品、最好是所服务的品牌产品的售价与新品牌产品目标售价相同或相近的产品研发人员。

由此可见，自主研发新品牌汽车产品跨越二道门槛并非易事。因此，通过完全自主研发成功推出全新品牌产品，是鲜有之事。这也正是我国自主品牌企业实施品牌系列化的困难之所在，或者说，是自主研发新品牌鲜有成功案例的根本原因。

综上所述，乘用车产品品牌实现品牌系列化有三条路可走。但是，面对必须自主研发的军需产品，则不同。越野汽车产品实现品牌系列化只有一条路可走，那就是，自主研发。下面就让我们一同讨论一下军需越野汽车产品是否也有品牌系列化的要求，如何尽快实现军需越野汽车产品品牌系列化与全谱系化的突破。

第四节　关于军需越野汽车产品全谱系化的讨论

一、我国军需越野汽车产品品牌系列化需求的例说

依据上述品牌系列化设计概念的介绍可知，不仅上述所列举的乘用车公司为了扩大其产品满足用户需求的覆盖面而需要实施品牌系列化，而且，军需越野汽车产品同样存在实施品牌系列化的现实需要。

二、军需越野汽车产品全谱系化的讨论

正如本书前面关于做大做强自主品牌越野汽车产品战略与策略的建议或讨论所指出的那样:为了实现我国军需越野汽车产品水平赶超国际先进水平,也就是做大做强越野汽车产品自主品牌,需要改变越野汽车产品研发与生产的"散、小、差",为此,就需要我们"集中力量打歼灭战",即集中市场需求的推动力和产品研发之力量。

所谓的"集中市场需求的推动力"即是指社会对高机动越野汽车产品与一般机动越野汽车产品的需求,都必须给予重视,不可偏废。也只有这样,才能满足我们做大做强越野汽车产品自主品牌的需要。

虽然说高机动越野汽车产品有它的长处,但是,事物都是一分为二的。高机动越野汽车与一般机动性越野汽车产品相比较,亦有其固有的缺点,那就是,高机动越野汽车为了保证高的通过性,其纵向通过角的设计标准远高于一般机动性越野汽车产品,这不仅使得高机动越野汽车系列平台产品的前/后车轮之间车体的离地间隙较大、车体较高,也使得高机动越野汽车系列平台产品的轴距较小。这就势必会造成高机动越野汽车系列平台产品的乘坐空间与载运货物的空间比一般机动性越野汽车系列平台产品的载运空间小许多。也就是说,只有当一般机动性越野汽车产品的地形通过性参数不能满足对地形通过性的要求时,用户才会去选择高机动性越野汽车。社会除了有对高机动越野汽车产品的需求之外,同样也有对一般机动性越野汽车产品的需求。社会对普通乘用车和普通载货汽车的市场需求最大,而且 SUV 产品与皮卡车型的设计适用道路或地面条件不及一般越野汽车设计适用的道路或地面条件那样苛刻,但是,SUV 产品与皮卡车型的市场需求量却是一般机动性越野汽车不可比拟的,也就是说,地面机动车辆设计适用的道路或地面条件越苛刻社会的需求量反而会越小。高机动越野汽车也不例外。

因此,就做大做强我国自主品牌越野汽车来说,一般机动性越野汽车产品的意义反而会高于高机动越野汽车产品的意义。至少,也应对一般机动性越野汽车与高机动越野汽车,给予同样的重视。

这也就是说,在推出高机动越野汽车系列平台产品型谱并对表 13-5 序号 1 和序号 2 平台产品实施双品牌策略的同时,也要推出一般机动性越野汽车系列平台产品型谱并也相应地对额定许可总质量较小的、主要作为乘用车的平台产品实施双品牌策略。

不需多言,一般机动性越野汽车与高机动越野汽车的差别就只是设计使用条件的不同,高机动越野汽车产品设计适用道路或地面的坡度高达 68%,而

广义汽车设计

一般机动性越野汽车产品设计适用道路或地面的坡度最高也只不过是40%。这就为高机动越野汽车系列平台产品与一般机动性越野汽车系列平台产品主要零部件的通用化程度的提高，提供了一些有利条件。

第一，全谱系越野汽车系列平台产品型谱，是由高机动越野汽车系列平台产品与一般机动性越野汽车系列平台产品所组成，并且，高机动性与一般机动性越野汽车系列平台产品还包括实施双品牌策略的系列平台产品。本书对高机动越野汽车系列平台产品型谱设计，给出了全面、深入的设计分析；还指出了高机动越野汽车系列平台产品需要双品牌系列产品。而一般机动性越野汽车系列平台产品型谱的设计分析方法与高机动越野汽车系列平台产品型谱设计分析方法，完全是类同的，并且，一般机动性越野汽车系列平台产品型谱的设计结果与高机动越野汽车系列平台产品型谱设计结果，是大同小异的，即一般机动性越野汽车系列平台产品也同样需要由双品牌构成。但是，由于篇幅有限，关于一般机动性越野汽车系列平台产品型谱的设计，就不再赘述了。

第二，全谱系越野汽车系列平台产品型谱，是全面开展全谱系越野汽车系列平台产品系列化设计的大纲。或者说，在完成了全谱系越野汽车系列平台产品型谱设计之后，即可开展、完成全谱系越野汽车系列平台产品所对应的各类主要总成的系列化型谱设计。

例如，高机动越野汽车系列平台产品型谱设计和一般机动性越野汽车系列平台产品型谱设计完成后，它们所对应的高机动越野汽车系列平台的动力与传动系统主要总成的型谱设计和一般机动性越野汽车系列平台的动力与传动系统主要总成的型谱设计，就可以统筹完成了。例如，前面讲到的高机动越野汽车系列平台产品型谱中的序号1和序号2平台产品，社会对此两平台产品存在双品牌的需求。一是采用相对来说较大缸径的发动机，在满足动力性能指标要求的前提下追求更高的燃油经济性指标；二是采用相对来说较小缸径的发动机，在满足动力性能指标要求的前提下追求更好的乘坐舒适性（即更小的振动与噪声指标），以满足人们乘坐舒适性的要求。而且，一般机动性越野汽车系列平台型谱亦会有与高机动越野汽车系列平台产品中序号1和序号2平台产品相类似的要求，即额定许可总质量最小的两款平台产品也存在双品牌的需求。为此，需要开展越野车系列平台产品（包括高机动与一般机动性越野汽车）的动力与传动系统的系列化设计。

然而，关于全谱系越野汽车（即双品牌系列平台产品）的动力与传动系统的系列化设计，正如上述所说，它属于全谱系越野汽车系列平台产品型谱设计之后的、第二层面上的产品系列化设计任务，也就是说，它超出了本书所设定的讨论范围。笔者会以另外的题目来与大家再做交流。但是，考虑到出书难的现实、同行或后生们的需要，现将汽车动力与传动系统系列化设计的核心内容，或者说，汽车动力与传动系统系列化的设计思路与流程梗概，简要叙述如下。

（1）明确系列平台产品的纵向通过角与最高车速及最低稳定车速设计目标的要求。

（2）初选系列平台产品的动力发动机的最低稳定转速与发动机的额定最高转速。

（3）计算系列平台产品的最大传动比与传动比的范围。

（4）计算系列平台产品对发动机最低稳定转速时的使用外特性扭矩值的要求和系列平台产品对发动机使用外特性的最大功率的要求。

在完成上述各项计算分析之后，就可初选系列平台产品发动机的型号或排量了。例如，针对高机动越野汽车系列平台产品型谱中的序号1和序号2两款需要研发双品牌的平台产品，即可完成发动机的初选。

利用排量为3.2~3.4 L、最高额定转速为3 400~3 600 转/分的四缸柴油发动机和六缸柴油发动机，并通过不同程度的中冷增压及供油量的调整，也就是说，可应用柴油发动机动力指标系列化的措施，很好地满足这两款平台产品对动力的需求。而与这两款平台产品相对应的一般机动性越野汽车系列平台产品型谱中的序号1'和序号2'两款平台产品的动力需求，同样可应用四缸、六缸柴油发动机，通过不同程度的中冷增压及供油量的调整，来满足对发动机动力的需求。

总之，利用排量为3.2~3.4 L、最高额定转速为3 400~3 600 转/分的四缸柴油发动机和排量为4.8~5.1 L的六缸柴油发动机，可共同提供的多种动力指标的系列动力，即可满足高机动越野汽车系列平台产品型谱中的序号1和序号2两款平台产品与一般机动性越野汽车系列平台产品型谱中的序号1'和序号2'两款平台产品对振动、噪声要求较高的品牌产品的要求，而高机动与一般机动性越野汽车系列平台型谱中对振动、噪声要求相对较低一些的系列平台可利用排量为3.9 L或3.9 L以上的、最高额定转速为2 900 转/分或更低的四缸柴油发动机和排量为5.9 L或以上的六缸柴油发动机，提供的多种动力指标的系列动力即可满足其需要。

关于系列平台产品型谱中的变速器型谱与分动器型谱及主减速器型谱设计暨系列平台产品的变速器、分动器与主减速器的系列化设计，请参考文献有关叙述。

值得加以强调的一点是，全谱系越野汽车系列平台产品型谱设计完成之后，即可开展、完成全谱系越野汽车系列平台产品所对应的各类主要总成的系列化型谱设计，然而，上述需实施双品牌战略的系列高机动越野汽车系列化动力指标的设计，仅仅是全谱系越野汽车系列平台产品所对应的各类主要总成的系列化型谱设计的举例，还有行走系统等其他系统的主要总成系列化型谱设计及设计分析方法，都有待我们去研究、去完成。

参 考 文 献

[1] 徐满年. 汽车产品研发全员管理学[M]. 北京:北京理工大学出版社,2013.
[2] 黄松,徐满年. 汽车之感悟[M]. 北京:北京理工大学出版社,2007.
[3] 黄松,徐满年. 汽车之感悟Ⅱ[M]. 北京:北京理工大学出版社,2008.
[4] 吉林工业大学汽车教研室. 汽车设计[M]. 北京:机械工业出版社,1981.
[5] 刘维信. 汽车设计[M]. 北京:清华大学出版社,2001.
[6] 康荣平,张震,王俊儒,等. 科研管理学简论[M]. 沈阳:辽宁科学出版社,1985.
[7] 毛泽东. 矛盾论[M]. 北京:人民出版社,1975.
[8] 德鲁克. 管理的实践[M]. 齐若兰,译. 北京:机械工业出版社,2009.
[9] 中共中央宣传部. 马克思主义哲学学习纲要[M]. 北京:中共中央党校出版社,1989.
[10] 中国汽车工业协会. 中国汽车发展战略研究[M]. 北京:机械工业出版社,2013.
[11] 肖俊涛. 中国汽车产业自主品牌与自主创新研究[M]. 北京:中国地质大学出版社,2009.
[12] 余志生. 汽车理论[M]. 北京:机械工业出版社,1981.
[13] 贝克. 地面-车辆系统导论[M]. 《地面-车辆系统导论》编译组,译. 北京:机械工业出版社,1978.
[14] 庄继德. 汽车地面力学[M]. 北京:机械工业出版社,1980.
[15] 庄继德. 汽车轮胎学[M]. 北京:北京理工大学出版社,1996.
[16] 庄继德. 计算汽车地面力学[M]. 北京:机械工业出版社,2002.
[17] 张克健. 越野车辆工程土力学[M]. 北京:国防工业出版社,1985.
[18] 池仁勇. 项目管理[M]. 北京:清华大学出版社,2004.
[19] 周辉. 产品研发管理[M]. 北京:电子工业出版社,2012.
[20] 赵英. 汽车工业产业政策回顾与前瞻[N]. 中国经济参考报,2003-05-27(7).
[21] 杨志明,钱世超. 国内外汽车企业规模经济的比较研究[J]. 山西财经大学学报,2006(S2).
[22] 秦远建,方壮新. 改善我国汽车工业规模经济的对策研究[J]. 上海汽车,2008(6).
[23] 洪永福,等. 汽车研发管理[M]. 北京:机械工业出版社,2013.
[24] 中国汽车工业协会. 中国汽车发展战略研究[M]. 北京:机械工业出版社,2013.
[25] 肖俊涛. 中国汽车产业自主品牌与自主创新研究[M]. 北京:中国地质大学出版社,2009.
[26] 洪永福,等. 汽车总体设计[M]. 北京:机械工业出版社,2014.

后 记

话说在 2008 年的某一天，突然接到了上海大学郑松林教授打来的电话，他兼任汽车工程学会可靠性分会会长，邀请笔者写作一篇关于汽车可靠性的论文以在年会上宣读。这是给我的莫大的荣誉，笔者理应接受。但是，笔者该写什么题目呢？

于是，问道：对写什么题目有要求吗？

郑教授答：最好写你正在做的研发项目相关的题目或与你所负责的课题有紧密联系的题目。你最近在忙什么呢？

回答道：我正在尝试着写本书，充实一下自己。

郑教授说：好的呀！在以什么题目写书呢？

答：怎么命名还没想好，主要内容可以说是围绕着汽车产品研发客观要求来写的。至于为什么想写这个题目，就是感觉多年来我们虽说无论做任何事情都要尊重客观要求，但是，汽车产品研发的客观要求却没人系统地去研究过。比如说，汽车可靠性研究工作的客观要求是什么？一时我是回答不上来的。

郑教授说：太好了，你就写这个题目了。你我上中学时政治课老师都讲过的，做事要尊重客观要求、按客观规律办事。可是，具体工作的具体客观要求是什么？我们都应结合具体工作，具体问题具体研究。我们俩今天就算是说定了，就给你的题目上报了。

可是由于主观上和客观上的原因，笔者在郑教授面前食言了，即没能按郑教授的要求交出论文来。直到《广义汽车设计》书稿完成，也只能说是完成了汽车产品研发客观要求认知的一部分。

在此，请郑教授原谅满年的食言，关于汽车产品研发客观要求，徐满年会继续研究下去，后会有期。

再见！

徐满年

2020 年 3 月 6 日

鸣谢

本书作者一向倡导公司发展要以人为本,既要以人为发展之手段又要以人为发展目的,提倡公司各类人才需人尽所长。本理念得到了山东五征集团姜卫东董事长的高度认同。为此,特表示感谢!

感谢他将以人为本、人尽所长作山东为五征集团公司的发展理念。